저자의 말

안녕하세요, 최진성 강사입니다.

지난 1999년 처음 시행된 이래로 계속해서 변화하고 진화하고 있는 텝스 시험은 수험생들의 진정한 영어 실력을 측정하고 변별력이 높은 시험으로 인정받고 있습니다. 요행을 바랄 수 없는 시험이며, 몇 가지 단순한 요령이나 기술로는 고득점을 받을 수 없는 시험입니다. 그래서 학생들에게 텝스는 어렵고 까다로운 시험으로 생각될 수 밖에 없고, 실제로 많은 좌절감을 주기도 합니다.

요행을 바랄 수 없고 단순한 기술 적용으로는 고득점을 받을 수 없는 시험이지만, 오랜 기간 동안 정기적으로 시행되는 시험이기 때문에 정형화되어 있고, 반복적으로 혹은 매번 출제되는 문법 개념들이 있으며, 출제 의도도 확실하게 드러납니다. 지난 10여년 동안 계속 텝스 시험을 보면서 이를 연구·분석해 텝스 시험의 특징과 공략 포인트를 정확하게 파악하게 되었습니다. 이렇게 수 년간 축적된 분석, 자료 그리고 저의 노하우를 바탕으로 체계적인 교재와 효율적인 학습 방법을 수립하게 되었고, 제 수업의 학습 효과는 높아졌고, 결과적으로 학생들의 문법 실력과 점수는 점점 상승하였습니다.

저는 학습 효과를 극대화할 수 있는 교재와 수업을 더 많은 학생들에게 전달하여, 의지를 갖고 노력하는 모든 학생들이 자신이 목표한 점수를 받을 수 있도록 하고 싶었습니다. 이러한 저의 바람과 오랜 기간 축적되고 분석된 자료를 담아 <영단기 텝스 문법>을 출간하게 되었습니다. <영단기 텝스 문법>은 수험생들의 영어 실력뿐만 아니라, 그 실력을 점수로 현실화할 수 있는 텝스 문법 시험의 정통 교과서인 동시에 실용서입니다.

<영단기 텝스 문법>은 텝스 시험에 출제되는 문법 개념을 출제 포인트로 정리하여 하나하나 자세하게 설명하였고, 텝스 문법의 기본 개념뿐 만 아니라 예외적인 용법과 특이한 사항들도 정리해 두었습니다. 그리고 시험에 매번 출제되는 정형화된 문법 사항을 TEPS Pattern으로 요약하였습니다. 뿐만 아니라, Exercise를 통해 학습한 내용을 요약해서 복습할 수 있도록 하였고, 전통적인 텝스 핵심 문제들과 최신 출제 트렌드를 분석하여 실제 시험과 동일한 난이도와 유형으로 Actual Practice를 만들어 실제 시험에 학습한 내용들을 점수로 실현시킬 수 있도록 하였습니다.

이 한 권의 책에 텝스에 출제되는 모든 문법 개념을 담았고, 군더더기 없이 텝스 시험에 출제되는 사항들만을 담았습니다. 기본 개념부터 실전 문제까지 모두 다루고 있어, 텝스 공부를 시작하는 학생도 까다로운 텝스 문법에 쉽게 다가갈 수 있을 뿐만 아니라, 텝스 공부를 꾸준히 해 왔던 학생들도 파편적인 문법 사항을 정리하여 단기간에 최대로 점수를 높일 수 있을 거라 확신합니다

이 책을 공부하는 학생들이 목표 점수를 받을 수 있도록 모든 노력을 다 하였고, 앞으로도 여러분들의 성공적인 학습을 도와드리겠습니다. 여러분의 성공을 기원합니다.

감사합니다. 최진성 드림

목차

저자의 말 001
이 책의 구성 004
TEPS 소개 006
GRAMMAR 문제 유형 소개 008

PART 1 문법

I 동사와 동사구
- 01 동사와 문장 형식 014
- 02 시제 026
- 03 태 034
- 04 조동사 042

II 준동사
- 05 to부정사와 동명사 052
- 06 분사 062

III 접속사와 절
- 07 등위 접속사와 부사절 접속사 072
- 08 관계사 082
- 09 명사절 접속사 092

IV 품사
- 10 명사와 관사 100
- 11 대명사 110
- 12 형용사 120
- 13 부사 128
- 14 전치사 138

V 문장 구조와 특수 구문
- 15 가정법 150
- 16 비교 160
- 17 도치 170
- 18 생략과 대용 178

PART 2   TEPS 전략

- **01** 문법 전략 188
- **02** 파트별 전략 199
- **03** 특수 구문 15 203

PART 3   TEPS 실전 모의고사

- **01** Actual Test 1 207
- **02** Actual Test 2 215
- **03** Actual Test 3 223

책속책
해석 및 해설

이 책의 구성

Warm-Up

문법의 기초가 부족한 학습자들을 위해 **기본적인 문법 사항**을 Warm-Up 코너에서 정리하였습니다.

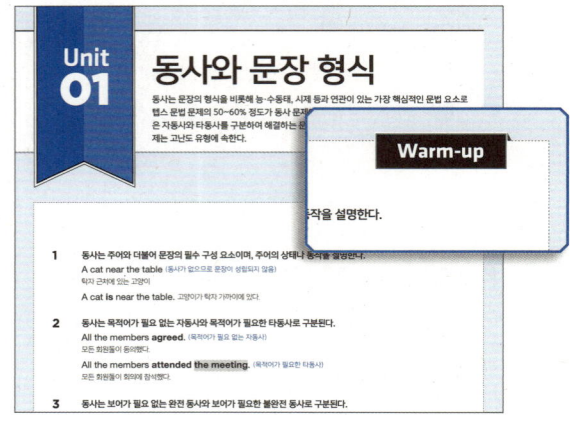

TEPS Point

핵심 문법 사항을 출제 포인트에 따라 분류해 정리하였습니다. **출제 원리가 보이는 개념 설명**으로 문법을 완벽하게 정리할 수 있습니다.

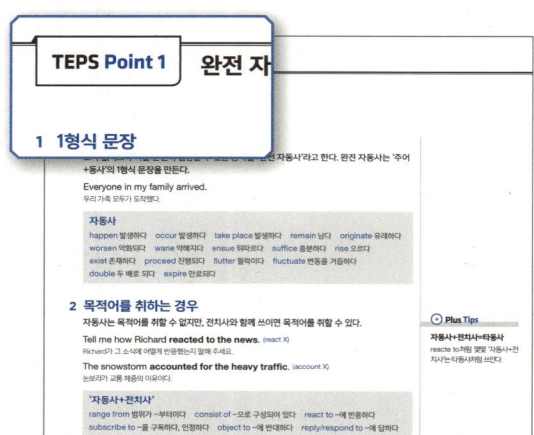

Plus Tips와 TEPS Pattern

학습한 개념이 시험에서 어떻게 출제되는지 보여 주는 **TEPS Pattern**과 강의를 듣는 듯한 친절한 추가 설명인 **Plus Tips**를 수록하였습니다.

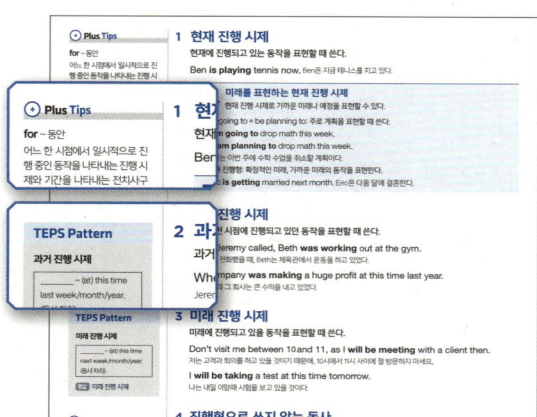

영단기 텝스

GRAMMAR

커넥츠 영단기

영단기 텝스 GRAMMAR

저자	최진성
기획 총괄	최봉수 김효신
기획·편집	정문영 박가은
마케팅·영업	남용석 이진홍 손지한 임윤조
디자인 총괄	김지원
표지 디자인	황연주
내지 디자인	김희수
펴낸날	초판 1쇄 2017년 2월 15일
	초판 2쇄 2018년 10월 8일
펴낸이	윤성혁
펴낸곳	(주)에스티유니타스
홈페이지	eng.conects.com
고객센터	1600-1517
주소	서울시 강남구 영동대로 417 오토웨이타워 2F
등록번호	제 2015-000186호

파본은 교환해 드립니다.
이 책에 실린 모든 글과 사진, 일러스트를 포함한 디자인 및 편집 형태, 배포에 대한 권리는 (주)에스티유니타스에 있으므로 무단으로 전재하거나 복제, 배포할 수 없습니다.

Exercise 와 Actual Practice

실전 TEPS 를 대비할 수 있도록,
학습한 개념을 확인 학습하는 **연습 문제**와
실전 유형의 모의고사를 수록하였습니다.

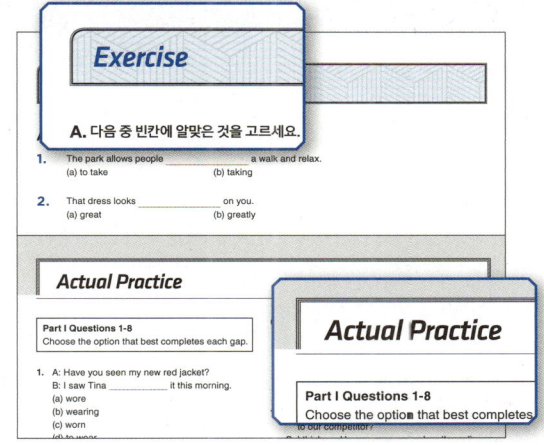

TEPS 전략

최신 경향을 분석한 TEPS 비법 전략을
수록하였습니다. 학습한 문법 사항 중
TEPS가 잘 묻는 부분을 엄선하였습니다.

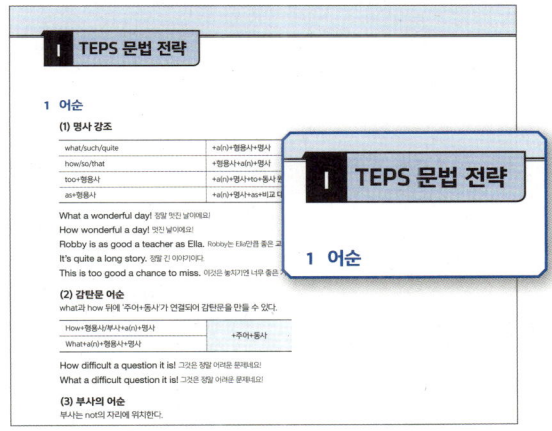

TEPS 실전 모의고사

**실제 텝스 문법 시험과 동일한 구성 및
내용**으로 구성된 수준별 실전 모의고사를
수록하였습니다.

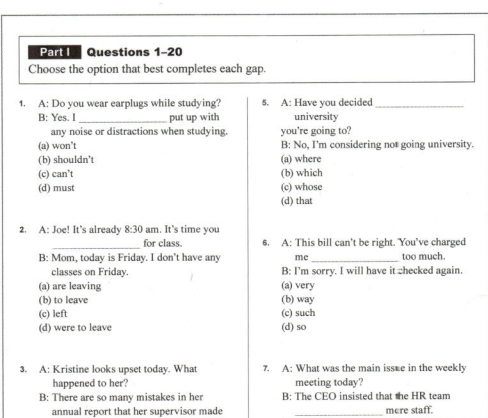

TEPS 소개

TEPS란?

1. Test of English Proficiency developed by Seoul National University의 약자로 서울대학교 언어교육원에서 개발하고, TEPS관리위원회에서 주관하는 국가 공인 영어 시험이다.
2. 1999년 1월 처음 시행 이후, 연 12~16회 실시한다.
3. 정부 기관 및 기업의 직원 채용, 인사고과, 해외 파견 근무자 선발과 더불어 대학과 특목고 입학 및 졸업 자격 요건, 국가고시 및 자격 시험의 영어 대체 시험으로 활용된다.
4. 100여 명의 국내외 유수 대학의 최고 수준 영어 전문가들이 출제하고, 언어 테스팅 분야의 세계적인 권위자인 Bachman 교수(미국UCLA)와 Oller 교수(미국 뉴멕시코대)로부터 타당성을 검증 받았다.
5. 말하기-쓰기 시험인 TEPS Speaking & Writing도 별도로 실시 중이며, 2009년 10월부터 이를 통합한 i-TEPS를 실시하고 있다.

TEPS 시험 구성

영역		Part별 내용	문항수	시간/배점
청해 Listening Comprehension	Part I	문장 하나 듣고 이어질 대화 고르기	15	55분 400점
	Part II	짧은 대화 듣고 이어질 대화 고르기	15	
	Part III	6~8문장의 대화 듣고 질문에 해당하는 답 고르기	15	
	Part IV	담화문의 내용 듣고 질문에 해당하는 답 고르기	15	
문법 Grammar	Part I	대화문의 빈칸에 적절한 표현 고르기	20	25분 100점
	Part II	문장의 빈칸에 적절한 표현 고르기	20	
	Part III	대화에서 어법상 틀리거나 어색한 부분 고르기	5	
	Part IV	단문에서 문법상 틀리거나 어색한 부분 고르기	5	
어휘 Vocabulary	Part I	대화문의 빈칸에 적절한 단어 고르기	25	15분 100점
	Part II	단문의 빈칸에 적절한 단어 고르기	25	
독해 Reading Comprehension	Part I	지문 읽고 빈칸에 들어갈 내용 고르기	16	45분 400점
	Part II	지문 읽고 질문에 가장 적절한 내용 고르기	21	
	Part III	지문 읽고 문맥상 어색한 내용 고르기	3	
13개 Parts			200	140분 990점

TEPS 시험 응시 정보

방문 접수
1. www.teps.or.kr에서 인근 접수처를 확인할 수 있다.
2. **준비물** 응시료 36,000원(현금만 가능), 증명사진 1매(3x4cm)

인터넷 접수
1. 서울대학교 TEPS관리위원회 홈페이지 www.teps.or.kr에 접속해서 접수 할 수 있다.
2. **준비물** 스캔한 사진 파일, 응시료 결제를 위한 신용 카드 및 은행 계좌

TEPS 시험 당일 정보

1. **고사장 입실 완료** 9시 30분(일요일) / 2시 30분(토요일)
2. **준비물** 신분증, 컴퓨터용 사인펜, 수정테이프, 수험표, 시계
3. **유효한 신분증**
   - **성인** 주민등록증, 운전면허증, 여권, 공무원증, 현역간부 신분증, 군무원증, 주민등록증 발급 신청 확인서, 외국인 등록증
   - **초.중고생** 학생증, 여권, 청소년증, 주민등록증(발급 신청 확인서), TEPS 신분 확인 증명서
4. **시험 시간** 2시간 20분 (중간에 쉬는 시간 없음, 각 영역별 제한 시간 엄수)
5. **성적 확인** 약 2주 후 인터넷에서 조회 가능

GRAMMAR 문제 유형 소개

PART I

1. A: I'd like to know when my clothes are arriving.
   B: Our computer says your order for two T-shirts and a pair of jeans _____.
   (a) shipping already
   (b) have been shipped already
   (c) has been already shipped
   (d) were already shipping

문제 수	20문항
시간	6분
빈출 문법 개념	수/태/시제 일치, 분사, 형용사/부사, 조동사, to부정사/동명사
유형	Part 1은 대화문을 읽고 빈칸에 문법적으로 적절한 답을 선택하는 문제이다. 상대적으로 단순한 문법 개념에 대해 질문한다. 전체 25분 중 6분 안에 Part 1 (20문제)을 풀어내는 연습을 하자. Part 1은 대체적으로 시제, 동사, 어순, 그리고 품사에 관련된 개념 등에 대해 질문한다. 문제를 보고 해석을 하기보다는 선택지를 통해 어떤 문법 개념에 대한 문제인지를 파악한 후에 문제를 읽기 시작하는 것이 정답을 빨리 정확하게 찾을 수 있다.

PART II

21. All things _____, seafood is healthy to eat in that fish and shellfish are high in protein and minerals, but low in saturated fat.
    (a) consider
    (b) considers
    (c) considering
    (d) considered

문제 수	20문제
시간	8분
빈출 문법 개념	수/태/시제 일치, 분사, 가정법, 관계 대명사, 어순
유형	Part 2는 문어체 문장을 읽고, 빈칸에 문법적으로 맞는 것을 선택지 중에 고르는 문제이다. 문장 구조를 파악해야 하는 문제가 있고, 해석을 하면서 내용에 맞게 단어를 선택해야 하는 문제가 있다. 즉, Part 2 문제는 주어와 동사, 목적어가 있는지 하나씩 따져, 문장 구조를 파악하면서 문장도 정확하게 해석해야 한다.

PART III

41.
(a) A: I'm going on a diet from today. I don't like being fat!
(b) B: As long as you're health, I don't think you need to lose weight.
(c) A: But I still want to shed some weight. Do you know what kinds of food I should avoid eating?
(d) B: First of all, you should stop cooking with oil and having lunch at fast food restaurants.

문제 수	5문제
시간	4분
빈출 문법 개념	형용사/부사, 명사/관사, 어순, to부정사/동명사
유형	Part 3는 4개의 문장으로 된 두 사람의 대화를 읽고 문법적 오류 혹은 어색한 표현을 찾아내는 문제이다. 문장 전체 내용보다는 품사 단위로 단어 하나 하나를 꼼꼼히 따져 가며 읽어야 한다. 가산/불가산 명사, 관사, 형용사/부사, 준동사 그리고 어순 등을 주의 깊게 살펴보자. 문장을 빨리 읽어내려 가면서 단골로 출제되는 문법 사항 중심으로 오류를 점검해 나가는 연습을 하는 것이 효과적이다.

PART IV

46. (a) Antibiotics are vital medicines that have used to treat bacterial infections for 70 years. (b) They work either by disrupting processes bacteria need to survive or preventing them from reproducing. (c) But there is a growing concern that bacteria are becoming resistant to antibiotics. (d) Many experts worry that in 20 years, treatments such as chemotherapy and simple surgery will become impossible because they rely on antibiotics.

문제 수	5문제
시간	4분
빈출 문법 개념	수/태 시제 일치, 분사, 관계 대명사, 형용사/부사
유형	Part 4는 4문장으로 되어 있는 문어체의 짧은 설명문에서 문법적 오류를 찾아내는 문제이다. 해석보다는 철저한 문법적 분석이 우선해야 한다. 문장에 있는 모든 품사와 문장 요소가 정확한지를 확인하가며 문장을 끊어 읽기해 나간다. 가장 많이 출제되는 문제는 주어와 동사의 일치 문제이다. 문장의 주어와 동사를 찾아 주어와 동사의 수, 태, 시제가 일치하는 지를 가장 먼저 파악해야 한다. 관계 대명사가 제대로 쓰였는지, 한 문장에 동사가 두 개는 아닌지 혹은 가정법의 조건절과 주절의 시제는 일치하는 지 등도 주의 깊게 살펴보자.

PART 1

문법

CHAPTER I

동사와 동사구

Unit 01　동사와 문장 형식
Unit 02　시제
Unit 03　태
Unit 04　조동사

Unit 01 동사와 문장 형식

동사는 문장의 형식을 비롯해 능·수동태, 시제 등과 연관이 있는 가장 핵심적인 문법 요소로 텝스 문법 문제의 50~60% 정도가 동사 문제이다. '문장 형식'에서 가장 많이 출제되는 유형은 자동사와 타동사를 구분하여 해결하는 문제이다. 가목적어를 취하는 5형식 동사 관련 문제는 고난도 유형에 속한다.

Warm-up

1 동사는 주어와 더불어 문장의 필수 구성 요소이며, 주어의 상태나 동작을 설명한다.
A cat near the table (동사가 없으므로 문장이 성립되지 않음)
탁자 근처에 있는 고양이

A cat **is** near the table. 고양이가 탁자 가까이에 있다.

2 동사는 목적어가 필요 없는 자동사와 목적어가 필요한 타동사로 구분된다.
All the members **agreed**. (목적어가 필요 없는 자동사)
모든 회원들이 동의했다.

All the members **attended the meeting**. (목적어가 필요한 타동사)
모든 회원들이 회의에 참석했다.

3 동사는 보어가 필요 없는 완전 동사와 보어가 필요한 불완전 동사로 구분된다.
The conference **started** early in the morning. (보어가 필요 없는 완전 동사)
그 학회는 아침 일찍 시작했다.

The crowd **remained calm**. (보어가 필요한 불완전 동사)
군중들은 조용히 있었다.

4 동사는 목적어와 보어의 유무에 따라 5가지 문장 형식을 만들 수 있다.

1형식　주어+완전 자동사
　　　Susan smiled. Susan은 웃었다.

2형식　주어+불완전 자동사+주격 보어
　　　Susan seems happy. Susan은 행복해 보인다.

3형식　주어+완전 타동사+목적어
　　　Susan likes ice cream. Susan은 아이스크림을 좋아한다.

4형식　주어+완전 타동사+간접 목적어+직접 목적어
　　　Susan gave me a phone call. Susan은 나에게 전화했다.

5형식　주어+불완전 타동사+목적어+목적격 보어
　　　Susan let me use her car. Susan은 내가 그녀의 차를 사용하게 했다.

TEPS Point 1 — 완전 자동사

1 1형식 문장

보어 없이도 주어를 완전히 설명할 수 있는 동사를 '완전 자동사'라고 한다. 완전 자동사는 '주어 +동사'의 1형식 문장을 만든다.

Everyone in my family arrived.
우리 가족 모두가 도착했다.

> **자동사**
> happen 발생하다   occur 발생하다   take place 발생하다   remain 남다   originate 유래하다
> worsen 악화되다   wane 약해지다   ensue 뒤따르다   suffice 충분하다   rise 오르다
> exist 존재하다   proceed 진행되다   flutter 펄럭이다   fluctuate 변동을 거듭하다
> double 두 배로 되다   expire 만료되다

2 목적어를 취하는 경우

자동사는 목적어를 취할 수 없지만, 전치사와 함께 쓰이면 목적어를 취할 수 있다.

Tell me how Richard reacted to the news. (react X)
Richard가 그 소식에 어떻게 반응했는지 말해 주세요.

The snowstorm accounted for the heavy traffic. (account X)
눈보라가 교통 체증의 이유이다.

> **'자동사+전치사'**
> range from 범위가 ~부터이다   consist of ~으로 구성되어 있다   react to ~에 반응하다
> subscribe to ~을 구독하다, 인정하다   object to ~에 반대하다   reply/respond to ~에 답하다
> lead to ~으로 이어지다   result in ~을 야기하다   account for ~의 이유가 되다, 해명하다
> consent to ~에 동의하다   brim with ~으로 가득 차다   refer to ~에게 문의하다, 언급하다
> deal with ~을 다루다   verge on ~에 가깝다

⊕ Plus Tips

자동사+전치사=타동사

reacte to처럼 몇몇 '자동사+전치사'는 타동사처럼 쓰인다.

TEPS Point 2 | 불완전 자동사

Plus Tips

go
go가 형용사를 보어로 취하면 안 좋은 상황으로의 변화를 나타낸다.

go bad / go mad /
go bankrupt / go blind
(go good X / go successful X)

1 2형식 문장

자동사 중에서 '주어+동사'만으로는 완전한 정보를 전달할 수 없는 자동사의 경우, 주어를 보충적으로 설명하는 보어가 필요한데, 이렇게 보어가 필요한 동사를 '불완전 자동사'라고 한다. 불완전 자동사는 '주어+동사+보어'의 2형식 문장을 만든다.

You sound tired.
(목소리를 들어 보니) 당신은 피곤한 것 같다.

Katie became beautiful as she grew older.
Katie는 나이가 들어가면서 아름다워졌다.

John's account proved true.
John의 설명은 사실인 것으로 판명되었다.

불완전 자동사	
감각 동사	look ~처럼 보이다 seem ~처럼 보이다 appear ~인 것 같다 sound ~처럼 들리다 taste ~한 맛이 나다 feel ~한 느낌이 들다 smell ~한 냄새가 나다
상태 유지/변화 동사	become / grow / go / turn ~하게 되다 remain / hold / stay / stand 계속 ~하다 return 돌아오다
판명/증명 동사	prove / come out / turn out ~으로 판명되다

Plus Tips

불완전 자동사+like+명사
불완전 자동사가 명사 보어를 취할 경우 '동사+like+명사'의 형태가 된다. 이때 like 대신 to be를 써도 된다.
look, seem, sound, taste, feel, smell**+like+**명사

Your story seems **like** a dream.
너의 이야기는 마치 꿈 같다.

2 보어의 형태

주격 보어로 올 수 있는 품사는 형용사와 명사이다. 부사는 주격 보어가 될 수 없다.

The pizza looks delicious. (주격 보어: 형용사)
그 피자는 맛있어 보인다.

Cindy is a singer. (주격 보어: 명사)
Cindy는 가수이다.

Your hair feels soft. (softly X)
당신의 머리카락은 부드럽다.

The soup tastes good. (well X)
그 수프는 맛있다.

Plus Tips

판단/증명 동사의 보어
prove, come out, turn out 뒤에 to be가 나올 수도 있다.

His plan **turned out (to be)** successful.
그의 계획은 성공적인 것으로 판명되었다.

TEPS Point 3   완전 타동사

1   3형식 문장

목적어를 취하는 동사를 '완전 타동사'라고 한다. 완전 타동사는 '주어+동사+목적어'의 3형식 문장을 만든다.

Jay married Emily. Jay는 Emily와 결혼했다.

> **텝스 빈출 완전 타동사**
> involve ~을 포함하다   include ~을 포함하다   contain ~이 들어 있다   represent ~을 대표하다
> reflect ~을 반사하다   oppose ~을 반대하다   accompany ~을 동반하다, 동행하다
> inhabit ~에 살다   comprise ~을 구성하다   constitute ~을 구성하다   suit ~에게 어울리다
> underlie ~의 기저를 이루다   marry ~와 결혼하다   date ~와 데이트하다   attend ~에 참석하다
> entail ~을 수반하다

2   자동사로 착각하기 쉬운 타동사

타동사는 전치사와 함께 쓰이지 않는다. 따라서 목적어 자리에 전치사구가 올 수 없다.

The temporary workers cannot access the data. (access to X)
임시 직원들은 그 데이터에 접근할 수 없다.

> **자동사로 착각하기 쉬운 타동사**
> influence ~에 영향을 주다   impact ~에 영향을 주다   mention ~을 언급하다
> access ~에 접근하다   reach ~에 이르다   answer ~에 대답하다   approach ~에 접근하다
> contact ~와 연락하다   accompany ~와 동반하다

3   목적어 뒤에 특정 전치사구를 수반하는 타동사

(1) of+명사

I will **inform** you **of the result**.
내가 당신에게 결과를 알려 줄 것이다.

You **remind** me **of my ex-girlfriend**.
당신은 내 예전 여자 친구를 생각나게 한다.

> **'of+명사'를 취하는 타동사**
> inform 알리다   remind 생각나게 하다   accuse 비난하다   relieve 덜어주다   deprive 빼앗다
> suspect 의심하다   assure 확언하다   rid 없애다

(2) from+명사

Can you **distingu**ish silver **from stainless steel**?
당신은 은과 스테인레스를 구별할 수 있나요?

> **'from +명사'를 취하는 타동사**
> prevent 방지하다   prohibit 금지하다   know 구별하다   distinguish 구별하다
> exempt 면제하다

TEPS Pattern

sell의 자동사 용법

sell 뒤에 '잘'이라는 의미의 부사 (well, best, most)나 가격, 판매량과 관련된 표현이 올 경우에 sell은 대부분 자동사이다.

_____ +well/most/best
_____ +for+가격
(a) 자동사
(b) 타동사

정답 자동사

TEPS Pattern

read, say의 태

주어가 board, sign, book, notice일 때, read와 say는 자동사로 쓰이므로 수동태가 불가능하다.

The board/sign/notice+ _____ +that ~.

정답 능동태(says/reads)

⊕ Plus Tips

remind/inform+목적어+to부정사/절

remind와 inform의 목적어(사람) 뒤에 to부정사나 절이 올 수 있다.

The police **informed** the residents **to evacuate** the building.
경찰은 거주민들에게 그 건물에서 대피하라고 알렸다.

The sign **reminds** tourists **that chewing gum is illegal**.
그 표지판은 관광객들에게 껌 씹는 것이 불법임을 상기시킨다.

(3) with+명사

The hotel **provides** all customers **with a free shuttle bus service** to the airport.
그 호텔은 모든 고객들에게 공항까지 가는 무료 셔틀 버스를 제공한다.

'with+명사'를 취하는 타동사
help 돕다　provide 제공하다　charge 부과하다　compare 비교하다　replace 대체하다
furnish 제공하다　supply 공급하다

(4) for+명사

I **mistook** Jen **for being Chinese**, but she is actually Japanese.
나는 Jen을 중국인으로 착각했지만, 그녀는 사실 일본 사람이다.

'for+명사'를 취하는 타동사
blame 비난하다　criticize 비판하다　punish 처벌하다　mistake 오인하다　scold 혼내다
exchange 교환하다　change 바꾸다

TEPS Point 4 수여 동사

1 4형식 문장

목적어 2개를 필요로 하는 완전 타동사를 '수여 동사'라고 한다. 수여 동사는 '주어+동사+간접 목적어+직접 목적어'의 4형식 문장을 만든다.

The company offered Ben a permanent position.
회사는 Ben에게 정규직을 제안했다.

The company gave Ben what he asked for.
회사는 Ben에게 그가 요구한 것을 주었다.

2 3형식 문장으로 전환하는 경우

간접 목적어를 직접 목적어 뒤로 위치시켜 3형식 문장을 만들 수 있다. 목적어의 위치를 바꿀 때 사용하는 전치사로는 to, for, of 등이 있다.

(1) 간접 목적어 앞에 to를 쓰는 경우

I will send you a sample.
→ I will **send** a sample **to you**.
나는 당신에게 샘플을 보낼 것이다.

to를 쓰는 동사
give 주다   send 보내다   lend 빌려 주다   tell 말하다   offer 제공하다   wish 바라다
pay 지불하다   show 보여 주다   bring 가져오다

(2) 간접 목적어 앞에 for를 쓰는 경우

The police officer found me my purse.
→ The police officer **found** my purse **for me**.
경찰관이 내 지갑을 찾아 줬다.

for를 쓰는 동사
buy 사다   find 찾다   get 받다   make 만들다   do 하다   cook 요리하다   sing 노래하다

3 3형식 문장으로 전환하지 않는 경우

목적어의 순서를 바꿀 수 없는 동사가 있다.

This machine will save you a lot of housework. (O)
This machine will **save** a lot of housework to you. (X)
이 기계는 당신에게 많은 집안일을 면하게 해 줄 것이다.

4형식으로만 쓰는 동사
envy 부러워 하다   forgive 용서하다   save 구하다   spare 할애하다   cost (비용이) 들다

Plus Tips

직접 목적어가 지시 대명사인 경우

직접 목적어가 지시 대명사일 경우, 4형식 문장으로 쓸 수 없다.

I will give you **it**. (X)
I will give it to you. (O)
나는 그것을 너에게 줄 것이다.

Plus Tips

convince
확신시키다, 납득시키다

동사 convince는 직접 목적어로 절을 취할 수 없고, 바로 뒤에 간접 목적어로 사람이 나와야 한다.

The lawyer **convinced** that Donald was innocent. (X)

The lawyer **convinced the jury** that Donald was innocent. (O)
변호사는 배심원들에게 도날드가 무죄라는 것을 확신시켰다.

Plus Tips

목적어가 명사절일 경우
의미 혼동을 막기 위해 'to+사람'은 명사절 앞에 위치해야 한다.

Ted announced to **the staff that** he was getting married.
Ted는 직원들에게 곧 결혼한다고 발표했다.

Ted announced that he was getting married **to the staff.** (X)

4 4형식 동사로 착각하기 쉬운 3형식 동사

'주어+동사+목적어+to+사람' 혹은 '주어+동사+to+사람+that절/의문사 명사절'의 형태로만 쓰는 동사가 있다.

The student **explained** his teacher the reason. (X)
The student **explained** the reason to his teacher. (O)
학생은 그의 선생님에게 이유를 설명했다.

The student **explained** to his teacher why he didn't do the homework. (O)
학생은 그의 선생님에게 왜 그가 숙제를 하지 않았는지 설명했다.

4형식 동사로 착각하기 쉬운 3형식 동사
explain 설명하다   suggest 제안하다   announce 발표하다   describe 묘사하다
propose 제안하다   introduce 소개하다

TEPS Point 5   불완전 타동사

1   5형식 문장

목적어를 설명하기 위해 목적격 보어를 필요로 하는 동사를 '불완전 타동사'라고 한다. 불완전 타동사는 '주어+동사+목적어+목적격 보어'의 5형식 문장을 만든다. 주격 보어 자리에 부사가 올 수 없는 것과 마찬가지로 목적격 보어 자리에도 부사는 올 수 없다.

The teacher allowed Jason **to go** home early. 선생님은 Jason이 집에 일찍 가는 것을 허락했다.
Most students find physics **difficult**. 대부분의 학생들은 물리학을 어렵다고 생각한다.

2   목적격 보어로 명사나 형용사가 오는 경우

The teacher appointed Steve **leader** of the team. 선생님은 Steve를 팀장으로 임명했다.
You should make your point **clearer**. 너는 너의 요점을 더 확실하게 해야 한다.

3   목적격 보어로 준동사가 오는 경우

동사의 종류 및 목적어와 목적격 보어의 관계에 따라 목적격 보어가 될 수 있는 준동사의 형태가 다르다.

(1) 목적어와 목적격 보어의 관계가 능동일 경우
목적격 보어로 to부정사, 현재 분사가 올 수 있다.

① **일반 동사:** 목적격 보어로 to부정사가 온다.
The guard didn't **allow** Cindy **to enter** the hall.
경호원은 Cindy가 그 홀에 들어가는 것을 허락하지 않았다.

② **지각 동사:** 목적격 보어로 원형 부정사나 현재 분사가 온다.
The guard **saw** Cindy **enter(entering)** the hall.
경호원은 Cindy가 그 홀에 들어가는 것을 보았다.

③ **사역 동사:** 목적격 보어로 원형 부정사가 온다.
The guard didn't **let** Cindy **enter** the hall.
경호원은 Cindy가 그 홀에 들어가는 것을 허락하지 않았다.

④ **유지/발견 동사:** 목적격 보어로 현재 분사가 온다.
Don't **keep** it **running**. 그것을 계속 가동시켜 놓지 마시오.

(2) 목적어와 목적격 보어의 관계가 수동일 경우
목적격 보어로 과거 분사가 오는 것이 원칙이다.

The application **allows** your mobile phone **(to be) traced** when you lose it.
그 프로그램은 네가 휴대폰을 분실했을 때, 그것을 추적할 수 있도록 한다.

The audience **saw** Benjamin mistakenly **named** as the winner.
관중들은 Benjamin이 우승자로 잘못 이름 불려진 것을 보았다.

A: The kitchen sink is leaking. 부엌 개수대가 새요.
B: I will **have** it **fixed** right away. 당장 그것을 고치도록 할게요.

I'll **keep** the window **locked**. 나는 그 창문을 잠가 놓을 것이다.

⊕ Plus Tips

help의 목적격 보어
준사역동사인 help는 목적격 보어로 원형 부정사도 취할 수 있다.

This device **helps** you **improve** your memory.
이 장치는 당신이 기억력을 향상시키게 도움을 준다.

일반 동사	persuade 설득하다 expect 예상하다 urge 충고하다 cause ~을 야기하다 enable ~을 할 수 있게 하다 allow 허락하다 inform 알리다 force ~하게 만들다 get 얻다 tell 말하다 order 명령하다 ask 묻다 advise 조언하다 require 필요로 하다 compel 강요하다
지각 동사	see 보다 watch 지켜보다 look at ~을 보다 hear 듣다 listen to ~에 귀를 기울이다 notice 알다 feel 느끼다 hear 듣다
사역 동사	have / let / make / (help)

4 목적어 뒤에 특정 전치사(구)를 수반하는 경우

(1) as가 오는 경우
'주어+동사+목적어+as+명사/형용사'의 형태로 쓴다.

Sam **thinks of** Korea **as** his home country. Sam은 한국을 고국으로 여긴다.

as가 오는 동사
regard ~로 여기다   view ~라고 여기다   describe ~을 묘사하다   name ~라고 이름 붙이다
call ~라고 부르다   define ~을 정의하다   think of ~을 생각하다   conceive of ~을 상상하다

(2) to be가 오는 경우
'주어+동사+목적어+(to be)+명사/형용사'의 형태로 쓴다.

Sam **thinks** Korea **to be** his home country. Sam은 한국을 고국이라 생각한다.

to be가 오는 동사
think ~라고 생각하다   believe ~라고 여기다   find ~라고 여기다

5 가목적어 it

5형식 문장에서 목적어가 준동사나 명사절일 경우, 가목적어 it을 쓴다.

You may find **watching horror movies** (to be) enjoyable.
= You may find **it** (to be) enjoyable **to watch** horror movies. (= watching)
= You may find **it** (to be) enjoyable **watching** horror movies.
당신은 공포 영화를 보는 것을 재미있다고 생각할지도 모른다.

Many people believe **that a UFO crashed in Roswell** to be true.
= Many people believe **it** true **that a UFO crashed in Roswell**.
많은 사람들은 UFO가 Roswell에서 추락한 것이 사실이라고 믿는다.

가목적어를 취하는 동사
make ~로 만들다   find ~라는 것을 알게 되다   believe ~라고 믿는다   think ~라고 생각한다
consider ~라고 간주하다

+ Plus Tips

A를 B라고 생각하다
think A **to be** B
think of A **as** B
consider A (**as**) B
recognize A **as** B

Exercise

A. 다음 중 빈칸에 알맞은 것을 고르세요.

1. The park allows people _____ a walk and relax.
   (a) to take   (b) taking

2. That dress looks _____ on you.
   (a) great   (b) greatly

3. The movie version of the book got the author's ideas _____ by the general public.
   (a) notice   (b) noticed

4. The chess organization _____ competitors wearing a hijab while playing.
   (a) objects   (b) objects to

5. I saw Alice _____ a white mask and gown for Halloween.
   (a) wearing   (b) to wear

B. 다음 문장에서 틀린 부분을 바르게 고치세요.

6. I'd like to have my computer fix today.

7. The coach announced the team that he would leave the team.

8. The doctor offered alternative treatments his patient.

9. No one can make you to confess to something you haven't done.

10. Kate found it worthwhile cook by herself at home with homegrown vegetables.

Actual Practice

Part I Questions 1-8
Choose the option that best completes each gap.

1. A: Have you seen my new red jacket?
   B: I saw Tina _____ it this morning.
   (a) wore
   (b) wearing
   (c) worn
   (d) to wear

2. A: Can you make yourself _____ in French?
   B: Yes. I lived in France for a couple of years.
   (a) understand
   (b) understood
   (c) to understand
   (d) understanding

3. A: I am going to drop this course. The math theories it requires are above me.
   B: I know, but I'd like to _____ it. It is a very helpful course.
   (a) encourage you to complete
   (b) encourage you completed
   (c) complete you to encourage
   (d) encourage you completing

4. A: Do you think the O2 phone bill plan is better for me?
   B: Yes. Their family plan will _____ a month.
   (a) you $20 save
   (b) you save $20
   (c) save $20 to you
   (d) save you $20

5. A: Are you going to take a year off from university?
   B: Yes. My financial situation _____ this.
   (a) does force to me
   (b) does me force to
   (c) is forcing me to do
   (d) forces me do

6. A: Alex must be frustrated about his illness.
   B: He's finding _____.
   (a) accepting hard it
   (b) it hard to accept
   (c) it hard to accepting
   (d) it accepting hard

7. A: Do you think Billy sold the client information to our competitor?
   B: I think so. He _____ when the police officer was questioning him.
   (a) appeared nervous
   (b) was appearing nervous
   (c) appeared nervously
   (d) was appearing nervously

8. A: The salary Rachel is demanding to stay on our team is exorbitant!
   B: I know, but I will offer _____. She's an invaluable member of the team.
   (a) her to what she asked for
   (b) for her what she asked for
   (c) her what she asked for
   (d) what she asked for her

Part II Questions 9-16
Choose the option that best completes each gap.

9. Back pain usually _____ when you are lying down or bending over.
   (a) worsens
   (b) is worsened
   (c) has worsen
   (d) worsened

10. A series of hurricanes forced several schools _____ closed for three days.
    (a) remaining
    (b) to remain
    (c) remain
    (d) remained

11. It is important to make all of your payments on time because your financial history _____ a large part of your credit score.
    (a) constitutes
    (b) constitutes of
    (c) constitutes from
    (d) is constituting of

12. An ITV news reporter team _____ the politician in question to understand what the main issue was, but their calls were not returned.
    (a) contacting
    (b) contacted with
    (c) contacted
    (d) contacting with

13. Chinese and Japanese tourists _____ foreign tourists in Korea.
    (a) comprise 60% of
    (b) comprise of 60%
    (c) are comprising of 60%
    (d) are comprising 60% of

14. After two weeks of psychotherapy, Erica _____ of bed in the mornings and sleep at night.
    (a) found it easier get out
    (b) found easier to get out
    (c) easier to get out it found
    (d) found it easier to get out

15. Garbage cans and street trees often cause accidents because pedestrians fail to _____ the obstacles while they are reading texts or talking on their mobile phones.
    (a) react
    (b) be reacted
    (c) be reacted to
    (d) react to

16. Tropical bird watching and scuba diving both _____ observation of colorful animals in the world's most bio-diverse ecosystems.
    (a) are entailed
    (b) entail
    (c) are entailing
    (d) entail with

Part III Question 17
Read each sentence carefully and identify the option that contains a grammatical error.

17. (a) A: Is there a vegetarian restaurant near this hotel?
    (b) B: Not near here. But there is one at the corner of Royal Garden and Eastern Avenue.
    (c) A: How long does it take to get there from here?
    (d) B: It depends how you go there. I'd say about 10 minutes by taxi, though.

Part IV Questions 18
Read each sentence carefully and identify the option that contains a grammatical error.

18. (a) The risks involved in playing sports are well known. (b) Even though athletes take precautions to avoid injury, the violent nature of many sports makes impossible to completely avoid or prevent being hurt. (c) Kids are at greater risk than adults from sports injuries since their bodies are still growing and developing. (d) It makes sense that schools should seek advice from experts who specialize in injury prevention when organizing sports events.

Unit 02 시제

동사의 시제 문제는 수 일치나 능·수동태와 함께 출제된다. 따라서 동사를 살필 때 수, 시제, 태 확인은 필수이다. 시제 문제의 경우 문장에 있는 시간 부사나 기준 시점을 단서로 활용해야 하며, 현재 시제와 과거 완료 시제가 가장 많이 출제된다.

Warm-up

1 동사의 시제는 상태나 동작의 발생 시점을 알려 주며, 시제에 따라 동사의 형태가 달라진다.
Miranda **plays** the piano. (현재 시제) Miranda는 피아노를 친다.
Miranda **played** the piano at last night's party. (과거 시제) Miranda는 어젯밤 파티에서 피아노를 쳤다.

2 시제는 크게 단순, 진행, 완료 시제로 구분한다.

	단순 시제		진행 시제		완료 시제
현재	기본형	현재 진행	is/are+-ing	현재 완료	has/have+p.p.
과거	기본형+-ed	과거 진행	was/were+-ing	과거 완료	had+p.p
미래	will+동사의 기본형	미래 진행	will be+-ing	미래 완료	will have+p.p.

* 현재 시제의 경우 주어가 3인칭 단수일 때 동사에 -(e)s를 붙인다.

현재	Jeff **works** at a law firm. Jeff는 법무 회사에서 일한다.
과거	Jeff **worked** at a law firm. Jeff는 법무 회사에서 일했다.
미래	Jeff **will work** at a law firm. Jeff는 법무 회사에서 일할 것이다.

현재 진행	Sarah **is driving**. Sarah는 운전을 하고 있다.
과거 진행	Sarah **was driving**. Sarah는 운전을 하고 있었다.
미래 진행	Sarah **will be driving**. Sarah는 운전을 하고 있을 것이다.

현재 완료	I **have completed** the report. 나는 보고서를 완성했다.
과거 완료	I **had** already **completed** the report when the boss came back. 상사가 돌아왔을 때, 나는 이미 보고서를 완성했다.
미래 완료	I **will have completed** the report by tomorrow. 나는 내일까지 보고서를 완성할 것이다.

3 문장의 시제는 문장에 포함된 시간 부사나 시간을 나타내는 전치사구와 어울려야 한다.
I **saw** a movie **yesterday**. 나는 어제 영화를 보았다. (yesterday: 과거 시제 부사어구)
The CEO **will reveal** her company's new business vision **in two days**. (in two days: 미래 시제 부사어구)
CEO는 2일 후에 회사의 새로운 사업 비전을 발표할 것이다.
Julie **is talking** on the phone **right now**. (right now: 현재 시제 부사어구) Julie는 지금 통화를 하고 있다.

TEPS Point 1   단순 시제

1 현재 시제

(1) 일반적으로 현재 시제를 쓰는 경우
일반적인 사실이나 규칙적이거나 반복적으로 일어나는 일, 변하지 않는 물리·자연의 법칙, 어떤 사물에 대한 정의를 내릴 때 쓴다.

Vaccines stimulate the body's immune system. (일반적인 사실)
백신은 신체의 면역 체계를 자극한다.

The shuttle bus runs every 15 minutes. (반복적인 일)
셔틀 버스는 15분 간격으로 운행한다.

> **현재 시제와 어울려 쓰는 시간 부사**
> always 항상 usually 보통 frequently 자주 seldom 좀처럼 ~ 않는 never 결코 ~ 않는
> every ~마다

(2) 미래 시제를 대신하는 경우
시간이나 조건의 부사절에서는 미래 시제 대신 현재 시제를 쓴다.

Once the snow stops, we will start boarding. (will stop X)
일단 눈이 그치면, 우리는 탑승을 시작할 것이다.

If the meeting is canceled tomorrow, I will take a half day off. (will be canceled X)
내일 회의가 취소되면, 나는 반나절 휴가를 받을 것이다.

> **시간 및 조건을 나타내는 접속사**
> when ~할 때 as soon as ~하자마자 after ~한 후에 before ~하기 전에 once 일단 ~한 후에
> until ~할 때까지 if ~라면 unless ~하지 않는다면

2 과거 시제
과거에 발생한 동작, 역사적 사실을 표현할 때 쓴다.

People hailed David as a hero just a few years ago. (과거 사실)
몇 년 전만 해도 사람들은 David를 영웅이라고 일컬었다.

The assassination of Austria's Archduke Franz Ferdinand sparked World War I.
오스트리아의 Archduke Franz Ferdinand 암살이 세계 1차 대전을 촉발했다. (역사적 사실)

> **과거 시제 시간 부사어구**
> ~ ago ~ 전에 last 지난 ~에 during ~ 동안에 when+지난 사건 ~했을 때

3 미래 시제
미래에 일어날 사건이나 상태, 예정이나 주어의 의지를 표현할 때 쓴다.

Mr. Gonzales will win the next election. (단순 미래)
Gonzales 씨가 다음 선거에서 승리할 것이다.

I will take a trip to Hawaii next month. (주어의 의지)
나는 다음 달에 Hawaii로 여행을 갈 것이다.

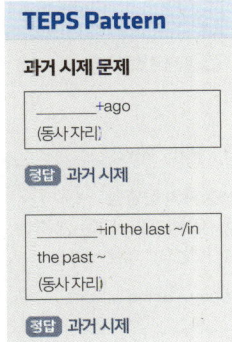

TEPS Pattern

과거 시제 문제

_____+ago
(동사 자리)

정답 과거 시제

_____+in the last ~/in the past ~
(동사 자리)

정답 과거 시제

TEPS Point 2 · 진행 시제

Plus Tips

for ~ 동안

어느 한 시점에서 일시적으로 진행 중인 동작을 나타내는 진행 시제와 기간을 나타내는 전치사구는 함께 쓰이지 않는다.

Lucy **has been taking** a shower **for 30 minutes**.
(is taking X)
Lucy는 30분 동안 샤워를 하고 있다.

1 현재 진행 시제

현재에 진행되고 있는 동작을 표현할 때 쓴다.

Ben **is playing** tennis now. Ben은 지금 테니스를 치고 있다.

> **미래를 표현하는 현재 진행 시제**
> 현재 진행 시제로 가까운 미래나 예정을 표현할 수 있다.
> - be going to = be planning to: 주로 계획을 표현할 때 쓴다.
>   I **am going to** drop math this week.
>   = I **am planning to** drop math this week.
>   나는 이번 주에 수학 수업을 취소할 계획이다.
> - 현재 진행형: 확정적인 미래, 가까운 미래의 동작을 표현한다.
>   Eric **is getting** married next month. Eric은 다음 달에 결혼한다.

2 과거 진행 시제

과거 어떤 시점에 진행되고 있던 동작을 표현할 때 쓴다.

When Jeremy called, Beth **was working** out at the gym.
Jeremy가 전화했을 때, Beth는 체육관에서 운동을 하고 있었다.

The company **was making** a huge profit at this time last year.
작년 이맘때 그 회사는 큰 수익을 내고 있었다.

TEPS Pattern

과거 진행 시제

| _____ ~ (at) this time last week/month/year. (동사 자리) |

정답 과거 진행 시제

TEPS Pattern

미래 진행 시제

| _____ ~ (at) this time next week/month/year. (동사 자리) |

정답 미래 진행 시제

3 미래 진행 시제

미래에 진행되고 있을 동작을 표현할 때 쓴다.

Don't visit me between 10 and 11, as I **will be meeting** with a client then.
저는 고객과 회의를 하고 있을 것이기 때문에, 10시에서 11시 사이엔 절 방문하지 마세요.

I **will be taking** a test at this time tomorrow.
나는 내일 이맘때 시험을 보고 있을 것이다.

Plus Tips

be동사의 진행형

일시적 상태를 강조하는 경우에는 진행형으로 쓸 수 있다.

You **are being** stupid.
너는 바보같이 굴고 있다.

have의 진행형

'식사를 하다', '(행사를) 하다'라는 의미일 때는 진행형으로 쓸 수 있다.

We **are having** dinner.
우리는 저녁을 먹고 있다.
We **are having** a party.
우리는 파티를 하고 있다.

4 진행형으로 쓰지 않는 동사

상태 동사와 인지, 감각, 소유의 의미를 갖고 있는 동사는 진행형을 만들 수 없다.

상태	be	remain	like	love	hate	prefer
인지	know	remember	regret	forget	think	believe
감각	look	appear	seem	taste	sound	feel
소유	have	own	possess	consist of	belong to	comprise

The stew Betty made **tastes** good. (is tasting X)
Betty가 만든 스튜는 맛있다.

I **remember** what you said last night. (am remembering X)
나는 네가 어젯밤에 한 말을 기억하고 있다.

TEPS Point 3　완료 시제

1 현재 완료
과거에 시작된 일이 현재까지 계속되거나 그 영향이 현재까지 지속되고 있을 때 쓰며, 계속, 경험, 결과, 완료 용법이 있다.

Since its opening in 2007, the museum **has exhibited** many modern sculptures.
2007년 개장 이래로, 그 박물관은 많은 현대 조각을 전시해 오고 있다. (계속)

I **have** never **seen** *Star Wars*. (경험)
나는 <Star Wars>를 본 적이 없다.

About one million people **have signed** the petition. (결과)
약 백만 명이 탄원서에 서명을 했다.

You can use the elevator now since the repairs **have been** done. (완료)
당신은 지금 엘리베이터를 사용할 수 있는데, 수리가 완료되었기 때문이다.

> **현재 완료 시제 시간 부사어구**
> for/over/in+the last+기간: 지난 ~ 동안
> since+과거 시점이나 사건: ~ 이래로 / since+주어+과거 동사: ~ 이래로
> so far / till now / up to now: 현재까지
> lately / recently: 최근에

Plus Tips
현재 완료 vs. 과거
현재 완료 시제
과거에 일어난 일의 결과가 현재까지 영향을 미치는 경우에 쓴다.

I have lost 5 kg.
나는 5kg을 뺐다.
(현재 5kg을 뺀 상태 유지하고 있음)

과거 시제
과거 특정 시점의 사실이나 상태를 표현할 때 쓴다.

I lost 5 kg. 나는 5kg을 뺐었다.
(현재 그 상태를 유지하고 있지 않음)

2 현재 완료 진행
현재까지 동작이 여전히 진행되고 있다는 사실을 강조하거나, 동작이 계속된 기간을 강조할 때 쓴다.

It **has been snowing** for two days, but the forecast says the snow will stop tonight. 눈이 이틀 동안 계속 내리고 있지만, 예보에 따르면 눈은 오늘 밤에 멈출 것이다.

I **have been playing** basketball with friends for two hours, so I feel exhausted.
2시간 동안 친구들과 농구를 해서, 나는 피곤하다.

Plus Tips
명백한 과거나 시점을 나타내는 어구
현재 완료 시제와 함께 쓸 수 없다

예 at that time 그때
　the other day 며칠 전에
　last night 어젯밤
　a few days ago 며칠 전에

3 과거 완료
과거의 어느 시점을 기준으로 하여 그보다 더 과거에 있었던 일을 표현할 때 쓴다. 과거 시점을 나타내는 과거 시제 부사어구가 흔히 동반된다.

When Rosa retired, she **had saved** enough money to support her family.
Rosa가 은퇴했을 때, 그녀는 그녀의 가족을 부양할 충분한 돈을 저축해 놓았다.

By the time the annual general meeting started, all the staff members **had** already **gathered** in the hall. 연차 주주 총회가 시작될 무렵, 모든 직원들은 이미 홀에 모였다.

4 과거 완료 진행
과거의 어느 시점까지 동작이 여전히 진행되고 있음을 표현할 때 쓴다.

When it started to rain, we **had been playing** glof for one hour.
비가 오기 시작했을 때, 우리는 1시간 동안 골프를 치고 있었다.

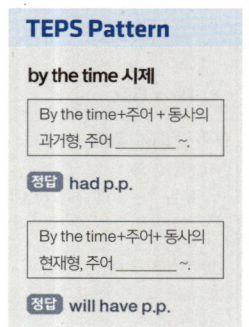

5 미래 완료

미래의 어떤 시점까지 완료되어 있을 동작을 표현할 때 쓴다.

Sally's flight will leave at 5 a.m., so by the time you wake up tomorrow, she **will have left** for the airport.
Sally의 비행기는 오전 5시에 출발해서, 네가 내일 일어났을 때 그녀는 공항으로 가고 없을 것이다.

6 미래 완료 진행

미래의 어떤 시점까지 동작이 여전히 진행되고 있음을 표현할 때 쓴다.

As of next month, Mr. Sanders **will have been working** here for 20 years.
다음 달이면, Sanders 씨는 여기서 20년 동안 일을 하고 있는 것이 될 것이다.

TEPS Point 4 | 시제 일치

1 시제 일치의 원칙

주절의 시제가 과거일 경우, 종속절에는 과거나 과거 완료 시제가 올 수 있다. 주절과 같은 때의 사건은 과거로, 주절보다 앞선 때의 사건은 과거 완료로 표현한다. 주절보다 나중에 벌어질 사건을 표현할 때는 'would+동사 원형'의 형태로 한다.

Albert **said** (that) Julie **lived** in Berlin. (주절과 같은 때의 사건)
Albert는 Julie가 베를린에 산다고 말했다.

Albert **said** (that) Julie **had lived** in Berlin for 20 years before she immigrated to America. (주절보다 앞선 때의 사건)
Albert는 Julie가 미국으로 이민 가기 전에 베를린에 20년 동안 살았다고 말했다. .

Albert **said** (that) Julie **would not return** to Berlin. (주절 이후의 사건)
Albert는 Julie가 베를린으로 돌아가지 않을 것이라고 말했다.

2 시제 일치의 예외

종속절이 불변의 진리를 표현할 때는 주절의 시제와 관계 없이 항상 현재 시제로, 종속절이 역사적 사실을 표현할 때는 주절의 시제와 관계 없이 항상 과거 시제를 사용한다.

Ancient Greek philosophers **assumed** that the Earth **is** a sphere.
고대 그리스 철학자들은 지구가 구 형태라고 추정했다.

Most modern historians **agree** that Columbus **was** not the first European explorer to reach the America.
현대 역사가들은 콜럼버스가 미국에 도착한 첫 번째 유럽인이 아니라는 데 동의한다.

Exercise

A. 다음 중 빈칸에 알맞은 것을 고르세요.

1. Octopuses _____ eight tentacles.
   (a) have
   (b) have had

2. By the time Sandra turns 19, she _____ two million dollars.
   (a) has inherited
   (b) will have inherited

3. After returning from his business trip, Roger realized that he _____ his jacket on the train.
   (a) left
   (b) had left

4. At this time next year, I _____ in the military.
   (a) am serving
   (b) will be serving

5. Greg _____ a happy marriage for two years.
   (a) has had
   (b) has

B. 다음 문장에서 틀린 부분을 바르게 고치세요.

6. Ms. Yoko was living in Seoul for the last 10 years.

7. Joe has always forgotten to turn off his computer when he leaves the office.

8. The rules of American football have been easy.

9. The professor told his students that the final test will be being in a week.

10. At its height, the Roman Empire had stretched from the Atlantic Ocean to the Middle East.

Actual Practice

Part I Questions 1-8
Choose the option that best completes each gap.

1. A: Wow! A new car, huh? It looks nice!
   B: Thanks, I _____ it last month.
   (a) buy
   (b) will buy
   (c) has bought
   (d) bought

2. A: I haven't seen Laura for ages! Do you know what she's up to these days?
   B: She _____ up her thesis when I last saw her.
   (a) was finishing
   (b) is finishing
   (c) has been finishing
   (d) has finishing

3. A: At last, you've become an astronaut. Your dream came true!
   B: Yes, becoming an astronaut _____ my life for as long as I can remember.
   (a) is dominating
   (b) has dominated
   (c) dominates
   (d) has been dominated

4. A: Have you ever been to China?
   B: Yes. I _____ there for two years when I was a kid.
   (a) live
   (b) have lived
   (c) had lived
   (d) lived

5. A: What's the matter? You look upset.
   B: I _____ about the professor's comments about my essay.
   (a) think
   (b) have thought
   (c) was thinking
   (d) will think

6. A: Are you ready to take the bar exam?
   B: Yep! I _____ for it for the last three years.
   (a) studied
   (b) am studying
   (c) have been studied
   (d) have been studying

7. A: Do you know why Erica quit her job?
   B: Her husband _____ to Tokyo next month.
   (a) is transferring
   (b) has been transferred
   (c) will have transferred
   (d) transfers

8. A: Is everything ready for the dinner party? It's starting in 30 minutes.
   B: Everything's done except for the roast pork, but it _____ by the time our guests arrive.
   (a) will be being done
   (b) was done
   (c) will be done
   (d) is done

Part II Questions 9-16
Choose the option that best completes each gap.

9. The Zika virus _____ affect adults very much, but it can cause severe defects in unborn babies.
   (a) does not usually
   (b) has usually not been
   (c) is not being
   (d) has usually not being

10. A puppy was rescued Friday evening. By then, she _____ for two days in an abandoned car.
    (a) trapped
    (b) has trapped
    (c) had been trapped
    (d) was being trapped

11. Still considered one of the best racers, Ronald Button never imagined that he _____ in his 50s.
    (a) had raced
    (b) has been racing
    (c) will be racing
    (d) would be racing

12. The newly elected mayor will cancel the planned highway construction once she _____.
    (a) takes office
    (b) will take office
    (c) will have taken office
    (d) have taken office

13. When the archeologists found the pyramid, they _____ it for three years.
    (a) have been looking for
    (b) were looking for
    (c) had been looking for
    (d) looked for

14. The amount of money to be allocated for the restoration work next year _____ yet.
    (a) is not decided
    (b) has not been decided
    (c) will not have decided
    (d) will not be decided

15. Despite the end of the Vietnam War in 1975, Vietnamese people _____ to suffer horribly well into 1979.
    (a) continued
    (b) had continued
    (c) was continuing
    (d) has continued

16. Although there are other Koreans playing in some of Europe's premier leagues, Park _____ the most famous soccer player today.
    (a) remains
    (b) is remaining
    (c) has been remained
    (d) has been remaining

Part III Question 17
Read each sentence carefully and identify the option that contains a grammatical error.

17. (a) A: This café is known for its famous patrons. J. K. Rowling is one of them.
    (b) B: You mean the novelist J.K. Rowling? She actually comes here?
    (c) A: Oh, yes. She has been coming here every Sunday for years.
    (d) B: Cool. I guess that means I'll be able to see her when I will come here this Sunday then.

Part IV Questions 18
Read each sentence carefully and identify the option that contains a grammatical error.

18. (a) With Hurricane Matthew battering the southern United States, weather satellites are tracking the storm from space. (b) The Copernicus 3A satellite captured this thermal view of Hurricane Matthew on Tuesday as it was approaching the eastern coast of Florida. (c) At the time, Matthew is monstrous, measuring 400 km across and located 200 km from Miami Beach. (d) Matthew is the most powerful hurricane in more than 100 years.

Unit 03 태

수동태 문제는 매 회 평균 2문제 이상 출제되며 주로 특정 동사가 수동태로 나타낼 수 있는 동사(타동사)인지 그렇지 않은 동사(자동사)인지를 묻는다. 동사의 특징과 함께 수동태 문장의 구조를 잘 알고 있어야 하며, 특히 난도가 높은 4형식과 5형식의 수동태를 잘 알아두자.

Warm-up

1 능동태 vs. 수동태: 능동태는 주어가 동작의 주체이며 주로 '~하다'로 해석된다. 수동태는 주어가 동작의 대상이며 주로 '~되다'로 해석되고, 동사의 형태는 be+p.p.이다.

I **washed** the sweater. (능동태: 내가 세탁을 함) 나는 스웨터를 세탁했다.
The sweater **was washed**. (수동태: 스웨터가 세탁됨) 스웨터가 세탁되었다.

2 수동태 문장을 만드는 방법: 능동태 문장의 목적어를 주어 자리로 옮기고 동사를 be+p.p의 형태로 만들어 수동태 문장을 만든다. 이때, 능동태 문장의 주어는 by를 붙여 수동태 문장의 맨 뒤로 보낸다.

Sarah broke the record. Sara가 그 기록을 깼다.
→ The record **was broken by Sarah**. 그 기록은 Sarah에 의해 깨졌다.

3 수동태 문장을 만들 수 있는 동사: 목적어가 있는 타동사는 수동태를 만들 수 있고, 목적어가 없는 자동사는 수동태를 만들 수 없다.

They **announced** the news. (the news: 목적어) 그들이 그 뉴스를 발표했다.
→ The news **was announced**. 그 뉴스가 발표되었다.

The accident **happened** yesterday. (happen: 목적어를 취하지 않는 자동사 → 수동태를 만들 수 없음)
그 사고는 어제 일어났다.

4 수동태 문장의 시제: be동사의 시제 변화로 수동태 문장의 시제를 나타낸다.

기본형	be+p.p.	현재형	is/are+p.p.
진행형	be being+p.p.	과거형	was/were+p.p.
완료형	have/has been+p.p.	미래형	will be+p.p.

현재　　The security program **is updated** automatically. 보안 프로그램은 자동적으로 업데이트 된다.
현재 완료　　The security program **has been updated**. 보안 프로그램이 업데이트 되었다.
과거　　The security program **was updated** yesterday. 보안 프로그램이 어제 업데이트 되었다.
미래　　The security program **will be updated** tomorrow. 보안 프로그램은 내일 업데이트 될 것이다.

TEPS Point 1 · 자동사와 완전 타동사의 수동태

1 자동사의 태

자동사는 목적어를 취하지 않으므로, 1, 2형식 문장은 수동태로 나타내지 못한다.

My bag **disappeared**. (was disappeared X)
내 가방이 사라졌다.

Your car **looks** expensive. (is looked X)
네 차는 비싸 보인다.

> **자동사**
> abound 풍부하다   appear 나타나다   arrive 도착하다   brim 그득하다   double 두 배로 되다
> disappear 사라지다   ensue 뒤따르다   exist 존재하다   happen 발생하다   last 지속되다
> occur 발생하다   remain 남다   seem ~인 듯하다   suffice 충분하다   succeed 성공하다
> participate 참가하다   take place 발생하다   vanish 사라지다

2 완전 타동사의 태

완전 타동사는 목적어 하나를 취하므로, 3형식 문장은 수동태로 나타낼 수 있다.

(1) 태와 목적어

타동사가 능동태일 때는 목적어(명사)가 반드시 있어야 하며, 수동태일 때는 목적어를 취할 수 없다.

Harold **satisfied** all the requirements for the job. (was satisfied X)
Harold는 그 직무를 위한 모든 요구 조건을 만족시켰다.

Harold **was satisfied**. (satisfied X)
Harold는 만족했다.

> **타동사**
> access 접근하다   affect 영향을 미치다   answer 대답하다   blame ~을 탓하다
> bring 초래하다, 가져오다   bury 묻다   cancel 취소하다   cause ~을 야기하다, 초래하다
> deliver 배달하다   educate 교육하다   exclude 배제하다   find 발견하다
> include 포함하다   inherit 상속받다   interest ~의 관심을 끌다   maintain 유지하다, 지키다
> postpone 연기하다   provide 제공하다   reach 도달하다   release 풀어 주다, 석방하다
> satisfy 만족시키다   withdraw 인출하다

(2) 수동태로 만들지 못하는 경우

동작을 가하지 않은 소유 동사나 상태 동사는 수동태로 만들지 못한다.

I **have** a small house. 나는 작은 집을 가지고 있다.
→ A small house is had by me. (X)

The renovations **cost** a lot of money. 그 수리는 많은 돈이 든다.
→ A lot of money was cost. (X)

> **수동태로 만들지 못하는 타동사**
> become 어울리다   cost (비용이) ~이다, 들다   get 받다   have 가지고 있다   lack ~이 없다
> resemble 닮다   suit 어울리다   survive ~보다 더 오래 살다

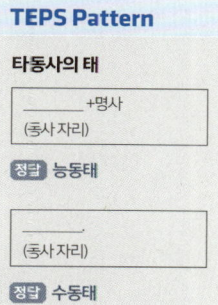

TEPS Pattern

타동사의 태

_____+명사
(동사 자리)

정답 능동태

_____
(동사 자리)

정답 수동태

TEPS Pattern
타동사구의 태
_____ +전치사+명사 (동사 자리)
정답 수동태

3 타동사구의 수동태

(1) 자동사+전치사

자동사와 전치사가 결합한 동사구는 목적어를 취할 수 있기 때문에 수동태로 만들 수 있다. 이때, 전치사가 누락되지 않도록 주의한다.

Gary **laughed at** his opponent.
→ His opponent **was laughed at** by Gary. (was laughed by Gary X)
　Gary는 그의 상대를 비웃었다.

The magazine **deals with** financial issues.
→ Financial issues **are dealt with** by the magazine. (are dealt by the magazine X)
　그 잡지는 금융 문제를 다룬다.

> **자동사+전치사**
> agree with/upon ~에 동의하다　　deal with ~을 다루다　　look at ~을 보다　　laugh at ~을 비웃다
> speak to ~와 이야기하다　　look up to ~을 존경하다

(2) 숙어

숙어는 한 단어로 취급해 수동태로 만든다. 이때에도 역시 전치사가 누락되지 않도록 주의한다.

While I am away next week, Jenny **will take care of** my dogs.
→ While I am away next week, my dog **will be taken care of** by Jenny.
　내가 다음 주에 출장을 가면, Jenny가 나의 개를 돌봐 줄 것이다.

> **숙어**
> bring up (이야기를) 꺼내다　　give up ~을 포기하다　　pay attention to ~에 주의를 기울이다
> pick up ~을 찾아오다, 획득하다　　speak ill of ~에 대해 안 좋게 말하다　　take care of ~을 돌보다

TEPS Point 2 수여 동사의 수동태

1 일반 4형식 문장

수여 동사는 2개의 목적어(간접 목적어와 직접 목적어)가 있는 4형식 문장으로 쓸 수 있기 때문에, 수동태 문장도 간접 목적어를 주어로 하는 경우와 직접 목적어를 주어로 하는 경우의 두 가지로 만들 수 있다. 이때, 직접 목적어를 주어로 하는 수동태 문장의 경우, 간접 목적어 앞의 전치사에 유의한다.

The company **offered** Harry a three-week vacation.
→ **A three-week vacation was offered to** Harry (by the company).
→ Harry **was offered** a three-week vacation (by the company).
회사는 Harry에게 3주 휴가를 제안했다.

The board **secured** Helen a place at the firm.
→ **A place was secured to** Helen at the firm (by the board).
→ Helen was **secured** a place at the firm (by the board).
이사회는 Helen에게 회사에서의 자리를 보장해 주었다.

2 간접 목적어를 주어로 만들 수 없는 경우

4형식 문장을 3형식 문장으로 전환할 때 간접 목적어 앞에 for를 쓰는 수여 동사는 간접 목적어를 수동태 문장의 주어로 쓸 수 없다.

Jay **bought** me two rabbits. Jay는 나에게 토끼 두 마리를 사 주었다.
→ **Two rabbits were bought for** me by Jay. (직접 목적어가 주어가 됨)
→ I was bought two rabbits by Jay. (X 간접 목적어를 주어로 쓸 수 없음)

TEPS Pattern

수여 동사의 태

수여 동사의 태는 해석을 통해 결정한다. 능동태 문장의 간접 목적어가 수동태 문장의 주어가 된 경우, 수동태가 되어도 동사 뒤에 직접 목적어가 남기 때문이다.

Jay _____ a medal yesterday.
a) awarded
b) was awarded

정답 was awarded

⊕ Plus Tips

간접 목적어 앞에 to를 쓰는 수여 동사
give 주다 offer 제공하다
grant 승인하다 show 보여주다 tell 말하다 lend 빌려주다
send 보내다 sell 팔다
bring 가져오다

간접 목적어 앞에 for를 쓰는 수여 동사
buy 사다 make 만들다
find 찾다 get 받다
cook 요리하다

TEPS Point 3 : 불완전 타동사의 수동태

⊕ Plus Tips

사람만이 할 수 있는 동작
believe, expect, think, say, know는 사람만이 할 수 있는 동작이다. 따라서 사물이 주어일 경우, 이 동사들의 태는 수동태가 되어야 한다.

The weather is expected to be rainy tomorrow.
내일 날씨는 비가 올 것이라고 예상된다.

1 일반 5형식 문장
일반 5형식 문장의 경우, 목적격 보어는 수동태 문장의 주격 보어가 된다.

The committee **appointed** Harry **president** of the association. (목적격 보어: 명사)
→ Harry **was appointed president** of the association by the committee.
위원회는 Harry를 협회의 회장으로 선출했다.

The strong wind **left** all the windows **open**. (목적격 보어: 형용사)
→ All the windows **were left open** by the strong wind.
강한 바람이 모든 창문을 열어 놓았다.

The storm **forced** the passengers **to remain** on the island. (목적격 보어: to부정사)
→ The passengers **were forced to remain** on the island by the storm.
폭풍 때문에 승객들은 그 섬에 남아 있을 수밖에 없었다.

2 사역 동사, 지각 동사의 수동태
원형 부정사가 목적격 보어인 경우, 수동태 문장이 되면 원형 부정사는 to부정사가 된다. 분사(현재 분사나 과거 분사)가 목적격 보어인 경우, 수동태 문장이 되면 분사는 그대로 남는다.

(1) 목적격 보어의 형태가 바뀌는 경우
능동태 문장에서 목적격 보어가 원형 부정사인 경우, 수동태 문장의 주격 보어는 to부정사로 그 형태가 바뀐다.

The treatment can make you **shiver**. 그 치료는 네가 몸을 떨게 할 수 있다.
→ You can be made **to shiver** by the treatment.

The children heard the squirrels **shriek**. 아이들은 다람쥐가 소리지르는 것을 들었다.
→ The squirrels were heard **to shriek** by the children.

(2) 목적격 보어가 그대로 주격 보어가 되는 경우
능동태 문장에서 목적격 보어가 -ing형인 경우 수동태 문장에서 -ing형을 그대로 쓴다.

I saw Hanna **having** dinner with her boyfriend.
나는 하나가 그녀의 남자 친구와 저녁 먹는 것을 보았다.
→ Hanna was seen **having** dinner with her boyfriend.

(3) 수동태를 만들 수 없는 사역 동사
사역 동사 let과 have는 수동태를 만들 수 없다.

Jason **had** the technician fix his computer. Jason은 기술자에게 그의 컴퓨터를 고치도록 했다.
→ The technician was had to fix his computer by Jason. (X)

The guard **let** the girl enter the concert hall even though she didn't have an invitation. 경비는 그 여자아이가 초청장을 갖고 있지 않았지만 콘서트 홀에 들어가게 했다.
→ The girl was let to enter the concert hall even though she didn't have an invitation. (X)

Exercise

A. 다음 중 빈칸에 알맞은 것을 고르세요.

1. A driver and a limousine _____ to all newlywed couples.
   (a) will provide   (b) will be provided

2. Anyone who litters in the park _____ a maximum fine of $200.
   (a) gives   (b) is given

3. Some experts believe that one's personality _____ by social and economic factors.
   (a) affects   (b) is affected

4. Some of the students who failed to turn in their final assignments were allowed _____ a test instead.
   (a) to take   (b) take

5. The festival _____ in Central Park.
   (a) is taking place   (b) is being taken place

B. 다음 문장에서 틀린 부분을 바르게 고치세요.

6. Professor Williams has been educated people about climate change for decades.

7. The travel agency was canceled the cruise scheduled to depart from Yokohama due to strong winds.

8. Korean tourists traveling overseas allow to bring home one bottle of alcohol.

9. Song lyrics have never considered literature.

10. Engaging lectures and high levels of support provided by the college were satisfied the business students.

Actual Practice

Part I Questions 1-8
Choose the option that best completes each gap.

1. A: Kathy, do you know how the accident _____?
   B: Yes. A drunk driver ran a red light.
   (a) has been happened
   (b) happened
   (c) was happening
   (d) was happened

2. A: Dan quit his part-time job again. That's the third time he's done that this month.
   B: It seems that he _____ patience.
   (a) is lacking
   (b) is lacked
   (c) lacks
   (d) is being lacked

3. A: Has your family always owned this mansion?
   B: Yes. It _____ since my great grandfather built it.
   (a) was passed down
   (b) passed down
   (c) has passed down
   (d) has been passed down

4. A: I can't believe the congressman hired his daughter as an advisor.
   B: Most people _____ very upset about his imprudence.
   (a) are being
   (b) are been
   (c) are
   (d) has being

5. A: Bill now has a teaching assistant.
   B: Yes. Dan _____ last month. He seems very competent.
   (a) hired
   (b) was hired
   (c) has been hired
   (d) had hired

6. A: I'd like to explain my plan in detail. Could you give me some more time?
   B: Sorry, we can't. Every applicant _____ only 5 minutes.
   (a) strictly allows
   (b) is strictly allowed
   (c) strictly is being allowed
   (d) has strictly allowed

7. A: Are you still in touch with any of your childhood friends?
   B: Yes, and I find that the friendships I made as a teenager _____ the longest.
   (a) lasting
   (b) have been lasted
   (c) is lasted
   (d) have lasted

8. A: How about holding the monthly meeting this Thursday?
   B: Could we _____ it until next Monday?
   (a) postpone
   (b) postpones
   (c) be postponed
   (d) have postponed

Part II Questions 9-16
Choose the option that best completes each gap.

9. After serving for 20 years as director at the gallery, Nicholas _____ chairman of the Arts Council.
   (a) appointed
   (b) was being appointed
   (c) has been appointed
   (d) had appointed

10. France is one of the most popular holiday destinations since it _____ with iconic landmarks, beautiful mountains and gorgeous beaches.
    (a) brims
    (b) is being brimmed
    (c) is brimmed
    (d) brimming

11. As scientists have warned, forest fires _____ over the past four years.
    (a) are doubling
    (b) have doubled
    (c) were doubled
    (d) have been doubled

12. Bolivia's Death Road Tour, which _____ the world's most dangerous mountain bike tour, offers an exhilarating adventure.
    (a) considered
    (b) is considering
    (c) has considered
    (d) is considered

13. A man was observed _____ into the store and purchasing two diamond rings with counterfeit money.
    (a) coming
    (b) to coming
    (c) come
    (d) having come

14. When Anna arrived at the hall, the roll call _____, with 12 members speaking of their motivation to volunteer.
    (a) was answering
    (b) had answered
    (c) had been answering
    (d) was being answered

15. Beauty treatments including laser hair removal, pigmentation correction, skin rejuvenation and acne therapy _____ in Korea.
    (a) are abound
    (b) is abounding
    (c) have abounding
    (d) abound

16. Even though the plan is full of contradictions, the goal of building another five power plants _____ by 2050.
    (a) reach
    (b) is reached
    (c) will be reached
    (d) will have reached

Part III Question 17
Read each sentence carefully and identify the option that contains a grammatical error.

17. (a) A: Have you seen *The Black Spider* starring Mel Smith?
    (b) B: No, but I heard it's releasing next month on DVD.
    (c) A: True, but you should watch it on the big screen. Its special effects are spectacular!
    (d) B: Honestly, special effects don't do much for me. I'm more interested in the storyline.

Part IV Questions 18
Read each sentence carefully and identify the option that contains a grammatical error.

18. (a) When excavated by the Royal Albert Memorial Museum in Exeter, a bathhouse was found a few meters below the present-day surface of Cathedral Close. (b) After the excavation was completed, the bathhouse reburied so that it would be possible to re-open the site at some future date. (c) In 2014, the Cathedral authorities decided to rebuild the bathhouse, and build an interpretation centre, with other facilities. (d) The ruins are amongst the most impressive Roman bathhouses in Britain.

Unit 04 조동사

조동사 자리가 빈칸인 경우 빈칸에 어떤 조동사가 들어가더라도 문법적 오류는 없기 때문에 조동사 문제는 어려운 유형에 속한다. 각 조동사의 의미와 쓰임을 정확하게 알고, 해석을 통해 문맥에 가장 적합한 것을 선택해야 한다. 미래나 의지를 나타내는 will이 최빈출 조동사이며, 과거의 추측을 나타내는 '조동사+have p.p.'의 쓰임이 고난도 문제로 출제된다.

Warm-up

1 조동사는 동사 앞에 쓰이며 동사에 여러 보조적인 의미를 더한다.
I help you with the assignment. 나는 너의 과제를 돕는다.
I **can** help you with the assignment. (능력) 나는 너의 과제를 도울 수 있다.
I **will** help you with the assignment. (의지) 나는 너의 과제를 도울 것이다.
I **must** help you with the assignment. (의무감) 나는 너의 과제를 도와야만 한다.
I **might** help you with the assignment. (가능성) 나는 너의 과제를 도울 수 있을지도 모른다.

2 조동사는 일반 동사와는 다른 특징이 있다.
① 조동사 뒤에는 반드시 동사 원형이 온다.
　　Laura **can** drive a truck. (to drive/driving/drives X)
　　Laura는 트럭을 운전할 수 있다.
② 조동사는 주어의 수와 인칭에 영향을 받지 않는다.
　　Tony **should** cut down on sweets. (shoulds X)
　　Tony는 단 것을 줄여야 한다.
③ 조동사는 시제와 부정을 표현할 수 있다.
　　Simson **could** play the guitar very well before the accident.
　　Simson은 사고 전에 기타를 매우 잘 연주했다.
　　You **mustn't** give out your password.
　　비밀번호를 알려 줘서는 안 된다.
④ 조동사는 2개 이상 나란히 쓰일 수 없다. 필요한 경우 대용어구를 사용한다.
　　You **will have to** stay here during the drill. (will must X)
　　훈련하는 동안 당신은 여기에 머물러야만 할 것이다.
⑤ 조동사는 to 뒤에 쓰일 수 없다.
　　I want **to be able to** drive a truck. (want to can X)
　　나는 트럭을 운전할 수 있으면 좋겠다.

TEPS Point 1 　조동사의 의미

1 can/could 능력, 요청/부탁, 가능성의 의미를 추가한다.

(1) 능력(~할 수 있다)
능력의 can은 'be able to부정사'로 대신할 수 있다.

I **can** speak Chinese. = I **am able to** speak Chinese. 나는 중국어를 할 수 있다.
In ancient Egypt, women **could** buy and sell property.
고대 이집트에서 여성들은 부동산을 사고 팔 수 있었다.

(2) 허가 및 부탁(~해도 좋다/~ 해 주겠니?)
You **can** use my car on weekends. 당신은 주말에 내 차를 써도 좋다.
Can you help me with this math problem? 이 수학 문제 좀 도와주겠니?

(3) 가능성(~일 수도 있다)
could가 현재 혹은 미래 시제에서 사용될 경우 약한 가능성의 의미이다.

Donna **could** give birth as early as next week. Donna는 빠르면 다음 주에 아이를 낳을 수도 있다.

2 will/would 미래 예측, 의지의 의미를 추가한다.

(1) 미래(~일 것이다)
The beach **will** be crowded with people next month. 다음 달에 해변은 사람들로 붐빌 것이다.

(2) 의지/고집(~할 것이다)
I **will** compete in a marathon next week. 나는 다음 주에 마라톤에 출전할 것이다.
Cristal **won't** talk to Eric. Cristal은 Eric에게 말을 하지 않을 것이다.
My girlfriend **wouldn't** listen to me. 내 여자 친구는 내 말을 들으려 하지 않았다.

(3) 부탁, 제안(~해 주겠니?/~할래?)
Will you deliver this sofa tomorrow? 내일 이 소파를 배달해 주시겠어요?
Would you like some dessert? 디저트 좀 먹을래?

(4) 과거의 습관(~하곤 했다)
Harold and Casper **would** fight quite often when they were in high school.
Harold와 Casper는 고등학교에 다닐 때 꽤 자주 싸우곤 했다.

3 may 현실적 가능성, 허가의 의미를 추가한다.

(1) 가능성(~일지 모른다)
가능성의 may는 might로 쓸 수 있다.

The restaurant **may** not serve vegetarian dishes. 그 식당에 채식 요리가 없을 수도 있다.
= The restaurant **might** not serve vegetarian dishes.

(2) 허가(~해도 좋다)
You **may** leave the classroom when the test is over. 시험이 끝나면 교실을 떠나도 된다.

⊕ Plus Tips

can vs. could
can 보다 could가 좀 더 공손한 표현이다.

Can you do it for me?
이것 좀 해 줄래?
Could you do it for me?
이것 좀 해 주시겠어요?

⊕ Plus Tips

won't
어떤 일이 안 된다거나 고장 났다고 말할 때, won't를 쓴다.

The window **won't** open.
창문이 열리지 않는다.

⊕ Plus Tips

초대/초대 수락의 would
A: I'd like to invite you to our housewarming party.
당신을 우리의 집들이에 초대하고 싶어요.
B: I **would** be glad to.
기꺼이 그러죠.

4 must 의무, 강한 확신의 의미를 추가한다.

(1) 의무(~해야 한다)
의무의 must는 have to로 대신할 수 있다.

You **must** renew your passport by the end of this week.
당신은 이번 주말까지 당신의 여권을 갱신해야 한다.

(2) 확신(~임에 틀림없다)
Look at the black smoke! There **must** be a fire. 저 검은 연기 좀 보세요! 화재가 난 것이 분명해요.

must not ~해서는 안 된다
어떤 행위가 그르다고 말하거나 금지할 때 must not을 쓴다.
Passengers **must not** enter the cockpit without permission from the pilot.
승객들은 조종사의 허락 없이 조종석에 들어가면 안 된다.

부정의 추측 ~ 일 리가 없다
'~일 리가 없다'라고 부정의 추측을 할 때는 'can't+동사 원형'의 형태를 취한다.
Fred **can't be** asleep right now. It's only 8 o'clock. Fred가 자고 있을 리가 없다. 8시밖에 안 됐다.

5 should 조언이나 제안, 의무의 의미를 추가한다.

(1) 조언
What **should** I wear for the interview? 인터뷰를 위해 저는 무엇을 입어야 할까요?

(2) 의무(~해야 한다)
의무의 should는 ought to나 had better로 대신할 수 있다.

All employees **should** be at work before 9 o'clock. 모든 직원들은 9시 전에 출근해야 한다.
We **ought to** eat a lot of fruits and vegetables. 우리는 많은 과일과 채소를 먹어야 한다.

6 need 부정문과 의문문에서 조동사로 쓰이며, 대체로 당장의 필요성이나 경고를 나타낸다.

Need I write it down? 내가 그것을 받아 적어야 할까?
You **need** not take off your shoes. 당신은 당신의 신발을 벗을 필요가 없다.

7 do

(1) 본동사 강조 평서문에서 동사를 강조한다.
Helen **does** look gorgeous in red! Helen은 빨간색을 입으면 정말 아름다워 보여!

(2) 대동사 동사구 전체를 대신한다.
A: I'm going to fill out the application now. How about you?
나는 지금 신청서를 작성할 거야. 너는 어때?
B: I **did** mine yesterday. 나는 어제 했어.

+ Plus Tips

부가 의문문의 조동사
명령문, **will** you?
제안문, **shall** we?

Close the door, **will** you?
문을 닫아 줄래요?
Let's start the discussion, **shall** we?
토론을 시작할까요?

+ Plus Tips

ought to와 had better의 부정
ought to ↔ ought not to
had better ↔ had better not

You **had better not** read her diary.
당신은 그녀의 일기를 보지 않는 게 좋다.

TEPS Point 2 — 조동사+have p.p.

1 과거에 대한 가능성이나 추측

> may(might) have p.p.: ~했을지도 모른다
> must have p.p.: ~했음이 틀림없다
> cannot(couldn't) have p.p.: ~했을 리가 없다
> could have p.p.: ~했을 수도 있다 (그러나 하지 않았다)
> would have p.p.: ~했을 것이다

Erica **may(might) have seen** the suspect.
Erica는 그 용의자를 봤을지도 모른다.

Mr. Thomas **must have been** upset.
Thomas 씨는 기분이 나빴음이 틀림없다.

He **can't have died** of pneumonia because he never coughed.
그가 폐렴으로 죽었을 리가 없는데, 그는 기침을 한 번도 하지 않았기 때문이다.

William **could have gone** to the party last Friday, but he decided to study for an exam at home instead.
William은 지난 금요일에 파티에 갈 수도 있었지만, 대신 집에서 시험 공부를 하기로 했다.

I **would have called** you while in Chicago, but I didn't know your phone number.
내가 Chicago에 있었을 때 너에게 전화했을 텐데, 너의 전화번호를 몰랐다.

2 과거에 대한 후회

> should have p.p.: ~했어야 했다 (그러나 하지 않았다)
> shouldn't have p.p.: ~하지 말았어야 했다 (그러나 했다)

The government **should have issued** a typhoon warning earlier.
정부는 태풍 경보를 좀 더 일찍 내렸어야 했다.

You **shouldn't have said** that.
너는 그렇게 말을 하지 말았어야 했다.

⊕ Plus Tips

mustn't have p.p.
vs. can't have p.p

둘 다 과거에 대한 강한 부정의 추측이지만, 근거와 증거를 기반으로 한 강한 불가능성을 강조하기 위해서는 can't(couldn't) have p.p.를 쓴다.

Pam **can't have eaten** the beef pie because she is a vegetarian.
(mustn't have eaten X)
Pam은 고기 파이를 먹었을 리가 없는데, 그녀는 채식주의자이기 때문이다.

⊕ Plus Tips

ought to have p.p.
↔ **ought not to have p.p.**

당위의 ought to는 should와 의미가 유사하지만, 조동사가 아닌 동사구이이다. 부정할 때 not의 위치에 주의한다.

TEPS Point 3 | 당위절의 (should)+동사 원형

Plus Tips

suggest가 '제안'의 의미로 쓰이지 않은 경우

suggest가 '보여 주다, 증명하다'의 뜻으로 쓰인 경우에는 명사절에 should가 쓰이지 않는다. 따라서 이러한 의미일 때는 시제, 수 일치에 주의한다.

The graph **suggests** that eating breakfast enhances weight loss.
(should enhance X)
이 그래프는 아침을 먹는 것이 체중 감소를 높인다는 것을 보여 준다.

Plus Tips

insist가 '고집'의 의미로 쓰이지 않은 경우

insist가 '(사실을) 주장하다'의 의미일 경우, 명사절의 동사는 'should+동사 원형'의 형태를 취하지 않는다.

Sheila **insisted** that she hadn't met up with Adam on Saturday.
(should meet up with X)
Sheila는 토요일에 Adam을 만나지 않았다고 주장했다.

---

1 제안, 요청, 명령, 조언 동사+that+주어+(should)+동사 원형

제안, 요청, 명령, 조언의 의미를 갖는 타동사가 주절에 올 경우, 명사절 동사의 형태는 '(should)+동사 원형'이 된다. 이때 should는 흔히 생략이 된다.

제안, 요청, 명령, 조언 동사
insist 고집하다　suggest 제안하다　propose 제안하다　advise 조언하다　ask 요청하다
request 요청하다　demand 요구하다　require 요구하다　move 제안하다　order 명령하다
command 명령하다

The doctor **advised that** Robin **(should) cut down** on sweets and coffee.
의사는 Robin이 단 것과 커피를 줄여야 한다고 조언했다.　　　　　　(cuts down X)

2 제안, 요청, 명령, 조언 명사+that+주어+(should)+동사 원형

제안, 요청, 명령, 조언의 의미를 갖는 명사가 주절에 올 경우, 동격절 동사의 형태는 '(should)+동사 원형'이 된다. 이때 should는 흔히 생략이 된다.

제안, 요청, 명령, 조언 명사
suggestion 제안　advice 조언　request 요청　requirement 필요　plea 간청　order 명령
condition 조건

There was a court **order that** Alan **(should) appear** as a witness. (appeared X)
Alan이 증인으로 출석해야 하는 것은 법원의 명령이었다.

3 '중요'의 형용사+that+주어+(should)+동사 원형

'중요하다'란 의미의 형용사가 주절에 올 경우, 명사절 동사의 형태는 '(should)+동사 원형'이 된다. 이때 should는 흔히 생략이 된다.

'중요'의 형용사
important 중요한　necessary 필요한　vital 필수적인　imperative 필수적인　essential 필수적인　critical 중대한

It is **imperative that** the nuclear power plant **(should) be examined** right away.
그 핵발전소는 당장 점검 받아야 한다.　　　　　　　　　　　　　　(was examined X)

Exercise

A. 다음 중 빈칸에 알맞은 것을 고르세요.

1. You _____ consider buying a new car. Yours breaks down too often.
   (a) will   (b) should

2. There _____ be some mistake. We didn't order pizza.
   (a) must   (b) can

3. The celebrity demanded that the cosmetic surgery clinic _____ using her photos in its ads.
   (a) stop   (b) stopped

4. No one _____ be a member to use this facility. It is open to everyone.
   (a) need   (b) needs

5. You _____ have told me that you were not well. If so, I would have let you take the day off.
   (a) should   (b) must

B. 다음 문장에서 틀린 부분을 바르게 고치세요.

6. Even though you didn't register for my physics class, you must sit in if you like.

7. I mustn't have stayed up so late last night. I slept in and was really late for work today.

8. Even with the help of senior colleagues, Brendon couldn't have submitted his project on time.

9. I can't find my suitcase. The airline should have lost my luggage.

10. You had better not to say anything about the case when asked.

Actual Practice

Part I Questions 1-8
Choose the option that best completes each gap.

1. A: What did you think of the thriller novel I gave you as a present?
   B: It was so scary that I _____ sleep alone.
   (a) mustn't
   (b) couldn't
   (c) might not
   (d) shouldn't

2. A: Do you think the weather is going to let up?
   B: It _____, but nobody can be sure of the weather these days.
   (a) must
   (b) can
   (c) would
   (d) might

3. A: It was a mistake to go on a hike in this inclement weather.
   B: You're right. We _____ stayed home.
   (a) should
   (b) ought to
   (c) should have
   (d) might have

4. A: Look at the traffic! It's not even rush hour.
   B: There _____ have been an accident.
   (a) should
   (b) can
   (c) have to
   (d) must

5. A: You should have told your sister not to use Rene's laptop.
   B: I did, but she _____ listen to me.
   (a) might
   (b) couldn't
   (c) mustn't
   (d) wouldn't

6. A: It's so hot in here. Is the air conditioner not working or something?
   B: No. Somebody _____.
   (a) must have turned it off
   (b) must turn it off
   (c) should have turned off it
   (d) should turn it off

7. A: _____ you like a piece of apple pie for dessert?
   B: No, thanks. I'm completely full.
   (a) Do
   (b) Would
   (c) Could
   (d) May

8. A: Do you ever cheat on your diet?
   B: Of course, I _____. I sometimes eat a little piece of chocolate just before going to bed.
   (a) will
   (b) do
   (c) should
   (d) can

Part II Questions 9-16
Choose the option that best completes each gap.

9. Tony _____ lost his mobile phone, otherwise he would have called us.
   (a) ought to
   (b) should have
   (c) must have
   (d) can't have

10. As many historians have asserted, it is important that we _____ from history in order not to repeat tragic incidents from the past and to better prepare for the future.
    (a) learn
    (b) are learned
    (c) learned
    (d) will be able to learn

11. A new study suggests that progressive people _____ more likely to have a better understanding of the world.
    (a) are
    (b) be
    (c) had been
    (d) have been

12. If the financial crisis continues, interest rates in Greece _____ have to be cut further to their lowest levels ever.
    (a) should
    (b) ought
    (c) must
    (d) may

13. Walter insisted that he _____ a penalty kick when the defender tripped him from behind.
    (a) award
    (b) could have awarded
    (c) should have been awarded
    (d) must have been awarded

14. According to one study, more than 500,000 public sector jobs in America _____ lost by 2030 through automation.
    (a) should
    (b) would have been
    (c) could be
    (d) must have

15. In his interview with a magazine, Mick said that he _____ often skip class in order to take part in auditions when he was younger.
    (a) should
    (b) must
    (c) might
    (d) would

16. If your annual income was lower than $20,000 last year, you _____ pay federal income tax.
    (a) do not need
    (b) not need to
    (c) need not
    (d) need to not

Part III Question 17
Read each sentence carefully and identify the option that contains a grammatical error.

17. (a) A: Carol, don't you think we should get someone to help with the housework?
    (b) B: Yes. Both of us have been really busy lately, so our house is really messy and the laundry is piling up.
    (c) A: Okay. I'll call several housekeeping companies and ask about prices.
    (d) B: Housekeepers are expensive, but we should afford one if we cut down on eating out.

Part IV Questions 18
Read each sentence carefully and identify the option that contains a grammatical error.

18. (a) Low-carb diets have been criticized by nutritionists who argue that the vegetable sources recommended by many low-carb diets are also high in carbohydrates. (b) If a person does not consume enough vegetables, she or he could suffer from a nutritional imbalance. (c) A low-carb diet might ideally include enough vegetables to get the sufficient amount of daily vitamins and minerals. (d) Thus, there is not enough evidence to support the effectiveness and safety of a low-carb diet.

CHAPTER II

준동사

Unit 05   to부정사와 동명사
Unit 06   분사

Unit 05 to부정사와 동명사

to부정사와 동명사 문제는 매 회 1문제씩 출제가 되며 특정 동사의 목적어로 둘 중 어느 것이 쓰여야 하는지를 묻는 문제가 자주 출제된다. 특히 동명사를 목적어로 취하는 consider가 가장 많이 출제되었다. 일부 동사는 to부정사와 동명사를 모두 목적어로 취할 수 있지만 의미가 달라지는데 이것을 구별하는 고난도 문제가 출제되기도 한다.

Warm-up

1 준동사는 동사를 명사, 형용사, 부사 등 다른 형태(품사)로 바꿔 써야 할 경우에 사용한다.

to부정사	to+동사 원형
동명사	동사 원형+-ing
분사	동사 원형+-ing / 동사+-ed

2 to부정사는 문장에서 명사, 형용사, 부사의 역할을 한다.

명사 **To jog** is one of the easiest aerobic exercises. 조깅은 가장 쉬운 유산소 운동 중 하나이다.
   We need **to know** the truth. 우리는 그 진실을 알 필요가 있다.
   The goal of the policy is **to create** jobs. 이 정책의 목적은 일자리 창출이다.

형용사 Would you like something **to drink**? 마실 것 좀 드릴까요?

부사 **To prevent** cavities, you should brush your teeth regularly.
   충치를 예방하기 위해서, 당신은 규칙적으로 이를 닦아야 한다.

3 동명사는 문장에서 명사의 역할을 한다.

주어 **Reading** newspapers is good for increasing your ability to think critically.
   신문을 읽는 것은 비판적인 사고 능력을 높이는 데 좋다.

목적어 I enjoy **writing** poems. 나는 시를 쓰는 것을 즐긴다.

보어 Susan's dream is **becoming** a singer. Susan의 꿈은 가수가 되는 것이다.

4 to부정사와 동명사는 동사의 특징을 가지고 있다. 동사처럼 의미상 주어와 목적어를 가지며 시제와 태, 부정을 나타낼 수 있다.

주어 It is important **for you** to have a balanced diet. 당신이 균형 잡힌 식사를 하는 것은 중요하다.

목적어 Describing **one's emotions** in words is not easy. 사람의 감정을 말로 묘사하는 것은 쉽지 않다.

시제 Tim seems **to have been** handsome when he was young. Tim은 젊었을 때 잘생겼던 것 같다.

수동태 Nobody wants **to be treated** offhandedly. 누구도 가볍게 취급받기를 원치 않는다.

부정 I have decided **not to go** to graduate school. 나는 대학원에 가지 않기로 결정했다.

TEPS Point 1 — to부정사와 동명사의 명사적 용법

1 주어 역할

(1) 주어 자리

주어 자리에는 to부정사와 동명사가 모두 올 수 있으며, 동사는 단수형으로 쓴다.

Collecting(To collect) Roman coins was my grandfather's hobby.
로마 동전을 모으는 것은 나의 할아버지의 취미였다.

Teaching students is rewarding. (are X) 학생들을 가르치는 것은 보람있다.

(2) 진주어

① to부정사가 주어일 경우, 가주어 it을 주어 자리에 쓰고 to부정사를 뒤로 보낼 수 있다.
Working(To work) with Charles is fun.
= **It** is fun **to work** with Charles. = **It** is fun **working** with Charles.
 Charles와 같이 일하는 것은 즐겁다.

② 진주어 구문 내의 목적어는 주어 자리로 보낼 수 있다.
Mastering Arabic is very difficult. 아랍어를 숙달하는 것은 정말 어렵다.
= It is very difficult **to mater Arabic**. = **Arabic** is very difficult to master.

Pleasing Peter is hard. Peter를 기쁘게 하는 것은 어렵다.
= It is hard **to please Peter** = **Peter** is hard to please.

2 목적어 역할

to부정사와 동명사를 목적어로 취하는 동사는 따로 있다.

(1) to부정사를 목적어로 취하는 동사

afford 여유가 되다	agree 동의하다	aim 목표하다	happen 발생하다	intend 의도하다
manage 간신히 해내다	offer 제안하다	prepare 준비하다	plan 계획하다	
pretend ~인 척하다	seek ~하려고 시도하다	arrange 준비하다	appear ~인 듯하다	
fail 실패하다	learn 배우다	need 필요로 하다	refuse 거부하다	seem ~인 듯하다
serve 제공하다				

How did you **manage to stay** so calm after such a debate?
당신은 그런 논쟁 이후에 어떻게 그렇게 침착할 수 있었죠?

I can't **afford to miss** the class. 나는 그 수업을 빠지는 것을 감당할 수 없다.

(2) 동명사를 목적어로 취하는 동사

admit 인정하다	deny 부인하다	allow 허락하다	avoid 회피하다	ban 금(지)하다
consider 고려하다	defend 방어하다	delay 미루다	discontinue 중단하다	
dislike 싫어하다	do 하다	escape 회피하다	fancy 하고 싶다	finish 마치다
imagine 상상하다	keep ~을 계속하다	mind 언짢아 하다	postpone 연기하다	
propose 제안하다	quit 그만두다	recommend 추천하다	risk ~의 위험을 무릅쓰다	
stop 그만두다	suggest 제안하다	understand 이해하다		

+ Plus Tips

go/come/help+동사 원형

go/come/help 같은 동사들 뒤에는 to가 생략되고 동사 원형만 남기도 한다.

Why don't you **come (to) have** coffee?
와서 커피 한 잔 하실래요?

This course will **help (to) improve** your English.
이 과목은 너의 영어를 향상시킬 것이다.

Plus Tips

stop+-ing vs. stop+to부정사

stop은 뒤에 동명사와 to부정사 모두가 올 수 있는데 용법이 다르다.
① **stop+ing**: 명사적 용법 (목적어 역할)
He **stopped drinking** coffee.
그는 커피 마시는 것을 그만뒀다.
② **stop+to부정사**: 부사적 용법 (~하기 위해서)
He **stopped to drink** coffee.
그는 커피를 마시기 위해서 가던 길을 멈췄다.

Plus Tips

전치사 뒤에 올 수 있는 준동사

to부정사와 동명사 모두 명사적 용법이지만, 전치사 뒤에 올 수 있는 준동사는 동명사뿐이다.

Even young people are at risk of **developing** dementia.
젊은 사람들조차 치매에 걸릴 위험이 있다.

The mayor **suggested increasing** fines for littering.
시장은 쓰레기 투기에 대한 벌금을 인상할 것을 제안했다.

The doctor **recommended sticking** with the same diet I have been on for weeks. 의사는 내가 몇 주 동안 해 왔던 그 식단을 고수하라고 권했다.

(3) to부정사와 동명사 모두를 목적어로 취하는 동사: 의미 차이 없는 경우

to부정사와 동명사 모두를 목적어로 취하고 의미 차이도 없는 동사가 있다.

> start 시작하다   begin 시작하다   continue 계속하다   love 대단히 좋아하다   like 좋아하다
> hate 몹시 싫어하다   prefer 선호하다

Winter storms **continue to move** across the U.S.
= Winter storms **continue moving** across the U.S.
겨울 폭풍이 미국을 가로질러 계속 이동한다.

(4) to부정사와 동명사 모두를 목적어로 취하는 동사: 의미 차이 있는 경우

to부정사와 동명사 모두를 목적어로 취하지만 의미 차이가 있는 동사가 있다. to부정사는 앞으로 일어날 일을, 동명사는 과거에 일어난 일을 나타낸다.

> remember+to부정사: ~할 것을 기억하다   remember+동명사: ~한 것을 기억하다
> regret+to부정사: ~할 것에 대해 유감스럽다   regret+동명사: ~한 것을 후회하다
> forget+to부정사: ~하는 것을 잊어버리다   forget+동명사: ~한 것을 잊어버리다
> try+to부정사: ~하기 위해 노력하다   try+동명사: ~을 시도해 보다
> mean+to부정사: ~할 의도이다   mean+동명사: ~을 의미하다

I **forgot to return** the book. 나는 그 책을 반납하는 것을 잊어버렸다.
I **forgot inviting** Stuart to dinner. 나는 Stuart를 저녁 식사에 초대한 것을 잊어버렸다.

3 보어 역할

be동사 뒤에서 주어를 보충 설명한다.

A good way to reduce your stress is **to exercise** on a regular basis.
= A good way to reduce your stress is **exercising** on a regular basis.
스트레스를 줄이는 좋은 방법은 규칙적으로 운동하는 것이다.

TEPS Point 2 — to부정사의 형용사적 용법과 부사적 용법

1 to부정사의 형용사적 용법

(1) 명사 수식
to부정사는 명사 뒤에서 명사를 수식한다.

I have a lot of documents **to read**. 나는 읽을 문서가 많다.

(2) 주격 보어
to부정사는 주어의 상태나 동작을 나타낼 수 있다.

Mitoko appeared **to be disappointed** to hear that Rick would not come to the party. Rick이 파티에 오지 않는다는 말을 듣자 Mitoko는 실망한 듯 보였다.

(3) be to부정사
be동사 뒤에 to부정사가 결합하여, 예정, 의도, 수동의 의미를 나타낸다.

A: I'm sorry about the file. 파일에 대해 죄송합니다.
B: It's not your fault. The virus **is** really **to blame**. (수동)
　당신 잘못이 아니에요. 바이러스가 문제예요.

The government **is to impose** a "fat tax" on fast food. (예정)
정부는 패스트푸드에 비만세를 부과할 예정이다.

(4) 주로 to부정사의 수식을 받는 명사

ability 능력　time 시간　need 필요	
right 권리　plan 계획　way 방법	+to부정사
서수+명사	
최상급+명사	

The chef is celebrated for his **ability to cook** seafood.
그 요리사는 해산물을 요리하는 그의 능력에 대해 칭찬 받는다.

Yuri Gagarin was **the first human to fly** in space.
Yuri Gagarin은 우주를 비행한 최초의 인간이다.

Where do you think **the best place to live** is?
당신이 보기에 살기 가장 좋은 장소는 어디인가요?

2 to부정사의 부사적 용법

Farmers use many different ways **to protect** their crops. (목적)
= Farmers use many different ways **in order to protect** their crops.
= Farmers use many different ways **so as to protect** their crops.
　농부들은 그들의 작물을 보호하기 위해서 다양한 많은 방법을 사용한다.

I am happy **to help** you. (이유)
나는 당신을 돕게 되어 기쁘다.

I looked for my glasses for a full hour only **to find** them in my pocket. (결과)
나는 안경을 한 시간 내내 찾았지만 결국 내 주머니에서 그것을 발견했다.

TEPS Pattern

to부정사 vs. 동명사 문제

be동사+형용사+_____.
ⓐ) to부정사
ⓑ) 동명사

정답 to부정사

(+) Plus Tips

자동사가 to부정사가 된 경우
to부정사가 명사를 전치사가 누락되지 않도록 주의한다.

We need a chair **to sit on**.
(on이 누락되면 틀림)
우리는 앉을 의자가 필요하다.

Hena is pleasant to **speak to**. (to가 누락되면 틀림)
하나에게 이야기하는 것은 즐겁다.

(+) Plus Tips

to 부정사의 결과적 용법
only to부정사: 결국 ~ 밖에 못 했다
never to부정사: 결코 ~하지 못했다

I studied hard **only to get** a B in English.
나는 공부를 열심히 했지만 영어에서 결국 B 학점을 받았다.

I studied hard **never to get** an A in English.
나는 공부를 열심히 했지만 영어에서 A 학점을 받지 못했다.

TEPS Point 3 — to부정사와 동명사의 동사적 성질

1 의미상 주어
문장의 주어와 to부정사 혹은 동명사의 주체가 다를 경우, 의미상 주어를 별도로 표시할 수 있다.

(1) to부정사의 의미상의 주어
to부정사 앞에 'for+목적격'으로 그 주체를 표시한다.

The company arranged **for the research team** to visit the solar power plant.
그 회사는 연구팀이 태양 에너지 발전소를 방문하도록 준비했다. (to visit의 주체: the research team)

It took a month **for me** to translate the novel. (to translate의 주체: I)
내가 그 소설을 번역하는 데 한 달이 걸렸다.

(2) 동명사의 의미상의 주어
동명사 앞에 목적격 혹은 소유격으로 그 주체를 표시한다.

Carry didn't mind **my** attending the meeting in LA. (attending의 주체: I)
Carry는 LA에서 열리는 회의에 내가 참석하는 것을 꺼리지 않았다.

We appreciate **John's** donating to our cause. (donating의 주체: John)
우리는 John이 우리 단체에 기부한 것을 고마워한다.

I can't imagine **Jack** being able to swim because he has a fear of water.
(being able to swim의 주체: Jack)
나는 Jack이 수영할 수 있다는 것을 상상할 수 없는데 그는 물 공포증이 있기 때문이다.

> **Plus Tips**
> **of+목적격**
> to부정사의 의미상의 주어 앞에 사람의 성격을 나타내는 형용사가 있을 경우, to부정사의 의미상 주어는 'of+목적격'으로 주체를 표시한다.
>
> It's very kind **of you** to invite me.
> 저를 초대해 주시다니 정말 친절하시네요.

2 부정
to부정사와 동명사의 부정은 그 앞에 not을 붙여 한다.

I decided **not to get** a pet dog. 나는 애완견을 갖지 않기로 결정했다.
≠ I didn't decided to get a pet dog. 나는 애완견을 갖기로 결정하지 않았다.

You should consider **not buying** life insurance.
너는 그 생명 보험을 사지 않는 것을 고려해야 한다.
≠ You should not consider buying life insurance.
너는 그 생명 보험을 사는 것을 고려해선 안 된다.

> **Plus Tips**
> **in order to의 부정**
> We didn't turn on the light **in order not to** disturb others.
> 우리는 다른 사람을 방해하지 않기 위해 불을 켜지 않았다.

3 태
의미상 주어와 to부정사/동명사의 관계가 수동이면 수동태로 그 관계를 나타낸다.

(1) to부정사의 수동태
to부정사와 그 의미상 주어와의 관계가 수동인 경우 to부정사의 형태는 to be p.p.가 된다.

The young politician wants **to be invited** as the keynote speaker.
그 젊은 정치인은 기조 연설자로 초청받기를 원한다.

(2) 동명사의 수동태
동명사와 그 의미상 주어와의 관계가 수동인 경우 동명사의 형태는 being p.p.가 된다.

Robin always avoided **being photographed**. Robin은 언제나 사진 찍히는 것을 피했다.

(3) 수동의 의미를 갖는 동명사

need, want, deserve, require는 to부정사를 목적어로 취하지만, 동명사를 취할 경우 수동의 의미가 된다.

need 필요하다 want 원하다	
deserve ~이 마땅하다 require 요구하다	+ -ing (= to be p.p.)

The monitor needs replacing. (= to be replaced)
모니터는 교체될 필요가 있다.

The roof wants painting. (= to be painted)
지붕은 페인트 칠을 해야 한다.

4 시제

to부정사와 동명사의 기본형이 나타내는 시제는 문장의 본동사의 시제와 같은 때를 의미한다. to부정사와 동명사가 본동사의 시제보다 이전에 발생한 일을 나타낼 때는 완료 시제로 이를 나타낸다.

(1) to부정사의 완료 시제

to부정사의 시제가 본동사의 시제보다 앞선 경우 to부정사의 형태는 to have p.p.가 된다.

The candidate is reported to have owned a house in Hong Kong.
그 후보자는 홍콩에 집을 소유했었다고 보도된다. (보도되는 시점 이전에 집을 소유했을 경우)

cf. **The candidate is reported to own a house in Hong Kong.**
    그 후보자는 홍콩에 집을 소유하고 있다고 보도된다.

(2) 동명사의 완료 시제

동명사의 시제가 문장의 본동사의 시제보다 앞선 경우 동명사의 형태는 having p.p.가 된다.

Brad admitted having been a member of the Green Party when he was in his 20s.
 (인정한 시점 이전에 당원이었을 경우)
Brad는 20대에 녹생당 당원이었음을 인정했다.

cf. **Brad admitted being a member of the Green Party.**
    Brad는 녹색당 당원임을 인정했다.

⊕ Plus Tips

완료 부정사와 자주 쓰이는 동사구

seem **to have p.p.**
~했던 것으로 생각되다

be reported **to have p.p.**
~했다고 보고되다

be believed **to have p.p.**
~했다고 믿어지다

be thought **to have p.p.**
~했다고 생각되다

be said **to have p.p.**
~했다고 말해지다

TEPS Point 4 | to부정사와 동명사 관용 표현

1 to부정사 관용 표현

feel free to부정사: 마음껏 ~하다
would like/love to부정사: ~하고 싶다
be likely to부정사: ~할 가능성이 있다
be about to부정사: 막 ~하려고 하다
be liable to부정사: ~할 가능성이 있다
be sure to부정사: 반드시 ~하다
be available to부정사: ~할 시간이 있다

2 동명사 관용 표현

be busy -ing: ~하느라 바쁘다
be worth -ing= be worthy of: ~할 만한 가치가 있다
cannot help -ing = have no choice but to부정사 = cannot but+동사 원형: ~하지 않을 수 없다
come near -ing = go near -ing = nearly escape -ing: 하마터면 ~할 뻔하다
feel like -ing: ~하고 싶다
go -ing: ~하러 가다
have difficulty/trouble/a problem -ing: ~하는 데 어려움을 겪다
It goes without saying that: ~은 말할 필요도 없다
It is no use -ing: ~해도 소용없다
make a point of -ing: ~하는 것을 규칙으로 하다
spend 시간/돈 -ing: ~하는 데 시간/돈을 쓰다

Exercise

A. 다음 중 빈칸에 알맞은 것을 고르세요.

1. The task was too challenging _____ to complete without help.
   (a) for me   (b) me

2. I am really sorry _____ about your accident.
   (a) hearing   (b) to hear

3. The speaker always begins his speeches with humor _____ more familiar with the audience.
   (a) becoming   (b) to become

4. Martin suggested _____ flying out to Boston.
   (a) my   (b) for me

5. SKT is _____ its own communications satellite in three years.
   (a) to launch   (b) to be launched

B. 다음 문장에서 틀린 부분을 바르게 고치세요.

6. Because of his limited budget, Simon didn't decide to buy a tablet PC.

7. The puppies eat a lot, so don't forget feeding them three times a day.

8. The insurance company offered covering the tourist's airfare.

9. Amanda has been busy to work on her new romance novel.

10. A Canadian flight attendant is thought to introduce MERS into the country last year.

Actual Practice

Part I Questions 1-8
Choose the option that best completes each gap.

1. A: I am trying to quit _____ coffee, but I feel jittery all day long.
   B: That's too bad. It seems you might be addicted to caffeine.
   (a) to drink
   (b) drank
   (c) drink
   (d) drinking

2. A: I'm really jealous that Lauren won the lottery!
   B: Me too, but _____ is not the key to happiness.
   (a) being rich
   (b) to being rich
   (c) be rich
   (d) being to rich

3. A: Do you know how much food _____ for the party?
   B: Yes. Seventy people have accepted our invitations.
   (a) cooking
   (b) to cook
   (c) being cooked
   (d) to be cook

4. A: What was your professor's advice?
   B: He said that I should consider _____ to graduate school.
   (a) applying
   (b) to apply
   (c) applyed
   (d) my apply

5. A: Oh, I need to go back home. I'm afraid I left the oven on.
   B: Don't worry. I remembered _____.
   (a) turning off it
   (b) to turn off it
   (c) to turn it off
   (d) turning it off

6. A: Your performance was excellent, Ms. Rosen!
   B: Thank you. I appreciate your _____ my ability.
   (a) recognize
   (b) to recognize
   (c) recognized
   (d) recognizing

7. A: Did you tell your boss that you want a pay raise?
   B: No, not yet, because _____.
   (a) it is not easy talking him to
   (b) he is not easy to talk to
   (c) he is not easy talking
   (d) talking to him it is not easy

8. A: I sympathize with Carl. The company coerced him into committing perjury.
   B: How could you defend _____ at the hearing?
   (a) telling such a lie
   (b) to tell so a lie
   (c) to having told a such lie
   (d) to have told such a lie

Part II Questions 9-16
Choose the option that best completes each gap.

9. Coming to power in the 1979 election, Joe Clark became the youngest person _____ Prime Minister of Canada.
   (a) become
   (b) became
   (c) to become
   (d) becoming

10. Typhoon Chaba was reported _____ several coastal cities after it developed in the Pacific.
    (a) having slammed
    (b) slamming
    (c) to slam
    (d) to have slammed

11. The lesson _____ from the accident is that anyone could be a victim of climate change.
    (a) learning
    (b) to learn
    (c) to be learned
    (d) to learning

12. People with delayed sleep phase disorder have difficulty _____ at night.
    (a) fall asleep
    (b) falling asleep
    (c) to fall asleep
    (d) having fallen asleep

13. Evan denied _____ to delete the data related to the embezzlement charge.
    (a) to have attempted
    (b) having attempted
    (c) to attempting
    (d) have attempted

14. The hotel manager was told not to serve alcohol during the conference _____ the Muslim leaders.
    (a) so as not to offend
    (b) not to offend as so
    (c) to offend so as not
    (d) to not so offend as

15. In addition to reducing the risk of heart failure, _____ helps boost memory and cognitive abilities.
    (a) drinking to coffee moderately
    (b) to drink moderate coffee
    (c) drinking coffee moderately
    (d) drinking moderate coffee

16. Edward Jenner (1749-1823) is credited _____ human lives by introducing the vaccine for smallpox.
    (a) to have saved
    (b) with have saved
    (c) to saving
    (d) with having saved

Part III Question 17
Read each sentence carefully and identify the option that contains a grammatical error.

17. (a) A: I am having trouble making ends meet these days.
    (b) B: Same here. The exchange rate is so high that I can barely afford to pay rent and my utilities.
    (c) A: I am considering selling my car. That would tide me over until I can get a part-time job.
    (d) B: I can't imagine you to take public transportation.

Part IV Questions 18
Read each sentence carefully and identify the option that contains a grammatical error.

18. (a) One railway company is urging female passengers to be considerate of others by not applying any makeup on their trains. (b) The company released a video to have women stop to put on makeup during commuting hours. (c) However, the video has caused anger among many female passengers. (d) Some argue that the railway company should be more concerned about criminal acts on trains, not about people who try to look better.

Unit 06 분사

분사는 분사 구문 문제가 매 회 2문제 이상 출제되며 현재 분사 구문과 과거 분사 구문, 즉 문맥상 능동과 수동을 구별하는 문제가 주로 출제된다. 출제 유형이 정형화되어서 능/수동태에 대한 기본 개념만 알고 있다면 쉽게 정답을 찾을 수 있다.

Warm-up

1 분사는 현재 분사와 과거 분사의 형태로 쓰이고 현재 분사는 능동, 과거 분사는 수동의 의미를 갖는다.

동사 원형	현재 분사 (동사 원형+-ing)	과거 분사 (동사+-ed)
break 부수다	breaking 부수는	broken 부서진
interest 관심을 끌다	interesting 흥미로운	interested 관심 있는
bore 지루하게 하다	boring 지루한	bored 지루해 하는

2 분사는 문장에서 형용사 역할을 한다.
  명사 수식 In some countries, cricket is regarded as a **boring** game.
  어떤 나라에서 크리켓은 지루한 게임으로 여겨진다.
  보어 역할 His story is **interesting**. 그의 이야기는 흥미롭다.

3 분사는 종속절 전체를 이끌어 분사 구문을 만들 수 있다. 이때 종속절의 접속사와 주어를 생략하고 동사를 분사로 바꾼다.
  When I read a book, I always listen to classical music.
  → **Reading** a book, I always listen to classical music. 책을 읽을 때, 나는 항상 클래식 음악을 듣는다.

4 분사 구문은 생략된 접속사에 따라 여러 의미로 해석된다.
  이유 **(Because) Getting** up late, I skipped breakfast. 늦게 일어나서 나는 아침을 건너뛰었다.
  시간 **(While) Walking** down the street, I picked up a $10 bill.
      길을 걷다가 나는 10달러짜리 지폐를 주웠다.
  조건 **(If) Stored** in a refrigerator, the chicken dish is good for three days.
      냉장고에 보관하면 그 닭 요리는 3일 동안 괜찮다.

5 분사 구문은 부사절의 역할을 하기 때문에 주절이 반드시 필요하다. 주절 없이 분사 구문으로만 연결된 문장은 틀린 문장이다.
  Taking an online course, **working** for a publishing company. (X)
  Taking an online course, **I worked** for a publishing company. (O)
  온라인 수업을 들으면서 나는 출판사에서 일했다.

TEPS Point 1 분사의 형용사적 용법

1 명사 수식

분사가 단독으로 명사를 수식할 때는 명사 앞에서 전치 수식을 하고, 다른 어구를 수반해 수식할 때는 명사 뒤에서 후치 수식을 한다.

Because of her **broken** ankle, Lisa took a week off from work.
발목이 부러져서 Lisa는 일주일 휴가를 냈다.

It was **surprising** news. 그것은 놀라운 뉴스였다.

To make your business thrive, you should value your **existing** customers.
사업을 번창시키기 위해, 당신은 당신의 기존 고객들을 소중하게 생각해야 한다.

At the party, there was a live band **playing until midnight**.
파티에서, 자정까지 연주하는 라이브 밴드가 있었다.

Arranged marriages **regarded as business deals** are not common in Western countries.
사업 거래로 여겨지는 중매결혼은 서방 국가에서는 일반적이지 않다.

2 주격 보어

2형식 문장의 불완전 자동사 뒤에서 형용사로 쓰여 주어의 상태를 설명한다.

The map is **confusing**.
그 지도는 혼란스럽다.

Even though Denis is only nine years old, he appears **devoted** to writing.
Denis는 고작 아홉 살이지만, 글쓰기에 전념하는 것 같다.

3 전치사화 된 분사

| including ~을 포함하여 | concerning ~에 관하여 | regarding ~에 관하여 |
| considering ~을 고려컨대 | given ~을 고려할 때 |

Have you talked to the manager **concerning** your maternity leave?
당신의 육아 휴직에 대해서 매니저에게 이야기해 봤나요?

Considering his lack of experience, Joseph is doing quite well at work.
그가 경험이 없다는 것을 고려한다면, Joseph은 직장에서 정말 잘하고 있다.

Given the bad economy, the company is sitting pretty.
나쁜 경제 상황을 고려하면, 그 회사는 유리한 입장에 있다.

Plus Tips

자동사는 항상 현재 분사
자동사는 원칙상 능동의 개념인 현재 분사형(-ing)으로만 쓰인다.

remaining 남아 있는
ranging from A to B 범위가 A부터 B까지인
leading to ~의 결과가 된

TEPS Point 2 | 분사 구문

1 분사 구문의 태

(1) 능동 분사 구문
While he **skied**, he broke his left arm.
→ While **skiing**, he broke his left arm. (접속사+-ing)
스키를 타다가 그는 왼쪽 팔이 부러졌다.

After he **won** the piano competition, Alistair recorded an album.
→ **Winning** the piano competition, Alistair recorded an album.
피아노 대회에서 우승한 Alistair는 음반을 녹음했다.

(2) 수동 분사 구문
As Pluto **is regarded** as a dwarf planet, it is excluded from the list of planets in our solar system.
→ **(Being) Regarded** as a dwarf planet, Pluto is excluded from the list of planets in our solar system.
왜소행성으로 간주되는 명왕성은 태양계의 행성 목록에서 제외된다.

When they **are consumed**, detergents can be fatal.
→ When **(being) consumed**, detergents can be fatal.
섭취되면 세제는 치명적일 수 있다.

2 분사 구문의 의미상 주어

(1) 의미상 주어를 따로 표시하지 않는 경우
주절의 주어와 분사 구문의 주어가 같을 때는 의미상 주어를 따로 표시하지 않는다.

Becoming a teacher, I was intent on giving my students a lot of compliments.
선생님이 되면서 나는 나의 학생들을 많이 칭찬해 주기로 했다.

(2) 의미상 주어를 따로 표시하는 경우
주절의 주어와 분사 구문의 주어가 다른 독립 분사 구문에는 의미상 주어를 표시한다.

As **a strong tornado** approached, the state government issued a tornado advisory.
→ **A strong tornado** approaching, the state government issued a tornado advisory.
강한 토네이도가 다가오자 주 정부는 토네이도 주의보를 내렸다.

Because **there** was no traffic, Fred was able to get to the airport in time for his flight.
→ **There** being no traffic, Fred was able to get to the airport in time for his flight. (there 구문은 there을 남겨 둠)
교통 체증이 없었기 때문에, Fred는 그의 비행편에 맞춰 제시간에 공항에 도착할 수 있었다.

⊕ Plus Tips

분사 구문의 접속사
의미 관계를 명확히 하기 위해 분사 구문 앞에 접속사를 남겨 둘 수 있다. 하지만 이유의 접속사 (because, since)는 항상 생략한다.

(Because) Having no mobile phone, Jessie can be reached only by e-mail.
휴대폰이 없기 때문에, Jessie는 이메일로만 연락이 된다.

⊕ Plus Tips

분사 구문 주어의 생략
분사 구문의 주어가 주절의 주어와 다르더라도, 분사 구문의 주어를 알 수 있거나 일반 사람을 의미할 때는 생략할 수 있다.

3 분사 구문의 시제

분사 구문의 시제가 주절의 시제보다 앞선 경우 having p.p.로 표시하는데, 이를 완료 분사 구문이라 한다.

Because I **had seen** the movie before, I already **knew** the ending.
→ **Having seen** the movie before, I already knew the ending.
그 영화를 전에 봤기 때문에, 나는 영화의 결말을 이미 알고 있었다.

After the painter **passed away**, the prices of his paintings **have begun** to soar.
→ The painter **having passed** away, the prices of his paintings have begun to soar.
그 화가가 사망하고 나서 그의 그림들의 가격이 치솟기 시작했다.

4 분사 구문의 부정

분사 구문의 부정은 분사 앞에 not을 붙인다. never, scarcely, hardly 등의 부정 부사도 분사 앞에 위치한다.

As we did not have tickets to the concert, we had to listen to the band's music outside the venue.
→ (As) **Not having tickets** to the concert, we had to listen to the band's music outside the venue. (Having not tickets X)
콘서트 표가 없었기 때문에, 우리는 콘서트 장소 밖에서 밴드의 음악을 들어야 했다.

As he never wanted to lose his passport, he kept it in his underwear.
→ **Never wanting** to lose his passport, he kept it in his underwear.
여권을 잃어버리고 싶지 않아서 그는 속옷 안에 그것을 보관했다.

5 with 분사 구문

with+명사+-ing/p.p.: ~하면서
without+명사+-ing/p.p.: ~하지 않고, ~하지 않았다면
despite+명사+-ing/p.p.: ~함에도 불구하고

With his army following him, the general entered the city.
그의 군대가 그를 뒤따르며, 장군은 도시로 들어갔다.

Without any assistants writing for him, the mayor delivered an excellent speech at the hearing.
그를 위해 글을 써주는 어떤 보좌관 없이, 시장은 청문회에서 멋진 연설을 했다.

Despite the loss incurred by the recall, the company continued to carry out research on new products.
회수로 인한 손실에도 불구하고, 그 회사는 새로운 제품에 대한 연구를 계속했다.

TEPS Pattern

완료 분사 구문

_____ at the company **for two years**, May was promoted.

정답 Having worked
해설 종속절에 before나 'for+기간', '~ ago'가 있으면, 본동사보다 앞선 때를 의미한다.

⊕ Plus Tips

부정 부사의 위치

부정 부사(never, scarcely, hardly 등)는 완료형 분사 구문(having+p.p.)과 함께 나왔을 때, 분사 앞에 위치하거나 having p.p. 사이에 위치한다.

Never having p.p.
Having **never** p.p.

6 관용 표현

> Considering: ~을 고려컨대
> Judging from: ~로 판단컨대
> Honestly speaking: 솔직히 말하자면
> Generally speaking: 일반적으로 말하자면
> Strictly speaking: 엄격히 말하자면
> Simply put/Put simply: 간단하게 말하면
> Putting it simply: 간단하게 말하면
> Weather permitting: 날씨가 허락하면
> Time permitting: 시간이 허락하면

Honestly speaking, the cake Amy baked was not very good.
솔직히 말하면, Amy가 구운 케이크는 별로였다.

Judging from the introduction, the book seems to have graphic descriptions about war.
서론으로 판단하건대, 그 책에는 전쟁에 대한 생생한 묘사가 있는 것 같다.

Exercise

A. 다음 중 빈칸에 알맞은 것을 고르세요.

1. _____ for the bus, the girls were taking pictures of themselves.
   (a) Waiting   (b) Wait

2. _____ in a sealed bottle, the flour will be fine for a month.
   (a) Preserved   (b) Preserving

3. When _____ properly, the tent can withstand strong winds of up to 100 km/h.
   (a) build   (b) built

4. There are only a few red foxes _____ in Korea.
   (a) remained   (b) remaining

5. _____ his MP3 player anymore, Edward sold it.
   (a) Not needing   (b) Need not

B. 다음 문장에서 틀린 부분을 바르게 고치세요.

6. There been so many typos, the editor refused to publish it.

7. Viewing from a distance, the scarecrow looked like a real farmer.

8. With winter comes, many animals began storing food away in their shelters.

9. Having not slept for three days, Laura felt exhausted.

10. Having persuaded by his roommates, Peter bought a new big screen TV for the living room.

Actual Practice

Part I Questions 1-8
Choose the option that best completes each gap.

1. A: _____, I'd like to cancel my order.
   B: I see. I'll take care of that right away.
   (a) Simply putting
   (b) Simply put
   (c) to put simply
   (d) Put it simply

2. A: Do you have any plans today?
   B: I'm playing tennis with Isabel after _____ some books to the library.
   (a) returned
   (b) returning
   (c) I returning
   (d) return

3. A: Did you skip lunch? I didn't see you in the cafeteria today.
   B: I lost track of time while _____ a report.
   (a) write
   (b) to write
   (c) wrote
   (d) writing

4. A: I am really mad at Carter.
   B: _____ the way he talked to you, I don't blame you.
   (a) Considering
   (b) Considered
   (c) If I considering
   (d) To have considered

5. A: What does the word "via" mean?
   B: _____ from Latin, it means "way" or "road".
   (a) Derived
   (b) Deriving
   (c) It derived
   (d) It is derived

6. A: Who was on the phone?
   B: It was a person _____ to persuade me to donate to some charity.
   (a) try
   (b) to try
   (c) trying
   (d) tried

7. A: How come Paula Anderson had such a controversial interview with the magazine?
   B: _____ in a single TV show for a decade, she seemed to have forgotten how to be politically correct in an interview.
   (a) Had it not appeared
   (b) Not to have appeared
   (c) Have not appeared
   (d) Not having appeared

8. A: How was Helen's performance at the competition?
   B: _____, I think she could have done better.
   (a) Frankly to speak
   (b) To speak frank
   (c) Speaking Frank
   (d) Frankly speaking

Part II Questions 9-16
Choose the option that best completes each gap.

9. _____ his own business for a year, Eliot thought it best to get a job.
   (a) Running
   (b) Run
   (c) Having run
   (d) To have run

10. _____ in the region, the Chinese community has helped to promote local businesses.
    (a) Long established
    (b) Establishing long
    (c) Having long established
    (d) Not to be established

11. _____ himself for what happened at the conference, Ernie announced his resignation as project manager.
    (a) To have blamed
    (b) Had blamed
    (c) Blaming
    (d) Blamed

12. _____, the streets were full of trash and broken trees.
    (a) Having passed after the storm
    (b) The storm passed
    (c) After passing the storm
    (d) The storm having passed

13. With _____, Thomas was concentrating on writing the last line of his poem when his wife walked in his study.
    (a) candles burning
    (b) burned candles
    (c) candles burn
    (d) candles burnt

14. There _____ rumors about his illness, the prime minster announced his decision to run for a second term.
    (a) have been
    (b) were
    (c) been
    (d) being

15. Although _____ a formal education, Anna was admitted to several top universities.
    (a) she having not had
    (b) to have never had
    (c) having never had
    (d) her never having

16. _____ to the Rooters, the team couldn't break its losing streak.
    (a) Despite the best player returning
    (b) Despite returning the best player
    (c) Returning despite the best player
    (d) The best player returning despite

Part III Question 17
Read each sentence carefully and identify the option that contains a grammatical error.

17. (a) A: What happened to your new cell phone?
    (b) B: I'm afraid it was stolen while looking around the Picasso exhibition yesterday.
    (c) A: That's too bad. Did you report it to the police?
    (d) B: Yes. Considering how crowded it was, there is no possibility of finding the pickpocket.

Part IV Questions 18
Read each sentence carefully and identify the option that contains a grammatical error.

18. (a) Like other plants, Venus flytraps obtain nutrients from the soil. (b) However, when in poor soil, they get nutrients from insects. (c) Fascinating with these plants, a lot of people have collected them over the years, so the plant has become endangered. (d) Today, some people grow endangered plants in greenhouses.

CHAPTER III

접속사와 절

Unit 07 등위 접속사와 부사절 접속사
Unit 08 관계사
Unit 09 명사절 접속사

Unit 07 등위 접속사와 부사절 접속사

등위 접속사와 부사절 접속사 문제는 거의 매 회 출제되지만 접속사의 기본 의미만 알면 풀 수 있을 정도로 평이하게 출제된다. 따라서 주어진 문장들의 관계를 제대로 해석할 수만 있으면 된다. 등위 접속사 중에서는 대조나 반대를 의미하는 but과 yet이, 부사절 접속사 중에서는 양보 의미의 while과 이유를 나타내는 since가 출제 비중이 높은 편이다.

Warm-up

1 등위 접속사는 단어, 절을 대등하게 연결한다.

단어 연결 My sister **and** my kids are going on a picnic on Sunday.
나의 여동생과 아이들이 일요일 소풍을 갈 것이다.

절 연결 Everyone should obey traffic laws **or** you will get a fine. (O)
누구나 교통 법규를 지켜야 하며 그렇지 않으면 벌금을 내야 한다.

Everyone should obey traffic laws, you will get a fine. (X)

2 등위 접속사는 품사와 형태가 같은 것끼리만 연결할 수 있다.

I can speak English **and** well. (X 명사 Enlgish와 부사 well은 등위 접속사로 연결할 수 없음)
Susie is now happy **and** waking up. (X 형용사 happy와 현재 분사 waking은 등위 접속사로 연결할 수 없음)

3 부사절 접속사는 부사절을 이끌며 주절과 부사절을 연결한다.

부사절은 주절에 종속되어 있기 때문에 종속절이라고도 부르며 혼자서는 독립된 문장을 이룰 수 없다. 종속절은 주절 앞이나 뒤에 위치할 수 있으며, 주절 앞에 위치할 때는 주절 시작 전에 콤마를 넣어 주절과 구분한다.

When prices increase. (X 주절이 없이 부사절만 쓰였음)

Inflation usually occurs **when** prices increase. (O)

= **When** prices increase, inflation usually occurs. (O)
물가가 올라가면 인플레이션이 발생한다.

4 부사절 접속사는 시간, 이유, 조건, 양보 등의 의미를 나타낸다.

시간 **When** I got on the bus, it started to rain.
내가 버스에 탔을 때, 비가 오기 시작했다.

이유 **Because** the test was easy, most of the students did well on it.
시험이 쉬웠기 때문에, 대부분의 학생들은 시험을 잘 봤다.

조건 **Once** David agrees to the terms of the contract, he cannot play for any other team.
David가 일단 그 계약에 동의하면, 그는 다른 팀에서 경기를 할 수 없다.

TEPS Point 1 — 등위 접속사와 등위 상관 접속사

1 등위 접속사

등위 접속사는 같은 단위를 동일한 비중으로 대등하게 연결한다. 독립된 두 절을 연결해 중문을 만들 수 있다.

(1) and 그리고
비슷한 요소를 연결한다.

You can see the images **and** videos from the Mars Rover on the website.
당신은 그 웹 사이트에서 화상 탐사선이 보내온 사진과 영상을 볼 수 있다.

(2) but 그러나
대조되는 요소를 연결한다.

We serve Korean food **but** cannot accept Korean won.
우리는 한국 음식을 제공하지만 대한민국 원화를 받지는 않는다.

(3) or 혹은, 그렇지 않으면
대안이나 가능성을 언급하는 경우에 사용한다.

You can use this herb to make tea **or** to remove bad odors.
당신은 차를 만들거나 악취를 없애기 위해 이 허브를 사용할 수 있다.

The temperature will drop near **or** below zero by tonight.
기온이 오늘 밤까지 0도 근처 혹은 그 이하로 떨어질 것이다.

(4) nor ~도 또한 …가 아니다
부정적인 절을 연결하며 두 번째 절의 제일 앞에 nor가 위치한다. nor 뒤의 어순은 'nor+조동사/be 동사+주어+본동사'가 된다.

Professor Green doesn't eat meat **nor** does he drink alcohol.
Green 교수님은 고기를 먹지 않고 술도 마시지 않는다.

(5) yet 그러나

Florida has pleasant winters **yet** Alaska has cold, harsh ones.
Florida는 겨울이 상쾌하지만, Alaska의 겨울은 춥고 혹독하다.

(6) so 그래서
I didn't bring my textbook **so** I had to borrow Stan's.
나는 내 교과서를 가지고 오지 않아서 Stan의 것을 빌려야 했다.

(7) for ~ 때문에
추가적이거나 부가적인 이유를 설명한다.

The doctor couldn't prescribe the recommend medication, **for** it could cause serious side effects.
의사는 그 약의 처방을 권하지 않았는데, 그것이 심각한 부작용을 발생시킬 수 있기 때문이다.

⊕ Plus Tips

부사 yet
문장 끝에 위치하면 '아직'이라는 의미의 부사로 쓰인다.

I haven't eaten lunch **yet**.
나는 아직 점심을 먹지 않았다.

⊕ Plus Tips

전치사 for
전치사 for는 '~을 위해서, ~에 대해서'라는 의미이다.

What do you want to eat **for** dinner?
저녁으로 무엇을 먹을래?

TEPS Pattern

Neither 문제

Neither A _____ B
(a) or
(b) nor

정답 nor

2 등위 상관 접속사

등위 상관 접속사는 짝을 이루어 쓰이는 접속사이다.

(1) both A and B A와 B 모두

Both snow **and** construction worsened rush hour traffic.
눈과 공사가 출퇴근 시간대의 교통 혼잡을 악화시켰다.

(2) either A or B A 혹은 B / **neither A nor B** A도 B도 아닌

The old house will be **either** destroyed **or** turned into a store.
그 오래된 집은 철거되거나 가게로 개조될 것이다.

Neither China **nor** Japan could make it into the World Cup finals last year.
작년에 중국과 일본 모두 월드컵 본선에 진출하지 못했다.

(3) not A but B A가 아니라 B인 / **not only A but (also) B** A뿐만 아니라 B 역시도

Diana is **not** a doctor **but** a psychologist.
Diana는 의사가 아니라 심리학자이다.

You have to **not only** analyze the phenomenon **but also** explain the cause.
당신은 그 현상을 분석해야 할 뿐만 아니라 원인을 설명해야 한다.

 보충 **등위상관 접속사로 연결된 주어의 수 일치**

both A and B: 복수 동사로 수 일치시킴
either A or B / neither A nor B: B에 수 일치시킴
not only A but also B: B에 수 일치시킴

Both water and air are essential for all living organisms on Earth.
물과 공기는 지구상에 있는 모든 생명체에 필수적이다.
Either Ann or one of her sisters is going to take care of their mother.
Ann이나 그녀의 자매들 중 한 명이 그들의 어머니를 돌볼 것이다

TEPS Point 2   부사절을 이끄는 접속사

부사절이란 시간, 이유, 조건, 양보 등의 의미를 나타내는 종속절이다.

1 시간의 부사절을 이끄는 접속사

> when ~할 때   while/as ~하는 동안   after ~한 후에   before ~하기 전에   until ~할 때까지
> since ~한 이래로   as soon as ~하자마자   the moment/instance (that) ~하자마자

When the bus arrived, more than 20 people were waiting.
버스가 도착했을 때, 스무 명 이상의 사람들이 기다리고 있었다.

As she was slicing a tomato, Lisa cut her finger.
토마토를 썰다가 Lisa는 손가락을 베었다.

Critics called the movie a masterpiece **as soon as** it was released.
영화 평론가들은 그 영화가 개봉되자마자 그것을 걸작이라고 했다.

Until the fight landed, John hadn't slept a wink because of air sickness.
비행기가 착륙할 때까지, John은 비행기 멀미 때문에 한숨도 못 잤다.

시간의 부사절
시간의 부사절에서는 현재 시제가 미래 시제를 대신한다.
Once you **finish** this course, you **will become** fluent in Chinese.
당신이 이 과정을 마치면, 당신은 중국어에 유창해지게 될 것이다.

2 조건의 부사절을 이끄는 접속사

> if ~이라면   unless/if not ~가 아니라면   once 일단 ~하면   as long as ~하는 한
> provided/providing (that) ~이라면   in case ~할 경우에 대비해서
> given (that) ~이라는 점을 고려하면

You shouldn't invest in it **unless** you know more about the company.
당신이 그 회사에 대해 잘 알지 못한다면 그곳에 투자해서는 안 된다.

Provided (that) you need my advice, I will look over your essay and offer you my comments. 당신이 나의 조언을 필요로 한다면, 내가 당신의 에세이를 검토하고 조언을 해 줄 것이다.

In case you get lost, you should bring a compass and a flashlight.
길을 잃을 경우에 대비해서, 당신은 나침반과 손전등을 가지고 가야 한다.

조건의 부사절
조건의 부사절에서는 현재 시제가 미래 시제를 대신한다.
After he **submits** his thesis next year, Bill **will get** married to his fiancée.
Bill은 내년에 학위 논문을 제출한 후에 그의 약혼녀와 결혼할 것이다.

+ Plus Tips

after/before/until/since
전치사 용법과 접속사 용법을 모두 가지고 있다.

After dinner, we took a walk to the sea. (전치사)
저녁 식사 후에 우리는 바다로 산책을 갔다.

After we had dinner, we took a walk to the sea. (접속사)
저녁을 먹고 나서 우리는 바닷가까지 산책을 갔다.

+ Plus Tips

unless 이중 부정 금지
unless는 접속사 자체에 부정의 의미를 포함하고 있으므로, 이중 부정하지 않는다.

+ Plus Tips

given+구/절
given 뒤에는 구와 절이 모두 올 수 있다.

Given a second chance, Tammy will do better. (절이 온 경우)
두 번째 기회가 주어진다면, Tammy는 더 잘할 것이다.

Given (that) Tammy loves animals, she might want to visit the local zoo. (절이 온 경우)
Tammy가 동물을 매우 좋아한다는 것을 고려한다면, 그녀는 이 지역 동물원에 가고 싶을 수도 있다.

Plus Tips

as의 다양한 의미

① ~하는 동안에
As her popularity soared, Jolly's financial situation also got better.
인기가 급등하면서 Jolly의 재정 상태도 계속 좋아졌다.

② ~대로
As the graph shows, the price of oil has been steadily increasing.
그래프가 보여 주는 대로 기름 가격은 꾸준히 오르고 있다.

③ ~때문에
As Cain didn't turn in the final paper, he failed.
Cain은 기말 보고서를 제출하지 않았기 때문에 낙제했다.

3 이유/원인의 부사절을 이끄는 접속사

because ~이기 때문에   since ~이므로   as ~이기 때문에   now that ~이니까
seeing that ~인 것으로 보아   in that ~이므로, ~라는 점에서

I couldn't hear you calling my name **because** I was listening to music and my headphones were in my ears.
헤드폰을 쓰고 음악을 듣고 있었기 때문에 나는 당신이 내 이름을 부르는 것을 듣지 못했다.

This security system is more advanced **in that** it is connected to your smartphone.
그것이 스마트폰과 연결된다는 점에서 이 보안 시스템은 더 발전된 것이다.

Now that you have a job, you should begin to pay back your student loan.
이제 당신이 취직을 했으니 학자금 대출을 갚기 시작해야 한다.

4 결과의 부사절을 이끄는 접속사

so+형용사/부사+(that) ~: 너무 ~해서 …하다
such+명사+(that) ~: 너무 ~해서 …하다

The test was **so** difficult **(that)** none of the students got 100%.
그 시험이 너무 어려워서 어떤 학생도 만점을 받지 못했다.

Cathy was **such** a talented girl **(that)** she debuted on a soap opera at the age of four.
Cathy는 아주 재능있는 소녀여서 네 살 때 드라마에 데뷔했다.

5 목적의 부사절을 이끄는 접속사

so that / in order that ~하기 위하여
lest ~ (should) ~하지 않도록

I will drive my car **so that** I can pick up my family.
= I will drive my car **in order that** I can pick up my family.
나는 가족들을 태워가기 위해서 차를 가져갈 것이다.

The police promised a thorough investigation **lest** there **(should)** remain any doubt about the accused.
경찰은 피고인에 대한 어떤 의혹도 남지 않도록 철저한 조사를 약속했다.

lest
~하지 않기 위해서

1. 접속사 자체에 부정의 의미를 포함하고 있다. 이중 부정하지 않으므로 not, no, never, hardly, seldom 등과 함께 쓰지 않는다.
2. lest 뒤에 이어지는 '주어+should+동사 원형'에서 should는 종종 생략되므로 동사 자리에는 주어나 시제에 상관 없이 동사 원형이 와야 한다.
3. some(+명사)이 나올 수 없고 any(+명사)가 나와야 한다.
   The actor put on his sunglasses **lest anyone recognize him**.
   누구도 그를 알아보지 못하게 하기 위해서 그 영화배우는 선글라스를 꼈다.

6 양보의 부사절을 이끄는 접속사

although / though / even though / whereas / while 비록 ~이지만

Whereas Roger didn't enjoy the lamb dish, the other guests seemed to really like it.
Roger는 양고기 요리를 즐기지 않았지만, 다른 손님들은 정말 그것을 좋아하는 듯했다.

Even though the accident happened many years ago, the cause is still not known.
그 사건은 여러 해 전에 발생했지만, 그 원인은 여전히 알려지지 않았다.

7 복합 관계 부사

whenever 언제 ~하든지 간에   wherever 어디서 ~하든지 간에   however 제 아무리 ~해도

Whenever you have a question, you can ask me.
= **No matter when** you have a question, you can ask me.
질문이 있을 때면 언제든, 너는 나에게 질문할 수 있다.

Wherever he went, a huge audience greeted him.
= **No matter where** he went, a huge audience greeted him.
그가 어디를 가든, 많은 인파가 그를 환영했다.

However small your donation may be, it will make a difference.
= **No matter how** small your donation may be, it will make a difference.
당신이 아무리 적은 기부를 한다해도, 그것은 변화를 만들 것이다.

양보의 부사절을 이끄는 복합 관계 대명사

whatever(어떤 ~든지 간에), whoever(누가 ~하든지 간에), whichever(어느 ~든지 간에) 등의 복합 관계 대명사는 양보의 부사절을 이끌 수 있는데, 이때 복합 관계 대명사는 no matter ~로 바꿀 수 있다.

whatever = no matter what
whichever = no matter which
whoever = no matter who
whomever = no matter whom

Whatever you do, I will support you.
= No matter what you do, I will support you.
당신이 무엇을 하든지 나는 당신을 지지할 것이다.

Plus Tips

while의 다양한 의미

① ~하는 한편, ~에도 불구하고
While Pete was repairing the roof, his wife was playing with their dog.
Pete가 지붕을 고치고 있는 반면, 그의 부인은 그녀의 개와 놀고 있었다.

② ~하는 동안에
While Pete was repairing the roof, his neighbor visited him.
Pete가 지붕을 고치고 있는 동안, 그의 이웃이 그를 방문했다.

8 as 도치의 양보절

> 보어+as+주어+동사: 비록 ~이지만

Poor as he was, Stephen lived a happy life helping others.
= Though he was **poor**, Stephen lived a happy life helping others.
_{Stephen은 가난했지만 다른 사람들을 도우며 행복한 삶을 살았다.}

Catholic nun as Rachel is, she has a huge interest in Buddhist philosophy.
= Though Rachel is **a Catholic nun**, she has a huge interest in Buddhist philosophy.
_{Rachel은 천주교 수녀였지만 불교 철학에 큰 관심을 갖고 있다.}

Exercise

A. 다음 중 빈칸에 알맞은 것을 고르세요.

1. Big cities are noisy ＿＿＿＿＿＿ dangerous.
   (a) but　　　　　　　　　(b) and

2. Tara received a bouquet of flowers from a stranger ＿＿＿＿＿＿ there must have been some mistake.
   (a) so　　　　　　　　　(b) or

3. I can't decide on it yet ＿＿＿＿＿＿ there are so many things to consider.
   (a) because　　　　　　　(b) while

4. If you ＿＿＿＿＿＿ left at the corner, you will see the fountain.
   (a) turning　　　　　　　(b) turn

5. Andy tried to make peace with Tony, ＿＿＿＿＿＿ Tony wouldn't talk to him.
   (a) but　　　　　　　　　(b) or

B. 다음 문장에서 틀린 부분을 바르게 고치세요.

6. It has been four years until Mr. Brown became president of Royal Co.

7. Neither cell phones or cameras are allowed in the theatre.

8. As Harold was frustrated with his defeat, he congratulated his challenger on his victory.

9. Anderson could not express his anger and sad in words.

10. Not only government officials and the chairman of the company was for the merger.

Actual Practice

Part I Questions 1-8
Choose the option that best completes each gap.

1. A: You were late for the meeting today.
   B: Sorry. It was _____ I missed my bus.
   (a) as though
   (b) since
   (c) before
   (d) because

2. A: Both my wife and I _____ listening to jazz.
   B: Oh, I can't stand that kind of music.
   (a) are liking
   (b) am liking
   (c) like
   (d) likes

3. A: I don't like the essay topic the professor assigned me.
   B: You can either accept it or _____ supervisors.
   (a) change
   (b) to change
   (c) changing
   (d) can change

4. A: Now that we have twins, our car is too small.
   B: You're right. Let's sell it _____ buy an SUV.
   (a) and
   (b) but
   (c) so
   (d) also

5. A: How about joining our ski trip to the Alps over the weekend?
   B: _____ something comes up, I'd love to.
   (a) When
   (b) After
   (c) Unless
   (d) Provided

6. A: I'd like to run a business by myself.
   B: It will definitely be worth the effort _____ it will be stressful and challenging.
   (a) since
   (b) although
   (c) provided
   (d) now that

7. A: Have you heard of Julia Foster? All these letters are for her.
   B: _____ I know, she is the one who has been living upstairs for two months now.
   (a) As long as
   (b) As far as
   (c) As
   (d) If

8. A: Did everyone like the food you made for the potluck dinner?
   B: I think so _____ it was all eaten up in just 10 minutes.
   (a) but
   (b) and
   (c) since
   (d) nor

Part II Questions 9-16
Choose the option that best completes each gap.

9. _____ the island was enduring a hurricane, most attractions remained open for tourists.
   (a) Despite
   (b) While
   (c) In spite of
   (d) Since

10. Some view Napoleon as a great leader, _____ others decry him as a dictator.
    (a) for
    (b) yet
    (c) so
    (d) and

11. It seems that customer service has improved _____ there have been far fewer complaints from clients.
    (a) as long as
    (b) in that
    (c) while
    (c) whereas

12. _____ her secretary had not told her about the interview, Hilary was surprised when reporters peppered her with questions.
    (a) Since
    (b) Lest
    (c) Otherwise
    (d) After

13. I have no intention either to side with Michael or _____ for him.
    (a) to advocating
    (b) advocating
    (c) advocate
    (d) to advocate

14. James's first novel was published two years ago _____ into a movie just six months after its publication.
    (a) made
    (b) and made
    (c) and be made
    (d) making

15. In the end, the car accident proved to be a blessing in disguise for Lucy _____ a tumor was discovered in her brain during the subsequent emergency surgery.
    (a) since
    (b) unless
    (c) once
    (d) while

16. The order will not be filled _____ payment in full is received within a week.
    (a) otherwise
    (b) as long as
    (c) unless
    (d) while

Part III Question 17
Read each sentence carefully and identify the option that contains a grammatical error.

17. (a) A: When does your flight leave for Rome?
    (b) B: In 30 minutes. I'm arriving there around 11 p.m.
    (c) A: So you'll have to go straight to your hotel when you arrive, right?
    (d) B: Unfortunately, yes. I'll call you after I will check in.

Part IV Questions 18
Read each sentence carefully and identify the option that contains a grammatical error.

18. (a) Connecticut-born gun manufacturer Samuel Colt (1814-1862) invented a gun that could be fired multiple times without reloading. (b) Colt founded a company to manufacture his revolving-cylinder pistol. (c) However, neither the business nor its sales was successful at first. (d) It was only with the Mexican-American War (1846-1848) and the U.S. Civil War (1861-1865) that the Colt revolver became the world's best-known firearm.

Unit 08 관계사

매 회 2문제 정도가 출제되는 관계 대명사는 까다롭고 복잡한 문법 개념에 속하지만 텝스에서는 주로 기본 개념만 알면 풀 수 있도록 출제된다. 앞 문장 전체를 선행사로 받는 관계 대명사 which가 최다 빈출 포인트이며, 관계사절과 명사절을 모두 이끌 수 있는 접속사 that/which 와 what을 구별하는 문제는 최고난도 문제 유형이다.

Warm-up

1 관계사절은 앞의 명사를 수식하는 형용사절이며, 수식을 받는 명사를 '선행사'라고 한다.
We are looking for applicants **who have worked in public relations**. (applicants: 선행사)
우리는 홍보 분야에서 경험이 있는 지원자를 찾고 있다.

2 관계 대명사는 관계사절을 이끌며 두 문장을 연결하는 접속사의 역할과 대명사 역할을 동시에 한다.
The school is hiring a teacher **and he** can teach Arabic. (he = a teacher)
→ The school is hiring a teacher **who** can teach Arabic.
그 학교는 아랍어를 가르칠 수 있는 교사를 채용 중이다.

Mike hates mathematics **but** I like **it** most. (it = mathematics)
→ Mike hates mathematics **which** I like most.
Mike는 내가 가장 좋아하는 수학을 싫어한다.

3 관계 대명사는 선행사의 종류에 따라 who/which/that을 구분해서 쓰고, 관계사절에서의 역할에 따라 주격/목적격/소유격으로 쓰인다.

선행사의 종류 \ 격	주격	목적격	소유격
사람	who	whom(who)	whose
사물	that, which	that, which	whose

I met the man **who** sent us the letter. 나는 우리에게 편지를 보낸 남자를 만났다.
I met the man **whom** we are considering hiring. 나는 우리가 고용하려고 생각하고 있는 남자를 만났다.
I met the man **whose** wife is a famous singer. 나는 그의 부인이 유명한 가수인 남자를 만났다.

4 관계사절은 명사절이나 부사절과는 달리 문장이 불완전하다.
The woman stated **that she had witnessed the car accident**. (명사절: 완전한 문장)
그 여성은 그녀가 교통사고를 목격했다고 진술했다.

The scientist has invented a machine **that produces clouds**. (관계사절: 주어가 빠진 불완전한 문장)
그 과학자는 구름을 만드는 기계를 발명했다.

TEPS Point 1   관계 대명사의 종류와 격 / 용법

1 관계 대명사의 종류와 격

(1) 선행사가 사람일 경우: who(주격), whose(소유격), whom(목적격)

The movie is about a girl **who** goes on an adventure alone. (주격)
이 영화는 혼자서 모험을 떠나는 여자아이에 대한 것이다.

I just met a man **whose** daughter is a Nobel Laureate. (소유격)
나는 방금 한 남자를 만났는데 그의 딸은 노벨상 수상자였다.

Write the name of the person **whom** you want to invite. (목적격)
당신이 초대하고 싶은 사람의 이름을 쓰시오.

(2) 선행사가 사물/동물일 경우: which(주격/목적격), whose(소유격)

Angie works for a company **which** develops electric cars. (주격)
Angie는 전기차를 개발하는 회사에서 일한다.

I bought a table **whose** legs are made from marble. (소유격)
나는 다리가 대리석으로 만들어진 탁자를 샀다.

Lucy gave me the book **which** I had really wanted to read. (목적격)
Lucy는 내가 정말 읽고 싶어했던 책을 나에게 주었다.

2 관계 대명사의 용법

(1) 제한적 용법
관계 대명사절이 선행사를 한정하거나 구분하는 역할을 한다.

The woman **who** is sitting next to Kenny is my mother.
Kenny 옆에 앉아 있는 여자는 나의 어머니이다.

(2) 계속적 용법
관계 대명사절이 선행사를 부가적으로 설명하는 역할을 한다. 관계 대명사 앞에 콤마를 써서 분리한다.

The musician**, who** would sing on the Glenwood bridge as a teenager, became a world-famous singer.
Glenwood 다리 위에서 노래를 하곤 했던 그 음악가는 세계적으로 유명한 가수가 되었다.

The conference**, which** I attended in New York, was very informative.
내가 뉴욕에서 참석한 그 학회는 매우 유익했다.

3 관계 대명사의 생략

(1) 제한적 용법의 목적격 관계 대명사

The movie **(that)** you recommended was interesting. 네가 추천한 영화는 재미있었다.

(2) 주격 관계 대명사+be동사
be동사와 함께 주격 관계 대명사는 생략할 수 있다.

Please take the chair **(that is)** next to the window. 창문 옆에 있는 의자에 앉으세요.

The poems **(which were)** written by Hardy are sentimental.
Hardy가 쓴 시들은 감성적이다.

+ Plus Tips

관계사 뒤 삽입구
삽입 절(주어+think/believe/say/guess/expect)이 있는 경우에는 이 삽입구를 없애고 관계 대명사의 격을 따진다.

The man who **(people believed)** had saved the boy disappeared somewhere.
(우리가 생각하기에) 그 소년을 구한 그 사람은 어디론가 사라졌다.

+ Plus Tips

관계 대명사절의 동사의 수 일치
관계 대명사절의 동사는 선행사에 수 일치시킨다.

There are **many girls** who **like** boy bands.
보이밴드를 좋아하는 소녀들이 많다.

TEPS Point 2 | 관계 대명사 that / which

1 관계 대명사 that

제한적 용법의 주격 및 목적격 관계 대명사로 쓰인다. 사람과 사물 모두를 선행사로 받을 수 있다.

Jane was the last person **that** left the office yesterday. (주격)
Jane은 어제 사무실을 마지막으로 떠난 사람이다.

My family lives in a house **that** my grandfather built. (목적격)
나의 가족은 나의 할아버지가 지은 집에 산다.

(1) 반드시 관계 대명사 that을 써야 하는 경우

① 선행사에 최상급, 서수가 포함된 경우

Paris is **the most beautiful city that** I have ever visited. (which X)
Paris는 내가 방문한 가장 아름다운 도시이다.

② 선행사에 the very, the same, the only, any, no, some 등 한정사가 포함된 경우

The only thing that I can fix for you now is a chicken salad. (which X)
지금 내가 너에게 준비해 줄 수 있는 유일한 것은 닭고기 샐러드이다.

(2) 관계 대명사 that을 쓸 수 없는 경우

① 전치사 뒤에 목적격 관계 대명사가 올 경우

Clara got the e-mail **for which** she had been waiting. (that X)
Clara는 그녀가 기다리던 이메일을 받았다.

② 계속적 용법일 경우

Willy said he was fluent in Russian at the interview, **which** is a lie. (that X)
Willy는 면접에서 러시아어에 유창하다고 했는데, 그것은 거짓말이다.

2 관계 대명사 which의 고유 용법

계속적 용법에서 선행사가 절인 경우에 사용한다.

All the member countries agreed to the protocol, **which** is today's headline. (절이 선행사)
모든 회원국이 그 초안에 동의했고, 그것이 오늘의 주요 뉴스이다.

The Tigers won the match, **which** no one expected. (절이 선행사)
Tigers가 시합에서 우승했는데, 그것은 그 누구도 예상하지 못했다.

+ Plus Tips

선행사가 사람일 경우 선행사에 서수, 최상급, the only, the very, the same, no, any, some 등이 포함되어 있더라도 관계 대명사 who를 쓸 수 있다.

Neil was the first person who completed the task. (O)
Neil은 그 업무를 처음으로 완수한 사람이다.

TEPS Point 3 | 관계 부사

관계 부사는 선행사를 부사로 받아 설명한다. '접속사+부사'의 역할을 하며, '전치사+관계 대명사'로 바꿔 쓸 수 있다. 관계 부사는 관계사절에서 부사의 역할을 하므로 관계 부사에 이어지는 문장은 완전한 문장이어야 한다.

1 when

선행사가 '시간'일 때 쓴다. '시간 전치사(in/on/at)+which'로 바꿔 쓸 수 있다.

It was last Monday **when** the new minister took over office.
= It was last Monday **on which** the new minister took over office.
신임 장관이 업무 인계를 받은 것은 지난 월요일이었다.

2 where

선행사가 '장소'일 때 쓴다. '장소 전치사(in/at/in/to)+which'로 바꿔 쓸 수 있다.

We will visit the house **where** Shakespeare lived.
= We will visit the house **in which** Shakespeare lived.
우리는 Shakespeare가 살았던 집을 방문할 것이다.

3 why

선행사가 '이유'일 때 쓴다. for which로 바꿔 쓸 수 있다.

Nobody knew the reason **why** the flight was canceled.
= Nobody knew the reason **for which** the flight was canceled.
비행기가 결항된 이유를 아무도 몰랐다.

4 how

선행사가 '방법'일 때 쓴다. in which로 바꿔 쓸 수 있다.

I want to know **how** they can receive a tax refund at the airport.
= I want to know **the way** they can receive a tax refund at the airport.
= I want to know the way **in which** they can receive a tax refund at the airport.
공항에서 세금을 환급받을 수 있는 방법을 알고 싶다.

 the way how (X)
동어 반복의 이유로 쓰지 않는다. 선행사와 관계 부사 중 하나를 생략한다.
I want to know **the way how** they can receive a tax refund at the airport. (X)

Plus Tips

선행사의 생략

관계 부사의 선행사는 항상 생략이 가능하다. 선행사를 생략할 경우 관계 부사가 포함된 절은 명사절이 된다.

I don't know the time when he will be arriving.
= I don't know when he will be arriving.
나는 그가 언제 도착하는지 모른다.

Plus Tips

전치사 확인하기

전치사 누락 여부 확인 및 알맞은 전치사 선택 여부는 전치사와 선행사를 관계사절 속에 넣어 확인할 수 있다.

Learning is a process by which knowledge is created. (Knowledge is created by the process)
학습이라는 것은 과정인데, 그 과정에 의해 지식이 생성된다.

TEPS Point 4 — 전치사의 목적어로 쓰인 관계 대명사

Plus Tips

전치사 뒤에 올 수 없는 관계 대명사

who와 that 앞에는 전치사를 쓰지 않는다.

The company for which I work manufactures computers. (that X)
내가 일하는 회사는 컴퓨터를 제조한다.

1 전치사의 위치

전치사는 관계 대명사 앞이나 관계 대명사절의 끝에 쓸 수 있다.

Colin is the only man **whom** I can rely **on**.
= Colin is the only man **on whom** I can rely.
  Colin은 내가 믿을 수 있는 유일한 사람이다.

The interviewer asked me about the theory **about which** I know nothing.
= The interviewer asked me about the theory **which** I know nothing **about**.
  면접관은 내가 모르는 이론에 대해 질문했다.

2 수량 대명사(one/some/many/most)+of whom/which

계속적 용법의 관계 대명사절에서 수량을 나타내는 대명사가 of whom이나 of which와 함께 쓰여, 앞서 언급한 대상의 일부에 대해 표현할 수 있다.

We have only three available rooms, **one of which** is facing the ocean.
우리는 3개의 방만 이용 가능한데, 그 중 하나는 바다를 향하고 있다.

All the participants, **most of whom** were male, brought their own motorcycles.
대부분 남성인 모든 참가자들은 자신들의 오토바이를 가져 왔다.

The TV network rejected the ads, **some of which** the managers found offensive.
그 방송사는 그 광고들을 거절했는데, 담당자들은 그 중 몇몇이 공격적이라고 생각했다.

Plus Tips

수 일치

some과 all은 모집단의 수에 동사의 수를 일치시킨다.

The curator displayed 15 paintings, some of which were portraits.
(which = paintings: 복수)
큐레이터는 15개의 그림을 전시했는데, 그들 중 몇몇은 초상화였다.

3 수량 표현+of whose+명사

선행사가 소유한 것의 일부에 대해 표현할 수 있다.

I interviewed an architect, some of whose **works** are made only of steel and glass.
나는 어떤 건축가를 인터뷰했는데, 그 사람의 몇몇 작품들은 철과 유리로만 만들어졌다.

The small town, **most of whose residents** are artists, is famous for its colorful murals.
마을 거주자의 대부분이 예술가인 그 작은 마을은 화려한 벽화로 유명하다.

TEPS Point 5 | 복합 관계 대명사

복합 관계 대명사는 관계 대명사 who/which/what에 양보의 -ever를 붙인 것으로, 선행사를 포함하며 명사절이나 양보의 부사절을 이끈다.

1 what / whatever

복합 관계 대명사 what/whatever는 따로 설명할 필요가 없는 불특정 선행사를 포함한다. 명사절을 유도하며 '그 어떤 것이라도'라는 의미이다.

What the passenger presented as ID was not acceptable to customs officials.
그 승객이 신분증으로 제시했던 것은 세관에서 받아들여지지 않았다.

You should do **what** makes you happy.
당신은 당신을 행복하게 만드는 것을 해야 한다.

Charles will do **whatever** it takes to protect his children.
Charles는 그의 아이들을 지키기 위해서는 무엇이든 할 것이다.

2 whoever / whomever

복합 관계 대명사 whoever/whomever는 따로 설명할 필요가 없는 불특정한 (사람) 선행사를 포함한다. 명사절을 유도하며 '그 어떤 사람이라도'라는 의미이다.

Whoever breaks the rules will be punished.
그 규칙을 깨는 누구든 처벌받을 것이다.

You can invite **whoever/whomever** you want.
너는 네가 원하는 사람이면 누구든 초대할 수 있다.

3 whichever

복합 관계 대명사 whichever는 주어진 선택 사항 혹은 후보자 중 '그 어떤 것(사람)이더라도'라는 의미이다. 선행사를 포함하므로 명사절을 유도한다. whichever는 복합 관계 형용사 용법으로도 쓰이는데, 이때는 whichever 뒤에 명사가 온다.

A: Do you think Jennifer would prefer a scarf or a necklace for her birthday?
너는 Jennifer가 그녀의 생일 선물로 스카프를 선호할 거 같니, 목걸이를 선호할 거 같니?

B: She'll like **whichever** one you give her. (명사절)
그녀는 네가 그녀에게 주는 어떤 것이라도 좋아할 거야.

Whichever candidate makes it through the maze will be given $2,000.
그 미로를 통과하는 그 어떤 후보자이든 2,000달러를 받게 될 것이다. (복합 관계 형용사)

 양보절의 부사절을 이끄는 whatever / whoever / whomever

Whatever happens to your home, your insurance policy will cover everything.
당신의 집에 어떤 일이 발생하더라도, 당신의 보험이 모든 것을 보장할 것이다.

Whoever/whomever the committee appoints, he or she will face many challenges.
위원회가 누구를 임명하든지, 그 혹은 그녀는 많은 어려움에 직면하게 될 것이다.

Plus Tips

whatever vs. whichever
선택 범위가 막연할 경우에는 whatever, 선택 범위가 한정적일 경우에는 whichever를 쓴다.

A: I don't know if I should go to Hawaii or Jeju for our honeymoon.
신혼여행으로 Hawaii에 갈지, 제주도에 갈지 모르겠어요.

B: It will be fun **whichever** place you go.
(whatever X)
어디를 가든지 재미있을 거예요.

TEPS Point 6 | 유사 관계 대명사

유사 관계 대명사란 접속사인데 관계 대명사처럼 쓰이는 경우가 있는 as, than 등을 말한다. 유사 관계 대명사는 앞의 어구와 상관어구를 이루어 관계 대명사의 역할을 한다.

1 as

the same ~ **as** / such ~ **as** / as ~ **as** 용법의 **as**는 관계 대명사로 사용될 수 있다.

I was embarrassed to see that Julie wore the same dress **as** I did.
나는 Julie가 내가 입은 것과 같은 드레스를 입은 것을 보고 당황했다.

Dr. Han is such an entrepreneur **as** I respect.
Han 박사님은 내가 존경하는 그런 기업가이다.

2 than

비교 대상 앞에 위치하는 than은 관계 대명사로 사용될 수 있다.

Roger tends to take on more work **than** he can handle.
Roger는 자신이 처리할 수 있는 이상의 일을 맡는 경향이 있다.

The repair costs were much higher **than** I expected.
수리 비용은 내가 예상했던 것보다 훨씬 더 높았다.

＋ Plus Tips

as is often the case with: ~에게는 흔히 있는 일이지만

As is often the case with geniuses, Mozart died young.
천재에게는 흔히 있는 일이지만, 모차르트는 젊어서 죽었다.

Exercise

A. 다음 중 빈칸에 알맞은 것을 고르세요.

1. The beautiful fireworks started, _____ meant the festival was coming to an end.
   (a) that					(b) which

2. Will you recommend a nice place _____ we could have a private party?
   (a) where					(b) which

3. The only issue on _____ Ken and Bruce do not agree is religion.
   (a) which					(b) that

4. The man _____ I believe made a complaint about our food last week is sitting at the bar.
   (a) whom					(b) who

5. There were about 100 people attending the seminar, 10 percent of _____ were from America.
   (a) which					(b) whom

B. 다음 문장에서 틀린 부분을 바르게 고치세요.

6. The man works as an assistant is a postgraduate student.

7. Jane Austen wrote six major novels, all of which is still much loved by many people.

8. Willy is now happy with his new job that he can develop and advance his career.

9. No one can pinpoint the moment where the fire started.

10. I didn't know that my neighbor is a famous businessman who name appears almost every day in newspapers.

Actual Practice

Part I Questions 1-8
Choose the option that best completes each gap.

1. A: Can I use your barbecue? Where is it?
   B: It's in the garage _____ I usually keep it.
   (a) that
   (b) when
   (c) where
   (d) in that

2. A: Who won first place in the school math competition?
   B: It was Eric Steinberg again, _____ amazed every teacher at my school.
   (a) which
   (b) that
   (c) why
   (d) whom

3. A: How much did it cost to fix your desktop computer?
   B: Nothing. It worked pretty well when the technician looked at it, _____ is often the case.
   (a) that
   (b) who
   (c) as
   (d) than

4. A: What is the goal for this drive?
   B: We aim to help poor students _____ can't afford computers.
   (a) when
   (b) who
   (c) which
   (d) whom

5. A: How are you going to resolve the problem?
   B: I'd like to pay for the damages _____ which I am responsible.
   (a) with
   (b) in
   (c) on
   (d) for

6. A: Where did you learn how to make authentic Italian pizza?
   B: I had an Italian roommate _____ father is a famous chef.
   (a) who
   (b) whom
   (c) of whom
   (d) whose

7. A: Was it easy to find a hotel in Congo?
   B: Actually, I stayed in a house _____ one of my friends owns.
   (a) where
   (b) for which
   (c) that
   (d) what

8. A: To be a responsible person, you have to decide _____ is right for you all on your own.
   B: I agree, but sometimes I need serious advice from others.
   (a) what
   (b) which
   (c) whichever
   (d) that

Part II Questions 9-16
Choose the option that best completes each gap.

9. There was probably a secret arrangement between the companies, _____ the government has yet to address.
   (a) which
   (b) that
   (c) who
   (d) where

10. The landslide victory of Glen Perry, the incumbent governor, shocked commentators, _____ analysis was that he would definitely be defeated.
    (a) who
    (b) whom
    (c) which
    (d) whose

11. After years of seclusion, the actress confessed to having suffered from depression _____ she had to struggle over the last decade.
    (a) that
    (b) which
    (c) in which
    (d) with which

12. Calvin worked for an international company until 2015 _____ suddenly he quit his job and went backpacking around Africa.
    (a) that
    (b) which
    (c) when
    (d) on which

13. The art organization _____ failed to meet the new government regulations found it hard to get government funding.
    (a) that
    (b) where
    (c) for whom
    (d) who

14. The governmental health agency has hired 12 volunteers, most of _____ work is aimed at educating people about epidemics.
    (a) whom
    (b) which
    (c) that
    (d) whose

15. Dinosaurs became bipedal to run faster and for longer distances, which is the same reason _____ early carnivorous dinosaurs evolved small forearms.
    (a) how
    (b) which
    (c) why
    (d) whose

16. The busier and older Dennis got, the more weight he gained because he simply ate _____ was in front of him.
    (a) whichever
    (b) which
    (c) that
    (d) whatever

Part III Question 17
Read each sentence carefully and identify the option that contains a grammatical error.

17. (a) A: You should come to the movies with me and my friends, most of which I think you already know.
    (b) B: Well, it depends on which movie you are going to see.
    (c) A: *The Evil Dead*, which was just released today. I can't wait to see it!
    (d) B: No, count me out. I don't have the stomach to watch horror films.

Part IV Questions 18
Read each sentence carefully and identify the option that contains a grammatical error.

18. (a) Eating eggs for breakfast every day reduces your chances of having a stroke. (b) After 30 years of research, experts learned that eggs, that include antioxidants, decrease oxidative stress. (c) However, some fear that eggs increase cholesterol levels, which can sometimes lead to heart disease. (d) Fortunately, recent analysis shows that there is not enough scientific evidence to conclusively prove that eggs cause heart disease.

Unit 09 명사절 접속사

명사절 문제는 매 회 1문제 이상 출제되며, 관계사(형용사절 접속사)와 모양이 같은 명사절 접속사를 구분하는 것이 주요 출제 포인트이다. 해석을 통해서는 둘의 쓰임을 구분하기가 쉽지 않으니 문장 구조를 분석해서 정답을 찾아야 한다. 해석으로 문제를 푸는 것이 오히려 함정이 될 수 있음을 명심하자.

Warm-up

1 명사절 접속사는 명사절을 이끌며 주절과 명사절을 연결한다. 명사절은 주절에 종속되어 있기 때문에 종속절이라고도 한다.

Why did Robert sell his new house? (하나의 절로 이루어진 문장. why: 의문사)
Robert는 왜 그의 새 집을 팔았니?

Why Robert sold his new house **is** a mystery to everyone. (why: 접속사-주절과 명사절 연결함)
Robert가 왜 그의 새 집을 팔았는지는 모두에게 미스터리이다.

2 명사절은 문장에서 명사 역할을 하므로 문장의 필수 성분이다.

주어 **When** Luke dropped out of school isn't known.
언제 Luke가 학교를 그만두었는지는 알려지지 않았다.

목적어 I believe **that** UFOs exist.
나는 UFO가 존재한다는 것을 믿는다.

보어 The secret of his youth is **that** he eats less and moves more.
그의 젊음의 비결은 적게 먹고 많이 움직이는 것이다.

전치사의 Michael was satisfied with **what** he ordered at the restaurant.
목적어 Michael은 자신이 식당에서 주문한 것에 만족했다.

3 명사절이 주어로 쓰인 경우 단수로 취급하여 단수 동사를 쓴다.

Who will teach us English next semester has just been announced.
다음 학기에 누가 우리에게 영어를 가르칠 지가 방금 발표되었다.

That all the staff objects to the new work schedule is not true.
모든 직원들이 새로운 작업 일정에 반대한다는 것은 사실이 아니다.

TEPS Point 1 — 명사절 접속사

명사절은 주어, 목적어, 보어 혹은 전치사의 목적어 역할을 하는 종속절이다. 접속사에 따라 접속사가 이끄는 명사절의 구조가 달라진다.

1 who / what

who와 what이 이끄는 절은 주어, 목적어, 보어가 없거나 전치사로 끝나는 불완전한 문장이다.

Who will replace the manager has not been decided.
누가 그 관리자를 대체할지는 아직 결정되지 않았다.

Donald won't betray **who he works for**.
Donald는 자신을 고용한 사람을 배신하지 않는다.

What I had for lunch upset my stomach.
점심으로 내가 먹은 것이 배탈이 나게 했다.

I will do **what I can do to help you be successful**.
나는 당신이 성공하는 데 도움이 되는 것을 할 것이다.

2 when / where / why / how

when, where, why, how가 이끄는 절은 완전한 문장이다.

You should let us know **when you want to pick up the laundry**.
언제 세탁물을 가지러 올지 알려 주셔야 해요.

Where the pirates hid the treasure is not known.
그 해적들이 보물을 어디에 숨겼는지는 알려 지지 않았다.

The question is **why Derek wants to sell his shop**.
의문점은 왜 Derek이 자신의 가게를 팔고 싶어 하는지이다.

This book tells you **how you can start your own company**.
이 책은 당신이 어떻게 사업을 시작하면 되는지를 알려 준다.

3 if / whether

if, whether가 이끄는 절은 완전한 문장이다. if … or not이나 whether … or not의 형태로 쓰이기도 한다.

I am not sure **if I turned off all the lights**.
내가 모든 불을 껐는지 잘 모르겠다.

Hannah called me to ask **whether we wanted to join everyone at the beach (or not)**.
Hannah는 우리가 해변에서 사람들에게 합류하기를 원하는지를 물어 보기 위해서 전화했다.

> **cf. whether**
> Whether는 양보의 부사절을 이끌 수 있다. whether or not …의 형태도 가능하다.
> Whether you agree or not, our magazine will publish Mr. Robinson's article in the next issue.
> = Whether or not you agree on it, our magazine will publish Mr. Robinson's article in the next issue.
> 네가 찬성을 하든 하지 않든, 우리 잡지는 Robinson 씨의 글을 다음 호에 게재할 것이다.

⊕ Plus Tips

명사절을 이끄는 because
because는 이유를 나타내는 명사절을 만들 수 있는데, 주로 보어절로 쓰인다.

The couple canceled their trip. It was **because** one of their children suddenly became ill.
그 커플은 여행을 취소했다. 그것은 그들의 자녀 중 한 명이 갑자기 아팠기 때문이다.

TEPS Pattern

if / whether 문제

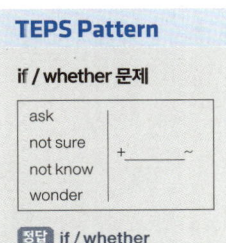

정답 if / whether

4 that

that은 특정한 의미는 없으며 완전한 문장을 이끈다.

The government reported **that the unemployment rate would decrease in the following year**. 정부는 다음 해에 실업률이 감소할 것이라고 발표했다.

That Sylvia's second album is full of clichés in its lyrics is the cause of the album's failure. Sylvia의 두 번째 앨범의 가사가 상투적인 말들로 가득하다는 것이 그 앨범의 실패 원인이다.

>
> if 선택절과 that절은 전치사의 목적절로 쓰이지 않는다. if 대신 whether를 쓰거나 that 앞에 the fact나 the news 등을 쓴다.
>
> All the personnel are curious about **whether** the CEO will resign or not. (about if X)
> 모든 직원들은 그 CEO가 사임할 것인지 아닌지 궁금해한다.
> You should remind me of the fact **that** you are allergic to peaches. (of that X)
> 당신이 복숭아에 알레르기가 있다는 사실을 나에게 상기시켜야 한다.

TEPS Point 2 — that vs. what / what vs. which

1 that vs. what

that과 what은 둘 다 '~하는 것'이라는 의미이지만 that은 완전한 문장을, what은 불완전한 문장을 이끈다.

That being overweight is closely related to diabetes has not been proved.
과체중과 당뇨병이 밀접한 관련이 있다는 것은 아직 증명되지 않았다.

What we ate for lunch was catered by one of the city's top chefs.
우리가 점심에 먹은 것은 시 최고의 요리사 중 한 명이 만든 것이다.

2 what vs. which

명사절 접속사인 what과 which는 모두 '어떤'이란 의미의 의문 형용사로 사용할 수 있다. what은 막연한 선택에, which는 제한된 선택에 쓰인다.

Do you know **what color** she likes? 그녀가 어떤 색을 좋아하는지 아니?

Among the seven colors of the rainbow, do you know **which color** she likes most? 무지개의 일곱 색깔 가운데, 그녀가 어떤 색을 가장 좋아하는지 아니?

>
> **what litte과 what few: 적지만 모든 ~**
> '~ little/few+명사+주어+동사'의 형태에서 little과 few 앞에는 what(~하는 모든)을 쓸 수 있다.
>
> Even though it was not much, I donated **what little** money I had to the charity.
> 비록 많지는 않았을지라도 나는 내가 가지고 있던 적지만 모든 돈을 자선 단체에 기부했다.
> With defeat all but guaranteed, the Tigers did their very best for **what few** minutes there were left. 패배가 확실했지만, Tigers는 적지만 남은 모든 시간에 최선을 다했다.

Exercise

A. 다음 중 빈칸에 알맞은 것을 고르세요.

1. We can only guess _____ he really wanted to say.
   (a) what   (b) that

2. Whoever is late for class _____ subject to a formal warning.
   (a) are   (a) is

3. _____ Mr. Gomez has remained silent for weeks says a lot.
   (a) That   (b) What

4. During the announcement, the spokesperson highlighted _____ important the merger was.
   (a) how   (b) why

5. Do you know _____ issues they are going to raise at the meeting?
   (a) how   (b) what

B. 다음 문장에서 틀린 부분을 바르게 고치세요.

6. I want to know how Henry can do for this company.

7. The scientist who invented the drug agonized about if it should be patented.

8. I believe who future generations will significantly rely on scientific inventions.

9. I can't decide how to buy for Anna's housewarming party.

10. The audience was shocked at that Bruce dropped out just before the final show.

Actual Practice

Part I Questions 1-8
Choose the option that best completes each gap.

1. A: What do you want to eat for dinner?
   B: Just order _____ you like.
   (a) however
   (b) whoever
   (c) that
   (d) whatever

2. A: Jessie, I am calling to ask _____ you will be able to babysit my son tomorrow.
   B: Sorry. I really need to study for a final exam tomorrow.
   (a) what
   (b) how
   (c) if
   (d) who

3. A: What are you searching for online?
   B: I'd like to know _____ the weather will be like this weekend in Washington.
   (a) what
   (b) how
   (c) that
   (d) if

4. A: We have more than 20 different cocktails. _____ one would you like?
   B: Just water, please. I have to drive.
   (a) What
   (b) Which
   (c) That
   (d) Whatever

5. A: I'd like to know _____ I can access the Internet.
   B: Just go to the network called FreeLink and click on Connect.
   (a) that
   (b) when
   (c) what
   (d) how

6. A: We should've bought stocks in Microsoft.
   B: Yes, _____ a lucrative investment that would have been!
   (a) how
   (b) what
   (c) so
   (d) such

7. A: Do you know how long Stacy will be away on business?
   B: No one knows _____.
   (a) how long it will take
   (b) how it will take long
   (c) how will it take long
   (d) how long will it take

8. A: Can you tell me _____ you went after the party?
   B: Feeling tired, I went straight home.
   (a) what
   (b) how
   (c) why
   (d) where

Part II Questions 9-16
Choose the option that best completes each gap.

9. After the slide show, the researchers will explain _____ the survey suggests.
   (a) what
   (b) that
   (c) why
   (d) how

10. This type of fish can live for more than 10 years, depending on _____ well you take care of it.
    (a) what
    (b) where
    (c) if
    (d) how

11. What Lionel found hardest about the scandal was _____ his closest friends talked behind his back.
    (a) what
    (b) whom
    (c) that
    (d) however

12. The witness insisted that nothing outside of _____ was true.
    (a) that he already had said
    (b) which he had said already
    (c) that had already said he
    (d) what he had already said

13. There is some debate over _____ the government should offer college graduates debt relief if they can't find a job.
    (a) if
    (b) whether
    (c) what
    (d) that

14. _____ is often portrayed in sci-fi movies.
    (a) What life in the future will be like
    (b) How life in the future like will be
    (c) What like life will be in the future
    (d) How in the future will like be life

15. A huge memorial used to stand in _____ is now the fire station.
    (a) which
    (b) what
    (c) that
    (d) where

16. While the discovery of a 13th-century ship astonished archaeologists, _____ was found alongside the ship was even more amazing: a treasure trove of gold coins.
    (a) who
    (b) which
    (c) that
    (d) what

Part III Question 17
Read each sentence carefully and identify the option that contains a grammatical error.

17. (a) A: Ted and I will be going to Kevin's retirement party.
    (b) B: Could I get a ride to the party with either of you?
    (c) A: Of course. Ted said he's leaving at 7:30.
    (d) B: Oh, do you mind if I go with whatever is leaving earlier?

Part IV Questions 18
Read each sentence carefully and identify the option that contains a grammatical error.

18. (a) Writing a résumé that demonstrates why you are the perfect person for the job gives you the best chance of landing that job. (b) A good résumé should be full of what the employer should know about you regarding the job you are applying for. (c) Keep your résumé neat and make sure it is easy on the eye, emphasizing that you are qualified and ready to do whatever your job requires. (d) There are various types of résumé templates you can use, so think carefully about how style best suits your needs.

CHAPTER IV

품사

Unit 10　　명사와 관사
Unit 11　　대명사
Unit 12　　형용사
Unit 13　　부사
Unit 14　　전치사

Unit 10 명사와 관사

관사는 명사 앞에만 쓰이므로 명사와 뗄 수 없는 관계이다. 명사의 종류에 따라 앞에 쓰이는 관사가 달라지며, 텝스에서는 부정 관사와 함께 쓰일 수 없는 불가산 명사 문제가 가장 많이 출제된다. 명사의 의미가 문장에서의 역할에 따라 달라지는 경우 정관사를 쓸지 부정 관사를 쓸지는 정확한 해석을 통해서만 알 수 있는데, 이와 관련한 문제는 고난도 유형에 해당한다.

Warm-up

1 명사는 사물이나 개념 등을 가리키는 이름이다.
　사물　cloud 구름　chair 의자　elephant 코끼리　Earth 지구
　개념　happiness 행복　security 보안

2 관사는 명사 앞에 사용되며, 일반적인 명사를 나타내는 부정 관사와 특정한 명사를 나타내는 정관사가 있다.
　부정 관사(a/an)　**a** watch　(일반적인) 시계 하나
　정관사(the)　　**the** watch　(특정한/앞에서 말한) 그 시계

3 명사는 가산 명사(셀 수 있는 명사)와 불가산 명사(셀 수 없는 명사)로 나누어 진다.
　① 가산 명사에는 보통 명사와 집합 명사가 있다.
　보통 명사: 일정한 형태를 갖고 있는 사람, 사물의 이름이다. 부정 관사와 함께 쓰일 수 있고 복수형이 있다.
　　　　　　person 사람　bottle 병　school 학교　planet 행성　animal 동물
　집합 명사: 개체들의 집합체를 가리키는 명사이다.
　　　　　　people 사람들　police 경찰　family 가족　audience 관중　class 학급
　② 불가산 명사에는 사람 등의 이름을 나타내는 고유 명사 외에 추상 명사와 물질 명사가 있다.
　추상 명사: 추상적인 개념이나 정의를 지칭하는 말이다. 구체적인 형태가 없고, 셀 수 없다.
　　　　　　love 사랑　justice 정의　art 예술　poetry 시　luck 운
　물질 명사: 물질 또는 재료를 나타내는 말이다. 일정한 형태를 갖고 있지 않으며, 셀 수 없다.
　　　　　　wind 바람　fire 불　water 물　air 공기　electricity 전기

TEPS Point 1 — 관사

1 부정 관사 a/an의 용법

(1) 불특정한 하나를 가리킬 경우
I am going to buy **a** guitar for myself. 나는 나를 위해 기타 하나를 살 것이다.

(2) one(하나의 ~)을 뜻할 경우
A cup of ginger tea will be good for your cold. 생강차 한 잔은 너의 감기에 좋을 것이다.

(3) per(~당, ~마다)를 뜻할 경우
Temporary workers get paid $10 **an** hour. 임시 직원은 시간당 10달러를 받는다.

(4) some, a certain(어떤)을 뜻할 경우
I believe there is **a** degree of truth in what he said.
나는 그가 한 말에 어느 정도의 진실은 있다고 믿는다.

(5) 종족이나 집단 전체를 대표할 경우
Horned toads are **a** lizard found in American deserts.
뿔도마뱀은 미국 사막에서 발견되는 파충류의 하나이다.

2 정관사 the의 용법

(1) 앞서 나온 명사를 반복할 경우
Rick found a ring under the sofa. His housemate claimed that **the** ring was hers.
Rick은 소파 밑에서 반지 하나를 발견했다. 그의 동거인은 그 반지가 그녀의 것이라고 주장했다.

(2) 정황상 화자와 청자 모두 아는 것을 가리킬 경우
Could you please close **the** door? 저 문 좀 닫아주시겠어요?

(3) 최상급, 서수사, the only, the same, the very, the late 등으로 명사를 한정할 경우
This is **the** best wine I've ever tasted. 이것은 내가 맛 본 최고의 와인이다.

(4) 명사가 후치 한정어구로 특정될 때
I'd like to buy **the** pink dress in the show window.
나는 진열장 안에 있는 분홍 드레스를 사고 싶다.

(5) 계량의 단위를 나타낼 경우(by+the+단위: ~ 단위에 따라)
You can buy cake **by the piece** here. 여기에서는 케이크를 조각으로 살 수 있다.

(6) 악기명 앞에 쓰일 경우
Now you can learn how to play **the** violin online.
이제 당신은 온라인으로 바이올린을 연주하는 것을 배울 수 있다.

(7) 신체 일부에 동작이 가해질 경우
The sales person grabbed me by **the** arm. 판매원이 내 팔을 붙잡았다.

Plus Tips

a vs an

a: 첫소리가 자음인 단어 앞
a university[jùːnəvéːsəti]
a UFO[júːefóu]

an: 첫소리가 모음인 단어 앞
an MP3[émpiːθríː]
an F[éf]
an MBA[émbiːéi]

TEPS Pattern

same 앞 빈칸은 the 자리

We graduated from _____ same university.

정답 **the**

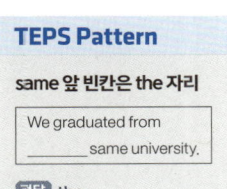

(8) the+형용사/분사=복수 보통 명사

The French rarely become obese even though they eat a lot.
프랑스 사람들은 많이 먹지만 좀처럼 살이 찌지 않는다.

⊕ Plus Tips

관사가 생략된 관용 표현
after school 방과 후
after class 수업 후
after work 퇴근 후
go to school 학교에 다니다
go to university 대학교에 다니다

3 관사의 생략

(1) 호칭일 경우

Actor Leonardo DiCaprio is best known for his role in *Titanic*. (An actor X)
영화배우 Leonardo DiCaprio는 <Titanic>에서의 역할로 가장 잘 알려져 있다.

(2) 건물, 장소, 가구가 본래의 용도로 쓰였을 경우

Mrs. Simpson goes to **church** every Sunday. (the/a church X)
Simpson 부인은 매주 일요일에 교회에 간다.

(3) 'by+교통/통신 수단'

It might be faster to get to the airport **by subway** than **by taxi**.
공항에 택시로 가는 것보다 전철로 가는 것이 더 빠를지도 모른다.

TEPS Point 2   명사

1 가산 명사

가산 명사는 셀 수 있는 명사이다. 단수형과 복수형의 두 가지 형태가 있으며 복수형은 보통 -s로 끝난다. 가산 명사의 단수형 앞에는 관사(a/an, the), 한정사(another/every 등)가 오고, 복수형 앞에는 수 형용사(many/two/three hundred 등)가 올 수 있다.

가산 명사

mixture 혼합물   combination 혼합물   cost 비용   price 가격   consequence 결과
result 결과   circumstance 상황   measure 방법/조치   outfit 옷   right 권리   rumor 소문

The company carried through on **a combination** of acquisitions and investments.
그 회사는 인수와 투자의 결합으로 위기를 헤쳐 나갔다.

Heightened security **measures** will be in place at the Olympic stadium.
강화된 보안 조치가 올림픽 경기장에 취해질 것이다.

2 불가산 명사

불가산 명사는 특정한 형태를 가지고 있지 않아 셀 수 없는 명사이다. 불가산 명사는 수 형용사를 붙일 수 없고, 복수형을 만들 수 없다.

불가산 명사

information 정보   advice 조언   luck 행운   knowledge 지식   progress 과정
access 접근   pronunciation 발음   participation 참여   luggage 짐   baggage 짐
money 돈   scenery 풍경   litter 쓰레기   waste 쓰레기   trash 쓰레기   garbage 쓰레기
produce 농산물   merchandise 상품   weather 날씨   poetry 시   clothing 옷   apparel 옷
attire 옷   gossip 소문   feedback 피드백   traffic 교통량

The garage is full of **trash**. 그 헛간은 쓰레기로 가득 차 있다. (trashes X)

Traveling with nothing more than **hand luggage** is a good way to save time at the airport. (a hand luggage X)
휴대 가능 수하물만을 가지고 여행하는 것은 공항에서 시간을 아끼는 좋은 방법이다.

3 집합 명사

집합 명사는 같은 종류의 것이 여럿 모여 있는 전체를 가리키는 명사이다.

(1) 단·복수 가능(일반 집합 명사)

집합체를 가리키면 단수 취급하고, 구성원 개개인을 가리키면 복수 취급한다.

family 가족   class 반   committee 위원회   team 팀

Plus Tips

수 일치에 주의해야 할 명사

① 가산 명사이지만 항상 단수로만 사용하는 명사
The/An audience 관중
The/A software 소프트웨어

② 항상 정관사와 같이 사용하는 명사
the morning 아침
the afternoon 오후
the evening 저녁
the past 과거
the present 현재
the future 미래

③ 항상 복수로만 사용하는 명사
belongings 소지품
clothes 옷
goods 상품
savings 저축
sports 스포츠
returns 이익
sales 판매
jeans 청바지
pants 바지
glasses 안경
scissors 가위

(2) 복수 취급(군집 명사)
복수의 구성원이 포함된 집합체이며 그 자체가 복수이므로 복수형이 따로 없다. 신분 집단을 가리킬 때는 the와 함께 쓰인다.

> people 사람들   the police 경찰   the jury 배심원   personnel 직원들   cattle 소

The police **are** responding to multiple calls concerning a missing boy. (is X)
경찰은 실종된 남자아이와 관련된 수많은 전화에 응대하고 있다.

(3) 단수 취급(집합적 물질 명사)
집합체의 이름이기 때문에 개별적으로 셀 수 없는 명사이다. 단수 취급하며 부정 관사와 함께 쓰이지 않는다.

> furniture 가구   clothing 의복   machinery 기계류   luggage 짐   equipment 장비
> cutlery 식기류   poultry 가금류   jewelry 보석류

4 복합 명사

복합 명사는 둘 이상의 명사를 결합해 사용하는 명사이다. 마지막에 나오는 명사가 가산 명사인지 불가산 명사인지에 따라 관사/한정사를 쓴다.

a cheese sandwich 치즈 샌드위치
customer information 고객 정보
a savings account 저축 계좌
the customs office 세관
the earnings growth 수입 증가
a sales promotion 판촉

TEPS Point 3 | 주의할 명사

1 단수형과 복수형이 같은 명사

> offspring 자손　aircraft 비행기　deer 사슴　fish 물고기　sheep 양　series 시리즈
> means 방법　species 종

Iran signed a deal with Boeing to buy 200 new aircraft.
Iran은 Boeing 사와 200대의 신형 비행기를 구입하는 계약을 체결했다.

2 -s가 붙어 있는 불가산 명사

학문 명이나, 병명, 나라 이름 같이 -s가 붙어 있어 형태상 복수로 착각하기 쉬운 명사에 주의한다. -s가 붙어 있지만 단수 취급한다.

> news 뉴스　rabies 광견병　measles 홍역　diabetes 당뇨병　blues 우울증
> statistics 통계학　acoustics 음향학　economics 경제학
> the United States 미합중국　the Philippines 필리핀

Diabetes is a lifelong condition that causes a person's blood sugar levels to become too high if not treated properly.
당뇨병은 적절히 관리되지 않으면, 혈당 수치를 지나치게 높이는 평생 동안 계속되는 상태이다.

➕ Plus Tips

-s로 끝나는 학문명
학문명일 경우에는 단수 취급하지만 그 외의 뜻일 경우에는 복수 취급한다.

st**a**tistics 통계 (복수)
ac**ou**stics 음향 시설 (복수)

3 가산 명사와 불가산 명사의 의미가 다른 명사

불가산 명사	가산 명사
change 잔돈	a change / changes 변화
room 공간, 여지	a room / rooms 방
custom 풍습	customs 세관
wood 목재, 땔감	woods 숲
light 빛	lights 조명
air 공기	an air 분위기
credit 신용, 칭찬	a credit / credits 학점
paper 종이	a paper / papers 논문, 문서
work 일	a work / works 작품
company 동행, 일행	a company / companies 회사
capacity 용량, 능력	a capacity 적재량, 용량
damage 피해	damages 손해 배상액
power 힘	powers 강대국

I need some **change** for the vending machine. 나는 자판기에 쓸 잔돈이 필요하다.
Works of Picasso and da Vinci will be on display at the Glynn City Museum.
Picasso와 da Vinci의 작품이 Glynn City Museum에 전시될 것이다.

➕ Plus Tips

rumor 소문
rumor는 가산 명사와 불가산 명사로 모두 쓰인다. 단, 관용적인 표현인 Rumor has it that(~라는 소문이 있다)에서는 관사를 쓰지 않는다.

Plus Tips

time의 용법

① 시간을 의미할 때: 불가산
Do you have time this Saturday?
이번 토요일에 시간 있니?

② '순간'이나 '시기'를 의미할 때: 가산. 관사(a/the)와 함께 쓴다.
There always comes a time when you need to make a decision.
당신이 결정을 해야 할 순간은 항상 온다.

③ '시대'를 의미할 때: 가산
Very few women worked in medieval times.
중세에는 매우 소수의 여성들만이 일을 했다.

4 추상 명사의 보통 명사화

추상 명사가 사건이나 구체적인 사례를 의미할 경우 보통 가산 명사가 된다. 가산 명사가 되면 부정 관사를 붙이거나 복수형을 만들 수 있다.

추상 명사	보통 명사
marriage 결혼	a marriage/marriages 결혼생활
romance 사랑, 연애 감정	a romance/ romances 연애
compromise 타협	a compromise/compromises 타협 내용
beauty 아름다움	a beauty/beauties 미인, 미남
youth 젊음	a youth/youths 젊은이
success 성공	a success/successes 성공한 사람, 성공작
failure 실패	a failure/failures 실패자, 실패작

Marriage is a socially or religiously recognized union between spouses.
결혼은 배우자 간의 사회적 혹은 종교적으로 인정받은 결합이다.

Benjamin and Adrian have enjoyed **a happy marriage** for the last 20 years.
Benjamin과 Adrian은 지난 20년 동안 행복한 결혼 생활을 해오고 있다.

Exercise

A. 다음 중 빈칸에 알맞은 것을 고르세요.

1. Some early _____ in Korean literature may have been written by women.
   (a) work (b) works

2. More eco-friendly jet fuels made from waste _____ are able to reduce airline CO_2 emissions.
   (a) wood (b) woods

3. The ambulance personnel _____ already in the building when the doctors got to the scene.
   (a) was (b) were

4. Quarterly statistics _____ shown that the birth rate continues to outstrip the death rate.
   (a) has (b) have

5. Improving English _____ is the goal of this course.
   (a) pronunciation (b) pronunciations

B. 다음 문장에서 틀린 부분을 바르게 고치세요.

6. Our teacher always gives a feedback on all our writing assignments.

7. The southern Korean peninsula was struck by earthquake.

8. Some species try to produce as many offsprings as possible, and then expend little or no energy on nurturing or protecting them.

9. I have to complete this article tonight since a deadline is tomorrow.

10. Could you give me changes for a $100 bill?

Actual Practice

Part I Questions 1-8
Choose the option that best completes each gap.

1. A: Your new office looks empty.
   B: I know. We need some _____.
   (a) furniture
   (b) the furnitures
   (c) a furniture
   (d) furnitures

2. A: Philip didn't make it to the finals of the tournament.
   B: I feel bad for him, but at least we should give him _____ for trying.
   (a) credit
   (b) a credit
   (c) credits
   (d) the credits

3. A: Your Korean is excellent. It's really improved a lot!
   B: Thanks, but I can hardly claim _____ in it.
   (a) proficiency
   (b) proficiencies
   (c) the proficiency
   (d) the proficiencies

4. A: Do you know why Natalie was evicted from her new condo?
   B: She hadn't paid _____ for 6 months.
   (a) rent
   (b) no rent
   (c) a rent
   (d) some rent

5. A: People seldom use libraries anymore.
   B: I agree. They're more accustomed to accessing _____ on their smartphones.
   (a) information
   (b) an information
   (c) informations
   (d) the informations

6. A: What are you going to wear to Kevin's wedding?
   B: I'm going to wear _____ I've got.
   (a) best cloth
   (b) the best clothes
   (c) a best clothes
   (d) a best cloth

7. A: I notice Mr. Kent doesn't want to go _____.
   B: That may be true, but his wife insists he go every Sunday.
   (a) church
   (b) to churches
   (c) the church
   (d) to church

8. A: Oh, why did you slam on the brakes?
   B: Look! _____ running on to the road from nowhere.
   (a) The cattles are
   (b) Cattle is
   (c) Cattle are
   (d) Some cattles

Part II Questions 9-16
Choose the option that best completes each gap.

9. _____ with herbs and spices is used to add flavor to Italian salads and pasta dishes.
   (a) Olive oil
   (b) Olive oils
   (c) An olive oil
   (d) The olive oils

10. Watermelon, honeydew and cantaloupe can only be planted in home gardens where there is plenty of _____ to let them fully grow.
    (a) room
    (b) rooms
    (c) a room
    (d) the room

11. _____ that 20 percent of unemployed people managed to find a job in the first quarter of last year.
    (a) Statistics show
    (b) Statistic shows
    (c) Statistic show
    (d) Statistics shows

12. The Japanese _____ to be one of the most socially and ethnically homogenous groups in the world.
    (a) appears
    (b) appear
    (c) is appearing
    (d) have been appearing

13. Australia has _____ of natural resources and unique animals.
    (a) the abundances
    (b) an abundance
    (c) the abundance
    (d) abundances

14. _____ has it that vice presidential nominee Thomas Kepller was a member of a far-right party years ago.
    (a) Rumors
    (b) Every rumor
    (c) The rumors
    (d) Rumor

15. Along with making meals free, expanding breakfast and lunch options has also helped increase _____ of Huston elementary students.
    (a) participation
    (b) the participation
    (c) a participation
    (d) the participations

16. MJ Star announced the purchase of two jumbo jets with _____ of 600 passengers.
    (a) capacity
    (b) a capacity
    (c) all capacity
    (d) capacities

Part III Question 17
Read each sentence carefully and identify the option that contains a grammatical error.

17. (a) A: Tony, your son is quite a talented pianist. I didn't know he played so well.
    (b) B: Thanks. He's been playing for more than 10 years. My wife is concert pianist.
    (c) A: Ten years is almost his whole life. He's just 12 years old, isn't he?
    (d) B: Yes. My wife started giving him lessons herself when he began walking.

Part IV Questions 18
Read each sentence carefully and identify the option that contains a grammatical error.

18. (a) A rare double eclipse was captured by NASA this week when both the Earth and the moon blocked the sun from the view of the Solar Dynamics Observatory (SDO). (b) The SDO captured the brief moment when the Earth revealed the sun to the orbiting satellite just as the moon also blocked its view. (c) The Earth comes between the SDO and the sun briefly on a daily basis as consequence of the planet's rotation. (d) On Thursday, both the Earth and the moon's eclipse coincided for a brief but beautiful moment.

Unit 11 대명사

대명사 문제는 대명사가 가리키는 명사를 찾아서 풀어야 하며 따라서 정확한 해석이 필수이다. Part 1에서는 대부분 인칭 대명사의 격이나 지시 대명사의 수를 묻는 쉬운 문제가 출제되고, Part 2에서는 정확한 문장 해석과 구조를 통해 헷갈리는 오답을 제치고 정답을 선택해야 하는 어려운 문제가 출제된다.

Warm-up

1 대명사는 앞서 언급한 명사를 대신하는 말로 명사의 반복을 피하기 위해 쓰인다.

Denis comes from Canada, and **he** is working for a Korean law firm now.
Denis는 캐나다에서 왔고, 그는 현재 한국의 법률 회사에서 일하고 있다.

I found a **kitten** in the park and my mother let me take **it** home.
나는 공원에서 새끼 고양이를 발견했고 나의 어머니가 그것을 집에 데려오는 것을 허락했다.

2 대명사는 쓰임과 역할에 따라 인칭 대명사, 지시 대명사, 부정 대명사 등으로 나눌 수 있다.

3 인칭 대명사는 사람을 가리키는 대명사이고 인칭과 격에 따라 모양이 변한다.

	주격	목적격	소유격	소유 대명사	재귀 대명사
1인칭	I/we	me/us	my/our	mine/ours	myself/ourselves
2인칭	you	you	your	yours	yourself(yourselves)
3인칭	he/she/they	him/her/them	his/her/their	his/hers/theirs	himself/herself/themselves

4 지시 대명사는 특정 사물이나 사람을 가리키는 대명사이며 단/복수형이 있다.

단수	복수	재귀 대명사
it	they	itself/themselves
this	these	
that	those	
one	ones	oneself

*지시 대명사 this와 that은 명사를 수식하는 지시 형용사로도 쓰인다.

5 부정 대명사는 정해지지 않은 어떤 것을 가리키는 대명사이며 대명사별로 특정한 쓰임이 있다.

TEPS Point 1 — 인칭 / 소유 / 재귀 대명사

1 인칭 대명사

(1) 인칭 대명사의 격

인칭 대명사가 주어로 쓰일 때는 주격, 동사나 전치사의 목적어로 쓰일 때는 목적격, 명사 앞에서 명사를 한정할 때는 소유격을 쓴다.

Lucy is a nurse. **She** lives upstairs. Sometimes I talk with **her** in the hallway.
Lucy는 간호사이다. 그녀는 위층에 산다. 가끔 나는 그녀와 복도에서 이야기한다.

(2) it의 다양한 용법

① **비인칭 주어 it:** 시간, 거리, 날짜, 날씨, 상황 등을 서술할 때 주어로 it을 쓴다.
It was hot yesterday. 어제는 더웠다.

② **대명사:** 앞에 나온 명사, 구, 절 등을 대신해 it을 쓴다. (know, believe, hear 등의 동사 뒤)
A: Tim was accepted to Brown University. Tim이 Brown 대학에 입학했대요.
B: I knew **it**. 그럴 줄 알았어요.

③ **가주어/가목적어:** 준동사나 that절을 대신해 it을 쓴다.
You may find **it** enjoyable **to cook at home**.
집에서 요리하는 것이 즐겁다는 걸 알게 될 거예요.

(3) 주의할 용법

인칭 대명사는 수식을 받을 수 없다.

They in the hall are waiting for the keynote speaker to arrive. (X)
The people in the hall are waiting for the keynote speaker to arrive. (O)
홀에 있는 사람들은 기조 연설자가 도착하기를 기다리고 있다.

Let's ask **her** who is standing at the bus stop. (X)
Let's ask **the woman** who is standing at the bus stop. (O)
버스 정류장에 서 있는 여자에게 물어 보자.

2 소유 대명사

(1) 소유 대명사의 용법

인칭 대명사의 소유격과 반복되는 명사를 함께 나타내는 대명사로, 가리키는 사람이나 사물이 누구에게 속하거나 누구와 관련이 있는지를 보여 준다. 소유 대명사의 수는 앞에 언급한 명사의 수에 일치시킨다.

The bag in the back seat is **mine**. (mine = my bag)
뒷좌석에 있는 가방은 내 것이다.

Grey's room is not as spacious as **yours**. (yours = your room)
Grey의 방은 너의 것만큼 넓지 않다.

My work is more demanding than **yours is**. (yours = your work)
나의 일은 너의 일보다 더 힘들다.

(+) Plus Tips

인칭 대명사의 다른 용례

통화하는 사람이 자신임을 알릴 때, 주격 인칭 대명사를 쓴다.

A: Can I speak to Mr. Anderson?
Anderson 씨와 통화할 수 있을까요?
B: This is **he** speaking.
(him X)
접니다.

(+) Plus Tips

it's vs. its

it's는 it is의 줄임말이고 its는 it의 소유격이다.

Robin and I are having an exhibition. My paintings are on the left wall and **his are** on the right. (his = his paintings)
Robin과 나는 전시회를 하고 있다. 내 그림은 왼쪽 벽에 걸려 있고, 그의 것은 오른 쪽 벽에 걸려 있다.

(2) 한정사 중복 사용 불가
소유격은 다른 한정사와 나란히 쓰이지 않는다. 다른 한정사와 함께 쓰려면 이중 소유격(of+소유 대명사)의 형태가 되어야 한다.

Can I have **your** some pizza? (X)

Can I have **some pizza of yours**? (O) 너의 피자를 조금 먹어도 될까?
= Can I have some of your pizza?

Adam is **a friend of mine**.
Adam은 내 친구이다.

3 재귀 대명사

(1) 재귀 용법
어떤 행위의 영향을 받는 대상이 그 행위를 하는 대상과 같을 경우, 동사나 전치사의 목적어로 재귀 대명사를 쓴다. 이때의 재귀 대명사는 생략할 수 없다.

Patricia introduced **herself** to Leo at the party.
Patricia는 파티에서 Leo에게 자기 자신을 소개했다.

(2) 강조 용법
명사나 대명사를 강조하기 위해 그 뒤에 재귀 대명사를 쓰는 경우이다. 강조 용법의 재귀 대명사는 생략할 수 있다.

He **himself** is complicating matters.
= He is complicating matters **himself**.
그는 그 스스로 문제를 복잡하게 만들고 있다.

(3) 관용적 용법

> beside oneself 이성을 잃고, 어찌할 바를 모르고   between ourselves 우리끼리 이야기지만
> by oneself 혼자, 도움 받지 않고   for oneself 혼자 힘으로, 스스로를 위해   in itself 본질적으로
> in spite of oneself 자기도 모르게   of itself 저절로   to oneself 혼자만, 독점하여

TEPS Pattern

재귀 대명사 문제

주어+동사+_____.
(목적어 자리)
(a) 목적어
(b) 재귀 대명사

정답 (a) '주어≠목적어'일 때
(b) '주어=목적어'일 때

TEPS Point 2 지시 대명사

지시 대명사로는 this, that, these, those가 있으며 이미 언급한 사람이나 사물, 일 등을 다시 가리킬 때 쓴다.

1 this / that / these / those

(1) 공간적 거리 표현
화자와 가까이 있는 사람이나 물건은 this로, 멀리 떨어져 있는 사람이나 물건은 that으로 받는다.

This is my car. 이것은 내 차다.
That is not my bag. 저것은 내 가방이 아니다.
I'd like to buy some tomatoes. Are **these** ripe enough to eat now?
저는 토마토를 사고 싶어요. 이것들은 지금 먹어도 될 만큼 다 익었나요?
Those are the photos I took while traveling through Africa.
저기 있는 것들은 내가 아프리카를 여행하면서 찍은 사진들이다.

(2) 시간적 거리 표현
현재 진행 중이거나 막 시작되려고 하는 상황이나 사건은 this로, 막 끝났거나 과거의 상황이나 사건은 that으로 받는다.

I can promise **this**: I won't betray you.
나는 이것을 약속할 수 있다: 나는 너를 배신하지 않을 것이다.
We went backpacking around Thailand two years ago. **That** was an awesome experience.
2년 전에 우리는 태국으로 배낭여행을 갔다. 그것은 멋진 경험이었다.

(3) 앞서 언급된 명사가 뒤에서 반복되는 경우
앞서 언급된 명사가 뒤에서 반복되는 경우 that/those로 대신할 수 있다. 비교 구문에서 자주 사용된다.

The price of beef is higher than **that** of pork in Korea.
한국에서는 소고기의 가격이 돼지고기의 그것보다 높다.
The living standard of the French is similar to **that** of the Germans.
프랑스 사람들의 생활 수준은 독일 사람들의 그것과 비슷하다.
The symptoms of a cold are easily confused with **those** of the flu.
감기의 증상은 독감의 그것과 쉽게 혼동된다.

(4) 막연한 일반인
일반적인 사람이나 사물을 지칭할 때, 후치 수식어나 관계사절과 함께 쓰인다.

Those with diabetes should cut back on sweets. 당뇨가 있는 사람들은 단 것을 줄여야 한다.
We have a number of classes for **those** interested in learning salsa.
살사를 배우는 데 관심있는 사람들을 위한 프로그램이 많이 있다.
Those who have donated blood more than three times this year will be invited to the ceremony.
올해 3회 이상 헌혈한 사람은 그 기념식에 초대될 것이다.

Plus Tips

this
옆에 있는 사람을 소개할 때 this를 쓴다.
This is my wife Jenny.
이쪽은 내 아내 Jenny이다.

Plus Tips

them vs. those
th**em**: 앞서 언급된 바로 '그들' 혹은 '그것들'을 가리킨다.
th**ose**: ~한 일반적인 '사람들' 혹은 '사물들'을 가리킨다.

TEPS Point 3 | 부정 대명사

1 one

(1) 막연한 일반인
일반인이나 정체를 모르는 불특정 다수를 가리킬 때 쓴다.

Even though Hally is not a citizen of Korea, she has been regarded as **one** by many Koreans.
Hally는 한국인은 아니지만, 그녀는 많은 한국인들에게 한국인으로 여겨졌다.

(2) 언급된 명사와 같은 종류의 명사
'a+명사' 대신 사용한다.

A: Harold bought a new smart TV with a big screen.
Harold는 큰 화면이 있는 스마트 TV를 샀어요.

B: I'd like to buy **one**, too. 나도 그런 거 사고 싶어요.

one과 관사
대명사 one 앞에 형용사가 온 경우 반드시 관사를 써야 한다.
A typhoon storm is developing in the Pacific, and it will be **a terrible one**. (terrible one X)
태풍이 태평양에서 발생하고 있는데, 그것은 끔찍한 것이 될 것이다.

(3) one의 수식
one은 전치 수식이 가능하고, 관계 대명사절의 수식을 받을 수 있는 대명사이다.

Among all these shirts, I'd like to take the pink **one**.
이 모든 셔츠 중에서, 나는 분홍색 것을 사고 싶다.

Louis is the **one** who started the argument.
Louis가 이 논쟁을 시작한 사람이다.

2 another / other

(1) another
이전에 언급한 것이 아닌 '다른 또 하나'를 가리킬 때 쓴다.

You just missed the bus, but there will be **another** along shortly.
당신은 방금 버스를 놓쳤지만, 금방 또 하나가 올 것이다.

(2) the other
둘 중 하나를 먼저 가리키고 나서, '나머지 하나'를 가리킬 때 쓴다.

I have two daughters. One is a singer and **the other** is a lecturer.
나는 딸이 두 명 있다. 한 명은 가수이고 다른 한 명은 강사이다.

(3) others
'다른 것들/다른 사람들'이라고 할 때 쓴다.

Some people like dogs while **others** prefer cats.
어떤 사람들은 개를 좋아하고, 다른 사람들은 고양이를 선호한다.

Plus Tips

대명사 one
대명사 one은 가산 명사만 대신할 수 있다.

A: Which wine do you prefer, red or white?
어떤 종류의 와인을 선호하나요, 레드 혹은 화이트?

B: I prefer white one. (X)
I prefer white (wine). (O)
저는 화이트 (와인)를 선호해요.

Plus Tips

other
other는 대명사 용법이 없고 형용사로만 쓰이므로 other 뒤에는 반드시 복수 명사가 와야 한다.

(4) the others
'나머지 모두'를 가리킬 때 쓴다.

A total of 60 people participated in the marathon. Only 12 people finished it, with **the others** giving up halfway through.
총 60명이 마라톤에 참가했다. 12명만이 완주했고, 나머지는 중도에서 포기했다.

3 some / any

(1) some
긍정문에서 '약간, 몇몇'을 의미할 때 쓴다.

A: Do you want to share this pizza? 이 피자 나누어 먹을래요?
B: Okay, I'll have **some**. 네, 조금 먹을게요.

(2) any
부정문이나 의문, 조건문에서 '약간, 몇몇'을 의미할 때 쓴다. 긍정문에서는 '아무, 어느'를 의미한다.

A: Do you have **any** questions about the class? 수업에 대해 질문이 있나요?
B: No, I don't have **any**. 아니요, 없어요.

A: What color do you like for the wrapping paper? 포장지로는 어떤 색이 좋으세요?
B: **Any** is fine. 아무거나 괜찮아요.

TEPS Pattern

수일치

some of the books
some of the honey

any/some/+of+the+_____

정답 복수 명사/불가산 명사

4 either / neither

(1) either
'둘 중 어느 하나'를 의미할 때 쓴다. 두 가지 대상을 전제로 하고, 단수 취급한다. 형용사로도 사용할 수 있다.

There are two buses to City Hall and you can take **either**. (대명사)
시청으로 가는 버스가 2개 있는 데, 당신은 그 중 어느 것이나 타도 된다.

Colorful benches are located along the **either** side of the street. (형용사)
화려한 색의 벤치들이 길 한쪽을 따라서 위치하고 있다.

(2) neither
'둘 중 어느 쪽도 ~가 아닌'을 의미할 때 쓰는 either의 부정어이다. 두 가지 대상을 전제로 하고, 단수 취급한다. 부정 형용사로도 사용할 수 있다.

A: Susan has twin girls. Susan은 쌍둥이 딸이 있어요.
B: Yes, but **neither** of them has blond hair like their mother. (대명사)
네, 그런데 그들 중 누구도 엄마처럼 금발이 아니에요.

After the verdict, **neither** party appealed to a higher court. (형용사)
평결 이후에, 그 어떤 측도 상급 법원에 항소하지 않았다.

TEPS Pattern

수일치

neither of my parents
either of the twins

either/neither+of+the+소유격+_____

정답 복수 명사

TEPS Pattern

no vs. none

_____+of+명사
(a) no
(b) none

정답 none

5 none

대상이 셋 이상일 때, '하나도 ~않다'는 의미로 쓴다. 양을 표현할 때는 단수 취급, 수를 표현할 때는 복수 취급 한다.

None of the interviewees **are** allowed to write down the questions.
인터뷰 받는 사람 중 어느 한 명도 질문을 받아 적는 것이 허용되지 않는다.

A: How many Stephen King novels have you read?
당신은 얼마나 많은 Stephen King의 소설을 읽었나요?

B: Unfortunately, **none** of them.
안타깝게도, 그것들 중 하나도 읽지 않았어요.

 no
형용사 용법만 있으며, 명사 앞에서 전체를 부정할 때 쓴다. '어떤 ~도 아닌, 하나의 ~도 없는'이라는 의미이다.
There is **no** doubt that our program improves your English pronunciation.
우리 프로그램이 당신의 영어 발음을 나아지게 한다는 것에는 의심의 여지가 없다.

6 all / both

(1) all

대상이 셋 이상일 때, '모두'를 가리킨다. 사람과 동물은 복수 취급하고, 그 외의 것은 단수 취급 한다.

All of our achievements **were** the result of hard work and commitment.
우리의 모든 성과는 근면과 헌신의 결과였다.

(2) both

대상이 둘일 때, '둘 다'를 가리킨다. 항상 복수 취급 한다.

I have two dogs and **both** of them **are** female.
나는 두 마리의 개가 있는데, 그들 모두 암컷이다.

⊕ Plus Tips

of의 생략

'all, both, either, neither of the/소유격+neither 명사'에서 of는 생략될 수 있다

All of my colleagues are for the plan. (부정 대명사)
= **All** my colleagues are for the plan. (부정 형용사)
모든 동료들이 그 계획에 찬성한다.

Exercise

A. 다음 중 빈칸에 알맞은 것을 고르세요.

1. All the food here is free, so feel free to help _____.
   (a) you					(b) yourself

2. _____ of the candidates used social media for their campaigns.
   (a) No					(b) None

3. The volunteers helped produce the mural, so whenever they looked at it, it really felt like it was _____.
   (a) their					(b) theirs

4. My younger brother brought _____ a T-shirt as a souvenir from his trip to Spain.
   (a) me					(b) myself

5. Whenever I come upon a word I don't know, I write _____ down on my phone.
   (a) it					(b) them

B. 다음 문장에서 틀린 부분을 바르게 고치세요.

6. The tuition fees of American universities are much higher than that of European.

7. Your sofa is so beautiful! I wish I could afford it just like it.

8. Silvia ran out of shampoo, so she took another from her roommate's bottle.

9. When Bobby found someone's wallet on the street, he reported them to the police.

10. All the champion and the challenger seemed nervous when they faced each other in the ring.

Actual Practice

Part I Questions 1-8
Choose the option that best completes each gap.

1. A: Do you happen to know who the man talking with Serena is?
   B: That's Clark. He's a friend of _____.
   (a) she
   (b) herself
   (c) hers
   (d) her

2. A: Do you prefer milk or cream in your coffee?
   B: Neither _____. I take my coffee black.
   (a) one
   (b) that
   (c) it
   (d) this

3. A: Judy was acting childish when she locked herself in her room.
   B: She was. Her behavior was like _____ of a seven-year-old girl.
   (a) those
   (b) that
   (c) one
   (d) it

4. A: I got an e-mail saying that I won the lottery.
   B: Don't fall for _____. It's a hoax.
   (a) it
   (b) them
   (c) those
   (d) one

5. A: Bunny's French is perfect! Do you know how long she lived in France?
   B: As far as I know, she taught _____ French.
   (a) her
   (b) herself
   (c) oneself
   (d) itself

6. A: Kate and Conrad have been happily married for 40 years.
   B: _____ a marriage filled with love and respect.
   (a) Theirs is
   (b) Their is
   (c) Theirs are
   (d) They are

7. A: Is there any meat loaf left from the party last night?
   B: Yes, we have _____ in the fridge.
   (a) one
   (b) any
   (c) some
   (d) many

8. A: Do you have any plans for Christmas?
   B: I have _____ as of right now. How about throwing a party together?
   (a) any
   (b) it
   (c) no
   (d) none

Part II Questions 9-16
Choose the option that best completes each gap.

9. Morris is a millionaire, but he is hardly recognized as _____ because he lives in a small apartment.
   (a) it
   (b) one
   (c) that
   (d) him

10. Tina could not decide whether to major in physics or mathematics because _____ of them were fascinating subjects for her.
    (a) all
    (b) some
    (c) one
    (d) both

11. The world-famous fashion group is turning _____ attention to the growing Asian market.
    (a) it
    (b) it's
    (c) its'
    (d) its

12. Although the *Star* reported that the celebrity couple is expecting their first child, _____ of them have confirmed the news yet.
    (a) neither
    (b) any
    (c) either
    (d) none

13. Any views in this column are _____ of the author, not of this newspaper.
    (a) ones
    (b) those
    (c) them
    (d) these

14. Self-defense is a countermeasure that involves defending _____ from harm and is not considered a crime.
    (a) oneself
    (b) one
    (c) him
    (d) it

15. It is one thing to have a theoretical knowledge of fairness, and it is quite _____ to practice it in real life.
    (a) the other
    (b) others
    (c) one another
    (d) another

16. Researchers have found that women tend to underestimate their career potential, while men inflate _____.
    (a) them
    (b) theirs
    (c) their
    (d) those

Part III Question 17
Read each sentence carefully and identify the option that contains a grammatical error.

17. (a) A: Anna, is there anything you want to tell us?
    (b) B: Well, actually, I feel I should apologize to everyone for my awful performance in the game.
    (c) A: Don't blame you for that. All of us know that you did your best.
    (d) B: But we lost because of me.

Part IV Questions 18
Read each sentence carefully and identify the option that contains a grammatical error.

18. (a) These days, parents are encouraging children to play with more traditional toys instead of playing video games. (b) Parents are concerned that children caught up in the virtual world are missing out on intimate and personal relationships with each other. (c) Some parents are so nostalgic about traditional games that they want to introduce their children to them. (d) The health benefits of playing traditional games tend to be higher than that of electronic games.

Unit 12 형용사

형용사 문제는 수량 형용사와 형용사의 순서에 관한 문제가 주로 출제된다. 수량 형용사 문제는 수식을 받는 명사가 가산인지 불가산인지 파악하는 것이 중요하다. 이 밖에 another와 the other, any와 some을 구별하는 문제가 출제되기도 하니 각 형용사의 의미와 쓰임을 충분히 숙지해 두어야 한다.

Warm-up

1 형용사는 명사의 상태를 설명한다. 일반 형용사와 형용사로 쓰이는 일부 분사가 있다.
a **cute** baby 귀여운 아기
a **big** apple 커다란 사과
an **exciting** game 신나는 게임
the **delayed** flight 연착한 비행기

2 형용사는 명사 앞에서 명사를 수식하거나 보어 자리에서 명사를 설명한다.
① 명사 수식: 한정 용법
 It is a **useful** book. 그것은 유용한 책이다.
② 보어 자리: 서술 용법
 Lucy was **happy**. 루시는 행복했다.
 His songs make me **happy**. 그의 노래는 나를 행복하게 만든다.

3 형용사는 명사의 성질이나 상태, 수량 등을 나타내며 지시 형용사는 명사를 특정한다.
성질 The interview questions were very **difficult**. 그 인터뷰 질문들은 아주 어려웠다.
수량 **Many** students registered for the course. 많은 학생들이 그 수업에 등록했다.
지시 **This** chicken dish really tastes good. 이 닭요리는 정말 맛있다.

4 형용사는 대체로 명사 앞, 관사나 소유격 뒤에 위치한다. 즉, 관사/소유격과 명사 사이에 온다.
a **long** story 긴 이야기
my **old** friends 나의 오랜 친구들

TEPS Point 1 | 형용사의 위치

1 한정적 용법으로만 쓰는 형용사

명사 앞에 위치해 그 명사를 수식하는 용법으로만 쓰이는 형용사이다.

I bought a **wooden** chair. 나는 나무로 된 의자를 샀다.
The chair is **wooden**. (X)

> **한정적 용법으로만 쓰는 형용사**
> drunken 술에 취한   elder 나이가 더 많은   former 예전의, 전자의   golden 금으로 만든
> lone 혼자인   mere 단지 ~만의   live 생방송의   sheer 순전한   utter 완전한   wooden 나무로 된

2 서술 용법으로만 쓰는 형용사

명사 앞에서 명사를 수식할 수 없는 형용사이다. 명사 뒤에서 명사를 수식하거나 보어로 쓰인다.

Tanya was **absent** yesterday.
Tanya는 어제 결석했다.

The teacher called every student **absent**. (every absent student X)
선생님은 결석한 모든 학생들에게 전화했다.

> **서술 용법으로만 쓰는 형용사**
> alive 살아 있는   asleep 잠이 든, 자고 있는   alone 외로운   awake 깨어 있는   aware 알고 있는
> absent 결석한   alike 비슷한   glad 기쁜   drunk 술에 취한   worth ~의 가치가 있는

3 한정사와 결합한 부정 대명사를 수식하는 경우

some, any, no와 결합한 부정 대명사(-thing, -body, -one, -where)를 형용사가 수식하는 경우, 형용사는 이들 대명사 뒤에 위치한다.

The archeologist found something **unusual** at the site. (unusual something X)
고고학자는 그 장소에서 뭔가 이상한 것을 발견했다.

You cannot find anyone **more suitable** for this position than Kevin.
당신은 Kevin보다 이 직무에 더 적격인 사람을 찾을 수 없을 거예요. (more suitable anyone X)

➕ Plus Tips

-ly로 끝나는 형용사
friendly 친절한
lively 생생한
lovely 사랑스러운
costly 비싼
lonely 외로운

➕ Plus Tips

-able, -ible 형용사
-able나 -ible로 끝나는 형용사는 명사의 앞과 뒤에 모두 위치할 수 있다.

It was a mission **impossible**. (O)
It was an **impossible** mission. (O)
그것은 불가능한 임무였다.

TEPS Point 2 | 형용사의 순서

1 의견 형용사-사실 형용사

여러 개의 형용사가 명사를 수식할 경우 주관적인 평가인 '의견 형용사' — 일반적인 성질과 상태를 설명하는 '사실 형용사'의 순서로 쓴다.

한정사		형용사		
		의견 opinion	사실 fact	
관사	a(n)/the	beautiful	new	
소유격	my/his/her/our	interesting	blue	명사
지시 형용사	this/these/that/those	good	tall	
		awful	hot	

Lorenzo is **a beautiful young woman** from Spain. (young beautiful X)
Lorenzo는 스페인에서 온 아름다운 젊은 여성이다.

Silvia drives **a nice blue** sports car. (blue nice X)
Silvia는 멋진 파란색 스포츠카를 운전한다.

2 사실 형용사 간 어순

여러 개의 사실 형용사가 명사를 수식할 경우 '서수-기수-크기-신/구-색깔-재료/기원'의 순서로 쓴다.

서수	기수	how big	how old	color	material/origin
first	two	small	old	yellow	wooden
second	three	big	new	white	golden
third	four			blue	cotton
					French

At the flea market, I bought an **old white Chinese** vase. (Chinese old white X)
벼룩시장에서 나는 오래된 하얀색 중국 꽃병을 샀다.

Those **first two red cotton dresses** on the rack are made in England.
선반 위에 있는 맨 앞 두 개의 빨간색 면 드레스는 영국에서 만든 것이다. (two first cotton red dresses X)

Plus Tips

수사의 위치
수 형용사는 사실 형용사이지만 한정사 뒤, 의견 형용사 앞에 위치한다.

My two cute dogs are under the chair.
나의 귀여운 강아지 두 마리가 의자 밑에 있다.

Plus Tips

size-shape-origin
크기-모양-출처

The big round Swedish plate
큰 둥근 스웨덴제 접시

color-origin-material
색-유래-재료

My black French silk dress
나의 검은 프랑스제 실크 드레스

TEPS Point 3 | 수량 형용사

1 가산 명사 앞에 오는 수량 형용사

many/few/a few/several/numerous +복수 명사
each/every/another +단수 명사

A few hikers suffered from altitude sickness. 몇몇 등반가들은 고산병으로 힘들어 했다.
It is important to make **each child** feel protected.
각각의 아이들이 보호받고 있음을 느끼게 하는 것은 중요하다.

2 불가산 명사 앞에 오는 수량 형용사

much/little/a little +불가산 명사

Erica hasn't made **much progress** in her research.
Erica는 그녀의 연구에 있어서 많은 진전이 없다.

With **a little help**, Ben could be a good translator.
약간의 도움이 있다면, Ben은 훌륭한 번역가가 될 수 있을 것이다.

3 가산/불가산 명사 앞에 모두 올 수 있는 수량 형용사

some/any/all/most/no+가산/불가산 명사

All episodes of the drama will be made available online.
그 드라마의 모든 편은 온라인으로 볼 수 있다.

All information saved on the computer will be encrypted.
그 컴퓨터에 저장된 모든 정보는 암호화 될 것이다.

4 단위 명사의 형용사적 용법

'수사+명사'로 구성된 복합 형용사가 수식 용법으로 쓰일 경우, '명사'는 단수형으로 쓴다. 또한 '수사 및 부정 수량 형용사+수 단위'가 수식 용법으로 쓰일 경우 '수 단위'는 단수로 쓴다.

This year, we have a **seven-day holiday**. (seven-days holiday X)
올해 우리는 7일짜리 휴일이 있다.

The mechanic ordered one **ten-meter long cable**. (ten-meters long cable X)
정비공은 10미터짜리 케이블 하나를 주문했다.

Two thousand people in the city participated in a rally against landmines.
그 도시에 있는 2천 명의 사람들이 지뢰 사용을 반대하는 집회에 참여했다. (Two thousands peoples X)

 '수사+명사'로 구성된 복합 형용사가 서술 용법으로 쓰일 경우
'수사+명사'가 서술 용법으로 쓰일 경우, '명사'는 복수형으로 쓴다.
Kate is just **five years old**. (five-year old X) Kate는 고작 다섯 살이에요.
The hose is **10 meters long**. (10-meter long X) 그 호수는 10미터 길이예요.

TEPS Pattern

few vs. a few

few와 a few는 상대적인 개념이다. 문맥에 알맞게 선택한다.

A: We have _____ applicants this year.
B: We should've advertised more.
(a) few
(b) a few
A: 올해에 지원자가 별로 없네요.
B: 광고를 좀 더 했어야 했어요.

정답 **few**

Plus Tips

each/every+명사

'each/every+명사'는 부사가 될 수도 있다.

We have two drawing classes **every week**.
우리는 매주 두 번의 데생 수업이 있다.

Plus Tips

수량 표현

hundreds of+명사: 수백의
thousands of+명사: 수천의
millions of+명사: 수백만의
tens of thousands of+명사: 수천 수만의

thousands of birds 수천 마리의 새들
thousands of bird (X)
thousand of bird (X)

5 관용 표현

a deal of(다량의)/an amount of(상당한 양의)~+불가산 명사
a lot of 많은 / lots of 수많은 / plenty of 많은 / a majority of 다수의 / the majority of ~의 대다수+가산/불가산 명사
a series of 일련의 / a range of 다양한 / a variety of 여러 가지의 / a number of 수많은+복수 가산 명사

As a reporter, you will spend **a great amount of time** on the road.
리포터로서 당신은 많은 시간을 길에서 보내게 될 것이다.

The wedding planner offers **a range of options** to clients.
그 웨딩플래너는 고객들에게 다양한 선택사항을 제안한다.

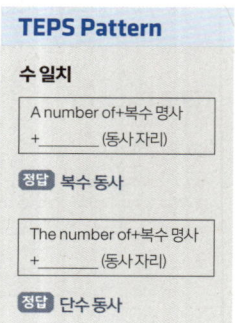

TEPS Pattern
수일치
A number of+복수 명사 + _____ (동사자리)
정답 복수 동사

The number of+복수 명사 + _____ (동사자리)
정답 단수 동사

TEPS Point 4   some vs. any / another vs. other vs. the other

1 some / any

(1) 의미
some과 any는 '약간'이라는 의미로 각각 평서문과 의문문/부정문에서 사용된다. some이 의문문에서 쓰이는 경우에는 요청이나 권유를 하면서 긍정의 답을 기대하거나 유도하고, any가 평서문에서 쓰이는 경우에는 '그 어떤 ~라도'라는 강한 긍정을 의미한다.

Greg is considering buying **some** furniture. Greg은 약간의 가구를 살 것을 고려하고 있다.
I couldn't find **any** seats available for the show. 그 쇼의 좌석을 구할 수가 없었다.
The committee is ready to support **any decision** to help the poor.
위원회는 빈민을 돕기 위한 그 어떤 결정도 지지할 준비가 되어 있다.

(2) some+가산 단수 명사
가산 단수 명사 앞에 some이 올 경우, '어떤 특정한'이라는 의미다.

All of the employees in the department were involved with the project at **some level**. 그 부서의 모든 직원들은 그 프로젝트에 어느 (특정한) 정도 관련되어 있다.

⊕ Plus Tips
a vs. some
a+단수 명사: 불특정
some+단수 명사: 특정

I am looking for **a clerk** who can help me.
나는 나를 도와줄 직원을 찾고 있다.
When I fell down, **some clerk** helped me.
내가 넘어졌을 때, 어떤 직원이 나를 도와주었다.

2 another / the other / other

another+단수 명사: 또 다른 하나 (an = other)
the other+단수 명사: 두 개 중 하나를 제외한 다른 하나
other+복수 명사: 불특정한 다른 것들

Paris is too far for a weekend trip. Let's look for **another destination**.
주말 여행으로 파리는 너무 멀어. 다른 목적지를 찾아 보자.

When you smoke in a public place, you should consider **other** people.
공공장소에서 흡연할 때, 당신은 다른 사람들을 배려해야 한다.

Among the 10 players, three players are wearing white caps and **the other players** are wearing red ones. 10명의 선수 중, 3명은 흰 모자를 나머지는 빨간 모자를 쓰고 있다.

⊕ Plus Tips
another+단수 명사
=another
other+복수 명사=others

Exercise

A. 다음 중 빈칸에 알맞은 것을 고르세요.

1. Kelly's done a great job, considering she doesn't have _____ prior experience.
   (a) any
   (b) some

2. The surviving people started to swim to reach _____ side of the river.
   (a) the other
   (b) other

3. Tyler did not pay _____ attention to the side effects of the drug.
   (a) many
   (b) much

4. Before an earthquake, you should find _____ to protect yourself, such as under a sturdy piece of furniture.
   (a) somewhere safe
   (b) safe somewhere

5. The old lady who has lunch at our cafe every day lives with her _____ cats.
   (a) two big old black
   (b) two old black big

B. 다음 문장에서 틀린 부분을 바르게 고치세요.

6. You just missed the bus, but other one will be coming along in 10 minutes.

7. Some experts say that just a little minutes of exercise every day may improve alertness and performance.

8. About two thousands people turned out for a demonstration in Frankfurt.

9. Helen stopped Benjamin from swimming after realizing he was drunken.

10. The Senate ratified only two out of 12 proposed bills; others are still pending.

Actual Practice

Part I Questions 1-8
Choose the option that best completes each gap.

1. A: Can I see the shirt in the show window?
   B: You mean the _____ on the left?
   (a) red silk one
   (b) one red silk
   (c) silk red one
   (d) red one silk

2. A: Does everyone in your family have blond hair like you?
   B: No, my youngest sister has blond hair, but _____ siblings have brown hair.
   (a) another
   (b) other
   (c) the others
   (d) the other

3. A: Have you turned in the annual sales report?
   B: Not yet. _____ changes still need to be made.
   (a) Little
   (b) A few
   (c) Each
   (d) Any

4. A: Do you think I should sign up for Spooky's music streaming service?
   B: For sure. It provides you with instant access to _____ number of songs you like.
   (a) the
   (b) another
   (c) some
   (d) any

5. A: What do you say to playing basketball tonight?
   B: Sorry. I have _____ plans.
   (a) another
   (b) other
   (c) the other
   (d) others

6. A: This conference seems like it will never end!
   B: Be patient. We get _____ break in 10 minutes.
   (a) twenty-minute
   (b) a twenty-minutes
   (c) twenty-minutes
   (d) a twenty-minute

7. A: Colorectal cancer is one of the fast growing cancers in Korean men.
   B: Yes, there are around 23,000 new cases _____ year.
   (a) each
   (b) the
   (c) another
   (d) other

8. A: Since her husband's death, Fiona hasn't been quite the same.
   B: Coping with the death of _____ to you isn't easy.
   (a) close someone
   (b) someone to close
   (c) closed someone
   (d) someone close

Part II Questions 9-16
Choose the option that best completes each gap.

9. Even though Michael felt that his sister's claim was absurd, he had _____ choice but to take her side.
   (a) little
   (b) few
   (c) a few
   (d) a little

10. China launched its second space satellite on Thursday and _____ is scheduled for next month.
    (a) other mission
    (b) the others missions
    (c) another mission
    (d) every mission

11. In the aftermath of a man-made disaster, there are always _____ for us to take away from it.
    (a) each number of lessons
    (b) any number of the lessons
    (c) the number of lesson
    (d) a number of lessons

12. A recent study has found that young adults using social media for purchases find better deals than _____ older people who don't.
    (a) another
    (b) the other
    (c) other
    (d) others

13. Almost all people in the world depend on fossil fuels to _____ extent.
    (a) some
    (b) any
    (c) each
    (d) few

14. Research on criminal activity examines whether _____, such as mental health, could influence the decisions criminals make.
    (a) range of factors
    (b) ranges of the factor
    (c) a range of the factors
    (d) a range of factors

15. More than _____ plan to travel abroad during the Thanksgiving holidays.
    (a) twenty thousands Koreans
    (b) twenty thousand Koreans
    (c) twenty thousands of Koreans
    (d) twenty thousand of the Korean

16. For companies, there are _____ to deal with copycat products but to report them to the police after counterfeits are out on the market.
    (a) any options
    (b) every option
    (c) few options
    (d) a little option

Part III Question 17
Read each sentence carefully and identify the option that contains a grammatical error.

17. (a) A: I'd like to stay two more days here at this hotel. I'm in room 1034.
    (b) B: I'm sorry. The room has been booked for the next five days.
    (c) A: Is there available anything else? Any room with two beds will do.
    (d) B: Sorry, there are none left. However, we do have a room with king-size bed for three hundred dollars.

Part IV Questions 18
Read each sentence carefully and identify the option that contains a grammatical error.

18. (a) Research has revealed there are sinister social backgrounds from which common sayings originated. (b) Examples of common phrases with old, dark origins include "gone to pot," which harks back to a time when boiling to death was a legal punishment. (c) The other example is a "rule of thumb," suggesting a practical approach to problem solving, but it was actually a violent way to settle marital disputes. (d) In 1886, it was ruled that a man was entitled to beat his wife with a stick provided it was no thicker than his thumb.

Unit 13 부사

부사 문제는 부사의 위치에 관련된 문제, 그리고 형용사와 부사를 구분하는 문제가 주로 출제된다. 매 회 최소 2문제 이상 출제되며, 문제 유형이 정형화되어 있기 때문에 3초 내에 풀 수 있는 쉬운 문제이다. 빈도 부사, 강조 부사의 위치와 late/lately, hard/hardly의 구분, 형용사 such와 부사 so를 확실하게 구분하는 것이 중요하다.

Warm-up

1 부사는 주로 형용사에서 파생하여 형용사에 -ly가 붙은 형태이다.

- **-ly 부사**　　careful (형) – carefully (부)　quick (형) – quickly (부)
- **기타 부사**　　very 매우　still 가만히　seldom 좀처럼 ~않는　here 여기에

  *-ly로 끝나지만 부사가 아니라 형용사인 경우가 있는데, 이는 주로 명사에 -ly가 붙은 것이다.
   lovely 사랑스러운　friendly 친절한　daily 매일의

2 부사는 동사, 형용사, 부사와 문장을 수식한다.

- **동사 수식**　　The car passed **quickly**. 그 차는 빨리 지나갔다.
- **형용사 수식**　The pumpkin is **unusually** big. 그 호박은 비정상적으로 크다.
- **부사 수식**　　Dave and Lisa have **very** different views about everything.
　　　　　　　　Dave와 Lisa는 모든 것에 대해 매우 다른 관점을 가지고 있다.

3 부사는 장소, 시간, 강조, 부정 등을 나타낸다.

- **장소**　I saw Tim sitting **here** a few minutes ago.
　　　　　나는 Tim이 몇 분 전에 여기에 앉아 있는 것을 보았다.
- **시간**　Ryan left for America **yesterday**. Ryan은 어제 미국으로 떠났다.
- **강조**　The taxi **just** arrived. 택시가 방금 도착했다.
- **부정**　Sonya has **never** been to China. Sonya는 중국에 가 본적이 없다.

4 부사는 수식하는 말 앞이나 뒤에 위치한다.

The result was **really** surprising. 그 결과는 정말로 놀랍다.
The tree grows **slowly**. 그 나무는 천천히 자란다.

TEPS Point 1 | 부사의 위치 / 어순

1 부사의 위치

(1) 수식하는 품사에 따른 위치

① **형용사, 부사를 수식하는 경우:** 수식 받는 형용사나 부사 바로 앞에 위치한다.
The decision is **very** important. 그 결정은 매우 중요하다.
Hyuna has been studying English **quite** hard. 현아는 영어 공부를 정말 열심히 한다.

② **동사를 수식하는 경우:** 동사의 앞이나 문미에 위치한다.
The jury **finally** reached a verdict. 배심원단은 드디어 판결을 내렸다.
The scholars deciphered the ancient script **entirely**. 학자들은 고대 글을 완전히 해독했다.

명사절이 목적어인 경우 부사의 위치
목적어가 명사절인 경우 동사를 수식하는 부사는 타동사와 목적절 사이에도 위치할 수 있다.
The Republicans opposed **strongly** that the election be held in April.
= The Republicans **strongly** opposed that the election be held in April.
공화당은 선거가 4월에 치러져야 한다는 데에 강하게 반대했다.

(2) 빈도/부정 부사
일반 동사 앞, be동사/조동사 뒤에 위치한다.

빈도/부정 부사의 종류

빈도 부사			부정 부사	
언제나	일반적으로, 자주	가끔	거의 ~ 아니다	결코 ~ 않다
always	usually	sometimes	hardly	never
	frequently		rarely	
	often		seldom	
			scarcely	
			barely	

There is **always** a second chance. (be동사 뒤)
언제나 두 번째 기회는 있다.

I will **never** speak to her again. (조동사 뒤)
나는 다시는 그녀와 말하지 않을 것이다.

Gary **often** takes a walk after dinner. (일반 동사 앞)
Gary는 가끔 저녁 먹은 후에 산책을 한다.

2 부사간 어순
한 문장 안에 부사가 여럿 나올 때는 일반적으로 '양태 — 장소 — 시간 — 정도'의 순서로 쓴다.

The two scholars independently worked on gravity **here 200 years ago**.
두 명의 학자는 중력에 관해 여기서 200년 전에 독립적으로 연구했다.

⊕ Plus Tips

시간 부사의 위치
문장에서 시간을 나타내는 부사(lately, recently, today, tomorrow, yesterday 등)는 문장 앞이나 문장 끝에 위치한다.

TEPS Point 2 부사의 용법

1 형용사/부사 강조 부사

(1) so 그렇게

형용사와 부사를 수식하며, 수량 형용사(many, much)를 강조하기도 한다.

Adam looked **so** nervous when he asked Tiffany out. (형용사 수식)
Adam은 Tiffany에게 데이트 신청을 했을 때 너무 긴장되어 보였다.

The inspector **so** meticulously looked at the circuit board. (부사 수식)
조사관은 아주 꼼꼼하게 그 회로판을 살펴 보았다.

There are **so** many typos in your essay. (수량 형용사 강조)
너의 에세이에는 너무나 많은 오타가 있다.

(2) that 그렇게, 그만큼, 그 정도

형용사를 수식하며, 부정문이나 의문문에서 주로 사용한다.

A: How about jogging to the beach? 바닷가까지 조깅하는 게 어때?
B: I don't think I can run **that** far. 나는 그렇게 멀리까지는 못 갈 것 같아.

The movie was not **that** interesting.
그 영화는 그렇게 재미있지 않았다.

(3) very 아주, 매우, 굉장히

형용사와 부사를 수식하며, 형용사의 최상급을 수식하기도 한다.

Ben seemed **very** grateful when I gave him my TV. (형용사 수식)
내 TV를 Ben에게 주었을 때 그는 굉장히 고마워하는 것 같았다.

The cafeteria serves food **very** quickly. (부사 수식)
그 식당은 음식을 굉장히 빨리 준다.

We provide the **very** best training to job seekers. (형용사의 최상급 수식)
우리는 구직자들에게 최고의 교육을 제공한다.

(4) really 실제로, 진짜로, 아주

형용사와 부사, 동사를 강조한다.

I have found a **really** beautiful vase. (형용사 강조)
나는 진짜 아름다운 꽃병을 발견했다.

You should **really** try to get over your fear of water. (동사 강조)
너는 물에 대한 공포를 없애기 위해서 아주 노력해야 한다.

Carl has started thinking **really** seriously about moving to another team.
Carl은 다른 팀으로 옮기는 것을 진짜로 심각하게 생각하기 시작했다. (부사 강조)

to부정사를 강조하는 really
really는 to부정사를 강조 하거나 수식할 수 있다.
Brenda was **really** to blame for our defeat.
우리가 패배한 것은 정말로 Brenda 탓이었다.

+ Plus Tips

so의 위치
두 개의 부사가 나열될 때 so가 제일 앞에 위치한다.

Lilly is **so very different** from her twin sister Rose.
Lilly는 그녀의 쌍둥이 자매 Rose와 너무 많이 다르다.

+ Plus Tips

형용사 very
형용사로 쓰일 때는 '바로 그', '단지', '맨'의 의미이다.

Korea became independent on August 15, 1945 and my grandmother was born on that **very** day.
한국은 1945년 8월 15일에 독립했고, 나의 할머니는 바로 그날 태어나셨다.

(5) quite 꽤, 아주

형용사와 부사를 수식하고, 수량 형용사 a few, a lot, many, much를 강조하기도 한다.

The prime minister expressed her joy of winning the election **quite** briefly. (부사 수식)
총리는 선거에서의 승리에 대한 그녀의 기쁨을 아주 간단히 표현했다.

Quite a few people have showed interest in the volunteer program. (수량 형용사 강조)
꽤 많은 사람들이 그 자원봉사 프로그램에 관심을 보였다.

(6) too 너무, 아주

형용사와 부사를 수식하며, 부정적인 의미를 갖고 있다. 주로 'too ~ to부정사(너무 ~해서 …할 수 없다)' 용법으로 쓰인다.

Harry is **too** serious about everything. (부사 수식)
Harry는 모든 것에 너무 진지하다.

The table is **too** heavy **to move** by myself. (too ~ to부정사)
이 탁자는 나 혼자 들기엔 너무 무겁다.

> **cf. 문장 끝에 쓰인 too**
> too는 문장 끝에서 '강조'와 '동의'의 의미를 갖는다.
> A: I have a pet hedgehog. 나는 애완용 고슴도치가 있어요.
> B: What a coincidence! I do, **too**. 우연의 일치네요! 저도요.

(7) enough ~할 만큼 충분히 …한

형용사나 부사를 뒤에서 수식한다.

Steve is old **enough** to travel on his own.
Steve는 혼자 여행을 할 수 있을 만큼 나이가 들었다.

I know Janet well **enough** to write a recommendation letter for her.
나는 추천서를 써 줄만큼 Janet을 잘 알고 있다.

2 시간 부사

(1) once 한 번, (과거의) 한때

The successful businessman **once** lived in seclusion.
그 성공한 사업가는 한때 은둔 생활을 했었다.

I have had truffles just **once**. 나는 트러플 버섯으로 만든 음식을 딱 한 번 먹어 봤다.

(2) yet 아직 ~하지 못했다

일반적으로 부정문의 끝에 온다. 격식을 차린 글에서는 not 바로 뒤에 yet이 온다.

We haven't received the delivery **yet**. 우리는 그 배송품을 아직 받지 못했다.

Our roads are not **yet** ready for autonomous cars.
우리의 도로는 아직 자율 주행 자동차에 대비가 되지 않았다.

> **cf. 수, 양, 횟수의 증가를 강조하는 yet**
> yet은 '거기에 또'라는 의미로 '증가'를 의미하기도 한다.
> After launching a new line of cosmetics last year, the company has announced **yet** another brand of jewelry.
> 작년에 새로운 화장품 라인을 선보인 후에, 그 회사는 또 하나의 보석 브랜드를 발표했다.

⊕ Plus Tips

수량 표현
quite/not a few: 많다
only/just a few: 적다

TEPS Pattern

강조 부사 too를 수식할 수 있는 부사

_____+too+형용사/부사

정답 way/far

⊕ Plus Tips

명사를 수식하는 enough
enough는 명사도 수식할 수 있다.

We have **enough** time to have a snack before the meeting.
우리는 회의 전에 간식을 먹을 충분한 시간이 있다.

⊕ Plus Tips

부사 long의 위치
long도 빈도 부사와 위치가 같다. 그러나 부정문일 경우, 문장 뒤에 위치한다.

Google has **long** been one of the most prestigious companies to work for.
Google은 오래 전부터 일하고 싶은 가장 명망있는 회사 중 하나였다.

I didn't wait for you **long**.
나는 당신을 오래 기다리지 않았다.

TEPS Pattern

have yet to부정사

아직 ~하지 못했다
yet은 to부정사 앞에서 위치해 부정의 의미를 더한다.

I have _____ to receive an invitation.
나는 아직 그 초대장을 받지 못했다.

정답 yet

Plus Tips

though의 접속사 용법

though가 문장 앞에 위치하면, 양보의 부사절을 이끄는 접속사가 된다.
Though the trip was expensive, it was worth the cost.
그 여행은 비쌌지만, 그만한 가치는 있었다.

Plus Tips

just

just는 명사 앞에서 명사를 수식할 수 있다.
Just you can persuade him.
너만이 그를 설득할 수 있어

---

(3) already 이미, 벌써

When I got in the taxi, I was **already** late for class.
내가 택시를 탔을 때, 나는 이미 수업에 늦었다.

A: It's almost 8 o'clock.
거의 8시예요.

B: You're not leaving already, are you?
벌써 가시는 건 아니죠?

(4) still 아직도, 여전히

긍정문에서는 be동사/조동사 뒤, 일반 동사 앞에 위치하고, 부정문에서는 not이 포함된 조동사 앞에 위치한다.

Tim **still** likes sweets.
Tim은 아직도 사탕을 좋아한다.

Tim **still** doesn't like sweets.
Tim은 여전히 사탕을 좋아하지 않는다.

(5) since 그 이래로

주로 완료형 시제와 함께 쓴다.

Patrick graduated in 2012. He has **since** been working as a freelancer.
Patrick은 2012년에 졸업했다. 그는 그 이래로 프리랜서로 일하고 있다.

3 기타

(1) though 그렇긴 하지만

문장 끝에 위치하며 양보의 의미가 있다.

Professor Martin's lecture was really instructive. It was a bit boring, **though**.
Martin 교수님의 강의는 정말 유익했다. 강의가 조금 지루했긴 하지만.

(2) just 딱, 정확히, 단지

긍정문에서는 be동사/조동사 뒤, 일반 동사 앞에 위치하고, 부정문에서는 not이 포함된 조동사 앞에 위치한다.

A: Can I speak to Juan?
Juan과 통화할 수 있을까요?

B: Sorry. You **just** missed him.
죄송해요. 방금 나갔어요.

Although Mika requested a full scholarship several times, she **just** didn't get it.
Mika는 몇 번이나 전액 장학금을 신청했지만, 그녀는 받지 못했다.

(3) ever 언젠가, 언제든, 단연코
어떤 사건의 경험을 강조한다. 동사 앞 또는 최상급 형용사의 앞이나 뒤에서 강조하는 역할을 한다.

A: Have you **ever** been kept up by insomnia?
불면증으로 잠을 이루지 못한 적이 있나요?

B: Yes. Before big games, I hardly **ever** sleep at night.
네, 큰 게임을 앞두고는 항상 잠을 잘 못 자요.

I'd say that Bali is the best holiday destination **ever**.
= I'd say that Bali is **ever** the best holiday destination.
나는 Bali가 단연코 최고의 휴가지라고 말할 수 있다.

> **의문사+ever**
> ever는 의문사 뒤에서 '도대체 ~?'란 의미로 놀라움 또는 의외성을 강조한다.
> Who **ever** turned it off?
> 대체 누가 그것을 껐나?

⊕ Plus Tips

ever의 어순
ever가 명사를 앞에서 수식할 때 관사앞에 위치한다.

Leslie is **ever** the consummate professional.
Leslie는 단연코 능숙한 전문가이다.

4 전치사 강조 부사

전치사를 강조할 수 있는 부사는 far, way, well, just, right뿐이다.

훨씬	바로
far	just
way	right
well	

At the party, the famous singer sat **just** next to me.
파티에서 유명한 가수가 바로 내 옆에 앉았다.

Rainfall for the last three months was **well** below the annual average.
지난 석 달 동안의 강수량은 연평균 훨씬 아래였다.

Judy's score is **far** above the average.
Judy의 점수는 평균을 충분히 웃돈다.

TEPS Point 3 | 혼동하기 쉬운 부사

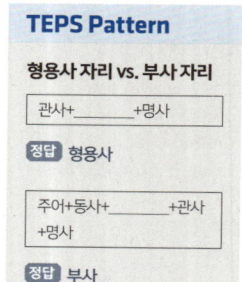

TEPS Pattern

형용사 자리 vs. 부사 자리

관사+_____+명사

정답 형용사

주어+동사+_____+관사+명사

정답 부사

(1) late 부 늦게 형 늦은 – **lately** 부 최근에

The shipment arrived in the **late** afternoon.
화물이 늦은 오후에 도착했다.

The shipment arrived **lately**.
화물이 최근에 도착했다.

(2) high 부 높게 형 높은 – **highly** 부 높이, 굉장히(= greatly)

Several hawks were flying **high** above the hill.
매 몇 마리가 그 언덕 높이 날고 있었다.

I think **highly** of you.
나는 당신을 높이 평가한다.

(3) hard 부 열심히 형 딱딱한, 어려운 – **hardly** 부 거의 ~하지 않는다

It is raining **hard**.
비가 세차게 내리고 있다.

I have a stiff neck ever since sleeping on a **hard** pillow.
딱딱한 베개를 베고 잔 후로 목이 뻣뻣하다.

It **hardly** rains in the winter.
겨울엔 비가 거의 내리지 않는다.

(4) near 부 근처에 형 가까운 – **nearly** 부 거의 – **nearby** 부 근처에 형 근처의

My office is located **near** here.
내 사무실은 이 근처에 있다.

Joseph's been rushed to a hospital **nearby**.
= Joseph's been rushed to a **nearby** hospital.
Joseph은 근처에 있는 병원으로 이송되었다.

The company was **nearly** bankrupt last year.
그 회사는 작년에 거의 파산했다.

(5) mostly 부 대부분(= usually) – **almost** 부 거의(= nearly)

It is **almost** done.
거의 다 됐다.

James **mostly** eats sandwiches for lunch.
James는 점심으로 대개 샌드위치를 먹는다.

+ Plus Tips

부사 most

부사 most는 well, a lot, much의 최상급으로 문장 뒤에 위치한다.

Of all pet animals, I like cats **most**.
모든 애완동물 중 나는 고양이를 가장 좋아한다.

Exercise

A. 다음 중 빈칸에 알맞은 것을 고르세요.

1. The weather _____ cold.
   (a) suddenly turned   (b) turned suddenly

2. That is _____ a generous offer.
   (a) definite   (b) definitely

3. The meeting started later than scheduled since one of the managers arrived _____.
   (a) late   (b) lately

4. Unreliable Internet sources _____ confusion among users.
   (a) can often cause   (b) often can cause

5. Conspiracy theories are everywhere _____.
   (a) late   (b) lately

B. 다음 문장에서 틀린 부분을 바르게 고치세요.

6. The editor decided to apologize for the mistake immediate.

7. The wind was enough strong to blow down trees.

8. When the documentary film was released, many people found it most fictional, except for a few scenes.

9. Even after dawn, you still can see Sirius in the sky.

10. All the flights had yet been canceled in anticipation of a tornado when Sandy got to the airport.

Actual Practice

Part I Questions 1-8
Choose the option that best completes each gap.

1. A: You've made huge improvements on your work _____.
   B: Thanks. I owe it to my supervisor.
   (a) recent
   (b) recently
   (c) more recent
   (d) most recent

2. A: I'd like to buy you a pair of jeans for your birthday.
   B: Great. That's _____ I need most.
   (a) very thing
   (b) very the thing
   (c) the very thing
   (d) very a thing

3. A: Don't you think the sculptures are marvelous?
   B: Well, I'm not _____ impressed.
   (a) such
   (b) much
   (c) that
   (d) far

4. A: I heard that you're _____ photographer.
   B: Even though I haven't taken any photography classes, people seem to like my photos.
   (a) professionally practical a
   (b) professional a practical
   (c) practical a professional
   (d) practically a professional

5. A: Justin was punished because he lied under oath in court.
   B: I can't believe it. He appears _____.
   (a) so honest
   (b) such honest
   (c) so honestly
   (d) such honestly

6. A: I am _____ considering doing an MBA.
   B: Good. It will help advance your career.
   (a) serious
   (b) seriously
   (c) most serious
   (d) very serious

7. A: Now that you have a job, how about buying a car?
   B: I _____ to buy a car, actually.
   (a) never wanted have
   (b) have wanted never
   (c) never have wanted
   (d) have never wanted

8. A: Paul, you've traveled _____ a lot, right?
   B: I used to, but I haven't been out of the city in the last three years.
   (a) quite
   (b) much
   (c) that
   (d) so

Part II Questions 9-16
Choose the option that best completes each gap.

9. Although Isabell has been on a waiting list for the flight for two weeks, she has _____ to get a seat on it.
   (a) ever
   (b) really
   (c) just
   (d) yet

10. After returning from his two-year backpacking trip, Ray _____ in traveling overseas again.
    (a) has seldom showed no interest
    (b) has seldom showed any interest
    (c) seldom has showed no interest
    (d) seldom has no interest showed

11. Thomas _____ that he had forgotten to write his name on the test booklet.
    (a) suddenly realized
    (b) sudden realized
    (c) was suddenly realized
    (d) suddenly was realized

12. While viewing several cathedrals in Barcelona, I felt _____ by a sense of sublimity.
    (a) greatly moving
    (b) greatly moved
    (c) moved great
    (d) moving great

13. Norman Nixon, _____ scientist and experienced guitarist, was the organizer of the charity concert.
    (a) respected a high
    (b) a high respected
    (c) highly respected a
    (d) a highly respected

14. At the _____ moment Jen opened her eyes, she was able to see a beautifully decorated Christmas tree.
    (a) very
    (b) even
    (c) ever
    (d) only

15. Among the nominees in competition at the Cannes Film Festival, *Zodiac* is a film _____ worth watching.
    (a) far
    (b) that
    (c) well
    (d) such

16. If your dream is to make all your meals organic, you should have a _____ to make it come true.
    (a) grocery budget large enough
    (b) enough grocery budget large
    (c) enough large grocery budget
    (d) budget large grocery enough

Part III Question 17
Read each sentence carefully and identify the option that contains a grammatical error.

17. (a) A: Mat, could you stay late on Friday? We have to prepare for the audit.
    (b) B: Sure, no problem. What am I supposed to do?
    (c) A: Just double-check if the sales figures are correct.
    (d) B: Oh, that requires greatly accuracy and precision. I hope we can finish everything before midnight.

Part IV Questions 18
Read each sentence carefully and identify the option that contains a grammatical error.

18. (a) When choosing your ideal rental car, it is hardly to know which company offers the best value for your money. (b) We help you find your perfect rental car at international airports around the world and make the process of renting as straightforward as possible. (c) We compare a number of major car rental companies and provide customer reviews on the overall rental experience. (d) You can see exactly what other people think of the car you intend to rent.

Unit 14 전치사

일 년에 6~7회 정도 출제되는 전치사 문제는 출제 범위가 넓은 편이라 까다로운 유형에 속한다. 따라서 기출 관용 표현 위주로 많이 암기해 두는 것이 좋다. 선택지에 전치사와 접속사가 함께 나온 경우는 문장 구조를 분석하여 전치사 자리인지 접속사 자리인지를 먼저 파악해야 한다.

Warm-up

1 전치사 뒤에는 항상 명사가 따른다. 명사 역할을 하는 동명사, 대명사, 명사절도 전치사 뒤에 올 수 있다.

The new TV series is **about** climate change.
새로운 TV 시리즈는 기후 변화에 관한 것이다.

I am thinking **of** taking the bus to Paris.
나는 파리에 버스를 타고 갈 생각이다.

The interviewer seemed satisfied **with** what Robin said.
면접관은 Robin이 한 말에 만족한 것 같았다.

2 전치사는 시간, 장소, 이유 등의 다양한 의미를 나타낸다.

This year's conference will be held **in** Boston.
올해 국제 회의는 보스턴에서 열릴 것이다.

The Suez Canal was opened **in** 1869.
수에즈 운하는 1869년에 문을 열었다.

3 전치사는 두 개의 단어 사이의 관계를 보여 준다.

명사와 명사	It is a movie **about** love. 그것은 사랑에 관련된 영화이다.
형용사와 명사	He was aware **of** the impossibility. 그는 그 불가능성을 알고 있다.
동사와 명사	All the staff objected **to** the plan. 모든 직원들은 그 계획에 반대한다.

TEPS Point 1   위치 / 방향 / 장소의 전치사

1 위치를 나타내는 전치사

(1) on ~ 위에
on은 표면에 닿아 있을 때 쓴다.

I took the photos **on** the shelf.
나는 선반 위에 있는 사진을 가져왔다.

(2) over ~ 위에 **/ above** ~보다 위에
over는 다른 사물에 덮여 있거나 닿지 않을 때, above는 비껴 있을 때 쓴다.

Danny held an umbrella **over** Clara.
Danny는 Clara의 머리 위로 우산을 씌워 주었다.

A shining object was flying **above** the bridge.
빛나는 물체가 다리 위를 날고 있었다.

(3) under ~ 아래에 **/ below** ~보다 아래에 **/ underneath** ~ 아래에 **/ beneath** ~ 아래에
under는 (주로) 떨어져 있을 때, below는 비껴 있을 때, underneath는 닿아 있기는 하지만 숨겨질 때, beneath는 표면에 닿아 있을 때 쓴다.

My wallet was found **under** the sofa. 내 지갑은 소파 아래에서 발견되었다.

(4) before ~ 앞에 **/ in front of** ~ 앞에
before는 위치나 순서를 나타내거나 상황적 장소를 나타낼 때, in front of는 위치를 나타낼 때 쓴다.

Two cats are sitting **in front of** my car. 두 마리의 고양이가 내 차 앞에 앉아 있다.

(5) behind ~ 뒤에
위치를 나타낼 때 쓴다.

There was a cozy cafe **behind** the train station.
기차역 뒤에 편안한 카페가 하나 있었다.

(+) Plus Tips

~의 건너편
'~의 건너편'이라고 할 때는 across from이나 opposite을 쓴다.

Leo sat **across from/opposite** me at the table.
Leo는 탁자에서 나의 건너편/반대편에 앉았다.

2 방향을 나타내는 전치사

(1) to ~로
They are driving **to** the sea. 그들은 차를 타고 바다로 가고 있다.

(2) for ~을 향하여
This flight is bound **for** Chicago. 이 비행기는 시카고 행이다.

(3) toward ~ 쪽으로
사람이나 사물이 움직이는 일반적인 방향을 나타낼 때 쓴다.

Can you see the raccoons moving **toward** us?
너는 우리 쪽으로 움직이는 너구리가 보이니?

(4) from ~로부터
원천이나 기원, 출발점을 나타낼 때 쓴다.

Her hometown is 200 km **from** Seoul.
그녀의 고향은 서울에서 200km 떨어져 있다.

(5) along ~을 따라
길고 좁은 것을 따라 움직일 때 쓴다.

The government planned to build a wall **along** the border.
정부는 국경을 따라 벽을 만들 계획을 세웠다.

3 장소를 나타내는 전치사

(1) in ~에, ~ 안에
비교적 넓은 장소 또는 특정 구역을 나타낼 때 쓴다.

in the room 방 안에
in Seoul 서울에
in Africa 아프리카에
in the corner of ~의 구석에서

(2) at ~에
비교적 좁은 장소, 한 지점, 주소, 상황적 장소를 나타낼 때 쓴다.

at the airport 공항에
at the intersection 교차로에
at the corner of ~의 모서리에
at the top/bottom of ~의 정상/바닥에서

(3) on ~에, ~ 위에
선 또는 면에 접촉된 상태를 나타낼 때 쓴다.

on the fifth floor 5층에
on the left 왼쪽에
on the Seine River 센 강 위에

TEPS Point 2   시간을 나타내는 전치사

1 때를 나타내는 전치사

(1) at ~에
시간 또는 상황적 때를 나타낼 때 쓴다.

at 2 o'clock 2시에
at night 밤에
at the beginning of the year 년 초에

(2) on ~에
날짜, 특정일을 나타낼 때 쓴다.

on Christmas 크리스마스에
on Friday night 금요일 밤에

(3) in ~에
달, 연도, 세기, 계절을 나타낼 때 쓴다.

in 2018 2018년에
in the past 과거에

2 기간을 나타내는 전치사

(1) for ~ 동안
어떤 사건이 지속된 기간을 나타낼 때 쓴다.

for 30 minutes 30분 동안
for a long time 오랫동안

(2) during ~ 동안
어떤 사건이 일어난 시기를 나타낼 때 쓴다.

during the holidays 휴일 동안에
during the class 수업 동안에
during the movie 영화 상영 시간 동안

(3) in ~ 후에, ~만에
시간의 경과를 나타낼 때 쓴다.

Dr. Brendon will be back **in** 30 minutes.
Brendon 박사님은 30분 후에 돌아오실 거예요.

(4) over ~에 걸쳐서
어떤 일이 일어난 기간을 나타낼 때 쓴다.

Home prices in Seoul have increased **over** the last 10 years.
지난 10년에 걸쳐 서울의 집값은 올랐다.

＋ Plus Tips

on time vs. in time
어떤 일이 '정시에' 일어난다고 할 때는 on time을 쓰고, 특정한 행사에 '늦지 않게' 참석한다고 할 때는 in time을 쓴다.

The festival began **on time**.
축제는 정시에 시작했다.
Please come to my house **in time** for dinner.
저녁 시간에 늦지 않게 저희 집으로 오세요.

＋ Plus Tips

during vs. for
during은 '언제(when)' 발생했는지, for는 '얼마나 오랫동안(how long)' 진행되었는지에 대한 정보를 나타낸다.

＋ Plus Tips

next, last
next, last, this 등의 시점 표시어 뒤에 시간 명사가 올 경우, 시점 표시어 앞에 전치사를 쓰지 않는다.

next year (O)
in next year (X)

> **⊕ Plus Tips**
>
> **of**
> '~의 반경 안에'라고 할 때, 그 기준점 앞에 of를 쓴다
>
> within 5 km **of** the subway station
> 지하철 역 5km 반경 안에

3 범위의 끝을 나타내는 전치사

(1) until ~(때)까지
일정한 시점까지 계속되는 상황이나 상태를 언급할 때 쓴다.

We will wait for your reply **until** Friday.
우리는 금요일까지 당신의 답변을 (계속) 기다릴 것이다.

(2) by (늦어도) ~까지는
미래의 특정 시점 이전에 완료될 행위나 사건을 언급할 때 쓴다.

You should reply to our e-mail **by** Friday.
당신은 (늦어도) 금요일까지는 우리의 이메일에 답변해야 한다.

4 기타 전치사

(1) after ~ 이후에
Bill will go back to the U.S. **after** graduation.
졸업 후에 Bill은 미국으로 돌아갈 것이다.

(2) within ~ 이내에
위치나 한계, 시간을 나타낼 때 쓴다.

The taxi will arrive **within** 10 minutes.
택시는 10분 안에 도착할 것이다.

(3) before ~ 이전에
You should check out **before** 11 a.m.
당신은 오전 11시 이전에 체크아웃해야 한다.

(4) through / throughout ~ 동안 내내
through the years 몇 년 동안 내내
Throughout his 30s, Edward conducted research on dark matter.
Edward는 30대 내내 암흑 물질에 대해 연구했다.

TEPS Point 3 · 기타 전치사

1 원인이나 이유를 나타내는 전치사

> because of / due to / owing to / thanks to / what with ~ 때문에

Thanks to your hospitality, I had a wonderful time during my stay in London.
당신의 환대 덕분에, 제가 런던에 있는 동안 멋진 시간을 보냈습니다.

What with her busy schedule, Judy couldn't attend her graduation.
그녀의 바쁜 스케줄 때문에, Judy는 그녀의 졸업식에 참석하지 못했다.

2 양보를 나타내는 전치사

> in spite of / despite ~에도 불구하고

Despite the inclement weather, the parade proceeded as scheduled.
악천후에도 불구하고, 퍼레이드는 예정된 대로 진행되었다.

3 목적이나 의도를 나타내는 전치사

> for ~을 위해서, ~에 대해   on ~차

for the test 시험을 위해   **for** violation 위반으로   **for** dinner 저녁으로
on pleasure 휴가차   **on** business 사업차

A: What is the purpose of your visit? 당신의 방문 목적이 무엇입니까?
B: I'm here **on** pleasure. 저는 이곳에 휴가차 왔습니다.

Sue got fined **for** violation of the traffic regulations.
Sue는 교통 법규 위반으로 벌금을 받았다.

4 제외를 나타내는 전치사

> without ~ 없이   but ~ 이외에   except ~을 제외하고

You cannot enter Bolivia **without** a visa.
당신은 비자 없이 볼리비아에 입국할 수 없다.

Nobody **but** you can solve it.
너만이 이 문제를 풀 수 있다.

The newspaper will be delivered before 6 a.m. **except** on holidays.
신문은 휴일을 제외하고 오전 6시 전에 배달될 것이다.

⊕ Plus Tips

to vs. by
to+수: 한도
by+수: 차이

The price increased **to** $100.
가격이 100달러로 올랐다.

The price increased **by** $100.
가격이 (그 전에 비해) 100달러가 올랐다.

TEPS Pattern

여행 앞에는 on

Carl is  his business trip.

정답 on

💡 고득점 Tips

beyond
'beyond+명사'는 해당 명사가 가리키는 것을 포함함은 물론 그것 이외의 것이나 그것을 넘어서는 것까지 가리킨다.

Beyond water, you need food to survive.
물 이외에도, 당신은 생존을 하기 위해서는 음식이 필요하다.

TEPS Point 4   by / at

TEPS Pattern
이름 앞의 by

There is no one here _____ that name.

정답 by

+ Plus Tips
per ~당, ~마다
일인당 per person = a person
하루당 per day = a day
한 주당 per week = a week
일 년당 per year = a year

1 by

(1) 교통수단, 통신 수단, 지불 수단을 의미하는 경우

교통수단: **by** bus/taxi/train air 버스/택시/기차/비행기를 타고
통신 수단: **by** phone/fax/e-mail 전화로/팩스로/이메일로
지불 수단: **by** cash/credit card/check 현금으로/신용 카드로/수표로

If you have further questions, please inquire **by** e-mail.
추가 질문이 있으시면 이메일로 문의해 주세요.

I don't want to be caught in heavy traffic. Let's go to the theater **by** subway.
나는 교통 체증에 갇히기 싫어. 우리 전철로 영화관에 가자.

(2) 측정 단위를 나타내는 경우
측정 단위를 나타내는 경우 전치사 by를 쓰며, 이때 단위 명사 앞에 정관사 the를 붙여야 한다.

by the gram 그램 단위로 **by** the meter 미터 단위로 **by** the pound 파운드 단위로
by the slice 조각으로

We sell various kinds of cake **by** the slice. 우리는 다양한 종류의 케이크를 조각으로 판다.
You can buy a variety of flour **by** the gram in the store.
당신은 이 가게에서 다양한 곡물 가루들을 그램 단위로 살 수 있다.

2 at

(1) 방향을 나타내는 경우

look **at** ~을 보다   yell **at** ~에게 고함치다   wink **at** ~을 향해 윙크하다   laugh **at** ~을 비웃다
aim **at** ~을 겨냥하다   throw **at** ~을 향해 던지다

After introducing himself to me, Jeff **winked at** me. (wink to me X)
자기 소개를 하고 난 후, Jeff는 나에게 윙크했다.

Please don't **throw** stones **at** wild animals. (throw to wild animals X)
야생 동물에게 돌을 던지지 마세요.

(2) 속도, 나이, 가격, 온도, 비율을 나타내는 경우

at a fast speed/an alarming rate 빠른 속도로/놀랄 만한 비율로
at a half price/a discounted price 반 가격으로/할인된 가격으로
at room temperature 상온에서
at an early/later age 이른/늦은 나이에

Tropical rain forests are being destroyed **at** a rapid rate.
열대 우림이 빠른 속도로 파괴되고 있다.

My grandparents got married **at** an early age. 나의 조부모님은 어린 나이에 결혼했다.

Exercise

A. 다음 중 빈칸에 알맞은 것을 고르세요.

1. Someone is _____ the door.
   (a) in   (b) at

2. The Italians usually eat dinner late, sometimes _____ 9 p.m.
   (a) after   (b) in

3. _____ the Internet, I wouldn't have been able to find the information I needed.
   (a) From   (b) Without

4. You have to sign up for the course _____ Monday.
   (a) by   (b) until

5. The meeting will be held _____ October 10th.
   (a) in   (b) on

B. 다음 문장에서 틀린 부분을 바르게 고치세요.

6. Aviator sunglasses designed for pilots at World War II are a must-have accessory now.

7. Gina has been traveling around Africa during two months.

8. Traveling to and from Incheon Airport by the subway is easy and convenient.

9. My grandmother went to university in age 60.

10. Over the last decade, bus fares have increased to 30%.

Actual Practice

Part I Questions 1-8
Choose the option that best completes each gap.

1. A: Can we meet _____ Tuesday?
   B: Okay. I will see you at Starbeans at 4 o'clock.
   (a) on
   (b) at
   (c) in
   (d) for

2. A: Judy, what are you planning to do _____ retirement?
   B: I'd like to volunteer at an animal shelter.
   (a) beyond
   (b) in
   (c) after
   (d) at

3. A: We need a washing machine. The one we have now is _____ repair.
   B: You're right. Plus, the warranty has expired.
   (a) for
   (b) beyond
   (c) under
   (d) despite

4. A: Is there anything wrong with this coat?
   B: Yes, there is a long split _____ one seam.
   (a) of
   (b) for
   (c) along
   (d) at

5. A: Where is the so-called "Dracula Castle"?
   B: Bran Castle is located 32 km southwest _____ the city of Brasov.
   (a) toward
   (b) at
   (c) against
   (d) of

6. A: I feel I owe Jason an apology.
   B: Right, you shouldn't have yelled _____ him.
   (a) to
   (b) at
   (c) for
   (d) of

7. A: Did you find your way to the botanical garden _____ any difficulty?
   B: No. I got off at the wrong station, so I took a taxi to get there.
   (a) in spite of
   (b) without
   (c) with
   (d) of

8. A: How do you address your professors in America?
   B: We call each other _____ our first names.
   (a) for
   (b) at
   (c) by
   (d) with

Part II Questions 9-16
Choose the option that best completes each gap.

9. While Americans store eggs in the fridge, the British keep their eggs _____ room temperature.
   (a) at
   (b) on
   (c) of
   (d) for

10. People who work out regularly are more likely to have more energy _____ the day.
    (a) in
    (b) within
    (c) of
    (d) during

11. _____ an entry-level job, Joe puts a lot of effort into any tasks he is assigned.
    (a) Despite of having
    (b) In spite of having
    (c) Despite of have
    (d) In spite of have

12. With night coming on, Emma and Tyler decided to sleep at one of the motels _____ the highway.
    (a) along
    (b) of
    (c) over
    (d) for

13. The documentary film tells _____ the deceptive practices of drug companies.
    (a) on
    (b) for
    (c) with
    (d) of

14. Alpha Inc. is looking to develop its wireless Internet business _____ India by purchasing two local Internet providers.
    (a) at
    (b) along
    (c) on
    (d) throughout

15. On our website, you can choose the size of space ranging from a small interview room to a banquet hall, and book _____ or the day.
    (a) per an hour
    (b) for the hours
    (c) on the hour
    (d) by the hour

16. _____ teachers, parents and guardians have a responsibility for students' safety.
    (a) Behind
    (b) Beyond
    (c) Over
    (d) From

Part III Question 17
Read each sentence carefully and identify the option that contains a grammatical error.

17. (a) A: My food hasn't come out. How longer should I wait?
    (b) B: Sorry, ma'am, but it should come out shortly.
    (c) A: I've been waiting during 30 minutes. My lunch time is over in 20 minutes.
    (d) B: I will check if your order's been sent to the kitchen.

Part IV Questions 18
Read each sentence carefully and identify the option that contains a grammatical error.

18. (a) Extinction is a natural process, as hundreds of millions of species have been appearing and disappearing over centuries. (b) But the rapid rate of extinction we are seeing today is a few hundred times higher than the natural rate. (c) One of the main causes of extinction has been human demand for natural and animal resources. (d) Biologists warn that nearly half the planet's species could be wiped out until the end of this century if nothing changes.

CHAPTER V

문장 구조와 특수 구문

Unit 15   가정법
Unit 16   비교
Unit 17   도치
Unit 18   생략과 대용

Unit 15 가정법

가정법은 매 회 1~2문제가 출제되며 주로 if절과 주절의 시제에 대해 묻는다. 특히 가정법 과거 완료의 시제 문제가 가장 많이 출제되며 고난도 문제로는 접속사 if가 생략되어 주어와 동사가 도치된 가정법 문장이나 복합 가정법이 출제된다.

Warm-up

1 가정법은 현재나 과거의 상황을 반대로 가정하고 그 가정 하에 일어날 수 있는 결과에 대한 상상이다. if절은 가정을, 주절은 그 결과를 제시한다.

직설법: Because I **don't have** any cash with me, I **can't buy** this now.
나는 현금이 없어서 지금 이것을 살 수 없다.

가정법: If I **had** cash with me, I **could buy** this now.
내가 현금이 있다면 나는 지금 이것을 살 수 있을 텐데.

2 가정법 시제는 실제 그 일이 일어난 시점보다 앞선 시제로 나타낸다.

① 가정법 과거: 현재의 상황을 반대로 가정한다. if절에는 과거 시제, 주절에는 '조동사의 과거형+동사 원형'이 쓰인다.
If I **were** rich, I **would travel** all around the world. (가정법 과거)
내가 부자라면, 전 세계를 여행할 텐데.

② 가정법 과거 완료: 과거의 상황을 반대로 가정한다. if절에는 과거 완료 시제, 주절에는 '조동사의 과거형+have+p.p.'가 쓰인다.
If my parents **had attended** my graduation ceremony, it **would have been** the happiest day of my life.
부모님이 내 졸업식에 오셨더라면, 내 인생에서 가장 기쁜 날이 되었을 텐데.

③ 가정법 미래: 현재나 미래에 어떤 일이 일어날 가능성이 매우 희박할 경우에 쓴다. if절에는 'should+동사 원형'이 쓰이고, 주절은 다양하게 나타낼 수 있다.
If you **should be** free tomorrow, please **come** by my office.
혹시라도 내일 한가하시면, 제 사무실에 들러 주세요.

3 가정법 과거와 과거 완료의 주절에는 반드시 '조동사'가 있어야 한다. 주절에 조동사가 없다면 가정법이 아니다.
If Jessica knew Kevin's phone number, she **would call** him.
만약 Jessica가 Kevin의 전화번호를 안다면, 그녀는 그에게 전화할 것이다.

TEPS Point 1 가정법의 시제

1 가정법 과거

현재 사실의 반대로 어떤 상황을 가정하거나 현재나 미래에 실현 가능성이 매우 희박함을 나타낼 때 쓴다. if절에 be동사가 오는 경우, 주어의 수에 상관없이 were를 쓴다.

> If+주어+동사의 과거형 ~, 주어+would/could/might+동사 원형 ~.

If the weather **were** nicer today, we **could go** for a walk by the sea.
오늘 날씨가 더 좋았더라면, 우리는 바닷가로 산책을 갈 수 있었을 텐데.

If it **were** not for the test tomorrow, I **would play** basketball with you this evening.
내일 시험이 없었더라면, 오늘 저녁에 나는 너와 농구를 할 수 있을 텐데.

2 가정법 과거 완료

과거 사실에 대한 반대 상황을 가정할 때 쓴다.

> If+주어+had p.p. ~, 주어+would/could/might have p.p. ~.

If the building **had been designed** to be earthquake-resistant, it **would not have collapsed**.
만약 그 건물이 내진 설계가 되었더라면, 그것은 붕괴되지 않았을 것이다.

If the boy **hadn't been taken** to the hospital, he **could have died**.
만약 그 소년이 병원에 실려가지 않았더라면, 그는 죽었을 수도 있다.

If the writing class **had been** cheaper, I **might have taken** it.
만약 그 작문 수업이 더 저렴했더라면, 나는 그것을 들었을지도 모른다.

3 가정법 미래

현재나 미래 사실에 대한 강한 의혹을 나타내거나 불가능한 일을 가정할 때 쓴다.

(1) 현재나 미래 사실에 대한 강한 의혹을 나타낼 경우

> If+주어+should+동사 원형 ~, 주어+will/can/may(would/could/might)+동사 원형 ~.

If smoking **should be banned** completely, healthcare costs **would decrease**.
흡연이 완전히 금지된다면, 건강 보험료가 낮아질 텐데.

(2) 미래에 실현이 불가능하다고 생각되는 일이나 불행한 일을 가정할 경우

> If+주어+were to+동사 원형 ~, 주어+would/could/might+동사 원형 ~.

If I **were to travel** back in time, I **could see** for myself how beautiful Cleopatra was.
내가 과거를 여행하게 된다면, Cleopatra가 얼마나 예뻤는지 직접 확인할 수 있을지도 모른다.

Plus Tips

조건절 vs. 가정법 과거

조건절
If I have time tomorrow, I will join you for dinner.
내일 시간이 있으면, 저녁 식사에 갈게.
(내일 시간이 있을 가능성이 있음)

가정법
If I had time tomorrow, I would join you for dinner.
내일 시간이 있다면, 저녁 식사에 갈 수 있을 텐데.
(내일 시간이 있을 가능성이 없음)

If you **were to fail** the exam, you **would have** to wait a whole year to take it again.
만약 네가 시험에 떨어진다면, 다시 그것을 보기 위해 1년을 기다려야 할 것이다.

4 혼합 가정법

과거 사실에 반대되는 가정의 결과가 현재의 사실에 영향을 미치는 경우에 쓴다. if절에서는 과거 사실에 반대되는 가정을 하고, 주절에서는 현재 사실에 반대되는 가정을 한다.

> If+주어+had p.p. ~, 주어+would/could/might+동사 원형 ~.

If Roger **had worn** his seatbelt, he **wouldn't be** in critical condition right now.
Roger가 안전띠를 맸더라면, 지금 위독하지 않을 텐데.

TEPS Pattern

혼합 가정법을 나타내는 부사: now, today

혼합 가정법은 주절에 현재 시제를 나타내는 시간 부사인 now, today 등이 흔히 나온다.

If+주어+had+p.p. ~, 주어 +_____ now.

정답 would/could+동사 원형

TEPS Point 2 if의 생략

1 접속사 if의 생략

가정법에서 접속사 if가 생략되면 주어와 동사의 순서가 도치된다.

(1) 가정법 과거

If you were to accept our proposal, we could start the restoration project next week.

→ **Were you to accept** our proposal, we could start the restoration project next week.
  만약 당신이 우리의 제안을 받아들이면, 우리는 다음 주에 복구 작업을 시작할 수 있을 것이다.

(2) 가정법 과거 완료

If I hadn't used this book to study from, I wouldn't have known the right answers.

→ **Had I not** used this book to study from, I wouldn't have known the right answers.
  내가 이 책을 공부하지 않았더라면, 나는 정답을 알 수 없었을 것이다.

(3) 가정법 미래

If you should have any problems with our product, please call us immediately.

→ **Should you have** any problems with our product, please call us immediately.
  저희 제품에 문제가 있으면, 저희에게 바로 전화해 주세요.

2 접속사 if가 생략된 가정법 관용 구문

(1) 가정법 과거

> Were it not for+명사, 주어+조동사의 과거형+동사 원형 ~. (~이 없다면)

Were it not for gravity, there would be no water on Earth.
= If it were not for gravity, there would be no water on Earth.
  중력이 없다면, 지구상의 물은 사라질 것이다.

(2) 가정법 과거 완료

> Had it not been for+명사, 주어+조동사의 과거형+have+p.p. ~. (~이 없었더라면)

Had it not been for Fred's assist, Ronald couldn't have scored.
= If it had not been for Fred's assist, Ronald couldn't have scored.
  Fred의 도움이 없었더라면, Ronald는 득점할 수 없었을 것이다.

＋ Plus Tips

if절이 없는 가정문에서 주절의 시제 결정

시제를 나타내는 명사나 시점 부사로 주절의 시제를 결정한다.

Without the invention of the steam engine, the Industrial Revolution **might not have occurred**.

(증기엔진의 발명: 과거 사건
→ 주절의 시제: 가정법 과거 완료)
증기 엔진의 발명이 없었더라면 산업혁명은 일어나지 않았을 수도 있다.

TEPS Pattern

가정법 도치 문제 ❶

> _____ ~, 주어+조동사의 과거형 +have p.p. ~.

정답 **Had+주어+p.p.**

가정법 도치 문제 ❷

> Should+주어+동사 원형 ~, 주어+_____ ~.

정답 **would/could/might (will/can/may)+동사 원형**

3 조건절을 대신하는 전치사(구)

~이 없(었)다면
But for   Except (for)   Without   If not for/If not   Barring
Excepting   With the exception of   Apart from   Aside from

If not for the hurricane, the field trip would not have been canceled.
허리케인이 없었더라면, 현장 학습은 취소되지 않았을 것이다.

Without your help, I would not have passed my math exam.
너의 도움이 없었더라면, 나는 수학 시험을 통과할 수 없었을 것이다.

Barring heavy traffic, we'll arrive in 30 minutes.
교통 체증이 없다하면, 우리는 30분 후에 도착할 것이다.

TEPS Point 3   기타 가정법 구문

1 I wish 가정법
현재나 과거의 소망을 표현한다.

> 현재의 소망
> I wish+주어+동사의 과거형 ~. (~하면 좋을 텐데.)
>
> 과거의 소망
> I wish+주어+had p.p. ~. (~했더라면 좋았을 텐데.)

I wish there **were** more job opportunities.
직업 기회가 많으면 좋을 텐데.

I wish you **had come** with us to the party last weekend.
네가 지난 주말에 우리와 같이 파티에 갔더라면 좋았을 텐데.

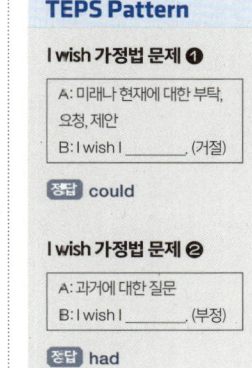

2 I would rather 가정법
제안에 대한 완곡한 거절을 표현하며, 뒤에 주로 과거 시제 문장이 온다.

> I would rather+주어+didn't ~. (~하면 오히려 좋을 텐데.)

A: I'd like to treat you to dinner to thank you for your help.
당신이 도와주신 것에 감사하고자 저녁 식사를 대접하고 싶어요.

B: No, **I'd rather** you didn't. After all, what are friends for?
그러지 마세요. 친구 좋다는 게 뭐겠어요?

3 As if/As though 가정법
사실이 아닌 것을 사실처럼 가정한다.

> 주어+동사+as if+주어+동사의 과거형 ~. (현재에 마치 ~인 것처럼)
> 주어+동사+as if+주어+had p.p. ~. (과거에 마치 ~였던 것처럼)

The host family welcomes every guest **as if** they were their own children.
그 주인 가족은 마치 모든 손님들이 그들의 자식인 것처럼 환영한다.

The old sailor talked **as if** he had seen a mermaid.
그 늙은 선원은 그가 인어를 본 것처럼 이야기했다.

(+) Plus Tips
추측의 as if
as if가 '~인 듯하다'라는 추측의 의미일 때는 like로 바꿔 쓸 수 있다. 이때는 직설법이므로 시제 일치 법칙에 따른다.

He sounds **as if** he is angry. (were x)
= He sounds **like** he is angry.
그는 화가 난 것 같아 보인다.

4 What if 가정법
어떤 사실을 가정하거나 제안할 때 사용한다.

> 가정
> What if+주어+과거/과거 완료 ~? (만약 ~였더라면 어땠을까?)
>
> 제안
> What if+주어+현재 ~? (만약 ~하면 어떨까?)

What if there are no seats left on the train? (현재나 미래의 사실에 대한 가정)
기차에 좌석이 없으면 어쩌지?

What if Napoleon had won at Waterloo? (과거의 사실에 대한 가정)
나폴레옹이 Waterloo 전쟁에서 승리했더라면 어땠을까?

It's too crowded here. **What if** we go somewhere else? (제안)
여기는 사람이 너무 많네. 우리 다른 곳으로 가는 게 어떨까?

5 It is time 가정법

아직 발생하지 않은 상황에 대한 기대 표현이다.

> It's about(high) time+주어+동사의 과거형 ~. (~할 때가 되었다)

It's about time the concert **started**.
콘서트가 시작될 때가 되었다.

Exercise

A. 다음 중 빈칸에 알맞은 것을 고르세요.

1. I wish I _____ how to play golf.
   (a) know   (b) knew

2. If it _____ for his financial support, our project would still be in the preliminary stages.
   (a) weren't   (b) hadn't been

3. It's time the class _____ over.
   (a) is   (b) was

4. Had it not been for the inclement weather, our flight _____ delayed.
   (a) wouldn't be   (b) wouldn't have been

5. If you had turned in your essay on time, you _____ a better grade.
   (a) would have gotten   (b) would get

B. 다음 문장에서 틀린 부분을 바르게 고치세요.

6. If I knew that the meeting was canceled, I would have told you.

7. What will you do if you could go back in time to your teens?

8. Betty would have landed the job were she to be better prepared for the interview.

9. While discussing the book, Karen talked as if she read all the assigned books, but actually she only read two of them.

10. If we had invested in the company last year, we might have been bankrupt now.

Actual Practice

Part I Questions 1-8
Choose the option that best completes each gap.

1. A: I am thinking of traveling through Europe by train.
   B: Wow! If I had enough time and money, that _____ exactly what I'd want to do.
   (a) will be
   (b) would be
   (c) would have been
   (d) will have been

2. A: I will have my secretary pick you up at the airport when you come back on Sunday.
   B: I'd rather you _____. His duties do not include working on Sundays.
   (a) don't
   (b) couldn't
   (c) would have come
   (d) didn't

3. A: I am sorry to hear that you have to miss the year-end party this Friday.
   B: Me, too. If not for my upcoming business trip, I _____ with you.
   (a) am going
   (b) would go
   (c) go
   (d) will go

4. A: This boy band hasn't appeared on TV for the last two years.
   B: I know. It's high time they _____ a new album.
   (a) will release
   (b) released
   (c) have released
   (d) are releasing

5. A: Do you have any regrets from your time in university?
   B: I wish I _____ more volunteer work.
   (a) would do
   (b) would have
   (c) had done
   (d) did

6. A: Denis was late again! He's always late!
   B: True, but he looks as if he _____ today.
   (a) is not well
   (b) was not well
   (c) were well not
   (d) had been not well

7. A: How come you weren't on time for the presentation?
   B: _____ heavy traffic, I wouldn't have missed the keynote speech.
   (a) It had not been for
   (b) If there were not for
   (c) Would it have been for
   (d) Had it not been for

8. A: Do you know why Stella postponed her wedding until June?
   B: You'll never believe why! A fortune-teller warned her that she would get divorced shortly _____ in May.
   (a) had she gotten married
   (b) was she married
   (c) should she get married
   (d) would she had married

Part II Questions 9-16
Choose the option that best completes each gap.

9. Now in his late 80s, my grandfather continues to lead a very active life, as if he _____ in his 40s.
   (a) were
   (b) were to be
   (c) has been
   (d) is

10. _____ any questions after the lecture, you can visit me during office hours or e-mail me.
    (a) Should you have
    (b) Were you to have
    (c) Had you had
    (d) If you

11. _____ Korean university students what they worry about most, the first on the list would be tuition fees.
    (a) Were you to ask
    (b) Were to ask you
    (c) If were to ask you
    (d) You were to ask

12. Without Columbus landing in the Americas, Native Americans _____ their own countries in the 19th century.
    (a) would establish
    (b) were to have established
    (c) had established
    (d) could have established

13. If the Human Genome Project (HGP) had not been completed in 2003, we _____ much less about human DNA, today.
    (a) will know
    (b) would know
    (c) know
    (d) had known

14. Had it not been for his compass, the explorer _____ in the rainforest after being separated from his group.
    (a) had died
    (b) would have died
    (c) were to die
    (d) would die

15. Had it not been for the smartphone app that tracks stolen items, the case _____ unsolved.
    (a) were to be remained
    (b) would remain
    (c) would have remained
    (d) had remained

16. All the Phoenix players have been approaching every game as if it _____ a playoff game.
    (a) was
    (b) were
    (c) is
    (d) had been

Part III Question 17
Read each sentence carefully and identify the option that contains a grammatical error.

17. (a) A: I heard that you are considering declaring bankruptcy.
    (b) B: Unfortunately, yes, but I'm not sure. What would you do?
    (c) A: I'd look at other options if I had been you.
    (d) B: Looking for other investors might be my only option.

Part IV Questions 18
Read each sentence carefully and identify the option that contains a grammatical error.

18. (a) Though few Americans play cricket, it used to be as popular a game as baseball. (b) Starting in the 18th century, the popularity of the game grew steadily. (c) At the outbreak of the Civil War, however, the popularity of baseball started to surpass that of cricket due mainly to soldiers from the North and their love of baseball. (d) Had it not been for the American Civil War, Americans might have still been playing cricket today.

Unit 16 비교

형용사와 부사의 비교급과 최상급 관련 문제는 매 회 출제된다. 거의 정해진 유형이 출제되기 때문에 어렵지는 않지만 텝스에서 특히 잘 다뤄지는 유형들이 있으므로 반드시 출제 경향을 잘 알고 있어야 한다. 비교급 강조 부사가 가장 많이 출제되며 배수가 포함된 원급 및 비교급 구문의 어순을 특히 잘 파악해 두자.

Warm-up

1 형용사와 부사는 원급, 비교급, 최상급 형태가 있다. 비교급은 비교 대상보다 더욱 어떠한 것을 나타내고 최상급은 비교 그룹 내에서 가장 어떠한 것을 나타낸다.

- 원급 Jim is a very **hardworking** employee.
  Jim은 매우 성실한 직원이다.
- 비교급 Jim is **more hardworking** than Brown.
  Jim은 Brown보다 더 성실하다.
- 최상급 Jim is **the most hardworking** employee in the office.
  Jim은 사무실에서 가장 성실한 직원이다.

2 보통 원급을 기준으로 비교급과 최상급을 만든다. 형용사의 최상급 앞에는 the를 붙이고 부사의 최상급 앞에는 the를 생략할 수 있다.

① 1음절과 2음절 단어: 비교급에 -er, 최상급에 -est를 붙인다. -y로 끝나는 2음절 형용사와 부사는 y를 i로 바꾸고 비교급에 -er, 최상급에 -est를 붙인다.
small-smaller-smallest

② -ful, -ous, -able로 끝나는 2음절 형용사와 3음절 이상의 단어: 비교급은 앞에 more, 최상급은 앞에 most를 붙인다.
harmful-more harmful-most harmful

③ 불규칙 변화 단어

원급	비교급	최상급
good 좋은 / well 잘(부)	better	the best / (the) best
bad 나쁜 / ill 나쁜	worse	the worst
much 많은 / many 많은	more	the most
little 적게(부)	less	(the) least
far 멀리 / 훨씬 (부)	farther / further	(the) farthest / furthest
late (시간이) 늦은	later 나중의	the latest 최신의
late (순서가) 늦은	latter 후자의	the last 마지막의

TEPS Point 1 · 원급 비교

1 as+형용사/부사+as

'~만큼 …한'이라는 의미로, 어떤 두 사람 또는 두 사물이 서로 동등함을 나타낼 때 쓴다. as ... as 구문 뒤에는 목적격 대명사 또는 '주어+동사' 구문이 온다.

My younger brother is **as tall as** me.
내 남동생은 나만큼 키가 크다.

Bruce speaks Korean **as fluently as** Clara does.
Bruce는 Clara가 하는 것만큼 한국어를 유창하게 한다.

2 부정과 배수 표현

as ... as 구문 앞에 부정어나 부사, 정도 표시어를 넣어 수식할 수 있다.

Edward is **not** as smart as Benjamin.
Edward는 Benjamin만큼 똑똑하지 않다.

Americans consume **four times** as much meat as Koreans.
미국 사람들은 한국 사람들의 4배만큼 많은 고기를 먹는다.

New Zealand has **twice** as many cows as people.
뉴질랜드에는 사람 수의 두 배만큼 많은 소가 있다.

Housing prices in Seoul are **almost as high as** those in London.
서울의 집값은 거의 런던의 집값만큼 비싸다.

> **원급 수식 부사**
> almost 거의   just 딱   nearly 거의   exactly 정확히

3 비교 대상 앞에 붙이는 as의 생략

앞선 내용으로 보아 비교의 대상이 명백한 경우, 뒤에 나오는 as 이하를 생략할 수 있다.

A: Sue is a gifted chess player.
  Sue는 천재적인 체스 선수야.

B: Right. I'll never defeat her even if I practice **as hard** (as Sue).
  맞아. 내가 (Sue만큼) 열심히 연습해도 난 그녀를 절대 이길 수 없을 거야.

➕ Plus Tips

as+형용사+관사+명사+as

as ... as 사이에 형용사와 관사, 명사가 들어갈 경우의 어순에 주의하자.

Kevin is **as competent a worker as** Lucy.
Kevin은 Lucy만큼 능력 있는 직원이다.

➕ Plus Tips

수량 비교

불가산 명사의 수량 비교는 as much ... as의 형태로, 가산 명사의 수량 비교는 as many ... as의 형태로 한다.

The new heater uses **as much** energy **as** the old one.
새 히터는 예전 것만큼 많은 에너지를 사용한다.

TEPS Point 2 | 비교급 비교

1 형용사/부사의 비교급+than

'~보다 …한'이라는 의미로, 어떤 사람 또는 사물이 비교 대상보다 양, 수 정도 등이 더 우월할 때 쓴다.

The film version is **funnier than** the novel.
영화판이 소설보다 더 재미있다.

During the festival, the shuttle bus runs **more often than** usual.
축제 기간 동안, 셔틀버스는 평상시보다 더 자주 운행한다.

2 less+형용사/부사+than

'~보다 덜 …한'이라는 의미로, 어떤 사람 또는 사물이 비교 대상보다 양, 수, 정도 등이 더 열등할 때 쓴다.

The final exam was **less difficult than** the mid-term.
기말고사는 중간고사보다 덜 어려웠다.

3 강조와 배수 표현

'형용사/부사의 비교급+than' 구문 앞에 비교급 강조 부사(훨씬 더 ~한)와 배수(몇 배 더 ~한, 몇 퍼센트 더 ~한)를 넣어 수식할 수 있다.

The Seine River is **much longer than** the Han River.
센 강은 한강보다 훨씬 더 길다.

The bus arrived **far later than** scheduled.
그 버스는 예정보다 훨씬 더 늦게 도착했다.

New Zealand has **two times more cows than** people.
뉴질랜드는 사람 수보다 두 배 더 많은 소가 있다.

The book has sold **50 percent more copies than** expected.
이 책은 예상했던 것보다 50%나 더 많은 부수가 팔렸다.

> **비교급 강조 부사**
> 훨씬   far   still   a lot   even   much
> 오히려 rather

4 집단의 구성원이 둘뿐인 경우

한 집단의 구성원이 둘뿐인 경우에는 'the+비교급+of the two'의 형태로 쓰며 '둘 중에서 더 ~한'이라는 의미이다.

Let's buy **the cheaper of the two** lamps.
둘 중에 더 저렴한 램프를 사자.

+ Plus Tips

any
의문문과 부정문에서 '전혀, 조금도'라는 의미로 형용사나 부사를 강조한다.

A: Are you getting **any** better?
당신은 조금이라도 나아지고 있나요?

B: No, I'm not getting **any** better.
아니요, 저는 조금도 나아지지 않고 있어요.

+ Plus Tips

than 이하 생략
전후 맥락을 통해 비교 대상을 명확히 알 수 있을 때는 than과 than 뒤에 오는 주격/목적격 대명사나 부사구는 흔히 생략된다.

A: It's very cold today here in Seoul.
여기 서울은 정말 춥네요.

B: Yesterday was **colder**.
어제는 더 추웠어요.

+ Plus Tips

동일인/동일물 비교
동일 인물이나 동일 사물의 성질을 비교할 때는 음절 수에 상관없이 more ... than 구문을 쓴다.

Adrian is **more shy than** aloof. (shier than X)
Adrian은 냉담하다기보단 수줍다.

5 than 대신 to를 쓰는 경우

-er이 아니라 -or로 끝나는 라틴어계 비교급은 비교 대상 앞에 than이 아니라 to를 쓴다.

There is no evidence that soy milk is **superior to** cow's milk. (superior than X)
두유가 우유보다 더 좋다는 증거는 없다.

> **비교 대상 앞에 to를 쓰는 형용사**
> superior 뛰어난   inferior 열등한   senior 손위의   junior 손아래의   anterior 앞의
> posterior 뒤의

6 최상급 의미 표현

부정 형용사가 포함된 주어 혹은 'than any (other)+단수 명사'나 'than all the (other)+복수 명사'의 형태로 최상급의 의미를 나타낼 수 있다.

No one is better qualified than Brain for the job.
Brian보다 이 직책에 더 적격인 사람은 없다.

Tony is taller **than any other boy on the team**.
Tony는 그 팀에서 다른 어느 남자아이보다도 키가 크다.

Rupert sold more cars than **all the other salespeople** in the company this year.
Rupert는 올해 그 회사의 어떤 판매 직원보다 더 많은 차를 팔았다.

TEPS Point 3 | 최상급 비교

1 the 최상급+비교 범위

'~ 중에서 가장 …한'이라는 의미로, 어떤 사람 또는 사물이 그 사람 또는 사물이 속한 전체 집단에서 수량 또는 정도가 최고일 때 쓴다. '비교 범위'에 해당하는 단어가 단수 명사일 때는 일반적으로 앞에 전치사 in을 쓰고, 복수 명사일 때는 of를 쓸 수 있다. 이때 문맥상 비교 범위가 명백하다면 비교 범위를 생략할 수 있다.

Procida is considered one of **the most beautiful** islands **in Europe**.
Procida는 유럽에서 가장 아름다운 섬 중 하나로 여겨진다.

Jupiter is **the biggest** planet **of all** (planets).
목성은 모든 행성 중에서 가장 크다.

Nathan made **the best** first impression **of the three candidates**.
Nathan은 세 명의 후보자 중 첫인상이 가장 좋았다.

Claire types **fastest in her class**.
Claire는 그녀의 반에서 가장 빠르게 타자를 친다.

2 the least+형용사

'가장 덜 ~한'이라는 의미로, 같은 비교 범위 내에서 크기·양·정도 등이 가장 적을 때 'least+형용사' 구문을 쓴다.

The total cost is **the least important** issue for the construction project.
총비용은 그 건설 프로젝트에서 가장 덜 중요한 사안이다.

3 수식과 강조

'the 최상급+비교 범위' 구문 앞에 부정어나 부사를 넣어 수식할 수 있다. 이때 very는 정관사 the 뒤에 위치한다는 점에 유의한다.

Carol got **by far the biggest** bonus in the department.
Carol은 그 부서에서 단연코 가장 큰 보너스를 받았다.

Theresa was **the very** best actress of all her contemporaries.
Theresa는 동시대의 배우들 중 단연코 최고의 여배우였다.

최상급 강조 부사
by far 단연코   very 정말, 단연코   ever 역대   much 매우

Plus Tips

favorite
특정 형태의 사람이나 사물을 '가장 좋아하는'이라는 의미로, 이미 어휘 자체에 최상급의 의미가 포함되어 있으므로 비교급이나 최상급이 없다.

Ice cream is my **favorite** desert.
아이스크림은 내가 제일 좋아하는 디저트이다.

TEPS Pattern

최상급 수식어의 위치

_____ the + 최상급
정답 by far

the _____ + 최상급
정답 very

TEPS Point 4 | 주요 표현

(1) as ... as+형용사/부사/과거 분사
비교 대상에 '주어+be동사'가 생략된 형태로 형용사/부사/과거 분사 등이 남을 수 있다.

> as ~ as possible/usual/ever 가능한 한/평소만큼/그 어느 때보다

We will deliver it **as** soon **as** (it is) **possible**.
가능한 한 빨리 배달해 드리겠습니다.

The stadium was **as** crowded **as** (it had been) **ever**.
그 경기장은 그 어느 때보다 혼잡했다.

The competition was **as** tough **as** (it was) **expected**.
그 경쟁은 예상된 만큼 치열했다.

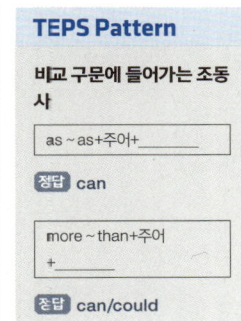

TEPS Pattern
비교 구문에 들어가는 조동사

as ~ as+주어+_____
정답 can

more ~ than+주어+_____
정답 can/could

(2) the+비교급, the+비교급
'~하면 할수록 더욱 …하다'라는 의미로, 두 대상이 서로 관련성이 있음을 나타낼 때 쓴다.

The faster you eat food, **the more** weight you gain.
당신이 음식을 빨리 먹으면 먹을수록 살이 더 많이 찐다.

(3) all the+비교급+because
'~니까 더욱 더'라는 의미로, 수준이나 정도가 한층 높아짐을 나타낼 때 쓴다.

In an interview, attire is **all the more important because** it reflects your personality.
면접에서 의복은 당신의 개성을 보여 주므로 더욱 더 중요하다.

(4) A is no+비교급+than B: A도 B만큼이나 ~하다

E-cigarettes **are no more** harmful **than** tobacco cigarettes.
전자 담배는 담배를 직접 피우는 것 만큼 해롭다.

Learning English grammar **is no less** important **than** (learning) English conversation.
영문법을 배우는 것은 영어 회화를 배우는 것 못지않게 중요하다.

(5) not so much A as B: A라기 보다는 B에 가까운

The letter was **not so much** an apology **as** a warning.
그 편지는 사과라기보다는 경고에 가까웠다.

(6) as many/much as: ~나 되는

The price increased **as much as** 20%.
가격이 자그마치 20퍼센트나 올랐다.

(7) no more than: 단지, ~만큼

He donated **no more than** $100.
그는 단지 100달러를 기부했다.

(8) no less than: ~만큼, 무려 ~만큼이나

The house was built **no less than** 100 years ago.
그 집은 무려 100년 전에 지어졌다.

(9) not more than: 많아 봐야 ~인

Not more than 20 people have signed up for the course.
많아 봐야 20명 정도의 사람들이 수업에 등록했다.

(10) couldn't(can't) be better/worse: 최고/최악이다

Things **can't be** going **better**.
더 이상 좋을 수 없다.

The timing **couldn't be worse**.
타이밍이 더 이상 나쁠 수 없다.

Exercise

A. 다음 중 빈칸에 알맞은 것을 고르세요.

1. Be careful. The dog is much _____ than it looks.
   (a) fierce   (b) more fierce

2. The black one is by far _____ popular model among all the new smartphones.
   (a) the most   (b) more

3. The saltier the food is, _____ calories it has.
   (a) the more   (b) the most

4. Andrew Sanderson is regarded as one of the most respected scholars _____ the country by university students.
   (a) in   (b) of

5. There are thousands of songs stored on this MP3 player. You can listen to as _____ songs as you want.
   (a) more   (b) many

B. 다음 문장에서 틀린 부분을 바르게 고치세요.

6. When using this Bluetooth device, the sound is more clearer on your smartphone.

7. Smokers are more likely to get cancer as non-smokers.

8. Women in the UK are paid less 14% than their male counterparts.

9. Emily is as a devoted teacher as anyone.

10. Billy is getting along better with his new classmates than Kelly does.

Actual Practice

Part I Questions 1-8
Choose the option that best completes each gap.

1. A: The library renovations have been successfully completed.
   B: Yes, they took a lot _____ than scheduled, though.
   (a) long
   (b) as long
   (c) more long
   (d) longer

2. A: What are the benefits of doing yoga?
   B: I would say it's as _____ as physical therapy for the spine.
   (a) better
   (b) good
   (c) worse
   (d) less

3. A: Where would you prefer to stay? A hotel near a subway station or the sea?
   B: Proximity to public transportation is _____ important to me than anything else.
   (a) the more all
   (b) more all
   (c) all more
   (d) more

4. A: Don't you think Cristal is beautiful?
   B: To be honest, I think she is _____ than beautiful.
   (a) more cute
   (b) cuter
   (c) as cute
   (d) more cuter

5. A: I was surprised to hear that your sister gave birth to triplets.
   B: I was _____ surprised than anyone else.
   (a) far more
   (b) better
   (c) as good
   (d) such more

6. A: Do you know any helpful aerobic exercises other than running?
   B: Swimming is _____ as running.
   (a) exercise as a good
   (b) an exercise as good
   (c) as good an exercise
   (c) as a good exercise

7. A: What seems to be the problem today?
   B: Even after I took something for my upset stomach, it isn't getting _____ better.
   (a) so
   (b) quite
   (c) any
   (d) very

8. A: The queue is not as long as _____.
   B: We're lucky. It often takes more than 20 minutes to get a table at this restaurant.
   (a) any
   (b) such
   (c) possible
   (d) usual

Part II Questions 9-16
Choose the option that best completes each gap.

9. According to a recent survey, women between 25 and 35 still do more housework and childcare _____.
   (a) than men
   (b) as men do
   (c) than do men
   (d) as do men

10. Following the news that the rainy season would last longer than expected, vegetable prices have gone _____.
    (a) up 30% as much as
    (b) 30% up as much as
    (c) up by as much as 30%
    (d) up 30% as many as

11. Using a range of natural materials and solar panels, EcoDel is _____ home construction company.
    (a) far the most eco-friendly by
    (b) by far the most eco-friendly
    (c) the by far most eco-friendly
    (d) eco-friendly by far the most

12. Due to its many positive health effects, people think that wine is _____ as a refreshing beverage.
    (a) so much not an alcohol
    (b) not much so an alcohol
    (c) not so much an alcohol
    (d) not much an alcohol so

13. Lena has sold three cars this month, which is not as bad as _____ considering the slow economy.
    (a) anticipate
    (b) anticipates
    (c) to anticipate
    (d) anticipated

14. Even though the standard of living in Bhutan is a few hundred times _____ America, Bhutan's gross national happiness index is listed first in the world.
    (a) as lower as that
    (b) lower than of that
    (c) lower than that of
    (d) low as that of

15. According to a recent study, African-American defendants are _____ to be wrongfully convicted of a crime than white defendants.
    (a) almost more likely seven times
    (b) almost more seven time likely
    (c) seven times almost more likely
    (d) almost seven times more likely

16. Artificial intelligence is what enables computers to learn by themselves; the more data you feed into a computer, _____.
    (a) the smarter it becomes
    (b) the more smart it becomes
    (c) it becomes smart the most
    (d) it becomes smarter the most

Part III Question 17
Read each sentence carefully and identify the option that contains a grammatical error.

17. (a) A: Have you been to that Korean restaurant that opened last month?
    (b) B: No, but I'm planning to go sooner or later. What's so special about it?
    (c) A: All the food they serve is so healthy. The ingredients are a lot nourishing than other restaurants.
    (d) B: That's great because people are becoming more and more health-conscious these days.

Part IV Questions 18
Read each sentence carefully and identify the option that contains a grammatical error.

18. (a) Black mamba snakes, which mostly reside in South and East Africa, are very alert and extremely agile snakes. (b) Growing up to 12 feet long, the longest black mamba recorded was 4.25 meters in length. (c) These venomous creatures are one of the more deadly snakes in the world. (d) The black mamba's venom is 10 times as toxic as the green mamba.

Unit 17 도치 구문

도치는 텝스 문법 시험에서 매 회 빠지지 않고 출제되는 중요한 개념이다. 부정 구문 혹은 부사구가 문두에 위치할 때 그 뒤에 따르는 도치 문장의 어순을 물어 보는 유형의 문제가 자주 출제된다. 도치될 때 일반 동사는 주어 앞에 나올 수 없고, 조동사나 be동사만이 주어 앞으로 도치될 수 있다는 점을 기억해 두자.

Warm-up

1 도치란 특정한 말을 강조하기 위해 문장의 맨 앞으로 보내면 그 문장의 주어와 동사의 위치도 바뀌는 현상이다. 즉 일반적인 '주어+동사'가 '동사+주어'의 순서로 바뀐다.

- **부사구 강조** Among the crowd were the secret agents scattered.
  군중들 가운데 비밀 요원들이 흩어져 있었다.

- **부정 구문 강조** Under no circumstance will he consider resigning.
  어떠한 경우에도 그는 사임을 고려하지 않을 것이다.

2 도치가 일어나면 주어와 첫 번째 동사의 순서가 바뀐다. 일반 동사가 첫 번째 동사일 때는 do 동사가 일반 동사를 대신해 도치된다.

- **조동사** **The song** will **never** be played because its lyrics contain too many slang terms.
  → **Never** will **the song be** played because its lyrics contain too many slang terms.
  가사에 비속어가 너무 많아서 그 노래는 재생되지 않을 것이다.

- **be동사** **Smoking** is allowed **in few public places**.
  → **In few public places** is **smoking** allowed.
  공공장소에서 흡연은 거의 허용되지 않는다.

- **일반 동사** **The students little** understood what the lecture was about this morning.
  → **Little did the students** understand what the lecture was about this morning.
  학생들은 오늘 아침 강의 주제를 거의 이해하지 못했다.

TEPS Point 1   부사 도치

1 부정 부사 도치

never, hardly, rarely, seldom, scarcely, little 등의 부정 부사가 강조되어 문두에 위치하는 경우 주어와 동사의 어순이 도치된다.

Max **hardly** drinks during the week.
→ **Hardly** does Max drink during the week.
    Max는 주중에는 거의 술을 마시지 않는다.

I have **seldom** felt embarrassed when speaking in public.
→ **Seldom** have I felt embarrassed when speaking in public.
    나는 대중 앞에서 연설할 때 당황한 적이 거의 없다.

2 전치사구 도치

(1) 전치사구+동사+주어

전치사구가 강조되어 문두에 위치하는 경우, 주어와 동사의 어순이 도치된다.

Some of Picasso's paintings are **among Drake's collection**.
→ **Among Drake's collection** are some of Picasso's paintings.
    Drake의 소장품 중에는 피카소의 그림이 몇 점 있다.

(2) 전치사+no/few/little+명사+동사+주어

> In no/few places/areas/fields 어떤 장소에도 ~하지 않는다
> In no way 어떠한 방법으로도 ~하지 않는다
> Under no circumstances 어떠한 상황에서도 ~하지 않는다

Under no circumstances should Mr. Thomson be elected president.
어떠한 상황에서도 Thomson 씨가 대통령으로 당선되어서는 안 된다.

In few places are nuclear facilities welcomed.
그 어떤 장소에서도 핵시설은 환영받지 않는다.

이중 부정 금지
in no way(조금도 ~ 않다) 또는 under no circumstances(어떠한 상황에서도 ~하지 않는다)
와 같은 준부정어구 뒤에는 부정 표현을 반복하지 않는다.

Under **no** circumstances should the criminal **not** be released. (X)
Under **no** circumstances should the criminal **be** released. (O)
어떠한 상황에서도 그 범인이 석방되어서는 안 된다.

(3) only/never+전치사구+동사+주어

only/never가 전치사구를 앞에서 수식하고 있을 경우, 주어와 동사의 어순이 도치된다.

Only before registering will you be allowed to attend the seminar.
등록을 한 후에나 세미나에 참석할 수 있습니다.

Never after the lawsuit did Cathy and Leon see each other.
소송사건 이후에도 Cathy와 Leon은 서로 만나지 않았다.

3 there/here 도치

유도 부사 there와 here가 강조되어 문두에 오는 경우, 주어와 동사의 어순이 도치된다.

Here are some tips for you.
당신을 위한 몇 가지 팁입니다.

Around this cave, **there** are still numerous landmines.
이 동굴 주위에, 아직도 수많은 지뢰가 있다.

 here/there 구문의 주어가 대명사일 경우
here나 there 구문의 주어가 대명사일 경우, 주어와 동사의 어순은 도치되지 않는다.

There comes Harold. (O) Harold가 오네요.
There comes he. (X)
There he comes. (O) 그가 오네요.

TEPS Point 2 | 접속사 도치

1 등위 상관 접속사 도치

부정의 의미를 가지고 있는 상관 어구가 강조되어 문두에 오는 경우, 해당 절의 주어와 동사의 순서가 도치된다.

> Not only+동사+주어 ~ but also+주어+동사: ~할 뿐만 아니라 …하다
> No sooner+동사+주어 ~ than[when]+주어+동사: ~하자마자 …했다
> Hardly/Rarely+동사+주어 ~ when+주어+동사: ~하자마자 … 했다

Not only did the Aztecs build pyramids, **but also** their cities had well-designed waterways.
Aztec 사람들은 피라미드를 지었을 뿐만 아니라, 그들의 도시에는 잘 설계된 수로도 있었다.

No sooner had Walter entered his office **than(when)** the president came in.
Walter가 사무실에 들어오자마자 사장이 들어왔다.

Hardly had the ship left the harbor **when** Tanya got seasick.
배가 항구를 떠나자마자, Tanya는 뱃멀미를 했다.

2 종속 접속사 도치

not/only/never가 종속 접속사 앞으로 강조되어 오는 경우, 주절의 주어와 동사는 순서가 도치된다.

> Not until+주어+동사 ~, 동사+주어: ~했을 때야 비로소 …했다
> Only after/before+주어+동사 ~, 동사+주어: ~한 후에야/전에야 비로소 …했다
> Never after/before+주어+동사 ~, 동사+주어: ~한 후에도/전에도 …하지 못했다
> Only if+주어+동사 ~, 동사+주어: ~할 때만 …한다

Not until the lights were on could we see each other's faces.
불이 켜졌을 때야 비로소 우리는 서로의 얼굴을 볼 수 있었다.

Only if it is necessary will the bank let you know another person's credit rating.
꼭 필요할 때만 은행은 다른 사람의 신용등급을 알려준다.

TEPS Pattern

도치 문제

No sooner+_____+than+주어+동사의 과거형

정답 had+주어+p.p.

Hardly+_____+when+주어+동사의 과거

정답 had+주어+p.p.

TEPS Point 3　보어 도치

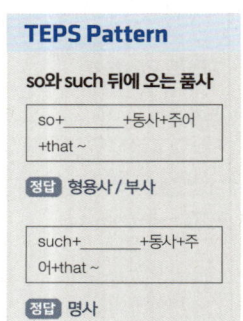

1 so ~ that / such ~ that 도치

so ~ that / such ~ that 문장에서 보어인 'so+형용사/부사'와 'such+명사'가 주어 앞으로 강조되어 오는 경우, 해당 절의 주어와 동사는 순서가 도치된다.

The smell of the fruit was **so terrible that** no one dared to try it.
→ **So terrible** was the smell of the fruit **that** no one dared to try it.
　그 과일의 냄새가 너무 지독해서, 그 누구도 그것을 먹어 보려 하지 않았다.

Oliver's resignation was **such a loss that** we have not been able to find a replacement.
→ **Such a loss** was Oliver's resignation **that** we had not been able to find a replacement.
　Oliver의 사직은 너무나 큰 손실이어서, 우리는 대체할 사람을 아직 찾지 못했다.

The importance of the matter was **such that** the board held an emergency meeting.
→ **Such** was the importance of the matter **that** the board held an emergency meeting.
　그 일의 중요성은 상당해서, 이사회는 긴급 회의를 소집했다.

2 보어 강조 도치

주어가 전치사구나 관계사절의 수식을 받을 때, 강조를 위해 보어가 문장의 맨 앞으로 오는 경우 주어와 동사는 순서가 도치된다.

The sample catalogue you requested in the last email is **attached**.
→ **Attached** is the sample catalogue you requested in the last e-mail.
　지난 이메일에서 요청하신 샘플 카달로그를 첨부했습니다.

Lynn Norman's nominee for worst movie director was **embarrassing**.
→ **Embarrassing** was Lynn Norman's nominee for worst movie director.
　Lynn Norman이 최악의 감독 후보로 지명된 것은 당황스러웠다.

Exercise

A. 다음 중 빈칸에 알맞은 것을 고르세요.

1. Scarcely _____ talked about herself to her classmates.
   (a) has Myra   (b) Myra has

2. _____ by Matthew's performance that she saw his show three times.
   (a) So impressed was Cheryl   (b) So Cheryl was impressed

3. Under no circumstances _____ on anyone's personal life.
   (a) should you not comment   (b) should you comment

4. Not until _____ the top of the mountain did he know that he had walked for eight hours without a break.
   (a) did Joshua reach   (b) Joshua reached

5. Only if you promise to pay me back in a week _____ lend you the money.
   (a) I will   (b) will I

B. 다음 문장에서 틀린 부분을 바르게 고치세요.

6. Only after passing the test Ian went back to his hometown.

7. Not until they saw each other in person did they realized that they were made for each other.

8. In front of the school was all the parents waiting to pick up their children.

9. Not only will the program bring financial success, but will it also create more jobs in the region.

10. Hardly the video clip that showed his arrogance had been released when his reputation plunged.

Actual Practice

Part I Questions 1-8
Choose the option that best completes each gap.

1. A: Have you heard from Edward recently?
   B: I tried e-mailing him several times, but in no way _____ him.
   (a) could I reach
   (b) I could reach
   (c) reach I could
   (d) could reach I

2. A: I was shocked to hear about the layoffs today.
   B: Actually, there _____ rumors about it for weeks.
   (a) have had
   (b) were
   (c) have been
   (c) has been

3. A: This lake is so beautiful and serene! I'd like to swim in the lake.
   B: You can, but never after dark _____.
   (a) you are allowed to
   (b) allowed you are to
   (c) are allowed to you
   (d) are you allowed to

4. A: The new temp speaks Chinese and English fluently.
   B: Great! _____ an employee who speaks more than one language.
   (a) Rarely we have had
   (b) Rarely do we had
   (c) We had rarely have
   (d) Rarely have we had

5. A: Where is Rosy? She is not at the reception desk.
   B: Here _____. She is late today.
   (a) comes she
   (b) she comes
   (c) does she come
   (d) she does comes

6. A: Look! Ryan's desk is so neat. Everything is where it's supposed to be.
   B: Wow. _____ such an organized workplace.
   (a) I have seen never
   (b) Never I have seen
   (c) Never have I seen
   (d) I never have seen

7. A: Have we received any letters or parcels today?
   B: Not yet. _____ before 2 p.m.
   (a) The mail do hardly arrive
   (b) Hardly does the mail arrive
   (c) The mail hardly arrive
   (d) Hardly the mail arrive

8. A: When did you realize that you had a gift for painting?
   B: Fairly late. _____ did I develop an interest in painting.
   (a) Until I didn't turn thirty
   (b) Not until did I turn thirty
   (c) Not I turned until thirty
   (d) Not until I turned thirty

Part II Questions 9-16
Choose the option that best completes each gap.

9. According to the Roman Catholic Church's teachings, in no way _____ under any circumstances.
   (a) justified is abortion
   (b) justified abortion is
   (c) abortion is justified
   (d) is abortion justified

10. No sooner had Harper moved to Florida _____ he started to look for a new job.
    (a) than
    (b) nor
    (c) where
    (d) when

11. Not until the state implements noise pollution laws _____ protesting.
    (a) do residents stop
    (b) will residents stop
    (c) residents will stop
    (d) will stop residents

12. _____ the letter from her mother when she burst into tears.
    (a) Claudia had hardly opened
    (b) Did Claudia have hardly opened
    (c) Hardly Claudia had opened
    (d) Hardly had Claudia opened

13. Despite NASA's explanations, there _____ many controversies over the Apollo moon landing.
    (a) remain
    (b) remains
    (c) are remaining
    (d) has remained

14. Never in her wildest dreams _____ that she could sing with her favorite singer on stage.
    (a) Kelly had imagined
    (b) did Kelly imagined
    (c) had imagined Kelly
    (d) had Kelly imagined

15. Only by making a series of long speeches _____ the adoption of the proposal.
    (a) could delay the opposition party
    (b) could the opposition party delay
    (c) delaying the opposition party do
    (d) did the opposition party delayed

16. In front of the hotel _____ to see the legendary opera singer.
    (a) was waiting so many fans
    (b) was so many fans waiting
    (c) waiting so many fans were
    (d) were so many fans waiting

Part III Question 17
Read each sentence carefully and identify the option that contains a grammatical error.

17. (a) A: As cigarette prices have gone up, rarely do I see people smoking on the street.
    (b) B: I believe the smoking ban in public places has effectively reduced the number of smokers.
    (c) A: Yes. Now in no public places can people not smoke, which prevents second-hand smoke.
    (d) B: Many studies show second-hand smoke is as bad for your health as smoking yourself.

Part IV Questions 18
Read each sentence carefully and identify the option that contains a grammatical error.

18. (a) So convenient are what the Internet offers that you feel it guarantees you whatever you want to find. (b) However, a recent report reveals that not only does it provide you with anything you want, but also something you don't. (c) It allows hackers to get into your home and take control of it through a flaw in wireless technology. (d) One easy way to prevent this is to turn off the automatic connect setting and be wary of shared connections.

Unit 18 생략과 대용

반복을 피하기 위해 문장 안에서 반복되는 부분을 생략하거나 이를 대신하는 대동사를 쓰는 것과 관련된 문제는 매 회 1문제씩 출제된다. 국어에는 없는 문법 사항이기 때문에 수험들이 어려워하는 문법 개념 중 하나이지만 영어의 생략/대용의 원칙을 알고 있다면 3초 안에 정답을 찾을 수 있다.

Warm-up

1 동사구의 반복을 피하기 위해, 반복되는 부분을 대동사로 대신한다.

My mother asked me to mow the lawn, so I **mowed the lawn**.
→ My mother asked me to mow the lawn, so I **did**.
   어머니가 나에게 잔디를 깎으라고 부탁하셔서 나는 그렇게 했다.

My mother asked me to mow the lawn, so I will **mow the lawn** this Saturday.
→ My mother asked me to mow the lawn, so I **will** this Saturday.
   어머니가 나에게 잔디를 깎으라고 부탁하셔서 나는 이번 토요일에 할 것이다.

2 등위 접속사로 연결된 문장에서 반복되는 부분은 대체로 생략한다.

The school year in Korea begins in March and **the school year** in America **begins in** September.
→ The school year in Korea begins in March, (and) in America, September.
   한국에서의 학년은 3월에 시작하고, 미국은 9월이다.

TEPS Point 1 | 대용과 생략

1 대용
질문에 대답할 때, 상대가 이미 말한 정보의 경우 조동사 do나 did를 대신 써서 반복을 피한다.

A: Do you enjoy cooking at home? 너는 집에서 요리하는 것을 좋아하니?

B: Yes, I **do**. (enjoy cooking at home X)
응, 그래.

A: I will get a health checkup tomorrow. How about you?
나는 내일 건강검진을 받을 거야. 너는 어때?

B: I **did** yesterday. (got a health checkup yesterday X)
나는 어제 했어.

2 생략

(1) be동사 뒤
be동사 뒤에 중복되는 부분은 생략할 수 있다.

A: I believe the woman wearing a blue dress is your sister.
저 파란 드레스를 입은 여자가 너의 언니인 것 같아.

B: Yes, she is **(my sister)**. 응, 맞아.

(2) 조동사 뒤
조동사 뒤에 중복되는 동사구는 생략할 수 있다.

A: Do you think I will get promoted this time? 이번에 제가 진급을 할 거라고 생각하세요?

B: I'm sure you will **(get promoted this time)**. 그럴 거라고 확신해요.

(3) have가 조동사로 사용된 경우
'have+p.p./had+p.p.'와 '조동사의 과거형+have+p.p.'에서 p.p. 이하는 생략할 수 있다.

A: Have you lost some weight since you started the diet?
당신이 다이어트를 시작한 이후 몸무게가 좀 줄었나요?

B: Yes, I have **(lost some weight since I started the diet)**. 네, 줄었어요.

A: I brought you a souvenir from Turkey.
터키에서 당신을 위한 기념품을 가져왔어요.

B: Oh, you shouldn't have **(brought me a souvenir from Turkey.)**
어머, 이럴 필요 없었는데.

⊕ Plus Tips

조동사 뒤에 be동사가 이어질 때

조동사 뒤에 be동사가 있을 때, be동사는 남겨 둔다.

A: I'm not sure if Martha will be happy to see me again.
Martha가 저를 다시 만나서 행복할지 확신이 안 가네요.

B: I am sure she must **be (happy to see you again)**.
그녀가 틀림없이 그럴 거라고 확신해요.

부사의 위치
부사의 원래 위치는 be동사/조동사 뒤, 일반 동사 앞이지만 대동사가 사용된 문장, be동사/조동사의 뒷부분이 생략된 문장에서 부사는 주어 뒤에 위치한다.

A: Are you sure all the bottles are sealed?
모든 병들이 봉해진 게 확실한가요?
B: Yes, they **completely are**. (are completely X)
네, 그것들은 완벽하게 그래요.

A: Do you still like the Hello Kitty character?
너는 아직도 Hello kitty 캐릭터를 좋아하니?
B: Yes, I do and I **always will**. (will always X)
응, 그래, 그리고 항상 그럴 거야.

(4) 등위 접속사로 연결된 문장
등위 접속사로 연결된 문장에서는 반복되는 부분 모두를 생략할 수 있다.

Banks lend money to people, but the Bank of Korea **(does)** to the government.
은행은 사람들에게 돈을 빌려 주지만, 한국은행은 정부에 빌려 준다.

접속사의 생략
등위 접속사 자체도 생략할 수 있는데, 이때에는 콤마를 넣는다.

The number of people enjoying sun-tanning has increased**, (and)** the occurrence of skin cancer has.
선탠을 즐기는 사람들의 수가 늘어나면서 피부암의 발생도 그렇다.

(5) 의문사 뒤
의문사 뒤에 반복되는 부분은 의문사만 남기고 생략할 수 있다.

A: Sam is coming to our place.
Sam이 우리집으로 온대요.

B: I know. But I can't guess **why (he is coming to our place)**.
알아요. 그런데 왜인지는 모르겠어요.

A: Jose has returned very rich from Peru.
Jose가 부자가 되어 페루에서 돌아왔어요.

B: Yes, it's surprising. But nobody knows **how (he has returned very rich from Peru.)**
맞아요, 놀라워요. 하지만 누구도 어떻게 그렇게 됐는지는 몰라요.

TEPS Point 2 — 대부정사

1 to만 사용하는 경우
의미가 분명한 경우, to부정사의 동사는 생략하고 to만 쓰기도 한다.

A: Do you play tennis?
테니스 치세요?

B: No, but I want **to (play tennis)**.
아니지만 그러고 싶네요.

A: Let's skip the class and go see a movie.
수업을 빠지고 영화 보러 가자.

B: Sorry, I can't afford **to (skip the class and go see a movie)**.
미안, 난 감당할 수 없을 거 같아.

2 to부정사 뒤에 be동사가 있는 경우
to부정사 뒤에 있는 be동사는 대체로 남겨 둔다.

A: I heard you are a professional guitar player.
저는 당신이 전문 기타 연주자라고 들었어요.

B: No, but I used **to be (a professional guitar player)**.
아니에요, 하지만 예전에는 그랬어요.

3 5형식 문장의 목적격 보어에 반복된 동사구

(1) 목적격 보어에 to부정사 구가 반복되는 경우
목적격 보어가 to부정사를 취하는 5형식 문장이 반복-생략될 때, 대부정사 to가 남는다.

A: How come you paid six month's rent in advance?
6개월 치 월세를 왜 미리 냈니?

B: The landlord asked me **to (pay six month's rent in advance)**.
집주인이 그렇게 해 달라고 부탁했어.

A: Edward has been chosen as the last shooter in the shootout.
Edward가 승부차기 마지막 선수로 선택되었어요.

B: I didn't expect him to **be (chosen as the last shooter in the shootout)**.
저는 그가 그렇게 될 것이라고 예상하지 못했어요.

(2) 사역 동사의 목적격 보어에 반복되는 동사구
사역 동사가 사용된 5형식 문장의 목적격 보어 부분이 반복되는 경우, 대동사 do로 받지 않고 생략한다.

A: Are you going to give a speech for the presidential candidate?
그 대통령 후보를 위해 연설을 할 거예요?

B: If she lets me **(give a speech for her)**. (If she lets me do X)
그녀가 제가 하도록 허락한다면요.

⊕ Plus Tips

to부정사 전체를 생략
try와 ready 뒤에서는 to부정사 전체를 생략하기도 한다.

A: Could you please deliver the grocery by 4 p.m.?
4시까지 식료품을 배달해 주실 수 있나요?

B: We'll **try**. (try to X)
노력해 볼게요.

A: We have to leave now. The train leaves in 45 minutes.
지금 떠나야 해요. 기차는 45분 후에 떠나요.

B: I'm **ready**. (ready to X)
전 준비됐어요.

⊕ Plus Tips

3형식 문장에서의 생략 vs. 5형식 문장에서의 생략

A Are you going to go to graduate school?
대학원에 갈 거니?

B: Yes, I want **to**.
응, 난 그러길 원해.

Yes, my parents want me **to**.
응, 나의 부모님은 내가 그러길 원하셔.

TEPS Point 3 so / not

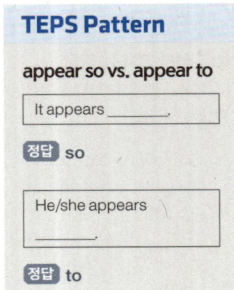

TEPS Pattern

appear so vs. appear to

It appears _____.
정답 so

He/she appears _____.
정답 to

이미 언급된 절이 that절로 반복될 때, that절 대신 so를 쓸 수 있다. 이때, that절이 부정인 경우 not을 쓴다.

A: Do you think that Stan is telling only the truth?
당신은 Stan이 진실만을 말하고 있다고 생각하나요?

B: I hope **so**. 그러길 바라요.
= I hope that Stan is telling only the truth.

A: Is your son happy with the news that your family is moving to Italy?
당신의 아들은 가족이 이탈리아로 이사 간다는 소식에 좋아하나요?

B: I am afraid **not**. 아닌 것 같아요.
= I am afraid that he is not happy with the news that our family is moving to Italy.

> **know 뒤에는 so를 쓰지 않는다.**
> 타동사 know 뒤에는 so를 쓰지 않고 that을 쓰거나 생략한다.
> A: The dinner party was canceled. 저녁 식사 파티가 취소되었어요.
> B: I **know (that)**. 알아요.

TEPS Point 4 긍정 동의 / 부정 동의

1 긍정문에 대한 동의

상대의 의견에 대해 '나도 그래'라며 동의할 때는 so나 too로 한다. too는 주로 문장 끝에 위치하며, so는 문장 앞에 위치하면서 주어와 동사의 순서가 도치된다.

A: I work out at the Royal health club every day. 저는 매일 Royal 헬스 클럽에서 운동해요.
B: I do too. = so do I. = Me, too. 저도요.

A: Richard majored in Mathematics at Harvard. Richard는 Harvard에서 수학을 전공했어요.
B: My husband did too. = So did my husband. = My husband, too. 제 남편도 그래요.

2 부정문에 대한 동의

상대의 부정적 의견에 대해 동의할 때는 neither나 either로 한다. either는 not을 동반하며 문장 끝에, neither는 문장 앞에 위치하면서 주어와 동사의 순서가 도치된다.

A: I haven't been to China. 저는 중국에 가본 적이 없어요.
B: I haven't either. = Neither have I. = Me, neither. 저도 가본 적이 없어요.

A: Brenda will not join us tonight. Brenda는 오늘 밤 우리와 함께하지 못할 거예요.
B: Thomas will not either. = Neither will Thomas. = Thomas, neither. Thomas도 그래요.

＋ Plus Tips

So+주어+동사
상대의 의견을 인정하거나 그대로 반복하는 구문이다.

A: This cup is cracked.
이 컵은 금이 갔어요.
B: So it is.
정말 그렇군요.

Exercise

A. 다음 중 빈칸에 알맞은 것을 고르세요.

1. Sonya goes to church, but her husband _____.
   (a) doesn't   (b) doesn't go

2. No one thinks Graham's adventure story is true, but I think _____.
   (a) it is   (b) it does

3. Norma is not a big girl now, but she used _____.
   (a) to   (b) to be

4. Mosquitoes take nutrients from blood, but bees _____ from nectar.
   (a) take   (b) do

5. Many people think Bob cannot speak Korean, but actually he _____.
   (a) can   (b) do

B. 다음 문장에서 틀린 부분을 바르게 고치세요.

6. If you want to bungee jump, even if it is scary, you should do.

7. Laura has been working as an English teacher in Seoul for two years, and her sister did in Tokyo for five years now.

8. Even though there is three minutes left for me to complete the alteration, I will try to.

9. Bobby wanted to comfort Veronica, but he didn't know how he can.

10. Sue has never thought of getting married, but her parents expect her to get.

Actual Practice

Part I Questions 1-8
Choose the option that best completes each gap.

1. A: Can I exchange this lamp for a pan?
   B: No, you _____. The sales items are non-refundable.
   (a) can
   (b) do
   (c) can't
   (d) don't

2. A: Didn't you hear that the class is canceled?
   B: Oh, I didn't _____.
   (a) know so
   (b) know to
   (c) know such
   (d) know

3. A: I am a member of the Green horse riding club.
   B: What a coincidence, so _____.
   (a) I am
   (b) I do
   (c) am I
   (d) do I

4. A: I didn't see you at the conference. Were you there?
   B: Yes, I _____, but only briefly.
   (a) was
   (b) were
   (c) wasn't be
   (d) didn't

5. A: Mr. Cook is quite a new man now.
   B: Yes. He is far more understanding than he _____.
   (a) used
   (b) used to do
   (c) used so
   (d) used to be

6. A: Do you think Charles will break his bad habit of littering?
   B: It won't easy, but I _____.
   (a) expect to
   (b) expect him
   (c) expect him to
   (d) will expect to

7. A: I didn't recognize Beth because she was wearing glasses this morning.
   B: _____. I didn't know she wears glasses.
   (a) Me, too
   (c) I did, neither
   (c) Either I didn't
   (d) Neither did I

8. A: I heard your daughter is a musical prodigy.
   B: _____. But she works for GreenPeace as an environmentalist.
   (a) She was indeed
   (c) Indeed was She
   (c) She indeed was
   (d) Was she, indeed

Part II Questions 9-16
Choose the option that best completes each gap.

9. Even though he hadn't fully recovered from his leg injury, Gordon played in the final, but he _____.
   (a) shouldn't
   (b) shouldn't have
   (c) shouldn't have been
   (d) shouldn't done

10. All of his classmates have been abroad, but Ronan _____.
    (a) hasn't
    (b) hasn't been
    (c) didn't
    (d) has

11. Although CEOs are not sure that a massive layoff would happen, most economic analysts anticipate that it appears _____.
    (a) to
    (b) so
    (c) to do
    (d) to so

12. Even though Bill is a multi-billionaire, he does not act like one and _____.
    (a) neither do many affluent people
    (b) many affluent people do neither
    (c) neither many affluent people do
    (d) many affluent people do either

13. The civic group blamed the Ministers for not taking responsibility for the accident, but it seems that they are _____.
    (a) unwilling it
    (b) unwilling
    (c) unwilling to do
    (d) unwilling to

14. Stephen had not imagined being a father, but when he saw his first kid, he realized he _____.
    (a) had always wanted to
    (b) wants always to
    (c) always has wanted to be
    (d) had always wanted to be

15. The Industrial Revolution began first in the textile industry in Britain, just as _____ in certain other countries.
    (a) it was
    (b) was it
    (c) so did it
    (d) it did

16. No analysts anticipated that the two countries would conclude a peace agreement, but they _____ now.
    (a) appear
    (b) appear so
    (c) appear to
    (d) appear to do

Part III Question 17
Read each sentence carefully and identify the option that contains a grammatical error.

17. (a) A: Meg and I broke up. I am moving out sooner or later.
    (b) B: Billy and I expected you to be. You two are always at odds over everything.
    (c) A: So, I guess you are not surprised to hear about my breakup with her.
    (d) B: No. And neither will Billy be.

Part IV Questions 18
Read each sentence carefully and identify the option that contains a grammatical error.

18. (a) The revolution of 1688 gave England political stability for the first time in nearly a century. (b) Businesses flourished, but public finances were weak, and the system of money and credit was too. (c) Thus, Many people urged Parliament to institute a national or public bank, so it planned to do. (d) The Bank of England opened with the initial capital of 1.2 million pounds.

PART 2

TEPS 전략

I TEPS 문법 전략

1 어순

(1) 명사 강조

what/such/quite	+a(n)+형용사+명사
how/so/that	+형용사+a(n)+명사
too+형용사	+a(n)+명사+to+동사 원형
as+형용사	+a(n)+명사+as+비교 대상

What a wonderful day! 정말 멋진 날이에요!
How wonderful a day! 멋진 날이에요!
Robby is as good a teacher as Ella. Robby는 Ella만큼 좋은 교사예요.
It's quite a long story. 정말 긴 이야기이다.
This is too good a chance to miss. 이것은 놓치기엔 너무 좋은 기회이다.

(2) 감탄문 어순

what과 how 뒤에 '주어+동사'가 연결되어 감탄문을 만들 수 있다.

How+형용사/부사+a(n)+명사	+주어+동사
What+a(n)+형용사+명사	

How difficult a question it is! 그것은 정말 어려운 문제네요!
What a difficult question it is! 그것은 정말 어려운 문제네요!

(3) 부사의 어순

부사는 not의 자리에 위치한다.

> be동사+빈도 부사(always, often, never, seldom, hardly, rarely, little)+일반 동사
> 조동사+동사 강조 부사(just, still)

Ember is always trying to smile at her students.
Ember는 언제나 그녀의 학생들에게 웃으려고 노력한다.

The children have long been waiting for the trip.
아이들은 그 여행을 오랫동안 기다리고 있었다.

** not이 있는 문장에서 빈도 부사는 not 뒤에, just와 still은 동사 앞에 위치한다.

I just can't believe how quickly three months of training have gone by. (can't just believe X)
나는 3개월간의 훈련이 얼마나 빨리 지나갔는지 믿을 수가 없다.

(4) 주어 강조

'우리 모두', '너희 둘', '내가 직접', '그 전체' 등과 같이 주어를 강조하는 말은 주어 바로 뒤에 위치한다.

You two have passed the test. (Two you X)
너희 둘이 시험에 통과했다.

We all are for the plan. (All we X)
우리 모두 그 계획에 찬성이다.

I myself drew his portrait. (Myself I X)
내가 직접 그의 초상화를 그렸다.

The energy industry as a whole has been improving. (As a whole the energy industry X)
에너지 산업 전체가 발전하고 있다.

2 주어 찾기

(1) 상관 접속사로 A와 B가 연결되어 있거나 A of B에서 A가 주어인 경우

① 접속사로 연결되어 있는 경우

A as well as B / A along with B / A together with B / A rather than B

② A가 수를 표현하고 있는 경우
'A of the 복수 명사'의 형태에서 A가 수를 표현하고 있는 경우에는 A에 수 일치를 시킨다.

단수로 수 일치 시키는 경우	+a(n)+형용사+명사
복수로 수 일치 시키는 경우	+a(n)+명사+as+비교 대상

(2) 상관 접속사로 A와 B가 연결되어 있거나 A of B에서 B가 주어인 경우

① 등위 상관 접속사로 연결되어 있는 경우

either A or B / neither A nor B / not only A but also B

② A가 B의 부분인 경우
'A of the 명사'의 형태에서 A가 B의 부분인 경우, B에 수 일치를 시킨다.

단수로 수 일치 시키는 경우	B가 불가산 명사인 경우
복수로 수 일치 시키는 경우	B가 가산 복수 명사인 경우

* 부분을 나타내는 명사: some, most, rest, half, bulk, part, percent

③ 주의해야 할 수 형용사
B가 단수일 경우 단수로, B가 복수일 경우 복수로 수 일치를 시킨다.

a lot of B / a range of B / a variety of B / a series of B / a number of B / a majority of B / the majority of B

(3) 시간, 거리, 무게, 돈
시간, 거리, 무게, 돈은 항상 단수로 수 일치 시킨다.

시간	~ years/months/weeks/hours/minutes
거리	~ kilometers/meters
무게	~ kilograms/grams/pounds
돈	~ dollars

(4) the+형용사

복수 보통 명사를 나타내는 'the+형용사'는 복수로 수 일치 시킨다.

the young / the old / the new / the French / the Chinese

(5) Here/There 구문

Here/There는 주어가 아니므로, 동사 뒤에 위치한 명사의 수에 수 일치를 시킨다.

| Here | +동사+주어 |
| There | |

3 명사와 관사

(1) 시간

① time

'시간'을 의미하는 time은 불가산 명사이다. 따라서 관사를 붙이지 않는다.

Do you have **time**? (a time X)
시간 있으세요?

cf. Do you have the **time**?
지금 몇 시인지 아세요?

I don't have **time**. 시간 없습니다.

② times

'시대'를 의미하는 times는 항상 복수형으로 쓴다.

in modern **times** 현대 시대

③ a time/the time

'시기'나 '기간', '순간'을 의미할 때는 관사를 붙인다.

Some people say that spring is **a time** of hope.
몇몇 사람들은 봄이 희망의 시간이라고 한다.

(2) 옷

cloth 천 clothes 옷 clothing 옷 apparel/garment 옷(불가산 명사) an outfit/outfits 옷(가산 명사)

(3) 상품

a good/goods 상품 a product/products 상품 an item/items 상품 produce 농수산물(불가산 명사)
merchandise 상품(불가산 명사)

(4) 항상 복수형으로 쓰는 명사

manners 예절 belongings 소유물 remains 유해 sports 스포츠 savings account 일반 저축 계좌 complications 합병증

(5) -s로 끝나는 단수 명사

news 뉴스 statistics 통계학 acoustics 음향학 customs 세관 measles 홍역 rabies 광견병 blues 우울증 diabetes 당뇨병 the Netherlands 네덜란드 the United States 미국 the Philippines 필리핀

(6) 단/복수의 형태가 동일한 명사

offspring - many offspring 자손
fish - many fish 물고기
species - many species 종
means - several means 수단

sheep - many sheep 양
series - two series 시리즈
aircraft - many aircraft 비행기

(7) 단/복수에 따라 의미가 달라지는 명사

change 잔돈 - a change(s) 변화
fire 불 - an fire(s) 화재사건, 벽난로
room 공간 - a room(s) 방
water 물 - waters 수역
credit 신임 - credits 학점

air 공기 - an air 분위기
custom 풍습 - customs 세관
ash 재 - ashes 유골
good 선 - goods 상품
a reservation(s) 예약 - reservation 의구심

(8) 빈출 불가산 명사

access 접근 advice 조언 atmosphere 대기 baggage 짐 cash 현금 change 잔돈 company 동행/일행 cutlery 식기류 encouragement 용기 equipment 장비 evidence 증거 experience 경험 furniture 가구 garbage/trash/litter 쓰레기 gossip 가십 information 정보 jewelry 보석 knowledge 지식 landscape 풍경 literature 문학 luck 운 luggage 짐 machinery 기계류 mail 우편물 massage 마사지 money 돈 occupancy 사용, 점유 participation 참여 poetry 시 poultry 가금류 proficiency 숙달력 progress 발전 scenery 풍경 silverware (은)식기류 sunshine 햇볕 survival 생존 traffic 교통 weaponry 무기 weather 날씨 work 일 housework 집안 일

(9) 관용적인 관사의 사용

He looked **the** part. 그가 그 역할에 적격이었다.
I don't have **the** slightest idea. 전혀 모르겠다.
I go for **a** drive/ **a** walk. 나는 드라이브를/산책을 간다.
I have **a** second thought. 나는 생각이 바뀌었다.
I need **a** second opinion. 나는 다른 의견이 필요하다.
I reached **a** compromise with him. 나는 그와 타협에 이르렀다.
That's **a** pity! 그것 참 안 됐군!
That's **a** shame! 유감이에요!
What's **the** matter/**the** issue/**the** problem? 무슨 문제예요?
I'll do it **first** thing in the morning. 아침에 제일 먼저 그것을 할 것이다. (the first X)
I'm on **the** phone. 나는 통화 중이다.
I'll give it **a** try/**a** go/**a** shot. 나는 한번 해 볼 것이다.
I take **a** walk/**a** shower every morning. 나는 매일 아침 산책을/샤워를 한다.
It is **a** given that ~은 당연하다

You should change **trains**. 당신은 기차를 바꿔 타야 해요.
I'd like to make **friends** with you. 나는 당신과 친구가 되고 싶어요.
I want to shake **hands** with the keynote speaker. 나는 기조 연설자와 악수하고 싶다.
after school/after work 방과 후/퇴근 후 (the school, the work X)
ask for directions 길을 물어보다 (a direction X)
be worth **a** try 한번 해 볼 가치가 있다
by **the** pound/by **the** meter/by **the** gram/by **the** slice 파운드당으로/미터당으로/그램당으로/조각당으로
give **an** excuse 변명하다

(10) 관용 표현

much of a+명사 거의 ~ 같은	less of a+명사 거의 ~가 아닌
more of a+명사 더 ~와 같은	somewhat of a+명사 거의 ~ 같은
something of a+명사 ~와 비슷한	nothing of a+명사 전혀 ~가 아닌
cf. much less a+명사 ~는 더욱이 아닌	

4 동사

(1) 동명사를 목적어로 취하는 동사

abandon 포기하다 acknowledge 인정하다 admit 인정하다 advocate 지지하다, 옹호하다 allow 허락하다 anticipate 예상하다 appreciate 이해하다 complete 완성하다 consider 고려하다 delay 연기하다 deny 부인하다 discontinue 중단하다 discuss 논의하다 escape 달아나다 fancy 원하다 finish 끝내다 keep 계속 ~하다 practice 연습하다 quit 그만두다 recall 기억해 내다 recollect 기억해 내다 recommend 추천하다 resent 분개하다 resist 저항하다 suggest 제안하다 understand 이해하다

(2) to부정사를 목적어로 취하는 동사

afford 감당하다 agree 동의하다 aim 목표하다 happen 우연히 ~하다 intend 의도하다 manage 가까스로 ~하다 offer 제안하다 prepare 준비하다 plan 계획하다 arrange 마련하다 seek 추구하다 appear ~처럼 보이다 fail 실패하다 learn 배우다 pretend ~인 체하다 refuse 거절하다 seem ~인 듯하다 serve 제공하다

(3) 지각 동사

see 보다	
watch 보다	
look at 보다	+목적어+ 동사 원형/-ing
hear 듣다	
listen to 듣다	

(4) 사역 동사

have	
let	+목적어+동사 원형/p.p.
make	

5 수동태

(1) 자동사의 태
자동사는 수동태를 만들 수 없다. 항상 능동태로 쓴다.

(2) 타동사의 태
타동사의 경우, 뒤에 명사가 있으며 능동태, 전치사구가 있으면 수동태로 쓴다.

(3) 5형식 문장의 수동태

be expected/urged/persuaded+to부정사 ~하도록 예상되다/촉구되다/설득되다
be caught/stopped+-ing ~하다가 잡히다/제지당하다

(4) 사역 동사의 수동태 뒤에 to부정사

be made to부정사 ~하게 강요 받다

(5) 지각 동사의 수동태 뒤에 to부정사/-ing

be seen/observed+ to부정사/-ing ~하는 것이 목격되다

6 헷갈리는 명사절과 관계 대명사절

(1) 명사절 접속사 how/what 구별하기
how와 what은 둘 다 '어떻게', '어떤'으로 해석된다. how는 부사이므로 완전한 문장 앞에, what은 명사이므로 불완전한 문장 앞에 와야 한다.

~ 동사+	how	+완전한 문장
	what	+불완전한 문장

(2) 관계 대명사는 명사 뒤에, 명사절은 동사 뒤에

~ 명사+	that/which(관계 대명사)	+불완전한 문장
~ 동사+	what(관계 대명사)	
~ 동사+	that(명사절 접속사)	+완전한 문장

(3) 관계 부사와 관계 대명사 구별하기

~ 명사+	which(관계 대명사)	+불완전한 문장
~ 장소 명사+	where(관계 부사)	+완전한 문장
~ 시간 명사+	when(관계 부사)	+완전한 문장

7 조동사 관련 기출 표현

cannot help -ing=cannot but+동사 원형=have no choice but to부정사: ~하지 않을 수 없다
cannot ~ too: 아무리 ~해도 지나치지 않는다
can't+비교급: 더 이상 ~일 수 없다(최상급)
may well: ~하는 것도 당연하다
may well not: ~하지 않은 것은 당연하다
may as well: ~하는 편이 낫다

8 주의해야 할 전치사

(1) 전치사 to

to부정사의 to와 전치사 to를 구별하자. 전치사 뒤엔 명사 혹은 동명사가 와야 한다.

be accustomed to -ing: ~에 익숙하다	be assigned to -ing: ~하는 데 배정되다
be attributed to -ing: ~의 탓으로 돌려지다	be close to -ing: ~에 가깝다
be committed to -ing: ~에 전념하다, 헌신하다	be dedicated to -ing: ~에 헌신하다
be devoted to -ing: ~에 헌신하다	be exposed to -ing: ~에 노출되다
be opposed to -ing = object to -ing: ~에 반대하다	be related to -ing: ~에 관련되다
be subject to -ing: ~하기 쉽다	be used to -ing: ~에 익숙하다
come near to -ing: 거의 ~하다	contribute to -ing: 기여하다, 원인이 되다
fall to -ing: ~을 시작하다	gain access to -ing: ~에 접근하다
get around to -ing: ~할 시간을 내다	go near to -ing: 거의 ~하다
key to -ing: ~하는 열쇠	lead to -ing: ~의 결과가 되다
What do you say to -ing ~?: ~하는 게 어때?	when it comes to -ing: ~에 관한 한

(2) 전치사 at이 들어가는 기출 관용 표현

at an early age: 이른 나이에	at a half price: 반 가격에
at room temperature: 실온에서	at a fast speed: 빠른 속도로
at a distance: 멀리에서	fire at a man: 사람을 저격하다
throw a stone at a dog: 개에게 돌을 던지다	
gaze[glance, wink] at a man: 사람을 찬찬히 바라보다(흘끗 보다, 눈짓하다)	
laugh at a person's fancy: 남의 공상을 비웃다	rush at an enemy: 적을 향해서 돌진하다
at your (earliest) convenience: 빠른 시간 안에	at your discretion: 너의 재량껏
at your cost: 너의 비용으로	at regular intervals: 일정한 간격으로
at the rate of: ~의 비율로	at full speed: 전속력으로
at ease(rest): 안심하여	at a person's disposal: 남의 뜻대로
at random: 마구잡이로, 되는 대로	at a loss: 난처하여
at odds: 다투어, 불화하여	be at one's wits' end: 어찌할 바를 모르다

(3) 감정 상태를 나타내는 명사 앞의 전치사 to

to my surprise: 내가 놀랍게도
to his disappointment: 그가 실망스럽게도
to their satisfaction: 그들이 만족스럽게도

(4) 기출 전치사 모음

Please contact us **at** your convenience to discuss the matter.
이 문제를 논의하기 위해 당신이 편할 때 연락 주세요.

The institute's report **on** the provision of safe water is to release next week.
안전하게 마실 물 공급에 관한 연구소의 보고서가 다음 주에 발표된다.

I was shocked **at** her behavior.
나는 그녀의 행동에 충격을 받았다.

The next Olympics is anticipated **with** great excitement.
다음 올림픽은 굉장한 흥분으로 기대된다.

Two umbrellas were leaning **against** the wall.
우산 두 개가 벽에 기대져 있다.

We are very much obliged **for** your help.
당신의 도움에 대해 굉장히 고맙게 생각한다.

We keep new employees **under** close supervision for three months.
우리는 3개월 동안 면밀한 관리 감독하에 신입 사원을 관리한다.

Everything is subject **to** change.
모든 것은 변할 수 있다.

Janice decorated her new studio **on** a tight budget.
Janice는 적은 예산으로 그녀의 새로운 스튜디오를 장식했다.

She's very mature **for** her age.
그녀는 나이에 비해 매우 성숙하다.

People dress **in** green **on** St. Patrick's Day.
St. Patrick's Day에 사람들은 초록색 옷을 입는다.

Products with red labels are superior **to** others.
빨간색 표가 있는 제품은 다른 제품들보다 우수하다.

By implication, he's criticizing senseless violence of the film.
함축적으로, 그는 그 영화의 무감각한 폭력성을 비난하고 있다.

I am working **on** my MA **in** economics.
나는 경제학 석사학위를 받기 위해 애쓰고 있다.

There is no one here **by** that name.
그런 이름을 가진 사람이 없다.

The recent hybrid cars get up to 300 miles **on** a single tank of gas.
최근의 하이브리드 차량은 한 번 기름을 넣으면 300마일까지 간다.

If it weren't for your help, I would still be **in** a big trouble.
당신의 도움이 없었더라면, 나는 여전히 큰 문제에 빠져 있을 것이다.

I am all **for** it / I am **against** it / I am **up to** it / I'm **into** it.
나는 그것에 전적으로 찬성한다 / 나는 그것에 반대한다 / 나는 그것을 할 작정이다 / 나는 그것에 관심이 있다.

The matter is **under** consideration.
그 문제는 고려 중에 있다.

I am **between** jobs.
나는 이직 준비 중이다.

9 도치

(1) 부정 부사 도치

Little	
Hardly	
Seldom	+동사+주어
Rarely	
Never	

(2) 전치사구 도치

전치사+명사	+동사+주어

Under no circumstances 어떠한 경우에도 결코 ~아니다 In no places 그 어떤 곳에서도 ~하지 않는다 In few places 그 어떤 곳에서도 ~하지 않는다 Nowhere in the world 그 어떤 곳에서도 ~하지 않는다

(3) 접속사 도치

Not only	+동사 + 주어	but also	+주어 + 동사	~뿐만 아니라 …도
No sooner		than		~하자마자 …하다

Never before		~하기 전에는 절대 …하지 않는다
Never after		~한 후에는 …하지 않는다
Only before	+주어+동사, 동사+주어	~한 이전에나 …하다
Only after		~한 이후에서야 …하다
Only if		~할 때만 …하다

(4) 보어 강조 도치

So 형용사/부사		
Such	+동사+주어+that+주어+동사	너무 ~해서 …하다
Such+명사		

(5) 양보 접속사의 강조

Though+주어+동사+보어,	+ 주어+동사	비록 ~이지만 …하다
보어+though/as+주어+동사		

Exhausted as Sylvia was, she couldn't fall asleep easily.
Sylvia는 피곤했지만, 그녀는 쉽게 잠들 수 없었다.

= Though Sylvia was exhausted, she couldn't fall asleep easily.
= Exhausted though Sylvia was, she couldn't fall asleep easily.

10 should의 생략

제안, 주장, 요청의 의미를 가진 동사나 명사 뒤에 따르는 that절의 동사는 항상 '(should+) 동사 원형'이어야 한다. '당위성'의 의미를 지니는 형용사 뒤에 이어지는 that절의 동사도 항상 원형이다.

동사	제안	suggest, move	
	주장	insist	
	요청	request, require, demand	+that+주어+(should)+동사 원형
	명령	order, command	
명사	suggestion 제안, request 요구, requirement 요구		
	plea 간청, order 명령, condition 조건		
형용사	important, imperative, essential, vital, necessary		

11 가정법 공식

가정법 과거	If 주어+과거 동사, 주어+조동사의 과거형+동사 원형
가정법 과거 완료	If 주어+had p.p., 주어+조동사의 과거형+have p.p.
가정법 미래	If 주어+should+동사 원형, 주어+조동사 현재형/과거형+동사 원형 If 주어+were to+동사 원형, 주어+조동사의 과거형+동사 원형
복합 가정법	If 주어+had p.p., 주어+조동사의 과거형+동사 원형+(now, today)

Were it not for+명사, 주어+could/would+동사 원형
Had it not been for+명사, 주어+could/would+have p.p.

I'd rather+주어+동사의 과거형: 오히려 ~하는 게 좋겠다
It's (high/about/around) time+주어+동사의 과거형: ~할 때가 되었다
I wish+주어+과거/과거 완료 : ~라면 좋겠네요

12 동명사 관용 표현

(1) **Have trouble/a problem difficulty -ing:** ~하는 데 어려움이 있다

(2) **feel like -ing:** ~하고 싶다

(3) **go -ing:** ~하러 가다

(4) **cannot help -ing=have no choice but to+동사 원형=cannot but+동사 원형:** ~하지 않을 수 없다

(5) **be worth -ing=be worthy of+동명사/명사:** ~할 만한 가치가 있다, ~할 만하다

(6) **spend 시간/돈 -ing:** ~하는 데 시간과 돈을 쓰다

(7) **It goes without saying that ~:** ~은 말할 필요도 없다

(8) **come near -ing=go near -ing=nearly escape -ing:** 하마터면 ~할 뻔하다

(8) be on the point of -ing: ~하려는 참이다, 막 ~하려고 하다
　　=be on the brink of -ing
　　=be on the verge of -ing
　　=be about to+동사 원형
　　=be on the edge of

(9) cannot(never) ~ without -ing=cannot(never) but+주어+동사: …하면 반드시 ~하다

(10) make a point of -ing: ~하는 것을 규칙으로 하다

II TEPS 파트별 전략

1 Part 3 무엇이 틀려 있을까?

Part 3은 모든 품사를 하나 하나 살펴보아야 한다. 문장 안에 명사, 형용사, 부사가 품사에 맞게 위치하고 있는지, 어순은 맞는지, 시간 부사와 시제는 적절한지, 꼼꼼하게 따져 보자. 다음에서는 Part 3에서 자주 출제되는 문법적 오류를 그 중요도순으로 살펴보겠다.

(1) 주어와 동사의 일치

> **전략**
> 문장에서 주어와 동사를 찾아서 수 → 태 → 시제를 반드시 확인하자.

Are your son doing well in the new school?
→ **Is** your son doing well in the new school? (your son: 단수 명사)
  아들이 새로운 학교에서 잘 지내고 있나요?

I didn't notice what **was happened**.
→ I didn't notice what **happened**. (happen: 자동사)
  무슨 일이 일어났었는지 눈치채지 못했어요.

I always **wanted** to live near the park since I moved here.
→ I **have** always **wanted** to live near the park since I moved here. (since(~이래로) 현재 완료와 함께 씀)
  여기에 이사 온 이래로 항상 그 공원 근처에 살고 싶었어요.

I **have seen** him two days ago.
→ I **saw** him two days ago. (문장에 ago가 들어가면 항상 단순 과거 시제가 되어야 함)
  나는 이틀 전에 그를 봤어요.

(2) 부사, 형용사

> **전략**
> ① late/lately, hard/hardly, recent/recently, so/such가 의미와 용법에 맞게 제대로 쓰였는지 반드시 확인하자.
> ② 비교급 강조 부사(much, even, still, a lot, far)의 쓰임이 맞는지 2형식 동사 뒤에 형용사가 있는지 확인하자.

The bus is expected to arrive **lately** because of the traffic. (X)
→ The bus is expected to arrive **late** because of the traffic. (O)
  교통 체증 때문에 버스가 늦게 도착할 것으로 예측된다.

Have you heard from Leo **recent**? (X)
→ Have you heard from Leo **recently**? (O)
  Leo에게 최근에 연락을 받은 적이 있나요?

The new CEO appears very **fashionably**. (X)
→ The new CEO appears very **fashionable**. (O)
  새로운 CEO는 굉장히 멋져 보여요.

Joseph's wristwatch is **very** more expensive than it looks. (X)
→ Joseph's wristwatch is **much**[far, even, still, a lot] more expensive than it looks. (O)
  Joseph의 손목시계는 보이는 것보다 훨씬 더 비싸다.

(3) 명사/관사

> **전략**
> ① 가산 명사 앞에 관사(a, an)가 있는지 또는 복수형으로 제대로 쓰였는지, 불가산 명사가 복수형으로 쓰이지는 않았는지 확인하자.
> ② 가산 명사 앞에 수 형용사(many, few, a few), 불가산 명사 앞에 양 형용사(much, little, a little)가 알맞게 들어갔는지 확인하자.

I am looking for **bicycle**. (X)
→ I am looking for **a bicycle**. (O)
나는 자전거를 찾고 있다.

The website provides **a lot of informations** on flight tickets. (X)
→ The website provides **a lot of information** on flight tickets. (O)
그 웹사이트는 비행기 표에 대한 많은 정보를 제공한다.

(4) 시간/조건 부사절

> **전략**
> 시간이나 조건을 나타내는 부사절에서는 will을 쓰지 않는다.

I will have him call you back as soon as he **will come** back from his business trip tomorrow. (X)
→ I will have him call you back as soon as he **comes** back from his business trip tomorrow. (O)
내일 그가 출장에서 돌아오자마자 당신에게 전화하라고 할게요.

(5) 간접 의문문 어순

> **전략**
> 동사 뒤에 명사절이 이어질 때, '의문사+주어+동사'의 어순인지 확인하자.

Do you know **where is the nearest bank**? (X)
→ Do you know **where the nearest bank is**? (O)
가까운 은행이 어디 있는지 아세요?

(6) 동명사를 목적어로 취하는 동사

> **전략**
> 동명사를 목적어로 취하는 동사를 외워 두고, remember, forget, stop 뒤에는 의미에 따라 to부정사와 동명사가 모두 올 수 있음을 기억하자.

Sarah and Tiffany couldn't **stop to talk** about new cosmetics.
→ Sarah and Tiffany couldn't **stop talking** about new cosmetics.
Sarah와 Tiffany는 새로운 화장품에 대한 이야기를 멈출 수 없었다.

Stuart does not forget **expressing** his love for his fans on every stage.
→ Stuart does not forget **to express** his love for his fans on every stage.
Stuart는 모든 무대에서 그의 팬들에 대한 사랑을 표현하는 것을 잊지 않는다.

I'd recommend **to eat** various colorful vegetables.
→ I'd recommend **eating** various colorful vegetables.
나는 화려한 색의 다양한 채소를 먹을 것을 추천합니다.

2 Part 4 무엇이 틀려 있을까?

Part 4는 문어체의 설명문으로 문장 구조를 분석하며 읽어야 한다. 우선 주어와 동사를 찾아 문장의 구성 요소가 모두 갖추어져 있는지 확인한다.

(1) 주어와 동사의 수 일치

> **전략**
> ① 주어와 동사의 수가 일치하는지 확인하자. 주어가 관계사절이나 전치사구의수식을 받을 경우, 수식어 부분을 제외하고 동사의 수에 영향을 주는 주어를 찾아야 한다.
> ② 주격 관계 대명사절의 동사와 선행사의 수가 일치하는지 확인하자.

The company that specializes in merging and selling small businesses **are** seeking a new HR manager. (X)
→ The company (that specializes in merging and selling small businesses) **is** seeking a new HR manager. (O)
　소기업을 합병하고 파는 데 전문인 회사는 새로운 인사부 매니저를 찾고 있다.

About one-third of the total coral species **finds** in the Pacific Ocean. (X)
→ About one-third of the total coral species **are found** in the Pacific Ocean. (O)
　전체 산호 종의 약 3분의 1이 태평양에서 발견된다.

The new legislation covering a number of areas including employment and pensions **are** coming into force on April 1. (X)
→ The new legislation (covering a number of areas including employment and pensions) **is** coming into force on April 1. (O)
　고용과 연금을 포함하는 여러 분야에 관한 새로운 법안은 4월 1일에 발효될 것이다.

(2) 동사와 분사

> **전략**
> 접속사로 연결된 문장이 아니라면 하나의 문장에서 동사는 하나이다. 문장에 동사가 두 개일 경우, 하나는 분사 혹은 관계 대명사절로 만들어 주어야 한다.

One of the topics will be addressed in the article is how basic income helps alleviate poverty. (X)
→ One of the topics **that** will be addressed in the article is how basic income helps alleviate poverty. (O)
　이 기사에서 논의될 주제 중 하나는 어떻게 기본 소득이 빈곤을 줄이는 데 도움이 될 수 있는 지이다.

The company's crisis became serious, **made** its employees feel anxious about their career prospects. (X)
→ The company's crisis became serious, **making** its employees feel anxious about their career prospects. (O)
　그 회사의 위기가 심해져, 직원들은 그들의 직업 전망에 대해 불안을 느끼게 했다.

(3) 분사 구문의 태

> **전략**
> 분사 구문으로 시작하는 문장은 주절의 주어와 분사의 관계를 보고, 능동인지 수동인지를 확인한다.

Work independently of each other, two American physicists came to the same conclusion. (X)
→ **Working** independently of each other, two American physicists came to the same conclusion. (O)
　서로 독립적으로 일하면서, 두 명의 미국 물리학자는 같은 결론에 도달했다.

Having imprisoned in the concentration camp for three years, the lawyer was rescued by the army. (X)
→ **(Having been)** imprisoned in the concentration camp for three years, the lawyer was rescued by the army. (O) 강제 수용소에서 2년간 투옥되어 있었던, 그 변호사는 군에 의해 구출되었다.

(4) 분사 형용사의 태

> **전략**
> 명사를 뒤에서 수식하는 분사 형용사는 자동사에서 파생한 분사 형용사인 경우 항상 현재 분사형을 취하며, 타동사에서 파생한 분사 형용사인 경우에는 분사 뒤 명사의 유무를 확인한다. 명사가 있으면 현재 분사를, 전치사구가 있다면 과거 분사를 써야 한다.

Researchers created a semiconductor structure **consisted of** two ultra-thin layers. (X)
→ Researchers created a semiconductor structure **consisting of** two ultra-thin layers. (O)
연구자들은 두 개의 아주 가는 층으로 이루어진 반도체 구조를 만들었다.

One of the vehicles **involving in** a head-on collision was examined by the police. (X)
→ One of the vehicles **involved in** a head-on collision was examined by the police. (O)
정면 충돌에 연루된 차량 중 하나가 경찰에 의해 조사되었다.

Low-paid workers **included** nursery nurses and cleaning staff will be covered by the new health care system. (X)
→ Low-paid workers **including** nursery nurses and cleaning staff will be covered by the new health care system. (O) 양로원 간호사와 미화원을 포함한 저임금 노동자들은 새로운 건강 보험에 의해 보장받을 것이다.

(5) 관계 대명사 which, 명사절 what

> **전략**
> 완전한 문장 뒤에 제시된 콤마 뒤에는 관계 대명사 that이 들어갈 수 없고, 명사 뒤에는 명사절을 만드는 접속사 what도 나올 수 없다. 콤마 뒤에는 대부분 which가 나온다.

Humans have a primate brain, **that** has a capacity to make a large number of decisions. (X)
→ Humans have a primate brain, **which** has a capacity to make a large number of decisions. (O)
인간은 영장류의 뇌를 갖고 있다, 이것은 많은 결정을 하는 능력을 갖고 있다.

The company signed the contract **what** ended the partnership with Branton Inc. (X)
→ The company signed the contract **that** ended the partnership with Branton Inc. (O)
회사는 Branton 사와의 제휴관계를 종결하는 계약을 체결했다.

(6) 전치사 to

> **전략**
> to부정사의 to와 전치사 to를 구별해야 한다. 전치사 to와 같이 나오는 동사와 명사를 암기해 두자.

The international organization is devoted to **protect** the world's oceans. (X)
→ The international organization is devoted to **protecting** the world's oceans. (O)
그 국제 단체는 세계의 해양을 보호하는 데 헌신적이다.

The plans to increase corporate taxes are close **to be** approved. (X)
→ The plans to increase corporate taxes are close **to being** approved. (O)
법인세를 올리는 계획이 곧 승인될 것이다.

III. TEPS 특수 구문 15

(1) stand up to scrutiny: 면밀한 조사에 의해 ~이 드러나다
Evidence will stand up to scrutiny. 조사하면 증거가 드러날 것이다.

(2) The catch is that ~: 흥미로운 사실은 ~이다, 조건은 ~이다
The catch is that there were no eyewitnesses to the car accident. 흥미로운 사실은 그 교통 사고에 대한 목격자가 없다는 것이다.

(3) chances are (that) ~: 아마 ~일 것이다, ~할 가능성이 충분하다
Chances are your immune system will be compromised in a few years.
당신의 면역성이 몇 년 후에 약화될 수 있다는 가능성이 있다.

(4) suffice it to say that ~: ~라고 말해 두자, ~라고 말하면 충분하다
Suffice it to say that his speech was very controversial. 그의 연설이 굉장히 논란이 많았다고만 말해 두자.

(5) Rumor has it that / it is rumored that ~: ~이라는 소문이다
Rumor has it that the movie star will run for mayor. 그 영화배우가 시장에 출마할 것이라는 소문이 있다.

(6) There is said to be+A: A가 있다고 한다
There is said to be a wrecked UFO in New Mexico. 난파한 UFO가 New Mexico에 있다고 한다.

(7) see it to that: 반드시 ~하도록 확실하게 하다
Could you see it to that all the students know that class will be cancelled on Friday?
모든 학생들이 금요일 수업이 취소됐다는 것을 반드시 알 수 있도록 해 주시겠어요?

(8) There is no point in -ing: ~할 이유가 없다, 필요 없다
There is no point in complaining about the workload. 업무량에 대해 불평해 봤자 소용없어요.

(9) There is no telling ~: ~은 알 수 없다
There is no telling when the rainy season will stop. 언제 우기가 끝날지는 알 수 없다.

(10) It is a given that~: ~은 기정사실이다
It is a given that the new vaccine is ineffective. 새로운 백신이 효과가 없다는 것은 기정사실이다.

(11) As is often the case (with ~): (~에게는) 흔한 일이지만
As is often the case with Tarantino, his new film has been well-received by critics.
Tarantino에게는 흔히 있는 일이지만, 그의 새로운 영화가 비평가들에게 좋은 평가를 받고 있다.

(12) such as it is: 이런 정도지만, 변변치 않지만
You can have some of my food, such as it is. 비록 변변치는 않지만, 내 음식을 먹어도 돼.

(13) as we know it: 우리가 아는 대로의
If the Earth were a bit closer to the sun, life as we know it could not exist as today.
지구가 태양에 조금 더 가까웠다면 우리가 아는 대로의 삶은 오늘날처럼 존재하지 않을 것이다.

(14) should know better than to+동사 원형: ~하는 것보다는 더 잘 알아야 한다(~하지 말아야 한다)
Max should have known better than to tell a lie to his teacher. Max는 선생님에게 거짓말을 하지 말았어야 했다.

(15) Hardly a day goes by without ~: ~하지 않고 지나가는 날이 없다(매일 ~하다)
Hardly a day goes by without you hearing some piece, of health advice. 건강에 대한 조언을 듣지 않고 지나가는 날이 없다.

PART 3

TEPS 실전 모의고사

Actual Test 1

Grammar

Directions

This section tests your grammar skills. You will have 25 minutes to complete the 50 questions. Be sure to follow the directions given by the proctor.

Part I Questions 1–20
Choose the option that best completes each gap.

1. A: Do you wear earplugs while studying?
   B: Yes. I _____ put up with any noise or distractions when studying.
   (a) won't
   (b) shouldn't
   (c) can't
   (d) must

2. A: Joe! It's already 8:30 am. It's time you _____ for class.
   B: Mom, today is Friday. I don't have any classes on Friday.
   (a) are leaving
   (b) to leave
   (c) left
   (d) were to leave

3. A: Kristine looks upset today. What happened to her?
   B: There are so many mistakes in her annual report that her supervisor made her _____.
   (a) do it over
   (b) to do it over
   (c) doing over it
   (d) to do over it

4. A: Do you have any plans for tomorrow?
   B: I _____ with Ben. Want to tag along with us?
   (a) go to shop
   (b) am going shopping
   (c) go shopping
   (c) am going shop

5. A: Have you decided _____ university you're going to?
   B: No, I'm considering not going university.
   (a) where
   (b) which
   (c) whose
   (d) that

6. A: This bill can't be right. You've charged me _____ too much.
   B: I'm sorry. I will have it checked again.
   (a) very
   (b) way
   (c) such
   (d) so

7. A: What was the main issue in the weekly meeting today?
   B: The CEO insisted that the HR team _____ more staff.
   (a) employ
   (b) employed
   (c) employs
   (d) could have employ

8. A: There is no doubt as to Brian's intelligence.
   B: Yeah. He is _____ the smartest student in our school.
   (a) very
   (b) pretty
   (c) too
   (d) by far

9. A: Have you heard the news? A big tsunami _____ Japan last night.
   B: Oh, I'm sorry to hear that. I hope there are no casualties.
   (a) is hit
   (b) hit
   (c) was hit
   (d) has hit

10. A: Don't you think we need someone to take care of our dogs?
    B: I agree. We should seriously consider _____ a dog-sitter for the weekdays.
    (a) hire
    (b) hiring
    (c) to hire
    (d) hired

11. A: When and where did you meet the organ transplant coordinator?
    B: I didn't even know _____ existed.
    (a) such a position
    (b) a such position
    (c) so a position
    (d) a so position

12. A: Matthew always looks happy.
    B: Yes, he _____ smiling since he met his girlfriend Lucy.
    (a) isn't stopping
    (b) doesn't stop
    (c) hasn't stopped
    (d) hadn't stopped

13. A: How do you like the dress _____ Helen wore to her brother's wedding?
    B: I don't think wearing an extravagant white dress was very sensible.
    (a) who
    (b) what
    (c) whose
    (d) which

14. A: Do you want to eat out this evening?
    B: I wish I _____, but I have a ton of homework to do.
    (a) might
    (b) could
    (c) had
    (d) should

15. A: What did you buy at the supermarket today?
    B: Only _____ kinds of bread.
    (a) little
    (b) a
    (c) that
    (d) a few

16. A: I'd like to buy a big brick of cheddar cheese.
    B: We're actually all sold out of cheddar, _____ you'll have to choose another kind of cheese.
    (a) but
    (b) so
    (c) however
    (d) and

17. A: Since the death of Bella's father, it has been difficult to _____ at all.
    B: Just let her grieve for as long as she needs to.
    (a) her cheer up
    (b) cheer up her
    (c) her to cheer up
    (d) cheer her up

18. A: I can't believe your mother is over 60.
    B: She looks much younger _____ her age.
    (a) than
    (b) to
    (c) with
    (d) under

19. A: I will drop you a line after I _____ to France.
    B: Yes, do that. Have a safe flight.
    (a) will return
    (b) returned
    (c) return
    (d) am returning

20. A: The rattling noise from the air conditioner is really _____.
    B: We should get it repaired right away.
    (a) annoys
    (b) annoyed
    (c) annoying
    (d) to be annoyed

Part II **Questions 21–40**
Choose the option that best completes each gap.

21. After a two-day's negotiation, the company agreed to meet the workers' need by _____ housing benefits.
    (a) provide
    (b) provided
    (c) being providing
    (d) providing

22. The new CEO promised _____ a two-month paid parent leave to all the employees regardless of their genders.
    (a) to give
    (b) to giving
    (c) giving
    (d) have given

23. Paul felt indebted to many colleagues with _____ he had worked for the publication of his research.
    (a) whom
    (b) which
    (c) that
    (d) who

24. _____ difficult economic times, most people have to make do with less.
    (a) Among
    (b) For
    (c) Since
    (d) During

25. The remains found in the archeological site last month are most likely _____ of Queen Nefertari.
    (a) it
    (b) this
    (c) those
    (d) these

26. The state government hopes to make it easier for businesses _____ their operations with a new policy.
    (a) outsource
    (b) to outsource
    (c) outsourced
    (d) to outsourcing

27. Neither the CEO nor the board members _____ likely to attend the funeral of the victim tomorrow though they have expressed their condolence.
    (a) are
    (b) is
    (c) will
    (d) has

28. Citizens who _____ to spend their retirement years overseas fear that their healthcare and pensions will disappear.
    (a) are chosen
    (b) has been chosen
    (c) have chosen
    (d) chooses

29. We arrange private drivers between Naples' cruise ship port and anywhere in Campania, in either _____.
    (a) direction
    (b) directions
    (c) the direction
    (d) a direction

30. In the survey, people will be asked a question about the extent to which they feel the things they do in life _____ worthwhile.
    (a) is
    (b) are
    (c) having
    (d) being

31. Since its first appearance in 1928, Mickey Mouse _____ one of the most famous characters.
    (a) became
    (b) becomes
    (c) has becoming
    (d) has become

32. Beer can be produced in a few hours _____ whisky takes at least three years.
    (a) while
    (b) so
    (c) despite
    (d) because

33. Had it not been for the umpire's error, Spain _____ Germany.
    (a) defeated
    (b) had defeated
    (c) would defeat
    (d) would have defeated

34. Smith and Sons prides on offering a large collection of _____ including garden buildings, tent and barbecues.
    (a) furniture
    (b) furnitures
    (c) the furniture
    (d) a furniture

35. _____ in the mountain, the hiker called 911 to ask help.
    (a) Injured and lost
    (b) Injuring and lost
    (c) Being injured and losing
    (d) Having injuring and lost

36. Burning trees release soot, _____ causes asthma and other health problems.
    (a) what
    (b) that
    (c) which
    (d) who

37. _____ that his documentary film would top the America box office.
    (a) Stevenson did expect little
    (b) Little did Stevenson expect
    (c) Little expected Stevenson
    (d) Did little expect Stevenson

38. Robin set out to paint the fence in one day, but soon realized that it would be impossible _____.
    (a) his doing so
    (b) him to do so
    (c) of him doing so
    (d) for him to do so

39. No sooner _____ talking than both of them recognized instantly they were made for each other.
    (a) they began
    (b) did they begun
    (c) they had begun
    (d) had they begun

40. Some people believe in the virtue of being honest while _____ understand the need to lie in some cases.
    (a) other
    (b) another
    (c) others
    (d) the another

Part III Questions 41–45
Read each sentence carefully and identify the option that contains a grammatical error.

41. (a) A: It's almost 7 o'clock. We'd better hurry up to make the 8 o'clock show.
    (b) B: Alright. Just let me take a shower and go change into a dress.
    (c) A: No. We don't have time. It took more than 40 minutes to get there.
    (d) B: Don't worry about the time. I will do it really quick.

42. (a) A: You look elated. What is happened?
    (b) B: Actually, my company held a raffle to raise money for animal shelters and I won a prize!
    (c) A: No way! That's amazing!
    (d) B: Yeah, I won first prize, a 50-inch flat screen TV. I can't believe it.

43. (a) A: Hello, Jerry. How was your first date with Sonya?
    (b) B: Not so good. We went to a restaurant and then to a movie, but she didn't pay for anything.
    (c) A: She might have thought that it was inappropriate for her to pay.
    (d) B: Well, if so, she will have said "thank you," but she didn't.

44. (a) A: All your food is really awesome. You could open your own restaurant.
    (b) B: Do you really think so? I've always dreamed of having my own restaurant.
    (c) A: I truly believe you could run a really successful place.
    (d) B: Thanks, but the problem is that I don't have money enough to open a restaurant.

45. (a) A: Thanks for coming to interview. Have you worked in a hotel before?
    (b) B: Yes. In high school, I worked part-time as one of the cleaning staff for a year and a half.
    (c) A: Good. The important thing about working here as a bellhop is greeting our guests in a friendly manner.
    (d) B: I think I'd be good at that.

Part IV Questions 46–50
Read each sentence carefully and identify the option that contains a grammatical error.

46. (a) Harvey has improved his business by making shopping a fun time and an adventure. (b) At the heart of this concept is an insistence on architectural excellent. (c) Every floor at Harvey Square has been designed by a different architect, giving each floor its own unique look and feel. (d) Harvey Square has created a top-class restaurant to attract younger, hipper customers.

47. (a) Emotional Intelligence (EQ) refers to an individual's ability to evaluate, control, and express emotions. (b) People with a high EQ is often likely to be great leaders because they are able to understand and sympathize with others. (c) In addition, people with a higher EQ are more likely to be successful professionally than those with a higher IQ. (d) Thus, a person's EQ can be an effective indicator of identifying strong leaders and employees.

48. (a) Like humans, dogs can experience depression. (b) Depression, to humans and dogs alike, usually comes as a result of a change in their environment, such as the loss of a loved one. (c) When a dog feels depressed, it behaves differently, like lacking an appetite or not willing to move. (d) Experts advise that owners look out for any signs of depression in their dog and then taking the necessary steps to improve their mental health.

49. (a) University of the Arts presents the Creative Workshop to showcase the work of its talented students. (b) It gives visitors an opportunity to discover emerging talent, and to buy unique seasonal gifts. (c) All the items on display can buy directly from the exhibitors and at our festive pop-up shop. (d) The showroom is open to the public and free to visit with no booking required.

50. (a) Back in 1986, Joey Gray set up shop on Flora Street at the age of twenty five. (b) Filling with vast jars exotic coffee, his small shop was a wealth of sights and scent. (c) The real secret of Gray's success was the special blends he developed for his customers. (d) It was not long before the business outgrew its humble origins.

This is the end of the Grammar section. Do NOT move on to the next section until instructed to do so. You are NOT allowed to turn to any other section of the test.

Actual Test 2

Grammar

DIRECTIONS

This section tests your grammar skills. You will have 25 minutes to complete the 50 questions. Be sure to follow the directions given by the proctor.

Part I Questions 1–20

Choose the option that best completes each gap.

1. A: Hi, Jenny. How have you been doing since the birth of your son?
    B: Life _____ be better. He's so adorable!
    (a) won't
    (b) mustn't
    (c) can't
    (d) might

2. A: I don't think Chris is qualified for the position.
    B: Yes, not only _____ lacking in the relevant qualifications, but also he has no experience in construction.
    (a) he is
    (b) he does
    (c) was he
    (d) is he

3. A: I'm short of cash. Could you bring the price down a bit?
    B: Well, you can pay for it _____.
    (a) a credit card
    (b) by a credit card
    (c) by the credit card
    (d) by credit card

4. A: What did you see in the rainforests of Indonesia?
    B: So many things. The most impressive moment was that when I saw orangutans _____ around us.
    (a) to walking
    (b) to walk
    (c) walked
    (d) walking

5. A: What made you so upset this morning?
    B: The CEO complimented Linda on her idea, _____ was in fact originally mine.
    (a) that
    (b) who
    (c) which
    (d) what

6. A: Which language do you want to study during summer vacation, Chinese or French?
    B: _____. I'm considering taking a cooking class instead.
    (a) Either
    (b) Neither
    (c) Both
    (d) Any

7. A: Where's Larry? I need him to help me clean the tables.
    B: He's serving a customer _____ the counter.
    (a) with
    (b) on
    (c) over
    (d) at

8. A: Can you fill in for me this Thursday? I have an appointment with my family doctor.
    B: I wish I _____, but I have an audition on the same day.
    (a) had
    (b) could
    (c) have
    (d) had filled

9. A: What did Sylvia say when you told her you _____ her scarf?
   B: She was very gracious. She told me she actually didn't like it much.
   (a) are lost
   (b) were losing
   (c) had lost
   (d) were lost

10. A: This Bluetooth speaker I bought yesterday doesn't work on my computer. Can I get _____?
    B: Sorry, we don't offer refunds. Instead, we can exchange it for a new different one.
    (a) refund
    (b) a refund
    (c) the refund
    (d) some refunds

11. A: It's starting to rain. We'd better _____ to the laboratory.
    B: Okay. Why don't we go get some snacks from the café first?
    (a) go back
    (b) going back
    (c) to go back
    (d) to going back

12. A: What happens to my booking if I fail to pay the fee?
    B: If you don't pay in full within two weeks, your reservation _____.
    (a) will have canceled
    (b) cancels
    (c) will be canceled
    (d) is being canceled

13. A: A case of chicken pox has broken out in my school. I am afraid I'll contract it.
    B: You have nothing to worry about. If you had it as a child, you _____ immune to it now.
    (a) have been
    (b) were
    (c) are
    (d) might be

14. A: How was Hong Kong?
    B: I just had a one-night stopover there, so I spent very _____ time outside my hotel.
    (a) much
    (b) any
    (c) little
    (d) few

15. A: How often does the shuttle bus leave for the airport?
    B: It comes _____.
    (a) about every 20 minutes once
    (b) every 20 minutes once about
    (c) once about 20 minutes
    (d) about once every 20 minutes

16. A: Did you ask for a raise?
    B: No, I didn't _____ I knew I wouldn't get one.
    (a) so
    (b) but
    (c) since
    (d) although

17. A: So many young people are opening up their own businesses online, these days.
    B: Yes. The digital age has made _____ to do business than ever before.
    (a) it is more cost-effective
    (b) it more cost-effective
    (c) more cost-effective it
    (d) cost-effective it more

18. A: Are you going to declare bankruptcy?
    B: Yes. The situation is _____ beyond my control.
    (a) way
    (b) just
    (c) very
    (d) only

19. A: Is Lee really good at cutting hair?
    B: Yes, _____ for the last 35 years.
    (a) what it did
    (b) what he done
    (c) it was what he is doing
    (d) it is what he has done

20. A: Oh no! We just missed the bus. When is the next one?
    B: The bus in this area is never on time. There is no telling _____.
    (a) when will it come along
    (b) when it came along
    (c) when it comes along
    (d) when will come along it

Part II Questions 21–40
Choose the option that best completes each gap.

21. Alex got up so late that he had barely _____ time to take a shower.
    (a) no
    (b) little
    (c) few
    (d) any

22. _____ from the other contestants, Roland's performance thrilled and amazed the audience.
    (a) Clearly stood out
    (b) Clearly out standing
    (c) Clearly to stand out
    (d) Clearly standing out

23. The tour guide warned the tourists after some were seen _____ for dangerous photographs near some polar bears.
    (a) pose
    (b) posed
    (c) posing
    (d) to posing

24. Not until many years after his death _____ to the fore.
    (a) the scientist's idea came
    (b) did the scientist's idea come
    (c) did the scientist's idea came
    (d) did come the scientist's idea

25. Evangelicals who uphold the importance of _____ attempt to set an example of purity and integrity.
    (a) family values
    (b) the family value
    (c) family value
    (d) a family value

26. The devastating effects of last year's floods _____ the livelihoods of farmers and ranchers in the area.
    (a) harm
    (b) were harmed
    (c) have harmed
    (d) were being harming

27. By the time Amy moved to LA, she thought that she _____ from her illness and could start acting once again.
    (a) fully recovered
    (b) had fully recovered
    (c) was fully recovered
    (d) has recovered fully

28. David would have thought twice about taking the trip _____ there would be no money to spend the following month.
    (a) had known
    (b) he had known
    (c) having he known
    (d) had he known

29. Some art forgeries become legitimate assets, as _____ by certain notorious art forgers.
    (a) prove
    (b) proven
    (c) having proven
    (d) proof

30. All things _____, it has been quite a good year for farmers and businesses in terms of the volume of trade in agricultural products.
    (a) considered
    (b) are considered
    (c) were considering
    (d) considering

31. The "Lipstick Index" is _____ as an economic phenomenon found during times of economic distress.
    (a) so much science not
    (b) not much so science
    (c) not so much science
    (d) much so science not

32. There are many important skills not very _____ to academic achievement but conducive to a child's happiness.
    (a) closely related
    (b) close related
    (c) relating closely
    (d) to closely relate

33. It was not until when John was three that _____.
    (a) he had began to speak
    (b) he began to speak
    (c) did he begin speaking
    (d) did he begin speak

34. If you love someone with anxiety or depression, chances are there _____ for you out there on the Internet.
    (a) is an advice
    (b) are the advices
    (c) are any advices
    (d) is some advice

35. The firefighter who saved a man following a crash encouraged _____ to learn first aid.
    (a) other
    (b) others
    (c) the other
    (d) the others

36. _____ the southern part of the region, winter has now taken over the entire country by storm.
    (a) With the cold hitting
    (b) With the cold hit
    (c) The cold hitting with
    (d) With hitting the cold

37. Plant species all over the world _____ to produce chemicals that protect themselves from predators over millions of years.
    (a) have evolved
    (b) evolved
    (c) evolve
    (d) evolving

38. Paul's grandfather was a well-known film producer _____ people believe was kidnapped by Mexican gang members.
    (a) who
    (b) whom
    (c) whose
    (d) which

39. _____ to their commercial fishing boat for seven months, 12 foreign fishermen were rescued by a human rights group.
    (a) Confine
    (b) To have confined
    (c) Confined
    (d) Having confined

40. Richard and Patricia, despite _____ for long, decided to get married.
    (a) of their having not dated
    (b) of not having dated
    (c) they had not dated
    (d) not having dated

Part III Questions 41–45
Read each sentence carefully and identify the option that contains a grammatical error.

41. (a) A: Did you buy a birthday gift for Linda?
    (b) B: Not yet, but I'm thinking of getting her a sweater.
    (c) A: I wouldn't. She really has quite unique a sense of fashion.
    (d) B: I guess I can get her a gift certificate, but that seems a little impersonal.

42. (a) A: Do you have any idea what we should do when your parents come visit us?
    (b) B: Not really. My mother is too weak to walk around the city.
    (c) A: What do you say to go on a river cruise?
    (d) B: That's a great idea. We haven't been on one either, so it will be fun for us, too!

43. (a) A: Hi, I'm calling to speak to the manager in the customer service department.
    (b) B: Susan's not at her desk right now. Can I ask what is this call about?
    (c) A: I had a problem with one of your staff members in your Bronxville branch earlier today.
    (d) B: Oh, it sounds serious. I'm actually Susan's boss, so you can tell me what happened.

44. (a) A: I am so relieved that all of our homework is finally done.
    (b) B: Already? Your group must have worked very hard.
    (c) A: We did. For the last week, we spent 10 hours a day doing research in the library.
    (d) B: Wow. From what I gather, most of the other students haven't even started theirs already.

45. (a) A: Are you going to the fair this weekend with me?
    (b) B: Unfortunately, I am scheduled to work. I work every other Saturday.
    (c) A: The fair ends this Saturday. Can you find someone to fill in for you?
    (d) B: Sorry, I can't. Why not go with Cathy? She's planning going there with her kids this Saturday.

Part IV Questions 46–50

Read each sentence carefully and identify the option that contains a grammatical error.

46. (a) Robin Hood, who is believed to have robbed from the rich to give to the poor, is a popular folk hero. (b) In the 19th century, writers adapted some traditional tales, making Robin Hood famous around the world. (c) For decades, scholars have tried to find any historical evidence of a real Robin Hood. (d) While most contemporary scholars have failed to turn up any clues, most people take the fact for granted that a historical Robin Hood actually has lived and breathed during the 12th or 13th century.

47. (a) Lucas Cranach the Elder was a German Renaissance painter who was a court portrait painter. (b) He usually painted religious subjects and tried to find new ways of conveying religious issues. (c) Never previous offered on the market, his painting The Month of Truth, which was sought after by three bidders, sold for $14 million. (d) This marked a new record for the artist at auction and almost doubled his previous record.

48. (a) The government suggests to register your pet by injecting a microchip under its skin. (b) The microchip, which does not need a battery, is as small as a grain of rice. (c) After a chip with an individual identification number is implanted, your pet will then be searchable at the National Database and registered with your local rescue organization. (d) If the pet is later adopted, and the new owner fails to complete the registration process, the microchip will remain registered to the original rescue organization.

49. (a) Pizza has become a staple of the modern diet for people around the world, yet its origins are difficult to pinpoint. (b) Legend has it that Romans enjoyed matzah bread, part of Jewish cuisine, while stationed in Palestine in the 1st century B.C. (c) The Roman Empire, and especially the area around Naples and Pompeii, soon became famous for their use of pizzas as everyday meals. (d) By the Middle Ages, these early pizzas had gained in popularity, with variations took on a more modern look and taste.

50. (a) Learning the skills and earning the credentials you need online only increases your opportunities for career advancement without leaving your current job and location. (b) You can learn from same excellent faculty members as the actual campus of Georgiana University. (c) Also, we offer flexible learning schedules to enable you to access our well-designed program regardless of where you are. (d) Finally, all our courses are developed by faculty members and experts who specialize in the online educational environment.

This is the end of the Grammar section. Do NOT move on to the next section until instructed to do so. You are NOT allowed to turn to any other section of the test.

Actual Test 3

Grammar

DIRECTIONS

This section tests your grammar skills. You will have 25 minutes to complete the 50 questions. Be sure to follow the directions given by the proctor.

Part I Questions 1–20

Choose the option that best completes each gap.

1. A: Do you think you can assemble this model airplane?
   B: It'll be _____ difficult, but I'll try.
   (a) a bit
   (b) a bit of
   (c) bit
   (d) bits of

2. A: How did you and Steven meet?
   B: You _____ believe me if I told you.
   (a) wouldn't
   (b) can't
   (c) shouldn't
   (d) ain't

3. A: Were you lost on your way here despite the directions posted on the website?
   B: Yeah, the directions were really _____.
   (a) confusing
   (b) confused
   (c) confuse
   (d) to be confused

4. A: It's so hot. I could use a glass of ice-cold soda.
   B: I'll see _____ I have in the refrigerator.
   (a) what
   (b) that
   (c) where
   (d) which

5. A: Were you and David best friends in high school?
   B: We were, but I haven't seen him _____ graduation.
   (a) after
   (b) since
   (c) until
   (d) before

6. A: Did you finish fixing the leaky tap?
   B: No, sorry, I haven't had _____ time to spare.
   (a) a
   (b) no
   (c) any
   (d) little

7. A: Benjamin Park is invincible! I think he's the greatest golfer of our times.
   B: I agree. He can beat _____ golfer in the world.
   (a) some
   (b) other
   (c) the
   (d) any

8. A: Has the committee agreed to increase our salaries?
   B: Not yet. The issue is _____ consideration.
   (a) under
   (b) beneath
   (c) for
   (d) beyond

9. A: Mason is the most generous man I've ever known.
   B: I agree. He gives _____ to charities even though he is not very well off.
   (a) the littlest money he has to spare
   (b) what little money he has to spare
   (c) little money what he has to spare
   (d) what he has to spare littlest money

10. A: I finished third in the marathon.
    B: Well done. You deserve a lot of _____ for how hard you trained for it.
    (a) credit
    (b) credits
    (c) a credit
    (d) the credits

11. A: Have you started writing your essay?
    B: No, choosing among the assignment topics _____ longer than I expected.
    (a) take
    (b) is taking
    (c) was taking
    (d) are taking

12. A: Will Julie be coming to dinner?
    B: Yes, I convinced her _____ us.
    (a) join
    (b) to join
    (c) joining
    (d) to have joined

13. A: The new superhero movie didn't make much sense. The plot seemed contrived.
    B: Right. I had to try very hard _____.
    (a) falling not asleep
    (b) not falling asleep
    (c) to not falling asleep
    (d) not to fall asleep

14. A: How was the show? Did you enjoy it?
    B: Yeah, it was _____ before.
    (a) unlike anything I've quite seen
    (b) quite unlike anything I've seen
    (c) quite unlike I've seen anything
    (d) unlike I've quite seen anything

15. A: Did Benjamin confess that he accepted those bribes from businessmen?
    B: No. He's insisting that he _____ the money from them.
    (a) has just borrowing
    (b) just borrowed
    (c) was just borrowed
    (d) just borrow

16. A: I am amazed that Russians drink a lot.
    B: Actually, South Koreans drink _____ as Russians.
    (a) twice much as alcohol
    (b) as twice many alcohol
    (c) twice as much alcohol
    (d) as twice much alcohol

17. A: Oh, I need to go back home to check if I locked the door.
    B: Don't worry. I clearly remember you _____.
    (a) locking it
    (b) having locking it
    (c) to have locked it
    (d) to have it locked

18. A: Is Ellen cooking all the food for the party?
    B: Yes, but she asked that each guest _____ his or her own drinks.
    (a) bring
    (b) brings
    (c) brought
    (d) will bring

19. A: Carla is too demanding. Her group members are complaining about the workload.
    B: _____ to the project, she should put her team before herself.
    (a) As she is devoted
    (b) As devoted is she
    (c) Devoted as she is
    (d) Devoting as is she

20. A: Did your flight take off on time despite the thick fog?
    B: No. With the airport _____ fog, passengers had to wait for five hours at the gate.
    (a) covered in
    (b) having covered in
    (c) covering in
    (d) in covering

Part II Questions 21–40
Choose the option that best completes each gap.

21. We need to make sure that _____ staff members know how to use the newly implemented security system.
    (a) all
    (b) each of
    (c) every of
    (d) almost

22. Using a smartphone on hands-free mode while driving _____ to be just as distracting as holding the device in your hand.
    (a) is found
    (b) are found
    (c) found
    (d) finds

23. Even though the prices were exorbitant, the newlyweds decided to stay at the hotel _____ the Golden Roof Palace.
    (a) around the just corner from
    (b) just around the corner from
    (c) from the around corner just
    (d) from the corner just around

24. The receptionist said that the director had stepped out and expected that he _____ be back within the hour.
    (a) could have
    (b) should have
    (c) must
    (d) would

25. An upcoming series of Native American art markets _____ expected to attract tens of thousands of people.
    (a) is
    (b) are
    (c) have having
    (d) have

26. Depression is one of the most common mental disorders, as an estimated one in 10 adults experience depression in _____ given year.
    (a) the
    (b) another
    (c) other
    (d) any

27. More than 2,000 people came together and collected a ton of _____ on the highway.
    (a) garbages
    (b) the garbage
    (c) the garbages
    (d) garbage

28. _____ all the planets in the solar system, Jupiter is the largest followed by Saturn and Uranus.
    (a) Of
    (b) Among
    (c) For
    (d) Upon

29. _____ been published when the presidential candidate withdrew his candidacy.
    (a) The results of opinion polls hardly had
    (b) Hardly the results of opinion polls had
    (c) Hardly had the results of the opinion polls
    (d) Had The results of opinion polls hardly

30. Dr. Paul McDonald has been helping people who suffer _____ to cope with daily routines with hypnotherapy.
    (a) very a severe stammer
    (b) a stammer to severe
    (c) very severe stammer
    (d) a very severe stammer

31. The state government announced proposals for building homeless shelters by converting some derelict buildings into livable spaces, many of _____ have long stood empty.
    (a) which
    (b) what
    (c) that
    (d) where

32. The cost of vegetables _____ as now had it not been for a series of floods last year.
    (a) would not have been this high
    (b) might not been so high
    (c) could not be as high
    (d) would not be as high

33. In _____ a new species, the crab discovered in Guam was named after Harry Potter: Harryplax severus.
    (a) which thought to be
    (b) that is thought to have been
    (c) what is thought to be
    (d) what it thought to be

34. When _____ under the influence of alcohol, Karl refused to take a breathalyzer.
    (a) suspecting to have driven
    (b) having suspected of driven
    (c) suspected to driving
    (d) suspected of having driven

35. Some Japanese macaques have often been observed _____ into a nearby river before eating them.
    (a) washing sweet potato
    (b) to washing sweet potatoes
    (c) washing sweet potatoes
    (d) to wash sweet potato

36. Weather _____, the school festival will be held next Wednesday.
    (a) permits
    (b) to permit
    (c) permitted
    (d) permitting

37. The launch of the satellite _____ should the budget not be approved this year.
    (a) will be put two years behind schedule
    (b) putting two years behind the schedule
    (c) would put them be two years behind schedule
    (d) putting the schedule behind two years

38. Julia did not need to buy any furniture because furnished with her new apartment _____ a bed, a sofa and a variety of home appliances.
    (a) was
    (b) were
    (c) has been
    (d) have been

39. To survive, animals obtain nutrients using their digestive systems, and _____.
    (a) doing plants through the process of photosynthesis
    (b) plants through the process of photosynthesis does
    (c) plants through the process of photosynthesis
    (d) plants doing through the process of photosynthesis

40. _____, the injured pilot made a safe landing on the frozen lake, saving all the passengers' lives.
    (a) Despite not switched on the autopilot system
    (b) Not having switched on despite the autopilot system
    (c) Having not switched on the autopilot system despite
    (d) Despite not having the autopilot system switched on

Part III Questions 41–45

Read each sentence carefully and identify the option that contains a grammatical error.

41. (a) A: Are we booking the same venue for this year's college reunion next Sunday?
    (b) B: The weather forecast calls for heavy rain next weekend, so I'm not so sure now.
    (c) A: If the rain will not let up on Saturday, we should cancel the picnic and go to a nearby restaurant.
    (d) B: But that might entail a cancellation fee.

42. (a) A: Where are you heading off to? You're supposed to attend a seminar this evening.
    (b) B: To the cafeteria for dinner. I'll be back in about an hour.
    (c) A: Have you completed the paper you're presenting at the seminar?
    (d) B: Oh, yes. I sent them by email to all the participants this morning.

43. (a) A: Mike, I hear that you're taking Professor Stevenson's English Lit. course this term.
    (b) B: Yes. It's so demanded that I'm working twice as hard as usual.
    (c) A: I used to be a TA. If you need any help, just drop by my place.
    (d) B: Thanks. Actually, I have a test next month. Can I drop by to see you sometime next week?

44. (a) A: We have many things to throw away before we move into our new apartment.
    (b) B: Right, a new apartment is much smaller than our one right now. How about having a garage sale?
    (c) A: But that would be such a hassle and would require so much time and energy.
    (d) B: Yeah, I guess you're right. What do you say to putting up an ad offering them for free?

45. (a) A: Bob, do we need to fill out the review? Its due date is the day after tomorrow.
    (b) B: Not yet. I hate doing that. It's eight pages long and the questions are so complicated.
    (c) A: Yeah, I feel it's a waste of time. I'm not going to spend any more time on it.
    (d) B: Neither have I. I haven't gotten any feedback on the reviews so far.

Part IV Questions 46–50
Read each sentence carefully and identify the option that contains a grammatical error.

46. (a) First established in 2003, Glory Restaurant has become one of the area's most famous places to dine. (b) Specializing in authentic Spanish tapas, this restaurant has captured the hearts of locals and visitors alike. (c) Its cozy and modern décor provides a mixture of stylish ambience, which, combined with the fantastic food and very friendly staff, makes for a great evening out. (d) Visit our restaurant to discover our authentic food and the lively atmosphere—and all on a very competitive price.

47. (a) The Veblen effect is a desire to advertise one's wealth and achieve social status by consuming highly conspicuous goods and services. (b) The effect exists when consumers purchase higher-priced goods when similar low-priced substitutes are available. (c) This abnormal behavior is caused by the belief that higher price means higher quality. (d) A Veblen good is a group of commodities which demand is proportional to its price, an apparent contradiction of the law of demand.

48. (a) By examine the bones and teeth of remains, a great deal about the lives of ancient people and animals can be determined. (b) The teeth of human remains can especially help anthropologists estimate how old the remains are, give an analysis of overall health, and even possibly tell them about the person's cultural rituals. (c) While meat eaters have long canines that work like scissors to tear meat, herbivores have large flat molars for grinding plants. (d) The information on teeth and bones greatly increase our knowledge of people and society in ancient times.

49. (a) Empty plastic bottles are collected with your recycling and taken to facilities where they are separated from other recyclable materials. (b) Dry-cleaned and sorted using an optical beam, the bottles are then ground into flakes which are washed and sorted again. (c) Depending on the kind of plastic, the flakes are either decontaminated using a chemical solution and melted down. (d) These flakes can be turned into new products including packaging, drainage pipes, or simply new plastic bottles.

50. (a) "Survival of the fittest" is a natural process where certain animals are able to adapt to a specific environmental condition better than others due to their genetic advantages. (b) This Darwinian notion has been called into question by some anthropologists and scientists. (c) It has been noted that human compassion and love confirms that the weakest people need to be taken care of. (d) Compassion and sympathy are strengths that makes us survive and thrive.

This is the end of the Grammar section. Do NOT move on to the next section until instructed to do so. You are NOT allowed to turn to any other section of the test.

영단기 TEPS

Test of English Proficiency developed by Seoul National University

앞면 (Side1)

청해 Listening Comprehension
문법 Grammar
어휘 Vocabulary
독해 Reading Comprehension

수험번호 Registration No.
성명 Name (한글 / 한자)
문제지번호 Test Booklet No.
감독관확인란
주민등록번호 National ID No.
비밀번호 Password
좌석번호 Seat No.
고사실번호 Room No.

서약

본인은 필기구 및 기재요령과 답안지 훼손으로 인한 책임을 지고, 부정행위 처리규정을 준수할 것을 서약합니다.

답안작성시 유의사항

1. 답안 작성은 반드시 **컴퓨터용 싸인펜**을 사용해야 합니다.
2. 답안을 정정할 경우 수정테이프(수정액 불가)를 사용해야 합니다.
3. 본 답안지는 컴퓨터로 처리되므로 훼손해서는 안되며, 답안지 하단의 타이밍마크(❚❚❚)를 찢거나, 낙서 등으로 인해 훼손시 불이익이 발생할 수 있습니다.
4. 답안은 문항당 정답을 1개만 골라 \'와 같이 정확히 기재해야 하며, 필기구 오류나 본인의 잘못 표기한 경우에는 당 관리위원회의 OMR판독기의 판독결과에 따르며, 그 결과는 본인이 책임집니다.
   Good ● Bad ◐ ◑ Ⓧ ⓥ
5. 감독관의 확인이 없는 답안지는 무효 처리됩니다.

응단기 TEPS

뒷면(Side2)

응시일자 : 20   년   월   일

〈부정행위 및 규정위반 처리규정〉

1. 모든 부정행위 및 규정 위반 적발 및 이에 대한 조치는 TEPS 관리 위원회의 처리 규정에 따라 이루어집니다.
2. 부정행위 및 규정 위반 행위는 현장 적발뿐만 아니라 사후에도 적발될 수 있으며 모두 동일한 조치가 취해집니다.
3. 부정행위 적발 시 당해 성적은 무효화 되며 사안에 따라 최대 5년간의 TEPS 관리 위원회에서 주관하는 모든 시험의 응시 자격이 제한됩니다.
4. 문제지 이외에 메모를 하는 행위와 시험 문제의 일부 또는 전부를 유출하거나 공개하는 경우 부정행위로 처리됩니다.
5. 각 파트별 시간을 준수하지 않거나, 시험 종료 후 답안 작성을 계속할 경우 규정 위반으로 처리됩니다.

성명

영문	
서명	

인적사항

응시직업
- 공무원
- 교사·교수
- 군인
- 의료인
- 자영업
- 회사원
- 학생
- 주부
- 기타

전공
- 인문학
- 사회과학 · 법학
- 경제학 · 경영학
- 자연과학
- 의학 · 약학 · 간호학
- 공학
- 음악 · 미술 · 체육
- 교육
- 기타

학력
졸업(중퇴) / 재학(휴학)
- 초등학교
- 중학교
- 고등학교
- 전문대학
- 대학
- 대학원

직책
- 회장
- 부회장
- 사장
- 과장
- 대리
- 계장
- 사원
- 인턴
- 기타

직종
- 공무원
- 외교
- 자영업
- 영업
- 품질관리
- 전산
- 홍보
- 생산관리
- 서비스
- 기기

직종
- 고위임직원
- 전문직(과학·공학)
- 전문직(교육)
- 전문직(법률·회계·금융)
- 기술
- 사무
- 서비스
- 농업
- 기능
- 기계
- 단순노무
- 군인

단체구분
- 학생 ○
- 일반 ○

질문란

1. 귀하의 TEPS 응시목적은?
   - a 인사정책
   - b 입사시험
   - c 개인실력측정
   - d 입시
   - e 국가고시지원
   - f 기타

2. 귀하의 영어권 체류 경험은?
   - a 없다
   - b 6개월 미만
   - c 6개월 이상 1년 미만
   - d 1년 이상 3년 미만
   - e 3년 이상 5년 미만
   - f 5년 이상

3. 귀하께서 응시하고 계신 고사장에 대해 만족도는?
   - a 0점
   - b 1점
   - c 2점
   - d 3점
   - e 4점
   - f 5점

4. 최근 2년내 TEPS 응시횟수는?
   - a 없다
   - b 1회
   - c 2회
   - d 3회
   - e 4회
   - f 5회 이상

성 명 (성: 이름순으로 기재)

	성				명				
EX	H	O	N	G	G	I	L	D	O	N	G
A	Ⓐ	Ⓐ	Ⓐ	Ⓐ	Ⓐ	Ⓐ	Ⓐ	Ⓐ	Ⓐ	Ⓐ	Ⓐ
B	Ⓑ	Ⓑ	Ⓑ	Ⓑ	Ⓑ	Ⓑ	Ⓑ	Ⓑ	Ⓑ	Ⓑ	Ⓑ
C	Ⓒ	Ⓒ	Ⓒ	Ⓒ	Ⓒ	Ⓒ	Ⓒ	Ⓒ	Ⓒ	Ⓒ	Ⓒ
D	Ⓓ	Ⓓ	Ⓓ	Ⓓ	Ⓓ	Ⓓ	Ⓓ	Ⓓ	Ⓓ	Ⓓ	Ⓓ
E	Ⓔ	Ⓔ	Ⓔ	Ⓔ	Ⓔ	Ⓔ	Ⓔ	Ⓔ	Ⓔ	Ⓔ	Ⓔ
F	Ⓕ	Ⓕ	Ⓕ	Ⓕ	Ⓕ	Ⓕ	Ⓕ	Ⓕ	Ⓕ	Ⓕ	Ⓕ
G	Ⓖ	Ⓖ	Ⓖ	Ⓖ	Ⓖ	Ⓖ	Ⓖ	Ⓖ	Ⓖ	Ⓖ	Ⓖ
H	Ⓗ	Ⓗ	Ⓗ	Ⓗ	Ⓗ	Ⓗ	Ⓗ	Ⓗ	Ⓗ	Ⓗ	Ⓗ
I	Ⓘ	Ⓘ	Ⓘ	Ⓘ	Ⓘ	Ⓘ	Ⓘ	Ⓘ	Ⓘ	Ⓘ	Ⓘ
J	Ⓙ	Ⓙ	Ⓙ	Ⓙ	Ⓙ	Ⓙ	Ⓙ	Ⓙ	Ⓙ	Ⓙ	Ⓙ
K	Ⓚ	Ⓚ	Ⓚ	Ⓚ	Ⓚ	Ⓚ	Ⓚ	Ⓚ	Ⓚ	Ⓚ	Ⓚ
L	Ⓛ	Ⓛ	Ⓛ	Ⓛ	Ⓛ	Ⓛ	Ⓛ	Ⓛ	Ⓛ	Ⓛ	Ⓛ
M	Ⓜ	Ⓜ	Ⓜ	Ⓜ	Ⓜ	Ⓜ	Ⓜ	Ⓜ	Ⓜ	Ⓜ	Ⓜ
N	Ⓝ	Ⓝ	Ⓝ	Ⓝ	Ⓝ	Ⓝ	Ⓝ	Ⓝ	Ⓝ	Ⓝ	Ⓝ
O	Ⓞ	Ⓞ	Ⓞ	Ⓞ	Ⓞ	Ⓞ	Ⓞ	Ⓞ	Ⓞ	Ⓞ	Ⓞ
P	Ⓟ	Ⓟ	Ⓟ	Ⓟ	Ⓟ	Ⓟ	Ⓟ	Ⓟ	Ⓟ	Ⓟ	Ⓟ
Q	Ⓠ	Ⓠ	Ⓠ	Ⓠ	Ⓠ	Ⓠ	Ⓠ	Ⓠ	Ⓠ	Ⓠ	Ⓠ
R	Ⓡ	Ⓡ	Ⓡ	Ⓡ	Ⓡ	Ⓡ	Ⓡ	Ⓡ	Ⓡ	Ⓡ	Ⓡ
S	Ⓢ	Ⓢ	Ⓢ	Ⓢ	Ⓢ	Ⓢ	Ⓢ	Ⓢ	Ⓢ	Ⓢ	Ⓢ
T	Ⓣ	Ⓣ	Ⓣ	Ⓣ	Ⓣ	Ⓣ	Ⓣ	Ⓣ	Ⓣ	Ⓣ	Ⓣ
U	Ⓤ	Ⓤ	Ⓤ	Ⓤ	Ⓤ	Ⓤ	Ⓤ	Ⓤ	Ⓤ	Ⓤ	Ⓤ
V	Ⓥ	Ⓥ	Ⓥ	Ⓥ	Ⓥ	Ⓥ	Ⓥ	Ⓥ	Ⓥ	Ⓥ	Ⓥ
W	Ⓦ	Ⓦ	Ⓦ	Ⓦ	Ⓦ	Ⓦ	Ⓦ	Ⓦ	Ⓦ	Ⓦ	Ⓦ
X	Ⓧ	Ⓧ	Ⓧ	Ⓧ	Ⓧ	Ⓧ	Ⓧ	Ⓧ	Ⓧ	Ⓧ	Ⓧ
Y	Ⓨ	Ⓨ	Ⓨ	Ⓨ	Ⓨ	Ⓨ	Ⓨ	Ⓨ	Ⓨ	Ⓨ	Ⓨ
Z	Ⓩ	Ⓩ	Ⓩ	Ⓩ	Ⓩ	Ⓩ	Ⓩ	Ⓩ	Ⓩ	Ⓩ	Ⓩ

응단기 TEPS

Test of English Proficiency developed by Seoul National University

수험번호 / Registration No.
성명 / Name (한글/한자)
문제지번호 / Test Booklet No.
감독관확인란

앞면 (Side 1)

첫 해 / Listening Comprehension (1–60)

문법 / Grammar (1–50)

어휘 / Vocabulary (1–50)

독해 / Reading Comprehension (1–40)

주민등록번호 / National ID No.
수험번호 / Registration No.
비밀번호 / Password
고사실란 / Room No.
좌석번호 / Seat No.

서 약

본인은 필기구 및 기재요령의 답안지 훼손으로 인한 책임을 지고, 부정행위 처리규정을 준수할 것을 서약합니다.

답안 작성시 유의사항

1. 답안 작성은 반드시 **컴퓨터용 싸인펜**을 사용해야 합니다.
2. 답안을 정정할 경우 수정테이프(수정액 불가)를 사용해야 합니다.
3. 본 답안지는 컴퓨터로 처리되므로 훼손해서는 안되며, 답안지 하단의 타이밍마크(|||)를 찢거나, 낙서 등으로 인한 훼손시 불이익이 발생할 수 있습니다.
4. 답안은 문항당 정답을 1개만 골라 ●와 같이 정확히 기재해야 하며, 잘못 표기된 경우에는 당 관리위원회의 OMR판독기의 판독결과에 따르며, 그 결과는 본인이 책임집니다.

   정답 표기: Good ● Bad ◐ ◑ ○ ✗ ✓

5. 감독관의 확인이 없는 답안지는 무효처리됩니다.

뒷면(Side2)

영단기 TEPS

응시일자 : 20   년   월   일

성명	영문	
	서명	

학력

중졸이하	재학중	
초등학교	중학교	고등학교	전문대학	대학	대학원

전공

인문학 / 사회과학 / 경제학·경영학 / 자연과학 / 의료(의학·간호학) / 교육 / 음악·미술·체육 / 기타

직업

공무원 / 교사·교수 / 군인 / 의료인 / 회사원 / 학생 / 전문직 / 기타

직종

임원 / 영업 / 인사 / 총무 / 재무·회계 / 기획 / 홍보·광고 / 마케팅 / 디자인 / 연구 / 설계 / 기타

업종

공공기관(공사·공단) / 외국계 / 금융 / 의료 / 교육 / 제조 / 유통·물류 / 건설 / 정보통신 / 법률·회계 / 판매·서비스 / 학원 / 종교·문화 / 기타

단체구분

- 학생
- 일반

질문란

1. 귀하의 TEPS 응시목적은?
   a 입사지원   b 인사정책
   c 개인실력측정   d 입시
   e 국가고시지원   f 기타

2. 귀하의 영어권 체류 경험은?
   a 없다   b 6개월미만
   c 6개월이상1년미만   d 1년이상3년미만
   e 3년이상5년미만   f 5년이상

3. 귀하께서 응시하고 계신 고사장에 대한 만족도는?
   a 0점   b 1점
   c 2점   d 3점
   e 4점   f 5점

4. 최근 2년내 TEPS 응시횟수는?
   a 없다   b 1회
   c 2회   d 3회
   e 4회   f 5회 이상

성명 (성·이름순으로 기재)

	성				명			
EX	H	O	N	G	G	I	L	D	O	N	G

(answer bubbles A–Z for each column)

⟨부정행위 및 규정위반 처리규정⟩

1. 모든 부정행위 및 규정 위반 적발 및 이에 대한 조치는 TEPS 관리 위원회의 처리 규정에 따라 이루어집니다.

2. 부정행위 및 규정 위반 행위는 현장 적발 뿐만 아니라 사후에도 적발될 수 있으며 모두 동일한 조치가 취해집니다.

3. 부정행위 적발 시 당해 성적은 무효화 되며 사안에 따라 최소 5년까지 TEPS 관리 위원회에서 주관하는 모든 시험의 응시자격이 제한됩니다.

4. 문제지 이외에 메모를 하는 행위나 시험 문제의 일부 또는 전부를 유출하거나 공개 하는 경우 부정행위로 처리됩니다.

5. 각 파트별 시간을 준수하지 않거나, 시험 종료 후 답안 작성을 계속할 경우 규정위반으로 처리됩니다.

앞면(Side1)

읽단기 TEPS
Test of English Proficiency
developed by
Seoul National University

수험번호 Registration No.
성명 Name 한자
문제지번호 Test Booklet No.
감독관확인란

청해 Listening Comprehension
문항 1–60

문법 Grammar
문항 1–50

어휘 Vocabulary
문항 1–50

독해 Reading Comprehension
문항 1–40

주민등록번호 National ID No.
수험번호 Registration No.
비밀번호 Password
좌석번호 Seat No.
고사실란 Room No.

서 약

본인은 필기구 및 기재오류와 답안지 훼손으로 인한 책임을 지고, 부정행위 처리규정을 준수할 것을 서약합니다.

답안작성시 유의사항

1. 답안 작성은 반드시 **컴퓨터용 싸인펜**을 사용해야 합니다.
2. 답안을 정정할 경우 수정테이프를 사용해야 합니다.
3. 본 답안지는 컴퓨터로 처리되므로 훼손해서는 안되며, 답안지 타이밍마크(▮▮▮)를 찢거나, 낙서 등으로 인한 훼손시 불이익이 발생할 수 있습니다.
4. 답안은 문항당 정답을 1개만 골라 아래와 같이 정확히 기재해야 하며, 필기구 오류나 본인의 부주의로 잘못 표기한 경우에는 답 관리위원회의 OMR판독기의 판독결과에 따르며, 그 결과는 본인이 책임집니다.
   정답 표기: Good ● Bad ◐ ◯ ⊗ ✓
5. 감독관의 확인이 없는 답안지는 무효처리됩니다.

✂ 자른눈선

영단기 TEPS

뒷면(Side2)

응시일자 : 20   년   월   일

〈부정행위 및 규정위반 처리규정〉

1. 모든 부정행위 및 규정 위반 적발 및 이에 대한 조치는 TEPS 관리 위원회의 처리 규정에 따라 이루어집니다.
2. 부정행위 및 규정 위반 행위는 현장 적발 뿐만 아니라 사후에도 적발될 수 있으며 모두 동일한 조치가 취해집니다.
3. 부정행위 적발 시 당해 성적은 무효화 되며 사안에 따라 최대 5년까지 TEPS 관리 위원회에서 주관하는 모든 시험의 응시 자격이 제한됩니다.
4. 문제지 이외에 메모를 하는 행위와 시험 문제의 일부 또는 전부를 유출하거나 공개 하는 경우 부정행위로 처리됩니다.
5. 각 파트별 시간을 준수하지 않거나, 시험 종료 후 답안 작성을 계속할 경우 규정위반 으로 처리됩니다.

성명

성	명
영문	
서명	

학력
- 초졸
- 중졸
- 고졸
- 전문대
- 대학
- 대학원
- 재학

전공: 인문, 사회과학·법학, 경제학·경영학, 자연과학, 의학·약학·건축학, 공학, 교육, 음악·미술·체육, 기타

직업: 공무원, 고시준비, 교원, 군인, 의료인, 회사원, 학생, 사무직, 기타

중직
역무, 인사, 차장, 과장, 부장, 계장, 사원, 인턴, 기타

중직
보, 급여, 무역, 관리, 품질관리, 전산, 정보, 생산관리, 서비스, 기타

전문직(과학·공학), 전문직(교육), 전문직(법률·회계등), 기술, 경영, 용역, 종업원, 기능공, 서비스, 기타

단체구분
- 학생
- 일반

질문란

1. 귀하의 TEPS 응시목적은?
   a 입사지원 b 인사정책
   c 개인실력측정 d 입시
   e 국가고시지원 f 기타

2. 귀하의 영어권 체류 경험은?
   a 없다 b 6개월 미만
   c 6개월이상1년미만 d 1년이상3년미만
   e 3년이상5년미만 f 5년 이상

3. 귀하께서 응시하고 계신 고사장에 대한 만족도는?
   a 0점 b 1점
   c 2점 d 3점
   e 4점 f 5점

4. 최근 2년내 TEPS 응시횟수는?
   a 없다 b 1회
   c 2회 d 3회
   e 4회 f 5회 이상

성 명 (성·이름순으로 기재)

	H	O	N	G		G	I	L		D	O	N	G						
EX																			
A	Ⓐ Ⓐ Ⓐ Ⓐ Ⓐ Ⓐ Ⓐ Ⓐ Ⓐ Ⓐ Ⓐ Ⓐ Ⓐ Ⓐ Ⓐ Ⓐ Ⓐ Ⓐ Ⓐ
B	Ⓑ ...
C	Ⓒ ...
D	Ⓓ ...
E	Ⓔ ...
F	Ⓕ ...
G	Ⓖ ...
H	Ⓗ ...
I	Ⓘ ...
J	Ⓙ ...
K	Ⓚ ...
L	Ⓛ ...
M	Ⓜ ...
N	Ⓝ ...
O	Ⓞ ...
P	Ⓟ ...
Q	Ⓠ ...
R	Ⓡ ...
S	Ⓢ ...
T	Ⓣ ...
U	Ⓤ ...
V	Ⓥ ...
W	Ⓦ ...
X	Ⓧ ...
Y	Ⓨ ...
Z	Ⓩ ...

NEW TEPS FREE PASS

만만치 않은 **NEW TEPS**
전략과 기술이 있다면
빠르게 완성됩니다.

뉴텝스 단기졸업을 위한 가장 확실한 선택

영단기 New 텝스를 찾을 수 밖에 없는 3가지 이유!

01
청해 · 문법 · 독해 · 어휘
텝스 전문강사가 진행하는 영단기 텝스 강의!

02
개념학습부터 문제 적용훈련까지
전략적 학습!

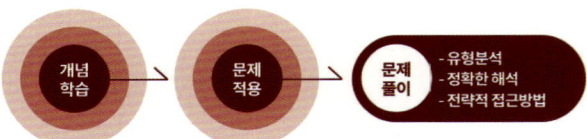

- 유형분석
- 정확한 해석
- 전략적 접근방법

03
최신 기출 유형이 담긴
선생님들의 비법 자료 제공!

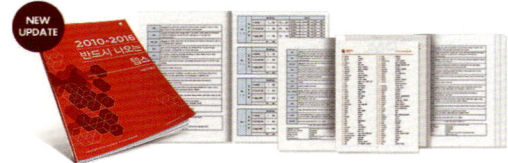

NEW TEPS FREE PASS 구매 시, TEPS 200제 무료증정!

텝스 유형을 가장 잘 아는 국내 저자, 현직 강사가 참여!
실제 텝스 유형을 그대로 구현한 TEPS 200제 무료 증정!

실제 TEPS 시험
성우 음성

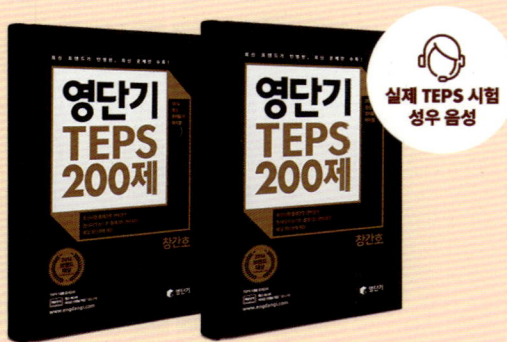

전략과 기술로 완성하는 텝스 기본서

영단기 텝스

영단기 연구소

해설집

GRAMMAR

실전 난이도와 최신 경향 완벽 반영
실전 모의고사 3회분 수록

TEPS
최신 경향
반영

커넥츠 영단기

전략과 기술로 완성하는 텝스 기본서

영단기 텝스

영단기 연구소

해설집

GRAMMAR

커넥츠 영단기

Unit 01 | 동사와 문장 형식

Exercise
본문 p. 23

A.
1. (a) 2. (a) 3. (b) 4. (b) 5. (a)

B.
6. fix → fixed 7. announced the team → announced to the team 8. alternative treatments his patient → alternative treatments to his patient / his patient alternative treatments 9. make you to confess → make you confess 10. cook → to cook / cooking

A.

1. 해석 공원은 사람들이 산책을 하고 휴식을 취할 수 있게 한다.
해설 목적어와 목적격 보어의 관계가 능동일 때, 일반 동사인 allow는 목적격 보어로 to부정사를 취한다.
어휘 allow 허락하다 relax 휴식을 취하다

2. 해석 그 드레스는 너에게 잘 어울린다.
해설 look은 불완전 자동사로 주격 보어가 필요하다. 부사는 보어 자리에 올 수 없다.

3. 해석 그 책의 영화 버전은 저자의 생각을 일반 대중들이 알아차리게 했다.
해설 동사 get이 5형식으로 쓰이면 '목적어가 ~하게 하다'라는 뜻이다. 목적어(ideas)와 목적격 보어(notice)의 관계가 수동이므로 목적격 보어 자리에는 과거 분사가 온다.
어휘 version 버전 general public 일반 대중 notice 알아차리다, 눈치채다

4. 해석 체스 위원회는 게임을 하는 도중 참가자들이 히잡을 쓰는 것을 반대한다.
해설 object는 자동사이므로 목적어를 취하려면 전치사가 필요하다.
어휘 organization 위원회 competitor 참가자, 경쟁자 hijab 히잡(이슬람 여자들이 외출할 때 머리에 쓰는 스카프) object to ~에 반대하다

5. 해석 나는 Alice가 핼러윈을 위해 하얀색 마스크와 가운을 입고 있는 것을 보았다.
해설 목적어(Alice)와 목적격 보어의 관계가 능동일 때, 지각 동사 see의 목적격 보어로는 원형 부정사나 현재 분사가 온다.

B.

6. 해석 나는 오늘 컴퓨터를 고치고 싶다.
해설 목적어(my computer)와 목적격 보어(fix)의 관계가 수동이므로 목적격 보어 자리에는 과거 분사가 온다.
어휘 fix 고치다

7. 해석 코치는 팀에게 그는 팀을 떠나겠다고 발표했다.
해설 announce는 4형식으로 쓸 수 없는 3형식 동사이다.
어휘 announce 발표하다 leave 떠나다

8. 해석 의사는 그의 환자에게 대체 치료법을 제안했다.
해설 offer는 수여 동사로 'offer+간접 목적어+직접 목적어'의 형태로 쓴다. 간접 목적어를 직접 목적어 뒤로 위치시켜 3형식 문장을 만들 때는 전치사 to를 간접 목적어 앞에 붙인다.
어휘 offer 제안하다 alternative 대안적인 treatment 치료법

9. 해석 그 누구도 당신이 하지 않은 일에 대해 자백하게 할 수 없다.
해설 목적어(you)와 목적격 보어(confess)의 관계가 능동일 때, 사역 동사 have의 목적격 보어 자리에는 원형 부정사가 온다.
어휘 confess to (죄·과실 등을) 자백하다, 시인하다

10. 해석 Kate는 집에서 기른 야채로 직접 요리를 하는 것이 가치 있는 일이라는 것을 알게 되었다.
해설 가목적어 it을 취한 경우, 진목적어 자리에 오는 준동사의 형태는 to부정사나 동명사이다.
어휘 worthwhile 가치 있는, 보람 있는 homegrown 자기집 뜰에서 난

Actual Practice
본문 p.p. 24~25

1. (b) 2. (b) 3. (a) 4. (d) 5. (c)
6. (b) 7. (a) 8. (c) 9. (a) 10. (b)
11. (a) 12. (c) 13. (a) 14. (d) 15. (d)
16. (b) 17. (d) 18. (b)

1. 해석 A: 내 빨간색 새 재킷을 봤니?
B: Tina가 오늘 아침에 그것을 입은 것을 봤어.
해설 5형식 문장의 목적격 보어 문제이다. 목적어(Tina)와 목적격 보어(wear)의 관계가 능동일 때, 지각 동사 saw의 목적격 보어 자리에는 원형 부정사나 현재 분사가 온다. 정답은 (b)이다.

2. 해석 A: 당신은 프랑스어를 이해할 수 있나요?
B: 네. 저는 프랑스에서 2년간 살았어요.
해설 빈칸 뒤에 타동사(understand)의 목적어가 없으므로, understand의 태는 수동임을 알 수 있다. 목적어

(yourself)와 목적격 보어(understand)의 관계가 수동일 때, 목적격 보어 자리에는 과거 분사가 온다. 정답은 (b)이다.

어휘 make oneself understood 자기 말을 남에게 이해시키다

3. 해석 A: 나는 이 수업을 그만둘 거야. 그 수업이 요구하는 수학 이론이 나에게는 너무 어려워.
B: 알아, 하지만 나는 네가 그 수업을 다 마치라고 하고 싶어. 그건 매우 도움이 되는 수업이거든.

해설 encourage가 '~에게 …을 하라고 격려하다'라는 의미로 쓰이면 '주어+encourage+목적어+목적격 보어'의 형태가 되어야 한다. 목적어 you와 목적격 보어의 관계가 능동일 때, 일반 동사의 목적격 보어의 형태는 to부정사가 된다. 따라서 정답은 (a)이다. (c)는 '그것에게 용기를 주도록 너를 완성하다'라는 의미가 되어 어색하다.

어휘 drop 그만두다, 떨어지다 theory 이론 above ~이 미치지 못하는 encourage 용기를 북돋우다

4. 해석 A: 당신은 O2 전화 요금제가 나에게 더 좋다고 생각하나요?
B: 네. 그들의 가족 요금제는 당신이 한 달에 20달러를 아끼게 해 줄 거예요.

해설 조동사 뒤에는 동사 원형이 와야 하므로 (a)와 (b)는 오답이다. save는 3형식으로 전환하지 않는 4형식 동사이므로 '주어+save+간접 목적어+직접 목적어'의 형태가 되어야 한다. 정답은 (d)이다.

어휘 save 구하다, (돈, 시간을) 아끼다

5. 해석 A: 너는 대학에서 1년을 휴학할 생각이니?
B: 응. 내 경제적인 상황 때문에 그럴 수밖에 없어.

해설 force가 '~가 …하게 하다'라는 의미로 쓰이면, '주어+force+목적어+목적격 보어'의 형태가 되어야 한다. 목적어 me와 목적격 보어 do의 관계가 능동일 때, 일반 동사의 목적격 보어의 형태는 to부정사가 된다. 정답은 (c)이다.

어휘 take a year off school 학교에서 일 년을 휴학하다
financial situation 재정 상태

6. 해석 A: Alex는 그의 병에 대해 좌절한 것 같아.
B: 그는 그것을 받아들이기 힘들어 하고 있어.

해설 find가 '~라고 여기다/생각하다'의 의미로 쓰이면, '주어+find+목적어+목적격 보어'의 형태가 되어야 한다. 목적어가 준동사나 명사절일 경우 가목적어 it을 쓸 수 있으므로 'find+it(가목적어)+hard(목적격 보어)+to accept(진목적어)' 구조를 이루는 (b)가 정답이다. (a)의 어순이 accepting it hard가 되면 정답이 될 수 있다.

어휘 frustrated 좌절감을 느끼는

7. 해석 A: 당신은 Billy가 고객 정보를 우리의 경쟁사에게 팔았다고 생각하나요?
B: 그렇다고 생각해요. 경찰이 그를 심문할 때, 그는 불안해 보였어요.

해설 자동사 appear는 수동태로 쓰거나 진행형으로 쓸 수 없다. 따라서 (b)와 (d)는 오답이다. appear가 '~인 것 같다'라는 의미로 쓰이면, 보어가 필요한데 부사는 보어가 될 수 없으므로 (a)가 정답이다.

어휘 competitor 경쟁자, 경쟁사 question 질문하다, 심문하다

8. 해석 A: Rachel이 우리 팀에 남기 위해 요구한 급여는 지나쳐!
B: 알아, 하지만 나는 그녀가 요구한 것을 해 주겠다고 할 거야. 그녀는 팀의 중요한 일원이야.

해설 offer가 '~에게 …을 제공하다'라는 의미로 쓰이면, '주어+offer+간접 목적어+직접 목적어'의 형태가 되어야 한다. 이 문장의 직접 목적어는 what she asked for이므로 정답은 (c)이다.

어휘 salary 봉급, 급여 demand 요구하다 stay on ~에 머무르다 exorbitant (가격이) 과도한, 지나친 offer (기꺼이) 해 주겠다고 하다, 제의하다

9. 해석 허리 통증은 일반적으로 누워있거나 몸을 굽히는 중일 때 심해진다.

해설 자동사 worsen은 수동태로 쓸 수 없다. usually는 현재 시제와 어울리는 부사이다. 정답은 (a)이다.

어휘 back pain 허리 통증 lie down 눕다 bend over 몸을 앞으로 숙이다

10. 해석 일련의 허리케인은 몇몇 학교들이 3일 동안 휴교하게 했다.

해설 force가 '~가 …하게 하다'라는 의미로 쓰이면, '주어+force+목적어+목적격 보어'의 형태가 되어야 한다. 목적어 schools와 목적격 보어 remain의 관계가 능동일 때, 일반 동사의 목적격 보어의 형태는 to부정사가 된다. 정답은 (b)이다.

어휘 a series of 일련의 closed 닫힌

11. 해석 모든 입금을 제시간에 하는 것이 중요한데, 당신의 금융 기록은 신용 평점의 많은 부분을 구성하기 때문이다.

해설 타동사 constitute는 전치사 없이 목적어를 취한다. (a)가 정답이다.

어휘 payment 지불, 입금 on time 제시간에 constitute ~을 구성하다

12. 해석 ITV 뉴스 리포터 팀은 문제의 정치인에게 주요 사안이 무엇인지 이해하기 위해 연락을 했지만, 회신 전화를 받지 못했다.

해설 타동사 contact는 전치사 없이 목적어를 바로 취한다. 따라서 (b)와 (d)는 오답이다. 빈칸은 동사 자리이므로 (c)가 정답이다.

어휘 contact ~에게 연락하다 in question 문제의 issue 사안, 문제

13.
해석 중국과 일본 관광객들은 한국에 있는 외국인 관광객의 60%를 차지한다.

해설 타동사 comprise는 전치사 없이 목적어를 취한다. 따라서 (b)와 (c)는 오답이며, 상태 동사인 comprise는 진행형으로 쓰지 않는다. 정답은 (a)이다.

어휘 comprise 구성하다

14.
해석 2주간의 심리 치료 후에, Erica는 아침에 잠자리에서 일어나고 밤에 잠에 드는 것이 더 쉬워졌음을 발견했다.

해설 빈칸은 동사 자리이므로 (c)는 오답이고, 타동사 find는 목적어가 필요하므로 목적어가 없는 (b)도 오답이다. find가 '~라고 여기다/생각하다'의 의미로 쓰이면, '주어+find+목적어+목적격 보어'의 형태가 되어야 한다. 목적격 보어가 준동사이면 가목적어 it을 쓸 수 있으므로, 진목적어가 to부정사 형태인 (d)가 정답이다.

어휘 psychotherapy 심리 치료

15.
해석 쓰레기통과 가로수는 종종 사고를 유발하는데, 이는 보행자들이 휴대전화로 통화하거나 문자를 확인하느라 장애물에 대처하지 못하기 때문이다.

해설 react는 자동사이므로 목적어(the obstacles)를 취하려면 전치사를 동반해야 한다. 전치사 to와 함께 react to로 쓰여 '~에 반응하다, ~에 반응을 보이다'라는 의미가 된다. 여기서는 react의 주체가 주어(pedestrians)이므로 능동태인 (d)가 정답이다.

어휘 garbage can 쓰레기통 cause ~을 야기하다, 초래하다 pedestrian 보행자 obstacle 장애(물) fail to do ~하지 못하다, 실패하다 react to ~에 반응하다, 반응을 보이다

16.
해석 열대 조류 관찰과 스쿠버 다이빙은 둘 다 세계에서 가장 생물학적으로 다양한 생태계에 있는 다채로운 동물들 지켜볼 수 있다.

해설 타동사 entail은 타동사이고 빈칸 뒤에 목적어가 있으므로 능동태가 되어야 한다. 일반적인 사실에 대해 설명하고 있으므로 시제는 현재가 적절하다. 따라서 (b)가 정답이다.

어휘 tropical 열대의 observation 관찰, 관람 bio-diverse 생물학적으로 다양한 ecosystem 생태계

17.
해석 (a) A: 이 호텔 근처에 채식주의자들을 위한 식당이 있나요?
(b) B: 이 근처에는 없습니다. 하지만 Royal Garden과 Eastern Avenue 모퉁이에 하나가 있습니다.
(c) A: 여기서 거기까지 가는 데 시간이 얼마나 걸리나요?
(d) B: 교통수단에 따라 다릅니다. 헌데, 택시로 10분 정도 걸린다고 말씀 드릴 수 있습니다.

해설 (d) 자동사 depend는 목적어를 취하기 위해서 전치사가 필요하다. depends how you는 depends on how you가 되어야 한다.

어휘 vegetarian 채식주의자 depend on ~에 달려 있다 by taxi 택시로

18.
해석 (a) 스포츠를 하는 데 포함된 위험들은 잘 알려져 있다. (b) 운동선수들이 부상을 피하기 위해서 주의를 기울이지만, 많은 스포츠의 폭력적인 특징은 부상을 완전히 피하거나 예방하는 것을 불가능하게 만든다. (c) 아이들은 어른보다 훨씬 더 큰 위험에 처해있는데 그들의 신체는 아직 성장하고 발달하고 있기 때문이다. (d) 스포츠 행사를 준비할 때, 학교들이 부상 예방 전문가들로부터 조언을 얻어야 하는 것은 타당하다.

해설 (b) 타동사 make 뒤에는 목적어가 와야 한다. make가 가목적어를 취하는 'make+it+형용사/명사+to부정사' 구문을 공식처럼 외워두자. make impossible은 make it impossible이 되어야 한다.

어휘 risk 위험 involved in ~에 관여된 athlete 운동선수 take precautions 주의하다, 조심하다 avoid 피하다 injury 부상 violent 폭력적인 prevent 예방하다 make sense 타당하다, 말이 되다 specialize in ~에 전문이다

Unit 02 | 시제

Exercise
본문 p. 31

A.
1. (a) 2. (b) 3. (b) 4. (b) 5. (a)

B.
6. was living → has lived / has been living 7. has always forgotten → always forgets 8. have been easy → are easy 9. will be being → would be / will be 10. had stretched → stretched

A.

1.
해석 문어는 8개의 촉수를 가지고 있다.

해설 문어의 특징을 묘사하고 있다. 일반적 사실을 기술할 때 쓰는 현재 시제를 쓴다.

어휘 octopus 문어 tentacle 촉수

2.
해석 Sandra가 열아홉 살이 되면, 그녀는 2백만 달러를 상속받을 것이다.

해설 시간/조건 부사절에 'by the time+주어+동사의 현재형'이 오면, 주절의 시제는 미래 완료가 된다.

어휘 inherit ~을 상속받다

3. 해석 출장에서 돌아온 Roger는 그가 기차에 재킷을 놓고 왔다는 것을 깨달았다.
   해설 Roger가 깨달은 시점은 과거이고 재킷을 놓고 온 것은 그 이전에 발생한 사건이므로, 과거 완료 시제를 써야 한다.
   어휘 business trip 출장 realize 깨닫다

4. 해석 내년 이맘때, 나는 군 복무 중일 것이다.
   해설 내년 이맘때, 즉 미래 어느 시점에 진행되고 있을 동작이므로 미래 진행 시제를 써야 한다.
   어휘 military 군대 serve 근무하다, 복무하다

5. 해석 Greg는 2년 동안 행복한 결혼 생활을 해 오고 있다.
   해설 지난 2년 동안 계속되고 있는 동작 혹은 상태이므로 현재 완료 시제를 써야 한다.

B.
6. 해석 Yoko 씨는 지난 10년 동안 서울에 살고 있다.
   해설 'for+기간'이 제시되면 현재 완료 혹은 현재 완료 진행 시제를 써야 한다.

7. 해석 Joe는 퇴근할 때 그의 컴퓨터 끄는 것을 항상 잊어버린다.
   해설 현재의 습관을 표현할 때는 현재 시제를 써야 한다.
   어휘 turn off (전기, 전자 제품을) 끄다

8. 해석 미식 축구의 규칙은 쉽다.
   해설 일반적 사실을 기술할 때는 현재 시제를 써야 한다.
   어휘 rules 규칙

9. 해석 교수님은 그의 학생들에게 기말고사를 일주일 후에 볼 것이라고 말했다.
   해설 주절의 시제가 과거이므로 that절의 조동사 will의 형태는 would가 되어야 하며, 이 경우 진행형은 불필요하므로 would be가 적절하다. 말을 하는 시점을 기준으로 아직 기말고사를 보기 전이라면 will be도 가능하다.
   어휘 final test 기말고사 in a week 일주일 후에

10. 해석 최고 시절, 로마 제국은 대서양부터 중동까지 펼쳐졌다.
    해설 역사적 사실은 과거 시제로 쓴다.
    어휘 at its height ~의 절정기에 empire 제국 stretch 뻗어있다

Actual Practice 본문 p.p. 32-33

1. (d) 2. (a) 3. (b) 4. (d) 5. (c)
6. (d) 7. (a) 8. (c) 9. (a) 10. (c)
11. (d) 12. (a) 13. (c) 14. (b) 15. (a)
16. (a) 17. (d) 18. (c)

1. 해석 A: 와! 새로운 차네, 그렇지? 멋있는데!
   B: 고마워, 지난달에 샀어.
   해설 과거의 특정 시점(last month)이 제시되었으므로 단순 과거 시제를 써야 한다. 정답은 (d)이다.

2. 해석 A: 저는 오랫동안 Laura를 보지 못했어요! 그녀가 요즘 어떻게 지내는지 아나요?
   B: 내가 그녀를 마지막으로 보았을 때, 그녀는 그녀의 논문을 마무리하고 있었어요.
   해설 과거의 특정 시점(when I last saw her)에 진행되고 있던 동작은 과거 진행 시제로 쓴다. 현재, 현재 진행, 현재 완료 등의 현재 관련 시제는 과거 시제와 한 문장에 같이 쓰지 않는다는 것을 기억해 두자. 정답은 (a)이다.
   어휘 for ages 오랫동안 thesis 학위 논문

3. 해석 A: 드디어, 당신은 우주인이 되었군요. 당신의 꿈이 실현되었어요!
   B: 네, 내가 기억하는 한, 우주인이 되는 것은 나의 인생을 지배했어요.
   해설 일정한 기간(for as long as I can remember) 동안 계속되어 온 상태나 동작은 현재 완료나 현재 완료 진행시제로 표현한다. 빈칸 뒤에 동사의 목적어(my life)가 있으므로 수동태인 (d)는 오답이다. 정답은 (b)이다.
   어휘 astronaut 우주인 come true 실현되다 dominate 지배하다

4. 해석 A: 중국에 가 보신 적이 있나요?
   B: 네. 어렸을 때 2년 동안 거기서 살았어요.
   해설 과거의 특정한 때에(when I was a kid) 발생한 일은 단순 과거 시제로 표현한다. 기간 부사어(for two years)만 보고 현재 완료 시제를 고르지 않도록 주의하자. 정답은 (d)이다.

5. 해석 A: 무슨 일이에요? 속상한 것 같아 보여요.
   B: 교수님이 제 에세이에 대해서 하신 말씀을 생각하고 있었어요.
   해설 방금 전까지 진행되고 있었던 일을 언급할 때는 과거 진행형으로 쓴다. 현재 완료는 방금 전에 끝난 상황으로 그 결과를 강조할 때 사용한다. A가 봤을 때(과거 시점) 기분이 안 좋아 보였던 이유, 즉 바로 그 당시에 진행되고 있던 상황에 대한 설명이므로 과거 진행 시제가 적절하다. 정답은 (c)이다.

어휘 comment 언급, 지적

6. 해석 A: 변호사 시험을 볼 준비가 다 되었니?
B: 응! 지난 3년 동안 공부했는걸.
해설 기간에 대한 부사어(for the last three years)가 있으므로 현재 완료 시제를 써야 한다. 주어가 공부의 대상이 아니라 주체이므로 (c)는 오답이다. 정답은 (d)이다.
어휘 bar exam 변호사 시험

7. 해석 A: 너는 왜 Erica가 직장을 그만두었는지 아니?
B: 그녀의 남편이 다음 달에 도쿄로 전근을 간대.
해설 확정적인 미래나 가까운 미래의 일은 현재 진행 시제로 표현할 수 있다. 정답은 (a)이다.
어휘 quit 그만두다 transfer 전근 가다, 옮기다

8. 해석 A: 저녁 파티 준비가 다 되었나요? 30분 후에 시작될 거예요.
B: 로스트 포크를 제외하고 모두 준비가 되었지만, 손님들이 도착할 때까지는 준비가 될 거예요.
해설 'by the time+주어+현재 동사'는 미래 완료 시제와 쓰인다. will have been done도 올 수 있다. 그러나 선택지엔 미래 완료가 없다. will be done은 단순 미래이지만 done에 완료의 의미가 있으므로 (c)가 정답이다.
어휘 except for ~을 제외하고는 by the time ~할 때까지

9. 해석 Zika 바이러스는 대개 성인들에게는 많은 영향을 주지 않지만, 태어나지 않은 아기들에게는 심각한 결함을 야기할 수 있다.
해설 Zika 바이러스에 대한 일반적인 사실을 기술하고 있으므로 현재 시제로 쓴다. 상태 동사인 be동사는 진행형으로 쓰지 않는 것이 원칙이므로 (c)는 오답이다. 정답은 (a)이다.
어휘 affect ~에 영향을 미치다 cause ~을 발생시키다, 야기하다 severe 심각한 defect 결함

10. 해석 강아지 한 마리가 금요일 저녁에 구조되었다. 그때까지 그 강아지는 버려진 차에 2일 동안 갇혀있었다.
해설 by then은 미래 완료나 과거 완료 시제와 쓰이는데, then이 과거 시점을 의미하면 과거 완료 시제를, 미래 시점을 의미하면 미래 완료 시제를 쓴다. 이 문장에서 by then은 강아지가 구조된 시점인 Friday evening이므로 과거 완료 시제인 (c)가 정답이다.
어휘 rescue 구조하다 abandon 버리다, 포기하다 trap 가두다

11. 해석 아직까지 최고의 레이서 중 하나로 여겨지는 Ronald Button은 그가 50대에도 레이싱을 할 것이라고 상상해 보지 못했다.
해설 과거에 상상했던 미래의 상황, 계획, 예측은 would로 표현한다. (d)가 정답이다.
어휘 consider 여기다, 고려하다 imagine 상상하다

12. 해석 새롭게 선출된 시장은, 일단 그녀가 취임을 하면, 계획되어 있는 고속도로 건설을 취소할 것이다.
해설 '취임을 하면, 고속도로 건설을 취소할 것'이므로 once가 이끄는 조건의 부사절은 미래에 대한 것임을 알 수 있다. 시간이나 조건의 부사절에서는 현재 시제로 미래를 표현하므로 정답은 (a)이다.
어휘 elected 선출된 mayor 시장 highway 고속도로 construction 건설 take office 취임하다

13. 해석 고고학자들이 그 피라미드를 발견했을 때, 그들은 그것을 3년째 찾아 다니고 있었다.
해설 과거의 특정 시점(When the archeologists found the pyramid)까지 지속된 3년 동안의 동작은 과거 완료나 과거 완료 진행 시제로 표현한다. 정답은 (c)이다.
어휘 archeologist 고고학자 look for ~을 찾다

14. 해석 내년에 있을 복구 작업에 할당된 금액은 아직 결정되지 않았다.
해설 현재까지 결정되지 않은 동작이나 상황을 설명할 때에는 현재 완료로 쓴다. 정답은 (b)이다.
어휘 allocate 할당하다 restoration 회복, 복구

15. 해석 1975년에 베트남 전쟁이 끝났음에도 불구하고, 베트남 국민들은 1979년까지 지독하게 고통 받았다.
해설 과거에 이미 끝난 상태나 동작은 과거나 과거 완료 시제로 표현한다. 베트남 전쟁이 끝난 이후에 베트남 국민들이 고통을 받았으므로 과거 완료 시제는 적절치 않다. 단순 과거 시제인 (a)가 정답이다.
어휘 tragedy 비극 continue 계속하다, 계속되다

16. 해석 몇몇 유럽의 제1리그에서 경기를 하는 다른 한국인들이 있지만, Park은 오늘날에도 여전히 가장 유명한 축구 선수이다.
해설 today는 현재 시제를 표현하는 부사이다. 또한 상태 동사인 remain은 진행형과 수동태로 쓸 수 없으므로 정답은 (a)이다.
어휘 remain 여전히 ~이다

17. 해석 (a) A: 이 카페는 유명인 고객으로 알려져 있어요. J. K. Rowling도 그 중에 하나죠.
(b) B: 소설가 J. K Rowling을 말씀하시는 건가요? 그녀가 정말 여기 오나요?
(c) A: 오, 그럼요. 수년 동안 매주 일요일 여기 옵니다.
(d) B: 대단해요. 그 말은 제가 이번 주 일요일에 여기 오면

그녀를 만날 수 있다는 의미네요.

해설 (d) 시간이나 조건을 나타내는 부사절에서는 will, be going to 등의 미래 시제 대신 현재 시제를 쓴다. (d)의 will come here는 come here가 되어야 한다.

어휘 patron 후원자, 고객   novelist 소설가

18. 해설 (a) 허리케인 Matthew가 미국 남부를 강타하면서, 기상 위성은 우주에서 그 폭풍을 추적하고 있다. (b) Copernicus 3A 위성은 화요일에 그것이 Florida 동부 해안에 접근할 때, 허리케인 Matthew의 열 영상을 포착했다. (c) 그 당시 Matthew는 무시무시하게 컸는데, 그 지름이 400km에 이르며, Miami Beach에서 200km 떨어진 곳에 위치하고 있었다. (d) Matthew는 지난 100년간 가장 강력한 허리케인이다.

해설 (b)와 (c)는 지난 화요일에 관찰된 허리케인의 상태에 관한 사실이므로 과거 시제로 표현해야 한다. 따라서 (c)의 Matthew is monstrous는 Matthew was monstrous가 되어야 한다.

어휘 batter 강타하다   weather satellite 기상 위성   space 우주   capture 포착하다, 사로잡다   thermal view 열 영상   approach 접근하다   monstrous 무시무시하게 큰

Unit 03 | 태

Exercise 본문 p. 39

A.
1. (b) 2. (b) 3. (b) 4. (a) 5. (a)

B.
6. has been educated → has educated/has been educating 7. was canceled → canceled 8. allow → are allowed 9. have never considered → have never been considered 10. were satisfied → satisfied

A.

1. 해설 운전사와 리무진이 모든 신혼부부들에게 제공될 것이다.
   해설 타동사인 provide가 목적어를 취하지 않았으므로 provide의 태는 수동태가 되어야 한다.
   어휘 newlywed couple 신혼부부

2. 해설 공원에 쓰레기를 버리는 사람에게 최대 200달러의 벌금이 부과된다.
   해설 수여 동사는 목적어를 2개 가지므로 해석으로 태를 구별해야 한다. 쓰레기를 버린 사람이 벌금을 주는 것이 아니라, 쓰레기를 버린 사람이 벌금을 (부과)받는 것이기 때문에 give의 태는 수동태가 되어야 한다.
   어휘 litter 쓰레기   maximum 최고의   fine 벌금

3. 해설 몇몇 전문가들은 사람의 성격이 사회 경제적 요인들의 영향을 받는다고 믿는다.
   해설 완전 타동사인 affect 뒤에 목적어가 없으므로 affect의 태는 수동태가 되어야 한다.
   어휘 personality 성격   factor 요인

4. 해설 마지막 과제를 제출하지 못한 몇몇 학생들은 대신 시험을 보는 것이 허용됐다.
   해설 5형식 문장의 경우, 목적격 보어가 수동태 문장의 주격 보어가 되는데, 목적격 보어가 to부정사인 경우 수동태 문장이 되면 to부정사는 그대로 남는다.
   어휘 fail to do ~하지 못하다, ~하는 데 실패하다   assignment 과제, 임무

5. 해설 축제는 Central Park에서 열리고 있다.
   해설 자동사인 take place는 수동태를 만들 수 없다. in Central Park는 전치사구로, 이때의 in은 자동사가 전치사를 취한 형태가 아님에 주의한다.
   어휘 take place in ~에서 열리다

B.

6. 해설 Williams 교수는 수십 년 동안 사람들에게 기후변화에 대해 교육해 왔다.
   해설 완전 타동사인 educate는 수동태일 때 목적어를 취할 수 없다. 또한 Williams 교수가 교육을 하는 주체이므로 educate의 태는 능동이 되어야 한다.
   어휘 educate 교육하다   climate change 기후 변화   decade 10년

7. 해설 여행사는 강한 바람 때문에 Yokohama에서 출발하는 유람선 여행을 취소했다.
   해설 완전 타동사인 cancel은 수동태일 때 목적어를 취할 수 없다. 여행사가 유람선 여행을 취소하는 주체이므로 cancel의 태는 능동이 되어야 한다.
   어휘 travel agency 여행사   cruise 유람선 여행   depart from ~에서 출발하다   due to ~ 때문에

8. 해설 외국을 여행하는 한국 관광객들은 술 한 병을 가지고 입국하는 것이 허용된다.
   해설 한국 관광객이 허락(허용을 허 주는)의 주체가 아니라 허락을 받는 대상이므로 allow의 태는 수동태가 되어야 한다. 또한, allow는 목적어로 to부정사를 취하는 동사이다.
   어휘 overseas 해외로

9. 해설 노래 가사는 지금까지 한번도 문학이라고 여겨진 적이 없다.
   해설 노래 가사가 여기는(생각을 하는) 주체가 아니라 여겨지는 대상이므로 consider의 태는 수동태가 되어야 한다.
   어휘 lyrics 가사   literature 문학

10. 해석 대학이 제공하는 흥미로운 강의와 높은 수준의 지원이 경영학과 학생들을 만족시켰다.

해설 satisfy는 완전 타동사이므로 수동태로 쓸 경우 목적어를 취할 수 없다.

어휘 engaging 흥미로운   support 지원   provide 제공하다   satisfy 만족시키다

Actual Practice
본문 p.p. 40~41

1. (b)	2. (c)	3. (d)	4. (c)	5. (b)
6. (b)	7. (d)	8. (a)	9. (c)	10. (a)
11. (b)	12. (d)	13. (a)	14. (d)	15. (d)
16. (c)	17. (b)	18. (b)		

1. 해석 A: Kathy, 그 사건이 어떻게 발생했는지 알아요?
B: 네. 술 취한 운전자가 빨간 불에 달렸어요.

해설 자동사인 happen은 수동태를 만들 수 없고, 과거에 발생한 사건에 대한 설명이므로 시제는 과거가 알맞다. 정답은 (b)이다.

어휘 run a red light 정지 신호를 무시하고 달리다

2. 해석 A: Dan이 또 시간제 일을 그만뒀네요. 이번 달에 그렇게 한 게 세 번째예요.
B: 참을성이 부족한 것 같아요.

해설 상태 동사인 lack은 수동태로 만들거나 진행형으로 쓸 수 없다. 참고로 be lacking in(~이 부족하다)의 형태로는 쓸 수 있다. 정답은 (c)이다.

어휘 quit 그만두다   part-time job 시간제 직   patience 참을성, 인내심

3. 해석 A: 당신 가족들이 항상 이 대저택을 소유해 왔나요?
B: 네. 증조할아버지가 그것을 지으신 이후 전해지고 있어요.

해설 대저택은 전해지는 대상이므로 pass down(~을 물려주다)의 형태는 수동태가 되어야 한다. 과거 특정 시점부터 현재까지 계속된 상황이므로 시제는 현재 완료나 현재 완료 진행이 되어야 한다. 정답은 (d)이다.

어휘 own 소유하다   mansion 집, 저택   pass down 물려주다, 전해주다

4. 해석 A: 저는 그 국회의원이 자신의 딸을 보좌관으로 채용했다는 것을 믿을 수 없어요.
B: 대부분의 사람들이 그의 경솔함에 몹시 언짢아 하고 있어요.

해설 be동사는 상태 동사이기 때문에 진행형이나 수동태로 쓸 수 없다. 정답은 (c)이다.

어휘 congressman 국회의원   advisor 고문, 보좌관   imprudence 경솔함, 무분별

5. 해석 A: Bill은 이제 조교가 있어요.
B: 맞아요. Dan이 지난달에 고용되었어요. 그는 굉장히 능숙해 보여요.

해설 '지난달(last month)'이라는 정확한 과거 시점을 나타내는 부사가 있으므로 시제는 과거가 알맞다. Dan은 고용의 대상이므로 hire의 태는 수동태가 되어야 한다. 정답은 (b)이다.

어휘 teaching assistant 조교   competent 능숙한

6. 해석 A: 제 계획을 상세하게 설명하고 싶습니다. 시간을 조금 더 주실 수 있나요?
B: 죄송한데, 그럴 수 없습니다. 모든 지원자에게는 엄격하게 5분이 주어집니다.

해설 일반적인 규칙을 설명할 때는 현재 시제를 쓴다. 지원자에게 5분이 '주어지는' 것이기 때문에 allow는 수동태가 되어야 한다. 또한 부사 strictly는 be동사 뒤에 위치해야 한다. 정답은 (b)이다.

어휘 explain 설명하다   in detail 상세하게   applicant 지원자   strictly 엄격하게   allow 허용하다

7. 해석 A: 어릴 때 친구들과 아직 연락하세요?
B: 네, 그리고 저는 제가 10대에 맺은 우정이 가장 오래 가는 것 같아요.

해설 동사 last는 자동사이므로 수동태를 만들 수 없다. 빈칸이 있는 문장의 주어는 복수(friendships)이고, 문맥상 십 대 이후부터 현재까지 우정이 지속되고 있으므로 시제는 현재 완료로 표현하는 것이 알맞다. 정답은 (d)이다.

어휘 in touch with ~와 연락하여   friendship 우정   last 계속되다

8. 해석 A: 이번 주 목요일에 월례 회의를 여는 게 어때요?
B: 다음 월요일까지 그것을 연기해도 될까요?

해설 postpone은 타동사이며, 주어(we)가 회의를 연기하는 것이므로 postpone의 태는 능동태가 되어야 한다. 정답은 (a)이다.

어휘 hold a meeting 회의를 열다   postpone 연기하다

9. 해석 미술관 책임자로 20년을 지낸 후, Nicholas는 Arts Council의 회장으로 임명되었다.

해설 Nicholas가 임명의 대상이므로 appoint의 태는 수동태가 되어야 한다. (b)의 과거 진행형은 과거의 어떤 시점에 진행되고 있던 동작을 나타내므로 문맥상 알맞지 않다. 정답은 (c)이다.

어휘 serve 일하다, 제공하다   director 책임자   chairman 의장   appoint 임명하다

10. 해석 프랑스는 가장 인기 있는 여행지 중 하나인데, 상징적인 건물들, 아름다운 산들 그리고 아주 멋진 해변으로 가득 차 있기 때문이다.

해설 since가 두 문장을 연결하고 있으므로 빈칸은 동사 자리이다. 자동사인 brim은 수동태로 만들 수 없다. 정답은 (a)이다.

어휘 brim with ~으로 가득 차다 iconic ~의 상징이 되는 landmark 주요 지형지물

11. **해설** 과학자들이 경고하고 있듯이, 4년 동안 산불은 2배로 증가했다.

해설 double은 자동사이고, in the past four years가 제시되면 현재 완료 시제를 사용해야 한다. 정답은 (b)이다.

어휘 double 두 배가 되다, 두 배로 만들다 forest fire 산불

12. **해설** 세계에서 가장 위험한 산악 자전거 투어로 여겨지는 Bolivia의 Death Road Tour는 아주 신나는 모험을 제공한다.

해설 which의 선행사는 Death Road Tour인데, Death Road Tour는 '고려되는' 대상이므로 consider는 수동태가 되어야 한다. 정답은 (d)이다.

어휘 dangerous 위험한 offer 제공하다 exhilarating 아주 신나는

13. **해설** 남자가 가게로 들어와 위조 지폐로 두 개의 다이아몬드 반지를 사는 것이 관찰되었다.

해설 지각 동사인 observe가 수동태가 되면, 목적격 보어였던 원형 부정사는 to부정사로, 현재 분사는 그대로 남는다. 정답은 (a)이다.

어휘 observe 관찰하다 purchase 구입하다 counterfeit 위조의

14. **해설** Anna가 홀에 도착했을 때, 12명의 회원들이 그들의 자원봉사 동기에 대해 말하며 출석이 호명되고 있었다.

해설 출석이 answer의 주체가 아니라 대상이므로 answer는 수동태가 되어야 한다. 정답은 (d)이다.

어휘 roll call 출석 motivation 동기

15. **해설** 한국에는 레이저 제모, 색소 교정, 피부 재생과 여드름 치료 같은 미용 치료가 아주 많다.

해설 abound는 자동사이므로 수동태를 만들 수 없고, 상태 동사이므로 진행형으로 쓸 수 없다. 정답은 (d)이다.

어휘 beauty treatment 미용술 removal 제거 pigmentation 색소 correction 보정, 교정 rejuvenation 회춘 acne 여드름 therapy 치료

16. **해설** 그 계획은 모순이 많기는 하지만, 발전소 5기 더 건설하는 목표는 2050년까지 달성될 것이다.

해설 주절의 주어(the goal)가 달성되어야 할 대상이므로 reach의 태는 수동태가 되어야 한다. 미래의 시점에 발생할 일이므로 시제는 미래가 알맞다. 정답은 (c)이다.

어휘 contradiction 모순 power plant 발전소

17. **해설** (a) A: Mel smith가 주연한 <The Black Spider>를 본 적이 있나요?
(b) B: 아니요, 하지만 저는 다음 달에 그 영화가 DVD로 출시된다고 들었어요.
(c) A: 맞아요, 하지만 그 영화는 큰 화면으로 봐야 해요. 영화의 특수효과가 장관이에요!
(d) B: 솔직히, 저는 특수효과 같은 건 별로거든요. 저는 줄거리에 더 관심이 있어요.

해설 (b) it(The Black Spider)은 release의 주체가 아니라 대상이므로 release는 수동태가 되어야 한다.

어휘 star 주연을 맡다 spectacular 장관을 이루는 special effects 특수효과 storyline 줄거리

18. **해설** (a) Exeter의 Royal Albert Museums에 의해서 발굴되었을 때, 목욕탕은 현재의 Cathedral Close의 몇 미터 아래에서 발견되었다. (b) 발굴이 완료된 이후, 미래에 다시 문을 여는 것이 가능하도록 목욕탕이 다시 매장됐다. (c) 2014년에 대성당 관계자는 목욕탕을 다시 건설하고, 다른 시설과 함께 해설 센터를 짓기로 결정했다. (d) 그 폐허는 영국의 로마 목욕탕 중 가장 인상 깊은 것 중 하나이다.

해설 (b) the bathhouse는 rebury의 대상이므로 rebury는 was reburied가 되어야 한다

어휘 bathhouse 목욕탕 surface 표면 excavation 발굴 rebury 다시 매장하다 authorities 당국 interpretation 해석, 설명 ruins 폐허, 유적

Unit 04 | 조동사

Exercise 본문 p. 47

A.
1. (b) 2. (a) 3. (a) 4. (a) 5. (a)

B.
6. must → may 7. mustn't → shouldn't 8. couldn't have submitted → couldn't submit 9. should → must
10. had better not to say → had better not say

A.

1. **해설** 너는 새 차를 사는 것을 고려해야 한다. 네 차는 너무 자주 고장이 난다.

해설 조언의 의미를 추가할 때는 should를 쓴다.

어휘 consider -ing ~하는 것을 고려하다 break down 고장 나다

2. **해설** 실수가 있는 게 분명하다. 우리는 피자를 주문하지 않았다.

해설 '~임에 틀림 없다'라고 확신의 의미를 추가할 때는 must를 쓴다. can은 가능성(~일 수도 있다)의 의미이다.

어휘 mistake 실수 order 주문하다

3. 해석 그 유명인은 성형외과가 광고에 그녀의 사진을 사용하는 것을 멈춰야 한다고 요구했다.
   해설 주절에 demand가 있으므로 that절의 동사는 '(should)+동사 원형'의 형태가 되어야 하는데, 이때 should는 생략이 가능하므로 빈칸에는 동사 원형인 stop이 알맞다.
   어휘 celebrity 유명 인사   demand 요구하다   cosmetic surgery clinic 성형외과   ad 광고

4. 해석 어느 누구도 이 시설을 사용하기 위해 회원일 필요는 없다. 그것은 누구에게나 개방되어 있다.
   해설 빈칸 뒤에 동사 원형(be)이 있으므로, need가 조동사로 쓰였음을 알 수 있다. 조동사는 주어에 수를 일치시키지 않는다.
   어휘 facility 시설   open 개방된, 열려 있는

5. 해석 당신은 몸이 좋지 않다고 나에게 말을 했어야 했다. 그랬다면 나는 당신을 하루 쉬게 해 줬을 것이다.
   해설 과거에 하지 않은 일에 대한 아쉬움의 의미로 '~했어야 했다'라고 할 때는 should have p.p.로 쓴다. must have p.p.는 '~했음이 틀림없다'라는 강한 추측의 의미이다.
   어휘 take a day off 하루 휴가를 얻다

B.

6. 해석 네가 내 물리학 수업에 등록하진 않았지만, 원한다면 청강해도 좋다.
   해설 '~해도 좋다'라고 허가의 의미를 추가할 때는 may를 쓴다.
   어휘 register for ~에 등록하다   physics 물리학   sit in 청강하다

7. 해석 어제 그렇게 늦게까지 깨어있지 말아야 했다. 나는 오늘 늦잠을 자서 정말 늦었다.
   해설 mustn't have p.p.는 과거에 대한 후회로 '~하지 않았던 것이 분명하다'라는 의미이다. 문맥상 어제 늦게까지 깨어 있었던 것에 대한 후회를 하고 있으므로 '~하지 말았어야 했다'라는 의미의 shouldn't have p.p.를 써야 한다.
   어휘 stay up 안 자고 깨어 있다   sleep in 늦잠을 자다

8. 해석 선배들의 도움에도 불구하고, Brendon은 그의 프로젝트를 제시간에 제출할 수 없었다.
   해설 '~할 수 없었다'고 능력을 나타내야 하고 시제가 과거이므로 couldn't가 되어야 한다. couldn't have p.p.는 '~했을 리가 없다'라는 의미로 과거에 대한 추측을 할 때 쓴다.
   어휘 senior 연장자, 상급자   submit 제출하다   on time 제시간에

9. 해석 나는 내 가방을 찾을 수가 없다. 항공사가 내 수화물을 분실했음이 틀림없다.
   해설 '~했음이 틀림없다'라고 과거에 대한 강한 추측을 나타낼 때는 must have p.p.를 쓴다.
   어휘 suitcase 가방   luggage 짐, 수화물

10. 해석 질문을 받으면, 너는 그 사건에 대해 아무 말도 하지 않는 것이 좋겠다.
    해설 had better not은 should not의 대용어구이다. 뒤에 동사 원형이 와야 한다.
    어휘 case 사건, 사례

Actual Practice   본문 p.p. 48~49

1. (b)   2. (d)   3. (c)   4. (d)   5. (d)
6. (a)   7. (b)   8. (b)   9. (c)   10. (a)
11. (a) 12. (d) 13. (c) 14. (c) 15. (d)
16. (c) 17. (d) 18. (c)

1. 해석 A: 내가 선물로 준 추리 소설은 어땠어요?
   B: 너무 무서워서 혼자 잘 수가 없었어요.
   해설 'so ~ that+주어+동사'는 '너무 ~해서 …하다'라는 의미로, 문맥상 '너무 무서워서 잠을 잘 수 없었다'가 자연스럽다. 따라서 빈칸에는 '~할 수 없었다'란 뜻의 couldn't가 알맞다. 정답은 (b)이다.
   어휘 thriller novel 스릴러 소설   scary 무서운

2. 해석 A: 날씨가 좋아질 것 같다고 생각하나요?
   B: 그렇겠지만, 요즘에는 날씨에 관해서는 아무도 알 수가 없죠.
   해설 확실하지 않다고 했기 때문에 '~일지도 모른다'는 추측의 의미인 might가 적절하다. 정답은 (b)이다.
   어휘 weather 날씨   let up (강도가) 약해지다, 누그러지다   be sure of ~에 확신을 가지다

3. 해석 A: 이렇게 궂은 날씨에 하이킹을 가는 것은 실수였어요.
   B: 맞아요. 우리는 집에 있었어야 했어요.
   해설 빈칸 뒤에 stayed가 있기 때문에 (a) should와 (b) ought to는 오답이다. '~했었어야 했다'라고 과거에 대한 후회를 할 때는 should have p.p.를 쓴다. might have p.p.는 과거에 대한 추측으로 '~을 했을 지도 모른다'라는 의미이다. 정답은 (c)이다.
   어휘 go on a hike 하이킹을 가다   inclement weather 나쁜 날씨

4. 해석 A: 교통량 좀 보세요! 혼잡 시간대도 아닌데 말이죠.
   B: 사고가 있었나 봐요.
   해설 '~했음이 틀림없다'라고 과거에 대한 강한 추측을 할 때는 must have p.p.를 쓴다. (a) should have been은

'사고가 있었어야 했다'라는 의미이며, (b)의 can have p.p.와 (c)의 have to have p.p.는 문법적으로 쓰지 않는다. 정답은 (d)이다.

어휘 traffic 교통량 rush hour 혼잡 시간대

5. 해석 A: 너는 네 여동생에게 Rene의 노트북 컴퓨터를 쓰지 말라고 말했어야 했어.
   B: 말했지, 근데 그녀는 내 말을 들으려 하지 않았어.
   해설 과거에 어떤 일을 하기를 꺼렸다는 의미로 과거의 의지를 표현할 때는 'wouldn't+동사 원형'의 형태로 한다. 정답은 (d)이다.
   어휘 laptop 휴대용 컴퓨터

6. 해석 A: 여기는 아주 덥네요. 에어컨이 고장 나기라도 했나요?
   B: 아니요. 누군가가 그것을 끈 게 분명해요.
   해설 '~했음이 틀림없다'라고 과거에 대한 추측을 할 때는 must have p.p.를 쓴다. (b) must turn it off는 '반드시 꺼야 한다'란 의미이다. 정답은 (a)이다.
   어휘 air conditioner 에어컨 turn off 끄다

7. 해석 A: 후식으로 애플파이 한 조각 드실래요?
   B: 괜찮습니다. 저는 충분히 배가 불러요.
   해설 상대방에게 음식 등을 제안할 경우 would를 쓴다. (c) could는 상대방에게 도움을 요청하거나 상대의 능력에 대해 물을 때 쓴다. 정답은 (b)이다.
   어휘 completely 완전히 be full 배가 부르다

8. 해석 A: 다이어트 중에 먹지 말아야 하는 것을 먹기도 하나요?
   B: 물론이죠. 가끔 잠자리에 들기 직전에 초콜릿을 조금 먹어요.
   해설 동사구 전체를 대신할 때 대동사 do를 쓴다. 정답은 (b)이다.
   어휘 cheat on ~을 속이다

9. 해석 Tony는 그의 휴대폰을 잃어버린 게 분명해, 그렇지 않으면 우리에게 전화를 했었을 거야.
   해설 ought to 뒤에는 동사 원형이 와야 하기 때문에 (a)는 오답이다. (b) should have lost his mobile phone은 '휴대폰을 잃어버렸어야 했다'라는 의미로 문맥상 적절하지 않고, can't have lost his mobile phone은 '휴대폰을 잃어버렸을 리가 없다'라는 의미로 (d) 역시 문맥상 적절하지 않아 오답이다. must have lost his mobile phone은 '휴대폰을 잃어버린 게 분명하다'라는 의미로 문맥상 적절하다. 정답은 (c)이다.
   어휘 otherwise 그렇지 않으면

10. 해석 많은 역사학자들이 주장해 왔듯이, 과거의 비극적인 사건을 반복하지 않고 미래를 더 잘 준비하기 위해 우리가 역사로부터 배우는 것은 중요하다.
    해설 '중요하다'라는 의미의 형용사가 주절에 올 경우, 명사절 동사의 형태는 '(should)+동사 원형'이 된다. '중요한'이라는 의미의 important가 주절에 있으므로 빈칸에 알맞은 동사의 형태는 (should) learn이다. 정답은 (a)이다.
    어휘 assert 주장하다 repeat 반복하다 tragic 비극적인 incident 사건, 일 prepare for ~을 준비하다

11. 해석 새로운 연구는 진보적인 사람들이 세계를 한층 잘 이해할 것 같다고 보여 준다.
    해설 '~을 해야 한다'고 제안하는 의미의 동사 suggest가 주절에 있을 경우, 명사절 동사의 형태는 '(should)+동사 원형'이다. 하지만 suggest가 '증명하다, 보여 주다'와 같은 의미로 쓰일 경우에는 시제와 수 일치를 고려해 명사절의 동사의 형태를 결정한다. 여기서는 suggest가 '보여 주다'의 의미로 쓰였으므로, 시제와 수 일치를 살펴야 한다. 빈칸의 주어(people)는 복수이고, 시제는 현재이므로 빈칸에 알맞은 동사의 형태는 are이다.
    어휘 progressive 진보적인 understanding 이해

12. 해석 금융 위기가 계속된다면, 그리스의 금리는 사상 최저 수준으로 더 삭감되어야 할지도 모른다.
    해설 빈칸 뒤에 있는 have to와 의미가 중복되므로 (a) should와 (c) must는 오답이고 (b) ought는 뒤에 to부정사가 와야 하므로 역시 오답이다. may have to (~해야만 할지도 모른다)가 의미상 적절하므로 정답은 (d) may이다.
    어휘 financial crisis 금융 위기 interest rates 금리 further 더 멀리, 더 나아가

13. 해석 Walter는 수비수가 뒤에서 그를 넘어뜨렸을 때, 페널티 킥을 받았어야 했다고 주장했다.
    해설 '(앞으로) ~을 해야 한다'고 주장하는 의미의 동사 insist가 주절에 있을 경우, 명사절 동사의 형태는 '(should)+동사 원형'이지만, 지난 일에 대해 '~했어야 했다'고 과거 사건에 대한 안타까움을 나타내는 경우에는 이 규칙이 적용되지 않는다. 지난 일에 대해 후회할 때는 should have p.p.를 쓰므로 정답은 (c)이다.
    어휘 insist 고집하다, 주장하다 penalty kick 페널티 킥 defender 수비수 trip (발을 걸어) ~을 넘어뜨리다 from behind 뒤에서 award 상; 수여하다

14. 해석 한 연구에 따르면, 2030년까지 자동화를 통해서 미국에서 50만 개 이상의 공공 부문의 일자리가 사라질 것이다.
    해설 문맥상 미래의 가능성에 대해 이야기하고 있으므로, 지난 일에 대한 판단을 하는 (b)와 (d)는 오답이다. 조동사 뒤에는 동사 원형이 와야 하므로 (a) 역시 오답이다. 주어

(jobs)는 상실되는 대상이므로 lose의 태는 수동태가 되어야 한다. 따라서 정답은 (c)이다.

어휘 public sector 공공 부문 automation 자동화

15. 해석 어떤 잡지와의 인터뷰에서 Mick은 오디션에 참가하기 위해서 어렸을 때 종종 수업을 빼먹곤 했다고 말했다.

해설 과거에 '~하곤 했다'라는 의미의 조동사는 would이다. 정답은 (d)이다.

어휘 skip class 수업을 빼먹다 take part in ~에 참가하다

16. 해석 당신의 작년 수입이 2만 달러 이하이었다면, 당신은 연방 소득세를 낼 필요가 없다.

해설 조동사 need의 부정형은 need not이다. 정답은 (c)이다.

어휘 annual income 연소득 federal income tax 연방 소득세

17. 해석 (a) A: Carol, 집안일을 도와 줄 사람이 있어야 한다고 생각하지 않아요?
(b) B: 맞아요. 우리 둘 다 최근 너무 바빠서 집이 정말로 엉망이고 빨래는 쌓이고 있어요.
(c) A: 좋아요. 가사 도우미 회사 몇 군데에 전화해서 가격을 물어 볼게요.
(d) B: 도우미들은 비쌀 거 같지만 외식을 줄인다면 부담할 수 있을 거예요.

해설 (d) '도우미 비용을 감당할 수 있다'고 '능력'을 표현해야 한다. should afford는 '감당을 해야 한다'라는 의무이기 때문에 문맥상 어울리지 않는다. 따라서 should를 can이나 could로 바꿔야 한다. 참고로 afford 앞에는 일반적으로 can/could가 온다.

어휘 lately 최근에 laundry 빨래 pile up 쌓이다
housekeeping 살림, 집안 돌보는 일 cut down on ~을 줄이다 eat out 외식하다

18. 해석 (a) 저 탄수화물 다이어트는 많은 저 탄수화물 식단이 추천하는 채소의 급원들 역시 탄수화물 함량이 높다고 주장하는 영양학자들에 의해 비난 받아왔다. (b) 만약 어떤 사람이 채소를 충분하게 섭취하지 않으면, 그 사람은 영양 불균형으로 고통 받을 수 있다. (c) 저 탄수화물 식단은 매일 비타민과 미네랄을 충분히 섭취하기 위해 충분한 채소를 포함해야 한다. (d) 따라서, 저 탄수화물 식단의 안전성과 효능을 증명하는 증거는 충분하지 않다.

해설 (c) '저 탄수화물 식단은 이상적으로 충분한 채소를 포함할지도 모른다'는 문맥상 어색하다. might를 '~해야 한다'의 의미인 should로 바꿔야 한다.

어휘 low-carb 저 탄수화물 criticize 비판하다 nutritionist 영양학자 source 원천, 근원 carbohydrate 탄수화물 suffer from ~로 고통 받다 nutritional imbalance 영양 불균형 include 포함시키다 sufficient 충분한 evidence 증거 effectiveness 효과적임 safety 안전

Unit 05 | 부정사와 동명사

Exercise
본문 p. 59

A.
1. (a) 2. (b) 3. (b) 4. (a) 5. (a)

B.
6. didn't decide to → decided not to 7. forget feeding → forget to feed 8. offered covering → offered to cover 9. busy to work → busy working 10. is thought to introduce → is thought to have introduced

A.

1. 해석 그 업무는 도움 없이 내가 완료하기엔 너무 어려웠다.

해설 to부정사의 의미상 주어는 to부정사 앞에 'for+목적격'으로 표시한다.

어휘 challenging 도전적인 complete 완료하다

2. 해석 나는 너의 사고 소식을 들어 정말 유감스럽다.

해설 감정을 표현하는 말 뒤에 to부정사가 쓰여 감정의 원인을 나타낸다.

3. 해석 그 연설자는 청중과 더 친해지기 위해서 항상 그의 연설을 유머로 시작한다.

해설 목적을 나타내는 to부정사의 부사적 용법이다. 'in order to+동사 원형'의 축약형은 'to+동사 원형'이다.

어휘 humor 유머 become familiar with ~와 친해지다, 친숙해지다 audience 청중

4. 해석 Martin은 내가 보스턴에 비행기를 타고 갈 것을 제안했다.

해설 suggest는 동명사를 목적어로 취하며, 동명사의 의미상의 주어는 동명사 앞에 소유격이나 목적격으로 표시한다.

어휘 fly out to ~로 비행기를 타고 가다

5. 해석 SKT는 3년 후에 자사의 통신 위성을 발사할 것이다.

해설 in three years로 보아 미래에 발생할 일임을 알 수 있다. be동사 뒤에 to부정사가 와서 '예정'의 의미를 나타낼 수 있다.

어휘 communications satellite 통신 위성 launch 발사하다, 시작하다

B.

6. 해석 그의 제한된 예산 때문에, Simon은 태블릿 PC를 사지 않기로 결정했다.

해설 사는 것을 결정하지 않은 것이 아니라 '사지 않기로' 결정한 것이므로 to부정사를 부정해야 한다. to부정사의 부정은 to부정사 앞에 not을 붙인다. 'didn't decide to+동사 원형'은 '~하는 것을 결정하지 않았다'라는 뜻이다.

어휘 limited budget 한정된 예산

7. 해석 강아지들은 많이 먹으니, 하루에 세 번 그들에게 밥을 주는 것을 잊지 마라.

해설 '(앞으로) 밥 주는 것을 잊지 마'라는 의미이므로 'forget to+동사 원형'이 되어야 한다. forget -ing는 '(과거에) ~한 것을 잊다'라는 뜻이다.

어휘 feed 먹이를 주다

8. 해석 그 보험 회사는 그 관광객의 항공료를 지불하겠다고 제안했다.

해설 offer는 to부정사를 목적어로 취하는 동사이다.

어휘 insurance company 보험 회사 airfare 항공 요금

9. 해석 Amanda는 그녀의 새로운 로맨스 소설을 쓰느라 바쁘다.

해설 '~하느라 바쁘다'는 be busy -ing의 형태로 표현한다.

10. 해석 한 캐나다 승무원이 MERS를 작년에 그 나라로 들여온 것으로 여겨진다.

해설 'be thought to+동사 원형'은 '앞으로 ~할 것이라고 여겨지다'라고 해석된다. last year라는 과거 시점 부사어구로 보아 to 이하가 본동사의 시제(현재)보다 과거에 일어난 사건임을 알 수 있으므로 to부정사의 완료형을 써야 한다.

어휘 flight attendant 승무원

Actual Practice
본문 p.p. 60~61

1. (d)	2. (a)	3. (b)	4. (a)	5. (c)
6. (d)	7. (b)	8. (a)	9. (c)	10. (d)
11. (c)	12. (b)	13. (b)	14. (a)	15. (c)
16. (d)	17. (d)	18. (b)		

1. 해석 A: 커피를 그만 마시려고 노력 중인데 하루 종일 초조해요.
B: 너무 안됐네요. 당신이 카페인에 중독됐을 수도 있어 보여요.

해설 quit은 동명사를 목적어로 취하는 동사이다. 정답은 (d)이다.

어휘 quit 그만두다 jittery 초조한, 조마조마한 be addicted to ~에 중독되다

2. 해석 A: Lauren이 복권에 당첨됐다니 정말 질투가 나요!
B: 저도요, 하지만 부자가 되는 것이 행복의 조건은 아니에요.

해설 빈칸은 주어 자리이다. 형용사 rich를 주어 자리에 쓰려면 to be rich나 being rich처럼 to부정사나 동명사 형태가 되어야 한다. 정답은 (a)이다.

어휘 jealous 시기하는 win the lottery 복권에 당첨되다

3. 해석 A: 파티를 위해 준비해야 할 음식이 얼마나 되는지 아세요?
B: 네, 70명이 우리의 초대를 받아들였어요.

해설 명사 food를 단독으로 후치 수식할 수 있는 것은 to부정사밖에 없다. 정답은 (b)이다. (d)가 정답이 되려면 to be cooked가 되어야 한다.

어휘 accept 받아들이다 invitation 초대

4. 해석 A: 당신 교수님의 조언은 무엇이었나요?
B: 그는 제가 대학원에 지원하는 것을 고려해야 한다고 말씀하셨어요.

해설 consider는 동명사를 목적어로 취한다. 정답은 (a)이다.

어휘 advise 조언하다

5. 해석 A: 오, 난 집에 돌아가야 해. 오븐을 켜 놓은 채로 나온 것 같아.
B: 걱정하지 마. 내가 잊지 않고 껐어.

해설 turn off(끄다)의 목적어가 대명사일 경우, 동사와 부사 사이에 대명사가 위치(turn it off)해야 한다. 따라서 (a)와 (b)는 오답이다. remember -ing(과거에 ~했던 것을 기억하다) 구문을 만드는 (d)를 선택하기 쉽지만, remember의 시제가 과거임에 유의해야 한다. 과거 시점을 기준으로 '앞으로 ~할 것을 기억했다'란 의미이므로 'remembered to부정사'가 되어야 한다. 따라서 정답은 (c)이다.

어휘 turn off ~을 끄다

6. 해석 A: Rosen 씨, 당신의 성과는 대단했어요!
B: 감사합니다. 제 능력을 인정해 주셔서 감사해요.

해설 appreciate는 동명사를 목적어로 취하는 동사이므로 정답은 (d)이다. your는 동명사 recognizing의 의미상 주어이다.

어휘 performance 공연, 성과, 성취 appreciate 이해하다, 감사하다

7. 해석 A: 당신의 상사에게 당신이 임금 인상을 원한다고 말했어요?
B: 아니요, 아직이요, 그에게 말하는 것은 쉽지 않아요.

해설 문맥상 '그에게 말하는 것은 쉽지 않다(Talking to him is not easy)'가 알맞다. Talking to him is not easy.
→ It is not easy to talk to him.(진주어-가주어 구문)
→ He is not easy to talk to.(진주어의 목적어 him을

주어 자리로 보냄)로 변환 가능하므로 정답은 (b)이다.
어휘 pay raise 임금 인상

8. **해석** A: 저는 Carl을 이해해요. 회사가 그에게 위증을 하라고 강요했어요.
B: 청문회에서 그러한 거짓말을 하는 것을 어떻게 옹호할 수 있어요?
해설 defend는 동명사를 목적어로 취하는 동사이므로 (a)가 정답이다.
어휘 sympathize with ~에게 동정하다, 공감하다 coerce A into B A에게 B하라고 강요하다 commit perjury 위증을 하다 defend 방어하다, 옹호하다 tell a lie 거짓말 하다

9. **해석** 1979년 선거에서 권력을 잡으면서 Joe Clark는 캐나다의 최연소 총리가 되었다.
해설 빈칸에는 주격 보어인 the youngest person을 수식하는 표현이 들어가야 한다. '최상급 형용사+명사'는 to부정사의 수식을 받으므로 정답은 (c)이다.
어휘 come to power 집권하다, 권력을 장악하다 prime minister 총리

10. **해석** 태풍 Chaba는 태평양에서 발전한 후에 몇몇 해안 도시를 강타했다고 알려졌다.
해설 'be reported to부정사'는 '~라고 알려지다'라는 의미이므로 (c)와 (d) 중에서 정답을 고른다. 문맥상 태풍이 해안 도시를 강타한 것은 보도된 시점보다 먼저 일어난 사건이다. 즉, 본동사보다 시제가 앞선 경우 이므로 to have p.p.의 형태로 쓴다. 정답은 (d)이다.
어휘 coastal 해변의 slam 강타하다

11. **해석** 그 사건에서 배울 수 있는 교훈은 누구나 기후 변화의 희생자가 될 수 있다는 것이다.
해설 lesson은 learn의 주체가 아니라 대상이기 때문에 수동태(to be p.p.)가 되어야 한다. 정답은 (c)이다.
어휘 victim 희생자 climate change 기후 변화

12. **해석** 수면 장애를 가지고 있는 사람들은 밤에 잠드는 데에 어려움을 겪는다.
해설 have difficulty -ing는 '~하는 데에 어려움을 겪다'라는 의미이다. 관용 표현이므로 기억해 두자. 정답은 (b)이다.
어휘 delay 지연시키다 fall asleep 잠들다

13. **해석** Evan는 횡령 혐의와 관련된 데이터를 삭제하려고 했다는 것을 부인했다.
해설 deny는 동명사를 목적어로 취하는 동사이다. 정답은 (b)이다.
어휘 deny 부인하다 delete 삭제하다 related to ~와 관련이 있는 embezzlement 횡령

14. **해석** 호텔 매니저는 무슬림 지도자들의 기분을 상하지 않게 하기 위해서 회담 동안에 술을 제공하지 말라는 말을 들었다.
해설 so as to부정사(~하기 위해서)의 부정형은 so as not to부정사(~하지 않기 위해서)이다. 정답은 (a)이다.
어휘 serve 제공하다, 차려 내다 conference 회의 offend 기분 나쁘게 하다, 공격하다

15. **해석** 심장병의 위험을 줄이는 것 이외에도, 커피를 적당히 마시는 것은 기억력과 인지 능력을 높인다.
해설 동사(helps) 앞은 주어 자리이다. 타동사 drink의 목적어인 coffee 앞에 전치사 to가 있는 (a)는 오답이다. 커피를 설명하는 형용사로 moderate(적절한)은 문맥상 자연스럽지 않기 때문에 (b), (d)도 오답이다. 정답은 (c)이다. 참고로 주어 자리에는 to부정사와 동명사 모두 가능하다.
어휘 reduce 줄이다 risk 위험 hear failure 심장병 boost 신장시키다 cognitive 인지의

16. **해석** Edward Jenner(1749-1823)는 수두 백신을 도입함으로써 많은 생명을 구한 것으로 인정받고 있다.
해설 be credited with/for(~으로 명성을 얻다) 뒤에는 동명사가 나와야 한다. Edward Jenner가 사람들을 살린 것은 본동사의 시제인 현재보다 과거의 사건이므로 완료 동명사(having p.p.)를 써야 한다. 정답은 (d)이다.
어휘 be credited with ~한 것으로 인정되다, 명성이 있다 introduce 도입하다 vaccine 백신 smallpox 수두

17. **해석** (a) A: 요즘에 먹고 살기 힘들어요.
(b) B: 저도 마찬가지예요. 환율이 너무 높아서 집세와 공과금을 간신히 내고 있어요.
(c) A: 저는 제 차를 팔까 생각 중이에요. 부업을 구하기 전까지 견딜 수 있을 거예요.
(d) B: 당신이 대중교통을 이용하는 것을 상상하기 힘드네요.
해설 (d) imagine은 동명사를 목적어로 취하는 동사이므로 imagine you to take는 imagine you taking이나 imagine your taking이 되어야 한다.
어휘 make ends meet 겨우 먹고 살 만큼 번다 barely 간신히, 가까스로 afford to ~할 여유가 있다 tide ~ over ~가 (곤경을) 헤쳐나가도록 돕다

18. **해석** (a) 한 철도 회사는 여성 승객들에게 열차 내에서 화장을 하지 않음으로써 다른 사람들을 배려해 줄 것을 촉구하고 있다. (b) 그 철도 회사는 여성들이 출퇴근 시간 동안 화장하지 않도록 하기 위해 영상물을 내보냈다. (c) 그러나 그 영상물은 많은 여성 승객에게 분노를 불러 일으켰다. (d) 어떤 사람들은 철도 회사는 예쁘게 보이기 위해 애쓰는 사람보다는 열차 내에서의 범죄 행위에 대해 좀 더 신경써야 한다고 주장한다.

해설 (b) 'stop+to부정사'에서 to부정사는 부사적 용법으로 '~하기 위해'라는 의미이다. '~하는 것을 멈추다'라고 할 때는 'stop+-ing'로 써야 한다. stop은 목적어로 동명사를 취한다. stop to put on은 stop putting on이 되어야 한다.

어휘 urge 촉구하다   be considerate of ~을 고려하다   release 방출하다, 풀어주다   be concerned about ~에 관심을 가지다, ~을 걱정하다   criminal act 범죄 행위

Unit 06 | 분사

Exercise
본문 p. 67

A
1. (a)   2. (a)   3. (b)   4. (b)   5. (a)

B
6. been → being   7. Viewing → Viewed   8. With winter comes → With winter coming   9. Having not slept → Not having slept   10. Having persuaded → (Having been) persuaded

A.

1. 해설 버스를 기다리면서 여자아이들은 자신의 사진을 찍고 있었다.
   해설 종속절의 접속사와 주어가 생략된 것으로 보아 분사 구문이므로 빈칸은 분사 자리이다.
   어휘 take a picture of ~의 사진을 찍다

2. 해설 밀폐된 병에 보관되면 그 밀가루는 한 달 동안은 괜찮을 것이다.
   해설 타동사 preserve와 의미상 주어인 flour의 관계가 수동이므로 빈칸에는 과거 분사 p.p형이 와야 한다.
   어휘 seal 봉하다   flour 밀가루   preserve 보존하다

3. 해설 제대로 만들어지면, 그 텐트는 시속 100km까지의 강한 바람을 견딜 수 있다.
   해설 접속사 when 뒤에 주어가 없으므로 분사 구문이 되어야 한다. 따라서 과거 분사인 built가 알맞다. 전체 문장의 주어는 tent이고 동사는 will withstand이다.
   어휘 properly 제대로   withstand 견디다   up to ~까지

4. 해설 한국에 남아 있는 붉은 여우는 소수에 불과하다.
   해설 remain은 자동사이므로 수동의 의미인 과거 분사 형태로 명사를 수식할 수 없다.

5. 해설 MP3 플레이어가 더 이상 필요 없는 Edward는 그것을 팔았다.
   해설 문장의 주어는 Edward이고 동사는 sold이므로 빈칸은 분사 자리이다. 분사 구문의 부정형은 분사 앞에 부정어를 붙여 만든다.

B.

6. 해설 오타가 너무 많아서 편집자는 그것을 출간하는 것을 거절했다.
   해설 두 문장이 콤마(,)로 연결된 것으로 보아 분사 구문이다. be동사 are의 현재 분사형인 being이 적절하다.
   어휘 typo 오타   editor 편집자   refuse 거절하다   publish 출판하다

7. 해설 멀리서 보면 그 허수아비는 진짜 농부 같다.
   해설 타동사 view와 그 의미상 주어 scarecrow의 관계가 수동이므로 Viewed가 되어야 한다.
   어휘 from a distance 멀리서   scarecrow 허수아비

8. 해설 겨울이 다가오면서, 많은 동물들이 자신의 주거지에 먹이를 보관하기 시작했다.
   해설 'with+명사+분사'는 with 부대 상황 구문이다. 따라서 comes는 분사인 coming이 되어야 한다.
   어휘 store 저장하다   shelter 거주지

9. 해설 3일 동안 잠을 자지 못한 Laura는 피곤했다.
   해설 분사 구문의 부정형은 분사 앞에 부정어를 넣어 만든다. 따라서 not이 having 앞에 와야 한다.
   어휘 exhausted 기진맥진한

10. 해설 그의 룸메이트에게 설득당한 Feter는 거실에 놓을 새로운 커다란 새로운 TV를 샀다.
    해설 타동사 persuade 뒤에 전치사가 있으므로 분사 구문의 태는 수동이 되어야 한다. 설득당한 상태만 표현을 해서 Persuaded by ~라고 하거나, Peter가 TV를 산 것보다 설득당한 것이 먼저 일어난 움임을 표현해, 완료 분사 구문인 Having been persuaded by ~가 되어야 한다.
    어휘 persuade 설득하다   living room 거실

Actual Practice
본문 p.p. 68-69

1. (b) 2. (b) 3. (d) 4. (a) 5. (a)
6. (c) 7. (d) 8. (d) 9. (a) 10. (a)
11. (c) 12. (d) 13. (a) 14. (d) 15. (c)
16. (a) 17. (b) 18. (c)

1. 해석 A: 간단하게 말하자면, 저는 제 주문을 취소하고 싶어요.
B: 알겠습니다. 바로 그것을 처리하겠습니다.

해설 If it is simply put(그것을 간단하게 말하자면)을 분사 구문으로 바꾸는 문제이다. 주어 it에 특별한 의미가 없기 때문에 접속사와 함께 생략하면 being simply put이 되고, 이때 being은 생략할 수 있다. 따라서 (b)가 정답이다. 참고로, If you put it simply(그것을 간단하게 말하자면)를 분사 구문으로 만들면, 일반인을 의미하는 주어 you를 생략해, putting it simply로 만들 수 있다. Simply put과 Putting it simply는 '간단하게 말하자면'이라는 뜻의 관용적인 분사 구문이다.

어휘 cancel 취소하다 take care of ~을 처리하다

2. 해석 A: 오늘 어떤 계획이 있으세요?
B: 도서관에 책을 반납하고 나서 Isabel과 테니스를 칠 거예요.

해설 접속사 after 뒤에 주어가 없다면 분사가 와야 한다. 종속절을 분사 구문으로 만들 때 주절의 주어와 종속절의 주어가 같으면 주어를 생략하므로 (c)는 오답이다. 종속절의 의미상 주어 I가 return의 주체이므로 빈칸에는 능동의 의미를 갖는 returning이 알맞다. 정답은 (b)이다.

어휘 return 반납하다

3. 해석 A: 점심을 걸렀나요? 오늘 식당에서 당신을 보지 못했어요.
B: 보고서를 쓰느라 시간 가는 줄 몰랐어요.

해설 접속사 while 뒤에 주어가 생략된 것으로 보아 분사 자리이다. 종속절에서 생략된 주어 I가 writer의 주체이므로 능동의 의미를 갖는 현재분사 (d) writing이 정답이다.

어휘 skip lunch 점심을 거르다 lose track of time 시간 가는 것을 잊다

4. 해석 A: Carter에게 너무 화가 나요.
B: 그가 당신에게 말하는 방식을 보면, 당신을 비난할 수 없어요.

해설 'Considering+명사'는 '~를 고려하건대'라는 의미의 관용적인 분사 구문이다.

어휘 be mad at ~에게 화를 내다 blame 비난하다

5. 해석 A: 'via'라는 단어는 무슨 뜻인가요?
B: 라틴어에서 유래한 그 단어는 '방법'이나 '길'이란 뜻이에요.

해설 주절의 주어 it은 the word(그 단어)를 지칭하고, 그 단어는 라틴어에서 '유래된' 것이므로 derive는 과거 분사형이 되어야 한다. 타동사 derive 뒤에 목적어가 없으므로 형태적으로도 수동태가 되어야 함을 알 수 있다. 정답은 (a)이다.

어휘 via 경유하여, 통하여 derive 유래하다

6. 해석 A: 누가 전화했나요?
B: 저에게 자선 단체에 기부할 것을 설득하려는 어떤 사람이에요.

해설 명사를 수식하는 형용사 역할을 하는 (b)나 (c)가 빈칸에 들어갈 수 있다. to부정사가 형용사적 용법으로 쓰일 때는 '앞으로 ~할'의 의미이므로 빈칸에는 '~하는'의 의미인 현재 분사가 적절하다. 정답은 (c)이다.

어휘 persuade 설득하다 donate 기부하다 charity 자선 단체

7. 해석 A: Paula Anderson은 그 잡지사와 왜 그런 논란이 많은 인터뷰를 했나요?
B: 지난 10년 동안 TV쇼에 한 번도 출연하지 않은 그녀는 인터뷰에서 정치적으로 정당해지는 방법을 잊어버린 것 같았어요.

해설 분사 구문에 있는 for a decade로 보아, 분사 구문의 시제가 주절의 시제보다 앞선 상황임을 알 수 있다. 이 경우 완료 분사 구문을 쓰는데, 완료 분사 구문의 형태는 Having p.p.이다. 또한 분사 구문의 부정형은 분사 앞에 부정어가 위치해야 하므로 완료 분사 구문의 부정형은 Now having p.p.가 된다. 정답은 (d)이다.

어휘 controversial 논란이 많은 decade 10년 politically correct (다른 사람들의 감정을 상하지 않게) 정치적으로 정당한

8. 해석 A: 대회에서 Helen의 공연은 어땠어요?
B: 솔직히 말해서, 저는 그녀가 더 잘할 수 있었다고 생각해요.

해설 '솔직히 말해서'라는 의미의 관용적 분사 구문은 Frankly speaking이다. 정답은 (d)이다.

어휘 performance 공연 competition 대회

9. 해석 일 년 동안 자신의 기업을 운영한 뒤 Eliot은 취업을 하는 것이 최선이라고 생각했다.

해설 빈칸부터 콤마(,) 사이에 주어가 없는 것으로 보아 빈칸은 동사 자리가 아니다. 따라서 (b)는 오답이다. to부정사는 '~하기 위해서'라는 의미로도 쓰이는데 (d)의 경우 '그 자신의 기업을 일 년 동안 운영하기 위해'가 되어 문맥상 적절치 않다. 시간 부사어인 for a year로 보아 주절의 시제보다 앞선 시제임을 알 수 있으므로 빈칸에는 완료 분사 구문을 만드는 Having run이 알맞다. 정답은 (c)이다.

어휘 run a business 기업을 운영하다

10. 해석 이 지역에 오랫동안 자리 잡은 중국인 지역사회는 지역 사업을 활성화하는 것을 돕는다.

해설 빈칸은 분사 자리이다. 선택지에 주어가 없고 동사만 있다는 것은 주절의 주어와 분사 구문의 주어가 동일함을 의미하고, 빈칸 뒤에 establish의 목적어가 없으므로 establish는 수동태가 되어야 한다. (a)와 (d)가 수동태인데, (d)는 '그 지역에 확고하게 자리잡지 않기 위해서'란 의미가 되어 문맥상 어색하므로 오답이다. 정답은 (a)이다.

어휘 community 공동체, 지역 사회 promote 촉진하다 establish 설립하다, 확고하게 자리잡다

11. 해석 학회에서 발생한 일에 대해 자신을 책망하면서, Ernie는 프로젝트 매니저 사임을 발표했다.

해설 blame은 타동사이며 빈칸 뒤에 명사(himself)가 있으므로 blame은 능동태가 되어야 한다. 자기 자신을 책망하는 상황이므로 주절의 주어 Ernie가 blame의 주체임을 알 수 있다. 정답은 (c)이다.

어휘 announce 발표하다 resignation 사임

12. 해석 태풍이 지나간 후에, 거리는 쓰레기와 부러진 나무들로 가득 찼다.

해설 (a)와 (c)는 주어가 생략된 분사 구문이므로 주절의 주어와 분사 구문의 주어가 일치해야 하는데, 이 경우 the streets가 pass의 주체가 되어 문맥상 어색하므로 오답이다. 접속사 없이 절과 절을 연결시킬 수 없으므로 (b) 역시 오답이다. '태풍이 지나간'이라는 의미가 되는 (d)가 정답이다.

어휘 be full of ~로 가득차다 trash 쓰레기 pass 지나가다, 넘겨주다

13. 해석 양초가 타오르는 가운데, 그의 아내가 그의 서재에 들어왔을 때 Thomas는 그의 시의 마지막 행을 쓰는 데 집중하고 있었다.

해설 전치사 뒤에는 절이 올 수 없으므로 (c)는 오답이다. 양초는 스스로 타는 것이므로 이때의 burn은 자동사로 볼 수 있고, 자동사는 현재 분사의 형태로 명사를 수식한다. 정답은 (a)이다.

어휘 candle 양초 concentrate on ~에 집중하다 poem 시 study 서재

14. 해석 그의 병에 대한 소문이 있었지만, 수상은 두 번째 임기를 위해 출마하겠다는 그의 결정을 발표했다.

해설 두 문장을 연결하는 접속사가 없기 때문에 두 문장 중 하나는 분사 구문이 되어야 하므로 동사인 (a)와 (b)는 오답이다. 콤마 뒤에 따르는 문장이 주어와 동사를 갖추고 있는 완전한 문장이므로 콤마 앞부분을 분사 구문으로 만드는 것이 적절한데, 'there+be동사' 구문을 분사 구문으로 만들면 there being의 형태가 된다. 정답은 (d)이다.

어휘 rumor 소문 illness 질병 prime minister 수상 announce 발표하다 decision 결정 term 기간, 용어

15. 해석 비록 정규 교육은 받은 적은 없지만, Anna는 몇몇 일류 대학의 입학 허가를 받았다.

해설 접속사 뒤이므로 빈칸에는 '주어+동사'나 분사가 올 수 있다. 주절과 분사 구문의 주어가 같은데 생략되지 않은 (a)는 오답이다. 접속사 뒤에는 to부정사가 올 수 없으므로 (b)도 오답이다. (d)는 접속사 뒤에 동명사의 의미상 주어와 동명사가 온 형태이므로 오답이다. 완료형 부정 분사 구문인 (c)가 정답이다.

어휘 formal 정규적인 be admitted to school 입학 허가를 받다

16. 해석 최고의 선수가 Rooters에 돌아왔음에도 불구하고 그 팀은 연패를 깨지 못했다.

해설 전치사구를 만드는 문제이다. 전치사 despite 뒤에는 명사나 동명사가 올 수 있다. (b) Despite returning the best player는 주절의 주어가(the team) '최고의 선수를 되돌려 주었음에도 불구하고'라고 해석되어 문맥상 어색하다. (a) Despite the best player returning은 returning의 주체가 the best player가 되어, '최고의 선수가 팀으로 돌아왔음에도 불구하고'라는 자연스러운 의미가 되므로 정답이다.

어휘 losing streak 연패

17. 해석 (a) A: 당신의 새로운 휴대폰에 무슨 문제가 생겼나요?
(b) B: 어제 피카소 전시회를 둘러보던 중에 도둑맞은 것 같아요.
(c) A: 안됐네요. 경찰에 신고했나요?
(d) B: 네. 그곳이 얼마나 복잡했는지를 고려해보면, 그 소매치기를 찾을 가능성은 거의 없어요.

해설 (b) while 분사 구문의 주어가 생략되었으므로 주절의 주어와 동일한지 살펴 보아야 하는데, 주절의 주어인 it은 휴대폰을 가리킨다. 휴대폰이 lock around의 주체가 될 수 없으므로 분사 구문의 주어인 I는 생략할 수 없다. while looking around는 while I looking around가 되어야 알맞다. Part 3, 4에서 접속사 뒤에 바로 분사가 나오는 문장이 있다면 주절의 주어와 일치하는지를 살펴 보아야 한다.

어휘 exhibition 전시회 possibility 가능성 pickpocket 소매치기

18. 해석 (a) 다른 식물과 마찬가지로 Venus flytrap은 토양에서 영양분을 얻는다. (b) 그러나 토양이 좋지 않으면, 파리지옥풀은 곤충으로부터 영양분을 얻는다 (c) 이 식물에 매료된 많은 사람들이 오랫동안 이것을 많이 채취해서, 이 식물은 멸종 위기에 처하게 됐다. (d) 오늘날, 몇몇 사람들은 온실에서 멸종 위기의 식물을 기른다.

해설 (c) 분사 구문의 주어가 생략되었으므로 분사 구문의 의미상 주어가 주절의 주어인 people과 동일한지 살펴 보고, 의미상 주어와 분사의 관계를 따져 보아야 한다. 사람들이

파리지옥풀에 매혹되는 대상이므로 fascinate는 수동이 되어야 한다. 즉, Fascinating이 Fascinated가 되어야 한다.

어휘 Venus flytrap 파리지옥풀 nutrient 영양분 soil 토양 insect 곤충 fascinating 매력적인 fascinated with ~에 매료된 collect 수집하다 endangered 멸종될 위기에 이른 greenhouse 온실

Unit 07 | 등위 접속사와 부사절 접속사

Exercise
본문 p. 79

A
1. (b) 2. (a) 3. (a) 4. (b) 5. (a)

B
6. until → since   7. or → nor   8. As he was frustrated → Frustrated as he was / Although he was frustrated
9. sad → sadness   10. and → but also

A.

1. **해석** 대도시는 시끄럽고 위험하다.
   해설 비슷한 요소를 연결할 때는 등위 접속사 and를 쓴다.
   어휘 dangerous 위험한

2. **해석** Tara가 모르는 사람으로부터 꽃다발을 받은 것으로 보아 착오가 있었던 것이 분명하다.
   해설 so는 결과를, or는 대안을 제시하는 절을 이끈다. 앞의 내용이 빈칸 이하의 추측을 하게 한 원인이므로 so가 알맞다.
   어휘 receive 받다 bouquet 꽃다발 mistake 실수

3. **해석** 고려할 것이 아주 많기 때문에 나는 그것에 대해 아직 결정할 수 없다.
   해설 빈칸 뒤에 결정할 수 없는 이유가 나오므로 because가 알맞다. while은 '~하는 반면', '~하는 도중에'라는 의미이므로 문맥상 어색하다.
   어휘 decide 결정하다 consider 고려하다

4. **해석** 모퉁이에서 왼쪽으로 돌면, 그 분수가 보일 거예요.
   해설 빈칸은 동사 자리이므로 turn이 알맞다. 참고로 시간/조건의 부사절에서는 현재 시제가 미래를 대신한다.
   어휘 fountain 분수

5. **해석** Andy는 Tony와 화해하려고 했지만 Tony는 그와 말하려 하지 않았다.
   해설 빈칸 앞뒤가 서로 상반되는 내용이므로 문맥상 but이 알맞다. or는 '그렇지 않으면'이란 의미이다.

어휘 make peace with ~와 화해하다

B.

6. **해석** Brown 씨가 Royal 사의 사장이 된 지 4년이 지났다.
   해설 문맥상 '사장이 된 후'가 알맞으므로, until은 since가 되어야 한다. 현재 완료의 계속적 용법에서 기준이 되는 과거의 특정 시점은 since로 표현한다.
   어휘 become ~이 되다 president 사장

7. **해석** 휴대폰도 카메라도 극장 안에서 허용되지 않는다.
   해설 Neither A nor B는 'A도 B도 아니다'라는 의미이다. 따라서 or은 nor가 되어야 한다.
   어휘 cell phone 휴대폰 allow 허용하다, 허락하다 theatre 극장

8. **해석** Harold는 그의 패배로 좌절했지만, 그는 도전자의 승리를 축하해 주었다.
   해설 접속사 as를 양보의 의미로 쓸 경우, '보어+as+주어+동사'의 어순이 되어야 한다. 보어인 frustrated가 문장 앞으로 나오거나, 접속사 as를 양보의 접속사 although로 바꿔야 한다.
   어휘 frustrated 좌절감을 느끼는 defeat 패배 congratulate 축하하다 challenger 도전자 victory 승리

9. **해석** Anderson은 자신의 분노와 슬픔을 말로 설명할 수 없었다.
   해설 등위 접속사 and로 연결된 부분의 품사는 동일해야 한다. sad는 sadness가 되어야 한다.
   어휘 express 표현하다 anger 분노

10. **해석** 공무원들뿐만 아니라 그 회사의 회장도 그 합병에 찬성했다.
    해설 not only는 but also와 짝을 이루어 쓰인다.
    어휘 government official 공무원 chairman 회장 merge 합병

Actual Practice
본문 p.p. 80–81

1. (d)   2. (c)   3. (a)   4. (a)   5. (c)
6. (b)   7. (b)   8. (c)   9. (b)   10. (b)
11. (b) 12. (a) 13. (d) 14. (b) 15. (a)
16. (c) 17. (d) 18. (c)

1. **해석** A: 오늘 회의에 늦으셨네요.
   B: 죄송해요. 제가 버스를 놓쳐서 그랬어요.
   해설 회의에 늦은 이유에 대한 설명이므로 (d)가 정답이다.
   어휘 be late for ~에 늦다 miss 놓치다

2. **해석** A: 제 아내와 저는 모두 재즈 듣는 것을 좋아해요.
   B: 오, 저는 그런 음악은 참을 수 없어요.
   해설 both A and B는 복수 동사로 수를 일치시키며, like

는 상태 동사이기 때문에 진행형으로 쓰지 않는다. 정답은 (c)이다.

어휘 cannot stand ~을 못 견디다

3. 해석 A: 저는 교수님이 저에게 할당한 에세이 주제가 마음에 들지 않아요.
B: 당신은 그것을 받아들이거나 지도 교수를 바꿀 수 있어요.
해설 either A or B는 등위 상관 접속사이기 때문에 A와 B의 품사는 같아야 한다. 정답은 (a)이다.
어휘 assign 할당하다 supervisor 지도 교수, 상급자, 관리자

4. 해석 A: 이제 쌍둥이가 있으니 우리 차는 너무 작아요.
B: 맞아요. 그것을 팔고 SUV를 사요.
해설 '자동차를 팔다'와 'SUV를 사다'라는 두 문장을 자연스럽게 연결하는 접속사는 and이다. so 뒤에 따르는 문장은 앞 문장의 결과여야 한다. 따라서 '그것을 판다, 그래서 suv를 산다'는 문맥상 어색하므로 (c)는 오답이다. 정답은 (a)이다.
어휘 twin 쌍둥이

5. 해석 A: 주말에 Alps로 가는 우리의 스키 여행에 동행하는 게 어때요?
B: 별일이 생기지 않는다면, 그러고 싶어요.
해설 문맥상 '아무 일도 일어나지 않는다면'이란 조건이 들어가는 것이 알맞다. 정답은 (c)이다.
어휘 join 동행하다 something comes up 어떤 일이 생기다

6. 해석 A: 저는 제 사업을 하고 싶어요.
B: 스트레스가 많고 어렵겠지만 그것은 확실히 해 볼 만한 가치가 있어요.
해설 '어렵다'와 '해 볼 만한 가치가 있다'를 문맥상 자연스럽게 연결하기 위해서는 역접이나 양보의 접속사가 적절하므로 (b) although가 정답이다.
어휘 be worth ~의 가치가 있다 challenging 어려운 provided ~이라면 now that ~이니까, ~한 이상

7. 해석 A: Julia Foster란 이름을 들어 본 적이 있나요? 이 모든 편지들이 그녀에게 왔어요.
B: 제가 알기로는, 그녀는 위층에 산 지 두 달 된 사람이에요.
해설 '~하는 범위 내에서'라는 의미를 갖고 있는 접속사는 as far as이다. as long as는 '~하는 한'이라는 조건의 접속사이고, as는 '~하기 때문에, ~하면서'라는 의미의 접속사이다. 정답은 (b)이다.
어휘 upstairs 위층에

8. 해석 A: 포틀럭 파티를 위해 당신이 만든 음식을 모두가 좋아했나요?
B: 그렇게 생각해요. 10분 만에 전부 다 먹었거든요.
해설 모든 사람이 좋아했다고 생각한 이유가 빈칸 뒤에 언급되고 있으므로 (c)가 정답이다.
어휘 potluck 조금씩 음식을 가져와서 나누어 먹는 식사
eat up ~을 다 먹다

9. 해석 그 섬이 허리케인을 견디어 내는 동안, 대부분의 관광 명소들은 관광객들을 위해 열려있었다.
해설 빈칸은 접속사 자리이므로 전치사인 (a)와 (c)는 오답이다. while은 '~에도 불구하고, ~하는 동안에', since는 '~이기 때문에'라는 의미인데, 문맥상 while이 알맞다. (b)가 정답이다.
어휘 endure 견디다, 참다 hurricane 허리케인, 태풍 attraction 관광 명소

10. 해석 어떤 사람들은 나폴레옹을 위대한 지도자로 생각하고, 다른 사람들은 그를 독재자라고 매도한다.
해설 상반된 내용을 연결하는 접속사는 yet이다. yet 대신 whereas, while, although, though 등도 쓸 수 있다. 정답은 (b)이다.
어휘 decry 매도하다 dictator 독재자

11. 해석 고객들로부터 불평 사항이 훨씬 적어졌으므로 고객 서비스는 개선된 것 같다.
해설 고객 서비스가 개선되었다고 판단하는 이유, 근거가 there have been far fewer complaints from clients이기 때문에, 빈칸에는 '~이므로, ~라는 점에서'의 의미인 in that이 적절하다. 정답은 (b)이다.
어휘 improve 개선되다, 나아지다 complaint 불평 as long as ~하는 한 while ~하는 반면, ~하는 동안 whereas ~한 반면

12. 해석 그녀의 비서가 인터뷰에 대해서 그녀에게 말해 주지 않았기 때문에, Hilary는 기자들이 질문을 퍼부었을 때 당황했다.
해설 '그녀의 비서가 인터뷰에 대해서 말해 주지 않은 것'이 Hilary가 놀란 원인이므로 이유 부사절을 이끄는 접속사 since가 알맞다. 정답은 (a)이다.
어휘 secretary 비서 pepper with ~을 퍼붓다 lest(should) ~하지 않기 위해서 otherwise 그렇지 않다면

13. 해석 나는 Michael의 편을 들거나 그를 옹호할 의도가 없다.
해설 either A or B에서 A와 B의 품사는 동일해야 한다. 정답은 (d)이다.
어휘 intention 의도 side with ~의 편을 들다 advocate 지지하다, 옹호하다

14. 해석 James의 첫 번째 소설은 2년 전에 출판되었고, 출판된 지 6개월 만에 영화로 만들어졌다.
해설 등위 접속사 and는 독립된 두 절을 연결해 중문을 만들 수 있는데, 이때 and 앞에 중복되는 부분은 생략할 수 있다. 문맥상 첫 번째 절의 주어와 빈칸 뒤에 있는 절의 주어

와 be동사가 동일하므로 생략할 수 있다. 정답은 (b)이다.

어휘 publication 출판

15. 해석 결국 Lucy에게 그 차 사고는 뜻밖의 행운이었는데 왜냐하면 그 다음의 응급 수술 도중 그녀의 뇌에서 종양이 발견되었기 때문이다.

해설 사고가 다행인 이유가 수술 중에 종양이 발견되었기 때문이므로 원인, 이유를 나타내는 접속사 since가 가장 적절하다. 주절의 시제가 현재 완료일 때 접속사 since는 '~이래로'라는 의미라는 것도 알아두자. 정답은 (a)이다.

어휘 a blessing in disguise 뜻밖의 좋은 결과   tumor 종양
discover 발견하다   subsequent 뒤따르는
emergency surgery 응급 수술

16. 해석 일주일 이내에 완불되지 않는다면 주문은 이행되지 않을 것이다.

해설 '주문이 처리되지 않는다'와 '일주일 내에 완불된다'라는 두 문장을 자연스럽게 연결할 수 있는 접속사는 '~하지 않는다면'이라는 의미의 unless이다. 정답은 (c)이다.

어휘 fill an order 주문을 이행하다   in full 전부

17. 해석 (a) A: 비행기는 언제 로마로 떠나나요?
(b) B: 30분 후에요. 저녁 11시 즈음에 거기에 도착할 거예요.
(c) A: 그러면 도착하면 호텔로 곧장 가야겠네요, 그렇죠?
(d) B: 불행하게도 그래요. 체크인 하고 나서 전화할게요.

해설 (d) 시간이나 조건을 나타내는 부사절에서는 will이나 be going to 등의 미래 시제는 쓰지 않는다. 현재 시제가 미래 시제를 대신하므로 after I will check in은 after I check in이 되어야 한다.

어휘 leave for ~로 떠나다   check in 투숙 수속을 밟다

18. 해설 (a) Connecticut에서 태어난 총기 제조업자인 Samuel Colt(1814-1862)는 재장전하지 않고 여러 번 발사할 수 있는 권총을 발명했다. (b) Colt는 그의 회전침 총을 제작하기 위해 회사를 설립했다. (c) 하지만 처음엔 사업도 그 판매량도 성공적이지 않았다. (d) Colt 리볼버를 세계에서 가장 잘 유명한 무기로 만든 것은 멕시코-미국 전쟁(1846-1848)과 미국 남북 전쟁(1861-1865)이었다.

해설 (c) neither A nor B는 B에 수 일치를 시킨다. was는 were가 되어야 한다.

어휘 manufacturer 제조사   invent 발명하다   multiple 많은, 다수의   reloading 재장전   manufacture 제조하다   revolving cylinder 회전침   pistol 권총   firearm 무기

Unit 08 | 관계 대명사

Exercise
본문 p. 89

A.
1. (b) 2. (a) 3. (a) 4. (b) 5. (b)

B.
6. works as an assistant → who works as an assistant
7. all of which is → all of which are   8. that → where/through which   9. where → when   10. who → whose

A.

1. 해석 아름다운 불꽃놀이가 시작되었는데, 그것은 축제가 끝난다는 것을 의미했다.

해설 계속적 용법에서 앞 문장 전체를 선행사로 받을 수 있는 관계 대명사는 which이다.

어휘 fireworks 불꽃놀이   festival 축제   come to an end 끝나다

2. 해석 저희가 비공개 파티를 할 수 있는 좋은 장소를 추천해 주실래요?

해설 빈칸 이하가 완전한 문장이므로 빈칸은 관계 부사가 들어갈 자리이다. 이 문장에서 선행사는 장소(a nice place)이므로 알맞은 관계 대명사는 where이다.

어휘 recommend 추천하다   private 개인 소유의, 사적인

3. 해석 Ken과 Bruce가 동의하지 않는 유일한 사안은 종교이다.

해설 관계 대명사 that 앞에는 전치사를 쓰지 않는다.

어휘 issue 사안, 문제   religion 종교

4. 해석 내 생각엔 지난주에 우리의 음식에 대해 불평을 제기했던 남자가 지금 바에 앉아 있다.

해설 I believe는 삽입절이다. 삽입절이 있을 경우에는 이 삽입절을 없애고 관계 대명사의 격을 따진다. I believe를 생략하면, 빈칸 뒤에 주어가 없으므로 빈칸은 주격 관계 대명사 자리이다.

어휘 make a complaint 불평을 제기하다

5. 해석 100명 정도의 사람들이 그 세미나에 참석했고, 그 중 10%가 미국에서 왔다.

해설 전치사 of 뒤에는 관계 대명사 which와 whom 모두 올 수 있는데, 선행사가 사람(people)이므로 빈칸에 알맞은 관계 대명사는 whom이다.

어휘 attend 참석하다

B.

6. [해석] 조수로 일하는 남자는 대학원 학생이다.
[해설] 문장의 동사가 2개이므로 접속사가 필요하다. The man 뒤에 관계 대명사 who를 넣어, who works as an assistant를 관계 대명사절로 만드는 것이 가장 적절하다.
[어휘] assistant 조수 postgraduate 대학원생

7. [해석] Jane Austen은 6개의 주요 소설을 썼는데, 그것들 모두 아직도 많은 사람들에게 사랑받고 있다.
[해설] 수량 공통어인 all은 모집단의 수에 동사의 수를 일치시키는데, which의 선행사가 novels이므로 여기에 수를 일치시켜 관계 대명사절의 동사(is) 역시 복수 동사 are가 되어야 한다.
[어휘] major 주요한, 중요한

8. [해석] Willy는 지금 그의 새로운 직업에 만족하는데, 그곳에서 그는 그의 경력을 발전시키고 증진시킬 수 있다.
[해설] he can develop and advance his career는 완전한 문장이기 때문에 그 앞에 관계 대명사 that이 올 수 없다. 선행사가 장소(job)이므로 관계 부사 where가 오는 것이 적절하다.
[어휘] advance 진격하다, 증진되다

9. [해석] 어느 누구도 그 화재가 발생한 순간을 정확히 짚을 수 없다.
[해설] the fire started가 완전한 문장이고, 선행사가 시간(the moment)이므로 관계 부사 when이 오는 것이 적절하다.
[어휘] pinpoint 정확하게 찾아내다

10. [해석] 나는 내 이웃이 그의 이름이 거의 매일 신문에 나오는 유명한 사업가인지 몰랐다.
[해설] 관계 대명사절이 완전한 문장인 경우에는 주격이나 목적격 관계 대명사가 들어갈 수 없다. 또한 가산 명사인 name 앞에 관사나 소유격이 없으며, 그 사람의 '이름'이 신문에 등장하는 것이 문맥상 적절하므로 who를 소유격 관계대명사 whose로 바꾸어야 한다.
[어휘] neighbor 이웃 사람 appear 등장하다

Actual Practice
본문 p.p. 90–91

1. (c) **2.** (a) **3.** (c) **4.** (b) **5.** (d)
6. (d) **7.** (c) **8.** (a) **9.** (a) **10.** (d)
11. (d) **12.** (c) **13.** (a) **14.** (d)
15. (c) **16.** (d) **17.** (a) **18.** (b)

1. [해석] A: 바비큐용 그릴을 사용해도 될까요? 어디에 있나요?
B: 그건 제가 항상 보관해 두는 차고에 있어요.
[해설] 빈칸 뒤에 완전한 문장이 있으므로 빈칸에는 관계 부사가 들어가야 한다. 선행사가 장소(garage)이므로 관계 부사인 (c) where가 정답이다.
[어휘] barbecue 바비큐용 그릴 garage 차고

2. [해석] A: 교내 수학 경시대회에서 누가 일등을 했나요?
B: 이번에도 Eric Steinberg여서 학교의 모든 선생님들을 놀라게 했죠.
[해설] 빈칸 이하가 앞 문장 전체를 받고 있다. 문장 전체를 받을 수 있는 관계 대명사는 which이다. 정답은 (a)이다.
[어휘] math 수학 competition 대회, 경쟁 amaze 놀라게 하다

3. [해석] A: 당신의 컴퓨터를 고치는 데 얼마 들었어요?
B: 전혀요. 기술자가 와서 그것을 점검하니 아주 잘 작동했어요, 흔히 있는 일이지만요.
[해설] '자주 발생하는 일이지만'이란 관용적인 표현은 as is often the case이다. as는 문장 전체를 가리키는 유사 관계 대명사이다.
[어휘] cost (비용이) ~이다, ~ 들다 technician 기술자

4. [해석] A: 이 운동의 목적이 무엇인가요?
B: 저희는 컴퓨터를 살 수 없는 가난한 학생들을 돕는 것이 목표예요.
[해설] 빈칸 뒤에 동사가 있으므로 빈칸은 주격 관계 대명사 자리인데, 선행사가 사람이므로 정답은 (b) who이다.
[어휘] goal 목적 drive (조직적인) 운동 afford (비용 등을) 감당하다

5. [해석] A: 이 문제를 어떻게 해결할 생각이에요?
B: 제가 책임을 져야 하는 피해에 대해 보상을 하고 싶어요.
[해설] 관계 대명사 앞에 들어갈 전치사를 찾기 위해서는 선행사와 관계절의 동사와의 관계를 따져 본다. which는 목적격 관계 대명사이고, 선행사는 the damages이므로 I am responsible _____ the damages에서 빈칸에 알맞은 전치사를 찾는다. be responsible for는 '~에 책임이 있다'는 의미이므로 정답은 (d)이다.
[어휘] resolve 해결하다, 해소하다 damage 피해
be responsible for ~에 책임이 있다

6. 해석 A: 정통 이탈리아 피자를 만드는 법을 어디서 배웠어요?
B: 이탈리아 룸메이트가 있었는데, 그 사람의 아버지가 유명한 요리사였어요.
해설 빈칸 뒤에 완전한 문장이 오면, 빈칸에는 관계 부사나 '전치사+관계 대명사', 소유격 관계 대명사 whose가 들어갈 수 있다. '선행사(an Italian roommate)의 아버지가 요리사'라고 해석하는 것이 자연스러우므로, 빈칸에는 소유격 관계 대명사가 들어가야 한다. 정답은 (d)이다.
어휘 authentic 진짜인, 진본인 chef 요리사

7. 해석 A: 콩고에서 호텔 찾기가 쉬웠나요?
B: 사실, 제 친구가 소유한 집에 머물렀어요.
해설 빈칸 뒤에 목적어가 없는 불완전한 문장이 온 것으로 보아 빈칸에는 관계대명사가 들어가야 한다. 정답은 (c)이다.

8. 해석 A: 책임감 있는 사람이 되기 위해서는 무엇이 너에게 옳은지를 스스로 결정해야 해.
B: 동의하긴 하지만, 가끔은 다른 사람으로부터의 진지한 조언이 필요해.
해설 타동사 decide 뒤에 목적어 역할을 하는 명사절이 와야 한다. 주어 역할을 하면서 명사절을 이끌 수 있는 접속사는 (a)와 (c)인데, whichever는 선택 사항이 제시되었을 때만 사용할 수 있으므로 오답이다. 정답은 (a)이다.
어휘 on one's own 혼자서, 단독으로 serious 진지한

9. 해석 회사들 사이에 비밀 협약이 있었던 것 같은데, 정부는 아직 그것에 대처하지 않고 있다.
해설 빈칸 뒤에 불완전한 문장이 온 것으로 보아 빈칸은 관계 대명사 자리인데, 앞에 언급된 문장 전체의 내용을 받을 수 있는 관계 대명사는 which이다. 참고로 콤마(,) 뒤에는 관계 대명사 that은 절대로 들어갈 수 없다는 것도 알아두자. 정답은 (a)이다.
어휘 arrangement 합의, 협의 address ~에 대처하다

10. 해석 현 주지사인 Glen Perry의 압승은 정치 해설가들을 놀라게 했는데, 그들의 분석은 그가 분명히 패배할 거라는 것이었다.
해설 빈칸 뒤에 완전한 문장이 있으므로 빈칸에는 주격 관계 대명사나 목적격 관계 대명사는 올 수 없고, 소유격 관계 대명사인 whose만 가능하다. 정답은 (d)이다.
어휘 landslide victory 압도적 승리 incumbent 재임 중인 governor 주지사 commentator 해설자 analysis 분석 definitely 확실하게 defeat 패배시키다, 좌절시키다

11. 해석 몇 년간의 은둔 후에, 그 여배우는 우울증으로 고통 받아 왔음을 고백했는데, 그녀는 지난 10년간 우울증과 싸웠다.
해설 struggle은 자동사이다. 따라서 빈칸 뒤에 완전한 문장이 있으므로 빈칸에는 관계 부사나 '전치사+관계 대명사'가 들어갈 수 있다. she had struggle ___ depression over the last decade에서 빈칸에 알맞은 전치사를 찾아야 하는데 struggle with는 '~와 싸우다, 고심하다'라는 의미이므로 정답은 (d)이다.
어휘 seclusion 은둔 confess to ~을 고백하다 depression 우울증 struggle with ~로 고심하다, ~와 싸우다

12. 해석 Calvin은 국제적인 회사에서 2015년까지 일했는데, 그때 그는 갑자기 회사를 관두고 아프리카로 배낭여행을 떠났다.
해설 빈칸 뒤에 완전한 문장이 있으므로 빈칸에는 관계 부사나 '전치사+관계 대명사'가 들어갈 수 있다. 이에 해당하는 (c)와 (d)중에서 he quit and made a journey to Africa ___ 2015에서 전치사는 on이 아니라 in이 되어야 하므로 (d)는 오답이다. 정답은 (c)이다.
어휘 international 국제적인 backpack 배낭을 지고 걷다

13. 해석 새로운 정부의 기준을 맞추지 못한 그 예술 단체는 정부 기금을 받기 힘들다는 것을 알게 되었다.
해설 빈칸은 관계 대명사절의 주어 자리이다. 주격 관계 대명사인 (a)와 (d) 중 organization을 선행사로 받을 수 있는 것은 (a)이다.
어휘 regulation 규정 government funding 정부의 재정 지원

14. 해석 정부 보건 기관은 12명의 자원봉사자를 고용했는데, 그들의 일의 대부분은 전염병에 대해 사람들을 교육시키는 것을 목적으로 한다.
해설 빈칸은 두 문장을 연결할 수 있는 관계 대명사 자리이다. 관계 대명사절의 주어는 most of ___ work인 것으로 보아 빈칸에는 소유격 관계 대명사가 들어간다. 정답은 (d)이다.
어휘 volunteer 자원봉사자 educate 교육하다 epidemics 전염병

15. 해석 공룡은 더 빨리 더 먼 거리를 달리기 위해 두 발로 걷게 되었는데, 이것은 초기 초식 공룡의 앞발이 작은 이유와 같다.
해설 the same reason을 선행사로 받을 수 있는 관계 부사는 why이다. 정답은 (c)이다.
어휘 dinosaur 공룡 bipedal 두발로 걷는 carnivorous 육식의 evolve 진화하다; 진화시키다 forearm 팔뚝

16. 해석 Dennis는 점점 바빠지고 나이가 들어가면서 더 체중이 늘었는데, 왜냐면 그는 자신 앞에 있는 것은 무엇이든 그냥 먹었기 때문이다.
해설 타동사 ate 뒤에 목적어 역할을 하는 명사절이 와야 한다. 선택지 중 주어 역할을 하면서 명사절을 이끌 수 있는 접속사는 (a)와 (d)인데, which는 뒤에 명사가 와야 하므로 정답은 (d)이다.
어휘 gain 얻다

17. 해석 (a) A: 저와 제 친구들과 함께 영화를 보는 건 어떨까 싶은데, 제 생각에 대부분은 당신이 이미 알고 있는 거 같아요.
(b) B: 글쎄요, 당신이 보려는 게 어떤 영화인지에 달렸죠.
(c) A: <The Evil Dead>인데, 오늘 막 개봉했어요. 정말 보고 싶어요!
(d) B: 아니요, 전 빼 주세요. 공포 영화 보는 건 별로 내키지 않아요.

해설 (a) 관계사절 'you already know'의 선행사는 my friends이다. 따라서 사람 선행사를 받는 관계 대명사 whom을 써야 한다.

어휘 release 공개하다, 방출하다   count sb out ~를 빼다   horror film 공포 영화

18. 해석 (a) 매일 아침 달걀을 먹는 것은 뇌졸중에 걸릴 확률을 감소시킨다. (b) 30년간의 연구 후에, 전문가들은 항산화제를 포함하는 달걀은 산화 스트레스를 줄인다는 것을 알아냈다. (c) 하지만 몇몇 사람들은 달걀이 콜레스테롤 수치를 높이고, 이것이 심장병으로 이어질까봐 두려워한다. (d) 다행히도, 최근의 분석은 달걀이 심장병을 야기함을 확실하게 증명할 충분한 과학적 증거가 없음을 보여준다.

해설 (b) 관계 대명사 that은 계속적 용법으로 쓸 수 없다. 앞서 나온 문장을 선행사로 받을 수 있는 관계 대명사는 which 뿐이다. that은 which가 되어야 한다.

어휘 have a stroke 뇌졸중에 걸리다   include 포함하다   antioxidant 항산화제   decrease 줄이다   oxidative 산화의   lead to ~로 이어지다   heart disease 심장병   analysis 분석   conclusively 결정적으로

Unit 09 | 명사절 접속사

Exercise 본문 p. 95

A
1. (a) 2. (b) 3. (a) 4. (a) 5. (b)

B
6. how → what   7. if → whether   8. who → that
9. how → what   10. at that → at the fact that / at the news that

A.

1. 해석 우리는 그가 정말 말하고 싶어한 것을 추측만 할 수 있을 뿐이다.
해설 빈칸 뒤에 타동사 say의 목적어가 없는 불완전한 문장이 왔으므로 명사절 접속사 what이 알맞다.
어휘 guess 추측하다

2. 해석 수업에 늦는 사람은 누구든 정식 경고를 받게 된다.
해설 명사절이 주어일 경우 단수 동사가 온다.
어휘 be subject to ~의 대상이다   formal 공식적인   warning 경고

3. 해석 Gomez 씨가 몇 주 동안 침묵하고 있다는 것은 많은 것을 말해준다.
해설 빈칸 뒤가 완전한 문장이므로 의미 추가 없이 완전한 문장을 연결하는 that이 필요하다.
어휘 remain (어떤 상태로) 남아 있다

4. 해석 발표 동안, 대변인은 그 합병이 얼마나 중요한지를 강조했다.
해설 important를 강조할 수 있는 명사절 접속사 how가 필요하다.
어휘 announcement 발표   spokesperson 대변인   highlight 강조하다   merger 합병

5. 해석 너는 그들이 회의에서 무슨 문제들을 제기할지 알고 있니?
해설 명사 issues를 수식할 수 있는 명사절 접속사 what이 필요하다.
어휘 issue 사안   raise (안건·문제 등을) 제기하다

B.

6. 해석 나는 Henry가 이 회사를 위해 무엇을 할 수 있는지 궁금하다.
해설 타동사 know 뒤에 how 목적어절이 왔다. how 이하가 목적어가 없는 불완전한 문장이므로 명사절 접속사 how가 아닌 what이 와야 한다.

7. 해석 그 약을 발명한 과학자는 약의 특허를 받아야 하는지에 관해 고심했다.
해설 전치사 about의 목적어로 if절은 올 수 없다. '~인지 아닌지'의 의미를 가지고 있으며, 전치사의 목적어 역할을 할 수 있는 접속사 whether이다.
어휘 invent 발명하다   agonize 고심하다   patent 특허를 받다

8. 해석 나는 미래 세대들이 과학적 발명에 상당히 의존할 것이라고 믿는다.
해설 타동사 believe의 목적어 역할을 하는 who 이하의 명사절이 완전한 문장이므로 명사절 접속사 that이 필요하다.
어휘 generation 세대   significantly 상당히   invention 발명

9. 해석 나는 Anna의 집들이 선물로 무엇을 사야 할지 결정을 못하겠다.
해설 문맥상 '무엇'을 사야 할지 모르겠다는 의미이므로 how가 아닌 what이 알맞다.
어휘 housewarming party 집들이

10. **해석** 관중들은 Bruce가 마지막 공연 직전에 포기했다는 것에 놀랐다.
    해설 전치사 at의 목적어로 that절은 올 수 없다. Bruce 이하가 완전한 문장이며, 의미 추가가 필요하지 않으므로 접속사 that 앞에 the fact나 the news 등을 쓰는 것이 알맞다.
    어휘 audience 관중 shock 충격을 주다 drop out (참여하던 것에서) 빠지다

Actual Practice
본문 p.p. 96~97

1. (d)	2. (c)	3. (a)	4. (b)	5. (d)
6. (b)	7. (a)	8. (d)	9. (a)	10. (d)
11. (c)	12. (c)	13. (b)	14. (a)	15. (b)
16. (d)	17. (c)	18. (d)		

1. **해석** A: 저녁으로 무엇을 먹을래요?
   B: 당신이 좋아하는 무엇이든 주문하세요.
   해설 타동사 order 뒤에 빈칸이 있으므로 목적어 역할을 하는 명사절 자리이다. 빈칸 뒤의 you like가 목적어가 없는 불완전한 문장이므로 선택지 중 명사인 whoever나 whatever 중 하나가 정답이며, order(주문하다)의 대상이 되어야 하므로 (d) whatever가 정답이다.
   어휘 order 주문하다.

2. **해석** A: Jessi, 혹시 내일 내 아들을 돌봐 줄 수 있는지 물어 보려고 전화했어요.
   B: 죄송해요. 저는 내일 기말고사 시험 공부를 해야 해요.
   해설 빈칸 이하는 타동사 ask의 목적어절이 되어야 한다. 빈칸 뒤에 완전한 문장이 왔으므로 (a)와 (d)는 오답이다. B가 죄송하다며 거절하고 있는 것으로 보아 A가 '아이를 봐 줄 수 있는지'를 물어본 것임을 알 수 있다. 정답은 (c)이다.
   어휘 babysit 아이를 봐 주다

3. **해석** A: 당신은 온라인으로 무엇을 찾고 있나요?
   B: 이번 주 워싱턴의 날씨가 어떤지 알고 싶어요.
   해설 문장 끝의 부사구를 제외하면 빈칸 뒤가 전치사 like로 끝나는 불완전한 문장이므로 정답은 (a)이다.
   어휘 search for ~을 찾다

4. **해석** A: 저희는 20개 이상의 다양한 칵테일이 있습니다. 어떤 것을 드시겠어요?
   B: 그냥 물로 주세요. 운전을 해야 해서요.
   해설 명사 one 앞에 올 수 있는 것은 (a), (b), (d)인데, 선택 사항(20 different cocktails) 중 하나를 고르는 상황이므로 (b)가 정답이다.
   어휘 cocktail 칵테일

5. **해석** A: 인터넷에 어떻게 접속할 수 있는지 알고 싶어요.
   B: FreeLink라는 네트워크로 가서 Connect를 클릭하세요.
   해설 타동사 know의 목적어 역할을 하고, 완전한 문장을 이끌 수 있는 접속사가 필요하다. 정답은 (d)이다.
   어휘 access 접근하다

6. **해석** A: 우리는 Microsoft 사의 주식을 샀어야 했어요.
   B: 네, 얼마나 수익이 좋은 투자였을까요!
   해설 빈칸 뒤에 관사가 있으므로 (a)와 (c)는 오답이다. 관사 앞에 올 수 있으면서 접속사 역할을 할 수 있는 (b)가 정답이다.
   어휘 stock 주식 lucrative 수익이 되는 investment 투자

7. **해석** A: Stacy가 얼마나 오래 출장을 떠날 건지 알고 있나요?
   B: 출장이 얼마나 오래 걸릴지는 아무도 몰라요.
   해설 의문사절이 명사절 역할을 할 때는 평서문의 어순을 취해야 하므로 '의문사+주어+동사'의 형태가 되어야 한다. (b)는 문맥상 어색해 오답이다. 정답은 (a)이다.
   어휘 on business 업무 차

8. **해석** A: 파티 후에 당신이 어디에 갔었는지 말해 줄 수 있나요?
   B: 피곤해서 곧바로 집에 갔어요.
   해설 4형식 문장의 직접 목적어로 쓰이는 명사절에 대한 문제이다. 빈칸 뒤에 완전한 문장이 나오고, '집에 갔다'고 응답하는 B의 말로 보아 A가 '장소'에 대한 질문을 하는 것임을 알 수 있다. 정답은 (d)이다.
   어휘 go straight 곧장 가다

9. **해석** 슬라이드 쇼 이후에 연구자들은 그 조사가 무엇을 의미하는지를 설명할 것이다.
   해설 타동사 explain의 목적어 역할을 하며, 목적어가 없는 불완전한 문장을 이끄는 접속사인 (a)가 정답이다.
   어휘 survey 조사 suggest 제안하다, 보여 주다

10. **해석** 이런 종류의 물고기는 10년 이상 살 수 있는데, 당신이 얼마나 잘 그 물고기들을 돌보는지에 달려 있다.
    해설 전치사 on의 목적어 역할을 하며, 부사 well 앞에 올 수 있는 접속사는 how이다. 정답은 (d)이다. 형용사, 부사 앞에 위치할 수 있는 명사절 접속사는 how임을 외워 두자.
    어휘 depend on ~에 달려 있다 take care of ~을 돌보다

11. **해석** 그 스캔들에 대해 Lionel이 가장 힘들어 한 것은 그의 친한 친구들이 그들 흉보고 있다는 것이었다.
    해설 빈칸에는 be동사의 보어 역할을 하며, 완전한 문장을 이끌 수 있는 접속사가 필요하다. (c)와 (d) 중 문맥상 알맞은 (c)가 정답이다.
    어휘 talk behind one's back 뒤에서 몰래 이야기하다

12. 해석 그 목격자는 자신이 이미 한 말 외에는 사실이 아니라고 주장했다.

해설 전치사 of의 목적어 역할을 할 수 있으며, 불완전한 문장을 이끌 수 있는 접속사로 시작하는 (d)가 정답이다.

어휘 witness 목격자 insist 주장하다

13. 해석 정부가 대학 졸업자들이 직업을 구하지 못하면 그들에게 채무 면제를 해줘야 하는지에 대한 논쟁이 있다.

해설 전치사의 목적어 역할을 하며, 완전한 문장을 이끄는 접속사가 필요하다. (a)와 (d)는 전치사 뒤에 올 수 없어 오답이고, (c)는 불완전한 문장을 이끄는 접속사이므로 오답이다. 정답은 (b)이다.

어휘 debate 논의 graduate 졸업생 debt relief 채무 면제

14. 해석 미래의 생활이 어떨지는 공상 과학 영화에 자주 묘사된다.

해설 빈칸에는 is의 주어 역할을 하는 명사절이 와야 한다. '미래의 생활은 A와 같을 것이다'는 life in the future will be like A로 표현한다. '미래의 생활이 어떨지'라고 할 때는 A가 의문사가 되어 문장 앞으로 나오는데, 전치사 like 뒤에는 명사가 와야 한다. 전치사 like 뒤에 올 수 있는 의문사는 what과 who인데, 문맥상 what이 알맞다. 정답은 (a)이다.

어휘 portray 묘사하다 sci-fi movie 공상 과학 영화

15. 해석 지금의 소방서 자리에는 커다란 기념비가 있었다.

해설 전치사 in의 목적어가 될 수 있고, 명사절을 만들 수 있는 의문사는 what과 who이다. 정답은 (b)이다.

어휘 memorial 기념비; 기념의 fire station 소방서

16. 해석 13세기 배의 발견이 고고학자들을 놀라게 했지만, 그 배와 함께 발견된 것이 더욱 더 놀라웠는데 그것은 금화였다.

해설 빈칸에는 명사절을 이끌 수 있는 접속사가 필요하다. (a)와 (d)가 이에 해당하는데, 의미상 사물을 가리키므로 정답은 (d)이다.

어휘 discovery 발견 astonish 크게 놀라게 하다 archaeologist 고고학자 alongside ~ 옆에 treasure trove 매장물, 귀중한 발견물 gold coin 금화

17. 해석 (a) A: Ted와 저는 Kevin의 은퇴 파티에 갈 거예요.
(b) B: 파티에 갈 때, 두 분 중 한 명과 같이 차를 타고 갈 수 있을까요?
(c) A: 물론이죠. Ted는 7시 30분에 출발한다고 했어요.
(d) B: 오, 누구든 먼저 가시는 분과 함께 가도 될까요?

해설 (d)에 '먼저 가는 사람 누구라도 같이 가겠다'라는 의미의 문장을 만들기 위해서는 whatever가 아니라 사람을 의미하는 whoever를 써야 한다.

어휘 retirement 퇴직

18. 해석 (a) 왜 당신이 그 자리에 최적인 사람인가를 설명하는 이력서를 쓰는 것은 직장을 구할 수 있는 최고의 기회를 준다. (b) 좋은 이력서는 당신이 지원하는 일과 관련하여, 고용주가 당신에 대해 알아야만 하는 것들로 가득 차 있어야 한다. (c) 이 이력서를 깔끔하게 하고 눈에 쉽게 들어오게 하며, 당신이 자격이 있고 당신의 직업이 필요로 하는 일은 무엇이든지 할 준비가 되어 있음을 강조해야 한다. (d) 당신이 사용할 수 있는 다양한 종류의 이력서 서식이 있으므로 어떤 양식이 당신의 필요에 맞는지에 대해 신중하게 생각해야 한다.

해설 (d) 전치사 about 뒤에 올 수 있고 style 앞에 와서 형용사 역할을 하는 접속사가 필요하다. how style은 what style이나 which style이 되어야 한다.

어휘 résumé 이력서 demonstrate 증명하다, 보여 주다 land a job 직장을 구하다 neat 깔끔하게 emphasize 강조하다 require 요구하다 template 견본, 본보기

Unit 10 | 관사와 명사

Exercise
본문 p. 107

A.
1. (b) 2. (a) 3. (b) 4. (b) 5. (a)

B.
6. a feedback → feedback 7. earthquake → an earthquake 8. offsprings → offspring 9. a deadline → the deadline 10. changes → change

A.

1. 해석 한국 문학의 초기 작품 중 몇몇은 여성에 의해 쓰였을 수 있다.

해설 '작품'을 의미하는 work는 가산 명사이므로 a work나 works로 쓴다. some의 수식을 받고 있으므로 복수형이 정답이다.

어휘 literature 문학

2. 해석 폐목재로 만들어진 좀 더 환경친화적인 비행기 연료는 비행기의 이산화탄소 배출을 줄일 수 있다.

해설 문맥상 '목재'를 의미하므로 불가산 명사인 wood가 적절하다.

어휘 eco-friendly 환경친화적인 fuel 연료 waste 쓰레기 reduce 줄이다 emission 배출, 배기가스

3. 해석 의사들이 현장에 도착했을 때 그급요원들이 이미 그 건물에 있었다.

해설 personnel은 복수 취급하는 명사이다.

어휘 personnel 직원, 인원 scene 현장

4. 해석 분기별 통계는 출생률이 계속 사망률을 앞지른다는 것을 보여 준다.
해설 statistics가 '통계'나 '수치'를 의미할 때는 복수 취급한다.
어휘 quarterly 분기별 statistics 통계 birth rate 출생률 outstrip 앞지르다, 능가하다

5. 해석 영어 발음을 향상시키는 것이 이 과정의 목표이다.
해설 pronunciation은 불가산 명사이므로 복수형이 없다.
어휘 pronunciation 발음

B.
6. 해석 우리 선생님은 우리들의 모든 작문 과제에 대해 항상 피드백을 해 주신다.
해설 feedback은 불가산 명사이므로 부정 관사를 붙일 수 없다.
어휘 feedback 피드백 assignment 과제, 임무

7. 해석 한반도 남쪽 지역에 지진이 발생했다.
해설 earthquake는 가산 명사이므로 단수형 앞에는 부정 관사나 한정사가 와야 한다. -s를 붙여 복수형으로 쓸 수도 있다.
어휘 peninsula 반도 strike 치다, 부딪치다

8. 해석 몇몇 종들은 가능한 한 많은 새끼들을 낳기 위해 노력하고 나서는 그것들을 양육하거나 보호하는 데 에너지를 거의 쓰지 않는다.
해설 offspring은 단수와 복수 형태가 같다.
어휘 species 종 produce 생산하다 offspring 새끼, 자손 expend (에너지, 돈을) 쓰다 nurture 양육하다 protect 보호하다

9. 해석 나는 오늘 밤에 이 글을 완성해야 하는데 마감 시간이 내일이기 때문이다.
해설 앞서 나온 명사와 내용상 관련된 것을 가리키는 경우에는 정관사를 사용한다. 글(article)의 마감 시간(deadline)이므로 정관사 the가 와야 한다.
어휘 complete 완료하다, 끝마치다 article 글, 기사, 조항 deadline 마감시간, 기일

10. 해석 100 달러를 잔돈으로 바꿔 줄 수 있나요?
해설 change가 '잔돈'의 의미일 때는 불가산 명사이다.
어휘 change 잔돈

Actual Practice
본문 p.p. 108-109

1. (a)	2. (a)	3. (a)	4. (a)	5. (a)
6. (b)	7. (d)	8. (c)	9. (a)	10. (a)
11. (a)	12. (b)	13. (b)	14. (d)	15. (b)
16. (b)	17. (b)	18. (c)		

1. 해석 A: 당신의 새로운 사무실이 텅 비어 보여요.
B: 알아요. 우리는 가구가 좀 필요해요.
해설 furniture는 불가산 명사이므로 부정관사(a, an)를 붙이거나 -s를 붙여 복수형을 만들 수 없다. 정답은 (a)이다.
어휘 empty 텅 빈 furniture 가구

2. 해석 A: Philip은 토너먼트의 결승전에 진출하지 못했어요.
B: 안됐네요, 하지만 우리는 적어도 그가 노력한 것을 인정해 주어야 해요.
해설 credit이 '학점'이라는 의미일 때는 가산 명사이고, '칭찬'이나 '인정'이라는 의미일 때는 불가산 명사이다. 문맥상 노력한 것에 대해 '칭찬'을 해주어야 한다는 의미가 적절하다. 정답은 (a)이다.
어휘 make it to the final 결승전에 진출하다 at least 적어도 credit 인정, 칭찬; 학점

3. 해석 A: 당신의 한국어는 훌륭하네요. 정말 많이 늘었어요!
B: 고마워요, 하지만 능숙하게 한다고는 할 수 없어요.
해설 proficiency는 불가산 명사이므로 -s를 붙여 복수형으로 만들지 않는다. 앞서 pfoficiency가 한 번 언급됐다면 (c)의 the proficiency도 가능하지만, 그렇지 않으므로 정답이 될 수 없다. 정답은 (a)이다.
어휘 excellent 훌륭한, 탁월한 improve 개선되다, 나아지다 hardly 거의 ~ 아니다 claim 주장하다 proficiency 숙달, 능숙,능란

4. 해석 A: Natalie가 왜 그녀의 새 콘도에서 쫓겨났는지 알아요?
B: 그녀는 6개월 동안 임대료를 내지 않았어요.
해설 pay rent는 '임대료를 내다'라는 의미이다. (b)는 이중 부정에 해당해 오답이다. 부정문에는 대개 some 대신 any를 쓰므로 (d)도 오답이다. 정답은 (a)이다.
어휘 evict from ~에서 쫓아내다, 퇴거시키다 pay rent 임대료를 내다

5. 해석 A: 사람들은 더 이상 도서관을 거의 이용하지 않아요.
B: 동의해요. 사람들은 그들의 스마트폰으로 정보에 접근하는 데 더 익숙하죠.
해설 information은 불가산 명사이므로 복수형을 만들거나 부정 관사를 붙여 쓸 수 없다. 정답은 (a)이다.
어휘 seldom 거의 ~ 않는 library 도서관 be accustomed to ~에 익숙하다 access 접근하다

6. 해석 A: Kevin의 결혼식에 무엇을 입고 갈 건가요?
   B: 제가 가지고 있는 것 중에 가장 좋은 옷을 입을 거예요.
   해설 cloth가 불가산 명사로 쓰이면 '옷감', '직물'이란 의미이고, 가산 명사로 쓰이면 '천'이라는 의미이다. 문맥상 '옷감'이나 '천'을 입는 것은 자연스럽지 않으므로 (a)와 (d)는 오답이다. '옷'을 의미하는 clothes가 적절하며, 최상급으로 명사를 한정할 경우에는 정관사를 붙여주므로 정답은 (b)이다.
   어휘 cloth 옷감, 직물; 천 clothes 옷, 의복

7. 해석 A: Kent 씨는 교회에 다니고 싶어하지 않는 거 같아요.
   B: 그럴 것 같은데, 그의 부인이 그가 매주 일요일마다 가야 한다고 고집하거든요.
   해설 건물이나 장소가 본래의 용도로 쓰이는 경우 정관사를 생략한다. go to church는 '(교회로) 예배 보러 가다'라는 의미이다. 정답은 (d)이다.
   어휘 go to church (교회로) 예배 보러 가다 insist 고집하다, 주장하다

8. 해석 A: 오, 왜 급브레이크를 밟았어요?
   B: 보세요! 소떼들이 갑자기 길 위로 뛰어 들고 있어요.
   해설 cattle은 복수 취급을 하는 군집 명사이다. 따로 복수형이 없으며, 복수 취급하므로 부정 관사를 쓸 수 없다. 정답은 (c)이다.
   어휘 slam on the brakes 급브레이크를 밟다 cattle (집합적으로)소 run into ~로 뛰어들어가다 from nowhere 갑자기

9. 해석 허브와 향신료가 들어간 올리브 오일은 이탈리아 샐러드와 파스타 요리에 풍미를 더하기 위해 쓰인다.
   해설 olive oil은 불가산 명사이므로 복수형을 만들 수 없고, 부정관사 a(n)을 붙일 수 없다. 정답은 (a)이다.
   어휘 herb 허브 spice 양념, 향신료 add 더 하다 flavor 풍미, 향미, 맛 pasta dish 파스타 요리

10. 해석 수박, 허니듀 멜론과 칸탈루프 멜론은 그것들이 완전히 자랄 수 있는 충분한 공간이 있는 가정의 정원에서만 재배될 수 있다.
    해설 room이 가산 명사로 쓰일 때는 '방'이라는 의미이고, 불가산 명사로 쓰일 때는 '공간'이나 '자리'라는 의미이다. 문맥상 '공간'이 자연스럽다. 정답은 (a)이다.
    어휘 plant 심다; 식물 plenty of 많은 fully 완전히

11. 해석 통계 자료는 실업자의 20퍼센트가 작년 일사분기에 간신히 취업을 했다는 것을 보여 준다.
    해설 statistics가 '통계'라는 의미로 쓰일 때는 복수 취급하고, '통계학'이라는 의미로 쓰일 때는 단수 취급한다. 문맥상 '통계'가 되어야 자연스럽다. 정답은 (a)이다.
    어휘 statistics 통계, 통계 자료; 통계학 manage to 간신히 ~하다 quarter 사분기, 4분의 1

12. 해석 일본 사람들은 세계에서 가장 사회적으로 그리고 민족적으로 동질한 집단 중 하나인 것 같다.
    해설 'the+형용사'는 복수 보통 명사이므로 the Jpanes는 '일본 사람들'이라는 의미이다. appear는 상태 동사로 진행형으로 쓰지 않으므로 (c)와 (d)는 오답이다. 정답은 (b)이다.
    어휘 socially 사회적으로 ethnically 민족적으로 homogenous 동질의 appear ~인 것 같다

13. 해석 호주는 풍부한 천연자원과 독특한 동물들을 가지고 있다.
    해설 abundance는 '풍부'라는 의미로 불가산 명사이다. 부정관사를 붙이거나 -s를 붙여 복수형을 만들 수 없지만 an abudance of는 '많은', '풍부한'이라는 의미의 관용 표현이다. 정답은 (b)이다.
    어휘 an abundance of 많은, 풍부한 natural resource 천연자원 unique 독특한

14. 해석 부통령 내정자인 Thomas Keplㅣer는 수년 전 극우정당의 당원이었다는 소문이 있다.
    해설 rumor는 가산 명사이기도 하고, 불가산 명사이기도 하다. 관용적인 표현 Rumor has it that ~에서는 관사를 쓰지 않는다. 정답은 (d)이다.
    어휘 rumor 소문 vice presidential 부통령의 nominee 지명된 사람, 후보 far-right 극우, 극단적 보수주의 party 정당

15. 해석 무료 식사와 함께, 아침과 점심의 선택권을 확대하는 것 역시 Huston 초등학생들의 출석률을 늘리는 것을 도왔다.
    해설 participation은 불가산 명사이다. 따라서 부정 관사와 복수형 접미사가 붙은 (c)와 (d)는 오답이다. 'Huston 초등학생들의 참여'라고 participation이 한정되므로 정관사를 붙인다. 정답은 (b)이다.
    어휘 along with ~와 함께, ~에 따라 meal 끼니, 식사 expand 확장하다 increase 늘리다, 늘다 participation 참가, 참여

16. 해석 MJ Star는 600명의 승객들을 수용할 수 있는 두 대의 초대형 여객기의 구매를 발표했다.
    해설 capacity가 '용량'이나 '수용력'을 의미할 때는 단수형으로 쓰는데, 특히 '~의 용량'이라고 할 때는 a capacity of의 형태로 쓴다. 정답은 (b)이다.
    어휘 announce 발표하다 purchase 구매 jumbo jet 초대형 여객기 a capacity of ~의 용량 passenger 승객

17. 해석 (a) A: Tony, 당신의 아들은 상당히 재능있는 피아니스트네요. 그가 그렇게 연주를 잘하는지 몰랐어요.
(b) B: 고마워요. 그는 10년 넘게 피아노를 쳐 왔어요. 제 아내가 전문 피아니스트거든요.
(c) A: 10년은 거의 그의 인생 전체네요. 그는 겨우 열두 살이잖아요, 그렇죠?
(d) B: 네. 제 아내는 그가 걷기 시작할 때 피아노를 직접 가르치기 시작했어요.

해설 (b) pianist는 가산 명사이므로 부정 관사를 붙여야 한다. concert pianist는 a concert pianist가 되어야 한다.

어휘 talented 재능 있는 concert pianist 전문적인 피아니스트

18. 해설 (a) 이번 주에 지구와 달이 모두 태양을 가렸을 때, NASA는 태양활동관측위성(SDO)의 사진에서 희귀한 이중 일식을 포착했다. (b) SDO는 달이 지구와 태양 사이를 가로막는 것과 꼭 같이, 지구가 궤도를 돌고 있는 인공위성에 태양을 드러나 보이게 하는 순간을 포착했다. (c) 행성의 자전에 따른 결과로 지구는 매일 SDO와 태양의 사이에 잠시 머문다. (d) 목요일에 지구와 달의 일식이 잠시지만 아름다운 순간 동안 동시에 일어났다.

해설 (c) consequence는 가산 명사이므로 부정 관사를 붙이거나 -s를 붙여 복수형으로 쓴다. 따라서 as consequence of를 as a consequence of로 고쳐야 한다. 참고로 result(결과)도 가산 명사이다.

어휘 rare 드문, 희귀한 eclipse (일식, 월식의) 식 capture 포착하다, 담아내다 block 막다, 차단하다 view 시야 brief 짧은, 잠시 동안의 reveal 드러내다, 드러내 보이다 orbiting 궤도를 선회하는 satellite 위성, 인공위성 on a daily basis 매일 consequence 결과 rotation 회전, 자전 coincide 동시에 일어나다

Unit 11 | 대명사

Exercise 본문 p. 117

A.
1. (b) 2. (b) 3. (b) 4. (a) 5. (a)

B.
6. that → those 7. afford it → afford one 8. another → some 9. them → it 10. All → Both

A.
1. 해석 여기 있는 음식은 모두 무료이니 마음껏 드세요.
해설 명령문의 주어는 you이다. 주어와 목적어가 동일할 때는 목적어 자리에 재귀 대명사를 써야 한다.
어휘 feel free to do 마음대로 ~하다

2. 해석 후보자 중 그 누구도 그들의 캠페인에 소셜 미디어를 사용하지 않았다.
해설 전치사 of는 명사를 연결한다. 따라서 빈칸은 명사 자리이다. no는 형용사이고, none은 대명사이다.
어휘 candidate 후보자

3. 해석 자원봉사자들이 그 벽화를 만드는 것을 도왔기에, 그들은 그것을 볼 때마다 그것이 정말 그들의 것인 것처럼 느꼈다.
해설 의미상 '그것이 그들의 것인 것처럼'이 되어야 하므로 빈칸에는 their mural을 의미하는 소유 대명사가 와야 한다.
어휘 volunteer 자원봉사자 mural 벽화

4. 해석 나의 남동생은 스페인 여행에서 나에게 기념품으로 티셔츠를 가져다 주었다.
해설 주어 my younger brother와 목적어가 동일하지 않기 때문에 재귀 대명사를 쓸 수 없다.
어휘 souvenir 기념품

5. 해석 나는 모르는 단어를 발견할 때마다 내 전화기에 적어 놓는다.
해설 앞에서 한 번 언급한 '내가 모르는 단어(a word)'를 지칭해야 하므로 단수 대명사인 it을 써야 한다.
어휘 come upon 우연히 만나다, 발견하다

B.

6. 해석 미국 대학의 학비가 유럽의 그것(학비)보다 훨씬 더 높다.
해설 의미상 미국의 학비와 유럽의 학비를 비교하는 것이므로 that of European의 that은 tuition fees를 받을 수 있는 those가 되어야 한다.
어휘 tuition fee 학비

7. 해석 너의 소파는 매우 아름답구나! 나도 그런 거 살 여유가 있었으면 좋을 텐데.
해설 '너의 소파'를 가리키는 것이 아니라 '너의 소파와 같은 종류'를 가리키는 것이므로 afford it의 it은 one이 되어야 한다.
어휘 afford ~할 여유가 되다

8. 해석 Silvia는 샴푸가 다 떨어져서, 그녀의 룸메이트의 통에서 약간 가져왔다.
해설 another는 '하나 더'라는 의미로 단수 가산 명사를 수식한다. 샴푸를 한 병 더 가져온 것이 아니라 병에서 샴푸를 '약간' 덜어온 것이므로 another를 some으로 고쳐야 한다.
어휘 run out of ~을 다 써버리다

9. 해석 Bobby가 어떤 사람의 지갑을 거리에서 발견했을 때, 그는 그것을 경찰에 신고했다.
   해설 지갑(wallet)을 주웠고, 이것을 신고했으므로 복수를 지칭하는 them이 아니라 단수인 it으로 써야 한다.
   어휘 wallet 지갑 report 신고하다

10. 해석 선수권 대회 우승자와 도전자 모두 링 위에서 서로를 마주했을 때 긴장하는 것처럼 보였다.
    해설 선수권 대회 우승자와 도전자, 즉 두 명이 대상이기 때문에 all이 아니라 both를 써야 한다. all은 대상이 셋 이상일 때 쓴다.
    어휘 challenger 도전자 nervous 불안해하는 face 대면하다

Actual Practice
본문 p.p. 118-119

1. (c)	2. (a)	3. (b)	4. (a)	5. (b)
6. (a)	7. (c)	8. (d)	9. (b)	10. (d)
11. (d)	12. (a)	13. (b)	14. (a)	15. (b)
16. (b)	17. (c)	18. (d)		

1. 해석 A: Serena와 이야기하고 있는 남자가 누구인지 혹시 아세요?
   B: Clark예요. 그는 그녀의 친구예요.
   해설 전치사 of 뒤에 목적격 대명사가 들어가야 하므로 (a)는 오답이다. '그녀의 친구 중 한 명'은 one of her friends나 a friend of hers로 표현한다. 정답은 (c)이다.

2. 해석 A: 커피에 우유를 넣을까요, 크림을 넣을까요?
   B: 아무 것도 넣지 마세요. 저는 커피를 블랙으로 마셔요.
   해설 형용사(neither)가 수식할 수 있는 대명사는 보기 중 one 밖에 없다. that, it, this는 특정한 사물을 지칭하며, 형용사의 수식을 받을 수 없다.
   어휘 prefer 선호하다 take one's coffee black 커피를 블랙으로 마시다

3. 해석 A: Judy는 그녀의 방에 틀어박혀 있을 때, 어린애처럼 행동했어요.
   B: 그랬죠. 그녀의 행동은 7세 소녀의 그것 같았어요.
   해설 전치사구의 한정을 받을 수 있는 대명사는 (a) those와 (b) that이다. 문맥상 '그녀의 행동은 7세 소녀의 행동과 같다'라는 의미이므로 단수 명사 behavior 대신 쓸 수 있는 (b)가 정답이다.
   어휘 childish 어린애 같은 lock oneself in 틀어박히다 behavior 행동

4. 해석 A: 제가 복권 당첨자라는 이메일을 받았어요.
   B: 그것에 속지 마세요. 그것은 속임수예요.
   해설 '그 이메일에 속지 말라.'라고 말하는 것이므로 앞에 언급된 an e-mail을 받을 수 있는 단수 대명사가 필요하므로 (a)가 정답이다. (d) one은 특정한 대상이 아닌 언급된 명사와 같은 종류의 어떤 것을 지칭하므로 오답이다.
   어휘 lottery 복권 fall for ~에 속다 hoax 속임수

5. 해석 A: Bunny의 프랑스어는 완벽해요! 그녀가 프랑스에서 얼마나 오래 살았는지 아세요?
   B: 제가 알기로는 그녀는 프랑스어를 독학했어요.
   해설 teach A B는 'A에게 B를 가르치다'라는 의미이다. 프랑스어를 독학했다는 맥락이므로 가르치는 사람(주어)과 배우는 사람(목적어)이 동일하므로 재귀 대명사를 써야 한다. 정답은 (b)이다.
   어휘 teach A B A에게 B를 가르치다

6. 해석 A: Kate와 Conrad는 40년 동안 행복한 결혼 생활을 하고 있어요.
   B: 그들의 결혼은 사랑과 존중으로 가득 찬 결혼이에요.
   해설 Their marriage를 소유 대명사 Theirs로 받고 단수 명사에 수 일치시켜 be동사 is를 쓴 (a)가 정답이다.
   어휘 be filled with ~로 가득 차다 respect 존경

7. 해석 A: 어젯밤 파티에서 남은 미트 로프가 있나요?
   B: 네, 냉장고에 좀 있어요.
   해설 '냉장고에 약간 남아 있다'가 자연스러우므로 정답은 (c)이다. (a) one은 언급된 명사와 같은 종류의 명사를 가리킬 때 쓰고, (b) any는 부정문이나 조건문에서 '약간'을 의미할 때 쓰므로 오답이다. (d) many는 가산 명사를 받을 때 쓸 수 있는데, meat loaf는 불가산 명사이므로 오답이다.
   어휘 fridge 냉장고

8. 해석 A: 크리스마스에 계획이 있나요?
   B: 지금 현재로 하나도 없어요. 같이 파티를 여는 게 어때요?
   해설 같이 파티를 하자는 B의 말로 보아 계획이 없다는 말이 먼저 나오는 것이 자연스럽다. (c) no는 형용사 용법만 있으므로 오답이다. 정답은 (d)이다.
   어휘 as of ~ 현재로 throw a party 파티를 열다

9. 해석 Morris는 백만장자이지만 작은 아파트에 살고 있기 때문에 그는 거의 그렇게 보이지 않는다.
   해설 '백만장자 중 한 명'을 가리키므로 (b) one이 알맞다.
   어휘 millionaire 백만장자 recognize 인식하다, 인정하다

10. 해석 Tina는 물리학을 전공할지 수학을 전공할지 결정하지 못했는데, 왜냐하면 둘 다 그녀에게는 흥미로운 주제였기 때문이다.

해설 (a) all은 대상이 셋 이상일 때 '모두'라는 의미로 쓰므로 오답이다. '물리학과 수학 둘 다'라는 의미이므로 (d)가 정답이다.

어휘 physics 물리학   mathematics 수학   fascinating 흥미로운, 매력적인   subject 과목, 주제

11. 해석 세계적으로 유명한 패션 그룹은 신흥 아시아 시장에 관심을 돌리고 있다.

해설 명사 attention 앞에는 형용사 혹은 소유 형용사가 들어갈 수 있다. it(fashion group)의 소유격은 its이다.

어휘 turn one's attention to ~로 주의를 돌리다   growing 성장하는

12. 해석 <Star>지는 그 유명인 부부가 첫 번째 아이를 임신했다고 보도했지만 그들 중 누구도 그 소식을 확인해 주지 않았다.

해설 (b) any는 긍정문에서 '아무(것)'라는 의미이므로 오답이다. 문맥상 '그 부부 중 누구도 확인해 주지 않았다'가 자연스러우므로 정답은 (a)이다. (d) none은 부정 대명사이기 때문에 여기서처럼 부부 두 사람으로 명확히 숫자가 제시된 상황에서는 사용하지 않는다.

어휘 celebrity 유명인   expect 기대하다   confirm 확인하다

13. 해석 이 칼럼에 있는 모든 관점들은 그 저자의 것이며, 본 신문의 관점은 아니다.

해설 전치사구 앞에 올 수 있는 것은 (a)와 (b)인데 any views를 그대로 받을 수 있는 (b)가 정답이다. (a)의 ones는 막연한 대상이나 앞에서 언급된 것과 같은 종류의 명사를 가리킨다.

어휘 column 칼럼   author 작가

14. 해석 자기 방어는 보호 조치로 자기 자신을 위험으로부터 방어하는 것을 포함하며, 범죄로 간주되지 않는다.

해설 문맥상 '스스로를 보호한다'라는 의미가 되어야 하므로 재귀 대명사를 써야 한다.

어휘 self-defense 자기 방어   countermeasure 보호 조치   defend 옹호하다, 방어하다   crime 범죄

15. 해석 공정함에 대해 개념적인 지식을 갖는 것과 실생활에서 그것을 실천하는 것은 다르다.

해설 'A와 B는 다르다'라는 관용적 표현은 A is one thing, B is another이다.

어휘 theoretical 이론적인   fairness 공정함   one another 서로

16. 해석 연구자들은 여성들은 그들의 직업적 잠재력을 과소평가하는 반면 남자들은 부풀리는 경향이 있다는 것을 밝혀냈다.

해설 빈칸에 들어갈 내용은 their career potential(그들의 직업적 잠재력)인데, 이는 소유 대명사 theirs로 받을 수 있으므로 정답은 (b)이다.

어휘 tend to do ~하는 경향이 있다   underestimate 과소평가하다   potential 잠재력   inflate 부풀리다

17. 해석 (a) A: Anna, 우리에게 하고 싶은 말이 있나요?
(b) B: 글쎄요, 사실, 저는 경기에서 안 좋은 성과를 낸 것에 대해 모든 분들께 사과해야 할 것 같아요.
(c) A: 그것에 대해 스스로를 책망하지 마세요. 우리 모두는 당신이 최선을 다한 것을 알아요.
(d) B: 하지만 저 때문에 우리는 졌어요.

해설 (c) 동사 원형으로 시작하는 명령문은 주어(You)가 생략된 문장이다. Don't blame you에서 주어와 목적어가 동일인을 가리키므로 목적어는 재귀 대명사가 되어야 한다. 즉, you를 yourself로 고쳐야 한다.

어휘 apologize 사과하다   blame ~을 탓하다, ~ 책임으로 보다

18. 해석 (a) 요즘 부모들은 아이들이 비디오 게임 대신 좀 더 전통적인 장난감을 가지고 놀라고 권유한다. (b) 부모들은 가상 세계에 휩쓸린 아이들이 친밀하고 개인적인 관계를 갖지 못할까봐 우려한다. (c) 어떤 부모들은 전통적인 게임에 대해 향수가 있어서 자신의 아이들에게 그러한 것들에 대해 알려 주고 싶어한다. (d) 전통적인 게임을 하는 것의 건강상의 이점이 전자 게임의 그것보다 더 크다.

해설 (d) '전자 게임의 건강상의 이점(the health benefits of electronic games)'을 의미하므로 that은 복수 대명사 those가 되어야 한다.

어휘 encourage 용기를 주다, 권하다   caught up in ~에 휩쓸린   virtual (컴퓨터를 이용한) 가상의   miss out on ~을 놓치다   intimate 친밀한   nostalgic 향수의   benefit 이점, 혜택

Unit 12 | 형용사

Exercise
본문 p. 125

A.
1. (a) 2. (a) 3. (b) 4. (a) 5. (a)

B.
6. other one → another one   7. a little minutes → a few minutes   8. two thousands → two thousand
9. drunken → drunk   10. others → the others

A.

1. 해석 그녀가 사전 경험이 없다는 것을 고려한다면 Kelly는 일을 아주 잘했다.
   해설 부정문에서는 some을 쓰지 않고 any를 써야 한다.
   어휘 consider 고려하다   prior 사전의

2. 해석 살아 남은 사람들은 강 저편에 도달하기 위해 수영을 하기 시작했다.
   해설 강은 흐르는 물을 기준으로 강 이편과 저편 둘로 나뉜다. 둘 중 하나를 가리키고 나서 나머지 하나를 가리킬 때는 the other를 쓴다.
   어휘 surviving 살아 남은

3. 해석 Tyler는 그 약의 부작용에 대해 많은 주의를 기울이지 않았다.
   해설 attention은 불가산 명사이기 때문에 '많은 수'를 의미하는 many가 아니라 '많은 양'을 의미하는 much의 수식을 받는다.
   어휘 pay attention to ~에 주의를 기울이다   side effect 부작용   drug 약

4. 해석 지진이 일어나기 전에, 당신은 당신 스스로를 보호하기 위해 견고한 가구 밑과 같은 안전한 곳을 찾아야 한다.
   해설 -where/-thing/-one으로 끝나는 대명사는 형용사가 뒤에서 수식한다.
   어휘 earthquake 지진   sturdy 견고한

5. 해석 우리 카페에서 매일 점심을 먹는 노부인은 두 마리의 크고 늙은 검은 고양이와 산다.
   해설 형용사는 수-크기-나이-색깔의 순서로 열거한다.

B.

6. 해석 방금 버스를 놓쳤지만 10분 후에 또 한 대가 올 것이다.
   해설 '또 다른 버스 한 대'라는 의미이므로 another one이라고 해야 한다.
   어휘 miss 놓치다   come along 도착하다, 나타나다

7. 해석 몇몇 전문가들은 매일 하는 단 몇 분의 운동일지라도 민첩성과 수행 능력을 높일 수 있다고 말한다.
   해설 minutes는 가산 명사이므로 a little이 아니라 a few로 수식해야 한다.
   어휘 improve 개선하다, 나아지다   alertness 빈틈 없음, 조심성 있음   performance 실적, 성과, 수행

8. 해석 약 2,000명의 사람들이 반대 시위를 위해 프랑크푸르트에 나타났다.
   해설 thousand, million, billion 등의 수사와 함께 명사를 수식할 경우 복수형을 쓰지 않는다.
   어휘 turn out 모습을 드러내다, (일이) 되어 가다   demonstration 시위, 데모

9. 해석 Helen은 Benjamin이 술에 취했다는 것을 깨닫고 난 후 그가 수영하는 것을 저지했다.
   해설 drunken은 한정적 용법으로만 쓰는 형용사로 명사 앞에 위치해야 한다.
   어휘 stop A from -ing A가 ~하지 못하게 한다   drunken 술에 취한

10. 해석 상원은 상정된 법안 12개 중 2개만 비준했고 나머지 법안들은 아직 계류 중이다.
    해설 '12개 중 2개를 제외한 그 나머지'란 의미이기 때문에 불특정한 것을 의미하는 others가 아닌 the others를 써야 한다.
    어휘 senate 상원   ratify 비준하다   proposed 제안된   pending 미결인, 계류 중인

Actual Practice
본문 p.p. 126-127

1. (a)   2. (d)   3. (b)   4. (d)   5. (b)
6. (d)   7. (a)   8. (d)   9. (a)   10. (c)
11. (d) 12. (c) 13. (a) 14. (d) 15. (b)
16. (c) 17. (c) 18. (c)

1. 해석 A: 진열창에 있는 그 셔츠를 볼 수 있을까요?
       B: 왼쪽에 있는 빨간 색 실크 '셔츠'를 말씀하시는 거예요?
   해설 복수의 형용사가 명사를 수식할 때는 '크기-나이-색-재료' 순으로 나온다. one은 대명사이므로 red silk one이 되어야 한다. 정답은 (a)이다.
   어휘 show window 진열창

2. 해석 A: 당신 가족은 모두 당신처럼 금발인가요?
       B: 아니요, 막내 여동생은 금발이지만 나머지 형제들은 갈색이에요.
   해설 가족 중 두 명을 제외하고 '그 나머지'의 의미이므로 'the other+복수 명사'가 알맞다. (c)는 대명사이므로 명사 siblings를 수식할 수 없다. 정답은 (d)이다.
   어휘 blond 금발인   sibling 형제자매

3. **해석** A: 연례 판매 보고서를 제출했나요?
   B: 아직이요. 아직 조금 바꿔야 할 게 있어요.
   해설 빈칸 뒤에 복수 명사 changes가 있으므로 (a)나 (c)는 오답이다. (d)는 '그 어떤'이라는 의미로 문맥상 어색해 오답이다. '약간의, 몇 개의'의 의미인 (b)가 정답이다.
   어휘 annual 연례의, 매년의

4. **해석** A: Spooky의 음악 스트리밍 서비스에 등록하는 게 좋을까요?
   B: 물론이죠. 그것은 당신이 좋아하는 아주 많은 노래들에 즉각적으로 접속할 수 있게 해줘요.
   해설 (a)는 노래의 '그 수'에 접근하는 것이며, (b)는 '또 다른 수', (c) '어떤 수'의 노래에 접근한다는 의미가 되므로 모두 문맥상 어색해 오답이다. 문맥상 '많은 노래에 대한 빠른 접근을 제공한다'가 적절하므로 (d)가 정답이다. any number of는 '많은', '얼마든지'라는 의미이다.
   어휘 provide 제공하다   instant 즉각적인   access 접근

5. **해석** A: 오늘 밤에 농구 게임 하는 것 어때요?
   B: 미안해요. 저는 다른 계획이 있어요.
   해설 빈칸 뒤에 복수 명사 plans가 있으므로 (a)는 오답이며, 대명사인 (d)도 오답이다. the other plans는 '그 외의 다른 그 계획들'이란 의미이며, other plans는 '다른 계획들'이란 의미이다. 여기서는 상대방에게 구체적인 계획을 밝힌 상황이 아니라 그저 '다른 계획'을 뜻하므로 (b)가 정답이다.
   어휘 what do you say to -ing? ~하는 건 어때요?

6. **해석** A: 이 학회는 절대 끝나지 않을 것 같아요.
   B: 인내심을 가져요. 10분 후에 20분간의 휴식 시간이 있어요.
   해설 '수사+명사'로 구성된 복합 형용사가 수식 용법으로 쓰일 경우, '명사'는 단수형으로 쓴다. break는 가산 명사이므로 부정 관사도 필요하다. 정답은 (d)이다.
   어휘 patient 인내심 있는   break 휴식

7. **해석** A: 대장암이 한국 남자들 사이에서 가장 빠르게 늘어나는 암 중에 하나예요.
   B: 네, 매년 대략 23,000명이 그 암에 걸려요.
   해설 빈칸 뒤에 단수 명사 year가 있으므로 (d)는 오답이다. (b)는 특정한 해를 언급해야 하며, (c) another는 '또 다른 해'란 뜻이 되어 '매년'이란 의미를 만들기에는 적절치 않다. 정답은 (a)이다. 또한 완전한 문장인 there are around 23,000 new cases 뒤에는 부사가 들어가야 하는데, 선택지 중 명사를 부사로 만들 수 있는 것은 each 뿐이라는 것도 알아두자.
   어휘 colorectal cancer 대장암   around 대략

8. **해석** A: 남편이 죽은 이후에 Fiona는 예전 같지가 않아요.
   B: 가까운 사람의 죽음에 대처하는 것은 쉽지 않아요.
   해설 한정사와 결합한 부정 대명사는 형용사의 후치 수식을 받는다. 정답은 (d)이다.
   어휘 cope with ~에 대처하다

9. **해석** Michael은 누이의 주장이 부조리하다고 느꼈지만, 그녀의 편을 들 수밖에 없었다.
   해설 '~할 수밖에 없었다'라고 할 때는 'have no choice but to+동사 원형'으로 표현한다. 이때, no 대신 부정 형용사인 little이나 few가 들어갈 수 있다. choice는 불가산 명사이므로 little이 알맞다. 정답은 (a)이다.
   어휘 absurd 부조리한   take one's side ~을 두둔하다

10. **해석** 중국은 목요일에 두 번째 우주 위성을 발사했고, 또 다른 임무가 다음 달에 예정되어 있다.
    해설 동사 is로 보아 주어는 단수이므로 (b)는 오답이다. other 뒤엔 복수 명사가 와야 하므로 (a)도 오답이다. 빈칸에 (d)가 들어가면 '모든 임무가 다음 달에 계획되어 있다'가 되어 문맥상 어색해지므로 오답이다. '또 다른'이라는 의미의 (c)가 정답이다.
    어휘 launch 발사하다, 시작하다   space satellite 우주 위성   mission 임무, 우주 비행

11. **해석** 인간이 만든 재앙의 여파에는 항상 우리가 배울 수 있는 교훈이 많이 있다.
    해설 '많은 교훈'은 a number of lessons 혹은 any number of lessons로 표현한다. 정답은 (d)이다.
    어휘 aftermath 여파   man-made 사람이 만든   disaster 재앙

12. **해석** 최근의 연구는 구매를 위해 소셜 미디어를 사용하는 청년들이 그렇지 않은 노인들보다 더 싸고 좋은 물건을 찾아낸다는 것을 밝혀냈다.
    해설 (a) 뒤에는 단수 명사가 와야 하며, (b)는 (한정된 수, 장소 안에서) 특정한 사람들을 의미하므로 문맥상 적절하지 않고, (d)는 대명사이기 때문에 명사인 older people 앞에 들어갈 수 없다. 청년들과 대비되는 불특정한 '노인들'을 수식하기에 적절한 형용사는 other이다. 정답은 (c)이다.
    어휘 purchases 매입   deal 거래

13. **해석** 세상에 있는 거의 모든 사람들은 어느 정도 화석 연료에 의존하고 있다.
    해설 (b), (c)는 문맥상 어색하며, (d) 뒤에는 복수 명사가 와야 하므로 오답이다. '어느 정도'라고 할 때는 some이 알맞다. 정답은 (a)이다.
    어휘 depend on ~에 의존하다   fossil fuel 화석 연료   to some extent 어느 정도까지, 얼마간

14. 해석 범죄 행위에 대한 연구는 정신 건강과 같은 다양한 요소가 범인들이 결정하는 데에 영향을 주는지를 조사한다.

해설 '다양한'이라고 할 때는 'a range of+복수 명사'의 형태로 쓴다. 정답은 (d)이다. (c)의 the factors는 '특정한 요소들'이라는 의미가 되어 어색하다

어휘 criminal activity 범죄 행위 examine 조사하다 mental health 정신 건강 criminal 범죄인

15. 해석 2만 명 이상의 한국인들이 추석 연휴 동안 외국 여행을 계획하고 있다.

해설 수사를 포함한 단위 명사가 형용사로 쓰일 때 단위 명사를 복수형으로 만들지 않는다. (a)와 (c)는 오답이다. (c)의 the Korean은 '한 명의 한국 사람'이란 뜻이 되어 어색하다. 정답은 (b)이다.

어휘 travel abroad 외국을 여행하다 thanksgiving holiday 추석 연휴

16. 해석 기업들에게, 위조품들이 시장에 나온 후에 이를 경찰에 신고하는 것 외에는 모방품을 처리할 방법이 거의 없다.

해설 (a)와 (b)는 문맥상 어색하므로 오답이다. option은 가산 명사이므로 앞에 a little이 올 수 없으므로 (d)도 역시 오답이다. 정답은 (c)이다.

어휘 deal with ~을 처리하다 copycat 모방의 but ~ 외에 counterfeits 위조품, 모방품

17. 해석 (a) A: 여기 이 호텔에 2일 더 머물고 싶어요. 저는 1034호에 있어요.
(b) B: 죄송합니다. 그 방은 앞으로 5일 동안 예약이 되어 있습니다.
(c) A: 다른 방은 남아 있나요? 2인용 침실이면 돼요.
(d) B: 죄송한데, 남아 있는 방이 없어요. 하지만 300달러짜리 킹사이즈 침대가 있는 방은 있습니다.

해설 (c) 명사 anything을 수식하는 형용사는 anything 뒤에 위치한다. available anything else는 anything else available이 되어야 한다.

어휘 book 예약하다 available 구할 수 있는, 이용할 수 있는

18. 해석 (a) 연구는 속담들이 유래한 재앙적인 사회적 배경이 있다는 사실을 밝혔다. (b) gone to pot(망하다)을 포함한 오래되고 어두운 기원이 있는 상투적인 문구들은 삶아서 죽이는 법적인 처벌이 있었던 시대를 상기시킨다. (c) 또 다른 예인 a rule of thumb(어림짐작)은 문제를 해결하는 현실적인 방법을 의미하지만, 사실 이 말은 부부간 분쟁을 해결하는 폭력적인 방법을 의미한다. (d) 1886년에 남자는 막대기가 자신의 엄지손가락보다 두껍지 않다면, 그것으로 아내를 때리는 것이 합법적이었다.

해설 (c) The other example은 '두 개의 예 중, 하나를 제외한 다른 하나'라는 의미이다. 문맥상 '여러 예들 중 또 다른 예'라는 의미가 적절하므로 the other example은 another example이 되어야 한다.

어휘 reveal 드러내다, 노출하다 sinister 재앙적인 originate 유래하다 from ~로 부터 phrase 구절, 관용구 include 포함하다 hark back to ~을 상기시키다 legal punishment 법적 처벌 violent 폭력적인 marital dispute 부부간 분쟁 be entitled to do ~할 자격이 있다 beat 때리다 provided ~이라면

Unit 13 | 부사

Exercise 본문 p. 135

A.
1. (a) 2. (b) 3. (a) 4. (a) 5. (b)

B.
6. immediate → immediately 7. enough strong → strong enough 8. most → mostly 9. still can see → can still see 10. yet → already

A.

1. 해석 날씨가 갑자기 추워졌다.
해설 부사가 동사를 수식하는 경우, 동사의 앞이나 문장의 끝에 위치한다.
어휘 suddenly 갑자기

2. 해석 그것은 확실히 관대한 제안이다.
해설 강조 부사인 definitely는 일반 동사 앞, 조동사/be동사 뒤에 위치한다.
어휘 generous 관대한, 후한 offer 제안; 제안하다 definite 확실한 definitely 확실히

3. 해석 회의는 계획된 것보다 늦게 시작됐는데, 매니저 중 한 명이 늦게 도착했기 때문이다.
해설 late는 '늦게'라는 의미이고 lately는 '최근에'라는 의미이다. 문맥상 매니저가 늦게 도착해서 회의가 늦게 시작됐다는 것이 적절하므로 late가 정답이다.
어휘 late 늦게 lately 최근에

4. 해석 믿을 수 없는 인터넷 자료는 종종 사용자들 사이에서 혼란을 일으킬 수 있다.
해설 빈도 부사인 often은 일반 동사 앞, 조동사/be동사 뒤에 위치한다.
어휘 unreliable 믿을 수 없는, 신뢰할 수 없는 source 자료, 출처 confusion 혼란 cause 야기하다, 초래하다

5. 해석 최근에 음모론은 어디에나 있다.
   해설 late는 '늦게'라는 의미이고, lately는 '최근에'라는 의미이다. 문맥상 최근에 음모론은 어디에나 있다는 것이 적절하므로 lately가 정답이다.
   어휘 conspiracy 음모   theory 이론, 의견   late 늦게   lately 최근에

B.

6. 해석 편집자는 실수에 대해 즉각 사과하기로 결정했다.
   해설 immediate는 '즉각적인'이라는 의미의 형용사이므로 문장 끝에 들어가기에 적절하지 않다. 부사인 immediately (즉각)로 고쳐야 한다.
   어휘 editor 편집자   decide to do ~하기로 결정하다   apologize for ~에 대해 사과하다   immediate 즉각적인   immediately 즉각

7. 해석 바람은 나무들을 넘어뜨릴 정도로 강했다.
   해설 부사 enough는 형용사나 부사를 뒤에서 수식한다.
   어휘 blow down a tree (바람이) 나무를 넘어뜨리다

8. 해석 그 다큐멘터리 영화가 개봉되었을 때, 많은 사람들이 몇 장면을 제외하고 거의 사실이 아니라는 것을 알게 되었다.
   해설 most fictional은 '가장 사실이 아닌'이라는 뜻이 되어 문맥상 어색하다. '대부분이 사실이 아닌'이라는 뜻이 되려면 mostly fictional로 써야 한다.
   어휘 film 영화   release 개봉하다, 출시하다   fictional 허구적인, 소설의   scene 장면

9. 해석 동튼 후에도 당신은 여전히 하늘에서 시리우스를 볼 수 있다.
   해설 긍정문에서 still은 be동사/조동사 뒤, 일반 동사 앞에 위치한다.
   어휘 dawn 새벽, 동이 틀 무렵   Sirius 시리우스, 천랑성 (항성 중에서 가장 밝음)

10. 해석 Sandy가 공항에 도착했을 때, 토네이도 때문에 이미 모든 비행기가 취소되었다.
    해설 yet은 부정문이나 의문문에 쓰인다. '벌써 ~했다'라고 할 때는 already를 써야 한다.
    어휘 in anticipation of ~을 예상하고, 내다보고

Actual Practice
본문 p.p. 136-137

1. (b)   2. (c)   3. (c)   4. (d)   5. (a)
6. (b)   7. (d)   8. (a)   9. (d)   10. (b)
11. (a) 12. (b) 13. (d) 14. (a) 15. (c)
16. (a) 17. (d) 18. (a)

1. 해석 A: 최근에 당신 업무에 아주 많은 발전이 있네요.
   B: 감사합니다. 제 상사 덕분입니다.
   해설 완전한 문장 뒤에 빈칸이 있으므로 빈칸은 부사 자리이다. 정답은 (b)이다.
   어휘 huge 큰, 거대한   improvement 개선, 발전   owe 빚지다, 신세를 지다   supervisor 관리자, 지도 교수

2. 해석 A: 당신의 생일 선물로 청바지를 사주고 싶어요.
   B: 좋아요. 제가 제일 필요한 것이 바로 그거예요.
   해설 가산 명사인 thing은 반드시 관사를 동반해야 하므로 (a)는 오답이다. 여기서 very는 '바로 그'라는 의미의 형용사로 쓰여 thing을 수식한다. 정답은 (c)이다. very가 부사로 쓰일 때는 '아주, 매우, 굉장히'라는 의미로 형용사나 부사를 수식하거나 형용사의 최상급을 수식할 수 있다.

3. 해석 A: 저 조각들이 멋지다고 생각하지 않나요?
   B: 글쎄요, 저는 그렇게 인상적이지 않네요.
   해설 빈칸은 형용사 impressed를 강조하는 부사 자리이다. 부정문에서 형용사를 강조할 수 있는 부사는 that이다. 정답은 (c)이다.
   어휘 sculpture 조각   marvelous 멋진   impressed 감동받은

4. 해석 A: 저는 당신이 사실상 전문 사진사라고 들었어요.
   B: 사진 수업을 전혀 들어본 적이 없는데, 사람들이 제 사진을 좋아하는 것 같아요.
   해설 '전문적인 사진사'는 a professional photographer이며, 부사 practically는 be동사와 명사구 사이에 위치한다. 정답은 (d)이다.
   어휘 practically 실제적인, 사실상   professional 전문적인

5. 해석 A: Justin은 법정에서 선서를 하고 거짓말을 했기 때문에 처벌받았어요.
   B: 믿을 수가 없어요. 그는 정말 정직해 보이는데요.
   해설 appear 뒤는 주격 보어 자리이므로 형용사가 와야 하고, 형용사를 강조하는 부사는 so이다. 정답은 (a)이다.
   어휘 punish 처벌하다   lie 거짓말하다   under oath 선서를 하고, 선서한 상태에서   in court 법정에서   honest 솔직한

6. 해석 A: 저는 MBA 과정을 들을지 심각하게 고민하고 있어요.
   B: 좋아요. 그 수업은 당신의 이력에 도움이 될 거예요.
   해설 빈칸은 동사를 수식하는 부사 자리이다. 정답은 (b)이다.
   어휘 advance 증진하다, 진전시키다   career 이력, 경력

7. **해석** A: 이제 직업이 있으니까 차를 사는 게 어때요?
B: 사실, 저는 차를 사길 원했던 적이 한 번도 없어요.
해설 부정 부사 never는 조동사 뒤 일반 동사 앞에 위치한다. 정답은 (d)이다.

8. **해석** A: Paul, 당신은 여행을 꽤 많이 했죠, 그렇죠?
B: 그랬었죠, 하지만 지난 3년 동안 이 도시 밖을 나가본 적이 없어요.
해설 a lot, a few를 앞에서 강조할 수 있는 부사는 quite이다. 정답은 (a)이다.
어휘 travel 여행하다

9. **해석** Isabell은 2주 동안 항공편 대기자 명단에 올라 있지만, 아직까지 좌석을 받지 못하고 있다.
해설 although는 '비록 ~일지라도'라는 뜻의 양보 부사절을 이끄므로 주절은 아직 좌석을 지정받지 못했다는 맥락이 되어야 한다. have yet to do는 '아직 ~하지 못했다'라는 의미이므로 정답은 (d)이다.
어휘 waiting list 대기 명단   seat 좌석

10. **해석** 2년간의 배낭여행에서 돌아온 후, Ray는 다시 해외여행을 가는 것에 관심을 거의 보이지 않았다.
해설 빈도 부사 seldom의 위치는 be동사/조동사 뒤, 일반 동사 앞이다. seldom이 부정의 의미를 갖고 있기 때문에 no interest가 들어가면 이중 부정이 된다. 현대 영어에서 이중 부정은 문법적으로 틀린 것으로 간주한다. 따라서 정답은 (b)이다.
어휘 backpacking trip 배낭여행   seldom 거의 ~ 않는

11. **해석** Thomas는 시험지에 이름을 쓰는 것을 잊어버렸다는 사실을 갑자기 깨달았다.
해설 Thomas가 realize의 주체이므로 relize의 태는 능동이며, 동사를 수식하는 것은 부사(suddenly)이므로 정답은 (a)이다.
어휘 test booklet 시험지

12. **해석** 바르셀로나의 몇몇 대성당을 돌아보면서, 나는 숭고한 감정에 굉장히 감동받았다.
해설 주어가 '감동을 받았다'라는 의미이므로 과거 분사인 moved가 적절하며, 형용사 역할을 하는 과거 분사는 부사의 수식을 받는데, 이때 부사의 위치는 과거 분사 앞이다. 정답은 (b)이다.
어휘 cathedral 대성당   sublimity 숭고함

13. **해석** 굉장히 존경받는 과학자이자 경험 많은 기타리스트인 Norman Nixon이 그 자선 콘서트의 주최자였다.
해설 scientist는 가산 명사이며, 명사를 수식하는 '부사+형용사'는 명사 앞에 위치한다. 즉, '관사+부사+형용사+명사' 어순이 알맞다. 정답은 (d)이다.
어휘 experienced 경험 있는   organizer 주최자   charity concert 자선 콘서트   respected 존경받는

14. **해석** Jen이 눈을 뜬 바로 그 순간, 그녀는 아름답게 장식된 크리스마스 트리를 볼 수 있었다.
해설 very는 '바로 그'란 의미의 형용사로 쓰여 명사를 수식할 수 있다. 정답은 (a)이다.
어휘 decorated 장식된

15. **해석** 칸 영화제의 경쟁 부문 후보작인 <Zodiac>은 상당히 볼만한 가치가 있다.
해설 worth는 '~할 가치가 있는'이라는 의미의 형용사이므로, 빈칸은 형용사를 수식할 수 있는 부사의 자리이다. '상당히'라는 의미의 부사 well이 문맥상 자연스럽다. 정답은 (c)이다. (a) 역시 정도를 강조하는 부사로 쓰이지만 주로 비교급이나 전치사 앞에서 강조한다.
어휘 nominee 지명자, 후보   worth -ing ~할 가치가 있는

16. **해석** 만약 당신의 꿈이 당신의 모든 식사를 유기농으로 만드는 것이라면, 당신은 그것을 실현하기 위한 충분한 식료품 예산이 있어야 한다.
해설 '~할 정도로 충분하게 많은'이라고 할 때는 'large enough to부정사'의 형태로 쓰고, '식료품 예산'은 grocery budget으로 표현한다. 정답은 (a)이다.
어휘 organic 유기농의   come true 실현되다

17. **해석** (a) A: Mat, 금요일에 저녁 늦게까지 있을 수 있나요? 우리는 회계 감사 준비를 해야 해요.
(b) B: 물론이죠, 문제 없어요. 제가 무엇을 해야 하죠?
(c) A: 판매 수치가 맞는지 다시 한 번 확인해 주세요.
(d) B: 오, 그건 굉장한 정확도와 정밀성을 요구하잖아요. 자정 전에 우리가 모든 일을 끝냈으면 좋겠네요.
해설 (d) 부사 greatly는 형용사를 수식한다. accuracy와 precision은 명사이므로 부사가 아니라 형용사의 수식을 받는다. 따라서 greatly는 great가 되어야 한다.
어휘 audit 회계 감사   accuracy 정확성   precision 정밀성

18. **해석** (a) 이상적인 렌터카를 선택할 때, 어떤 회사가 돈 값어치만큼 좋은 물건을 제공하는지 아는 것은 힘들다. (b) 우리는 당신이 세계 전역의 국제 공항에서 완벽한 렌터카를 찾을 수 있도록 돕고 임대 과정을 가능한 한 간단하게 만든다. (c) 우리는 많은 주요 렌터카 회사들을 비교하고, 전반적인 렌터카 이용 경험에 대한 고객들의 리뷰를 제공한다. (d) 당신이 빌리고자 하는 차에 대해 다른 사람들이 정확히 어떻게 생각하는지를 알 수 있다.
해설 (a) It is hard to know ~라는 '가주어-진주어' 구문이 되어 '~을 알기는 어렵다'는 의미가 되어야 한다. 따라서 부사 hardly(거의 ~하지 않는)는 형용사 hard(어려운)가 되어야 한다.
어휘 straightforward 간단한   review 비판, 평론   exactly 정확하게   intend to do ~할 작정이다

Unit 14 | 전치사

Exercise 본문 p. 145

A.
1. (b) 2. (a) 3. (b) 4. (a) 5. (b)

B.
6. at World War II → during World War II 7. during → for 8. by the subway → by subway 9. in → at 10. to → by

A.

1. 해석 누군가 문간에 있는 것 같다.
   해설 장소를 나타내는 전치사 중, 한 지점을 의미하는 at이 알맞다.

2. 해석 이탈리아 사람들은 일반적으로 저녁을 늦게 먹는데, 가끔은 저녁 9시 이후이기도 하다.
   해설 '~ 이후에'라고 할 때는 after가 알맞다.
   어휘 usually 보통, 대개

3. 해석 인터넷이 없었다면, 나는 내가 필요했던 정보를 찾을 수 없었을 것이다.
   해설 '~ 없이'라고 할 때는 without을 쓴다. from은 '~으로부터'라는 의미이다.
   어휘 information 정보

4. 해석 너는 그 수업을 월요일까지 신청해야 한다.
   해설 by와 until 모두 '~까지'라는 의미이지만, 수업 등록을 하는 것은 월요일까지 계속되는 동작이 아니라 완료되는 동작이기 때문에 by가 알맞다.
   어휘 sign up for ~을 신청하다

5. 해석 회의는 10월 10일에 개최된다.
   해설 '10월 10일에'라고 특정 날짜를 나타낼 때는 전치사 on을 쓴다.
   어휘 hold 개최하다

B.

6. 해석 1차 세계 대전 중에 비행사를 위해 고안된 비행사 선글라스는 이제는 필수 액세서리이다.
   해설 '전쟁 동안에'라고 기간을 나타낼 때는 전치사 during을 써야 한다.
   어휘 aviator 비행사 a must-have 필수품

7. 해석 Gina는 두 달 동안 아프리카를 여행 중이다.
   해설 지속 시간을 나타낼 때는 전치사 for를 쓴다. during은 '언제' 발생했는지에 초점을 둔다.

8. 해석 전철을 타고 인천 공항을 왕래하는 것은 쉽고 편리하다.
   해설 교통수단을 나타내는 by 뒤에 오는 명사 앞에는 관사를 붙이지 않는다.
   어휘 convenient 편리한

9. 해석 나의 할머니는 60세에 대학에 가셨다.
   해설 나이 앞에는 전치사 at을 쓴다.

10. 해석 지난 10년 동안 버스 요금은 30%가 올랐다.
    해설 to 30%는 '30%까지'라는 의미이고, 그 전에 비해 '~ 만큼'이라고 할 때는 by를 쓴다.
    어휘 decade 십 년 fare (교통) 요금 increase 증가하다

Actual Practice 본문 p.p. 146-147

1. (a) 2. (c) 3. (b) 4. (c) 5. (d)
6. (b) 7. (b) 8. (c) 9. (a) 10. (d)
11. (b) 12. (a) 13. (d) 14. (d) 15. (d)
16. (b) 17. (c) 18. (d)

1. 해석 A: 우리 화요일에 만날 수 있을까요?
   B: 좋아요. Starbeans에서 4시에 봐요.
   해설 요일 앞에는 전치사 on을 쓴다. 정답은 (a)이다.

2. 해석 A: Judy, 당신은 은퇴 후에 무엇을 할 계획이에요?
   B: 저는 동물 보호소에서 자원 봉사 활동을 하고 싶어요.
   해설 어떤 사건이나 시간 '이후'라고 할 때는 전치사 after를 쓴다. 정답은 (c)이다.
   어휘 retirement 은퇴 volunteer 자원봉사를 하다 shelter 보호소

3. 해석 A: 우리는 세탁기가 필요해요. 지금 있는 것은 수리가 안 돼요.
   B: 맞아요. 그리고 품질 보증서도 만료되었어요.
   해설 수리의 '범위를 벗어나다'라고 할 때는 repair 앞에 전치사 beyond를 넣으면 된다. 정답은 (b)이다.
   어휘 repair 수리 warranty 품질 보증서 expire 만료되다

4. 해석 A: 이 코트에 무슨 문제가 있나요?
   B: 네, 한쪽 솔기가 터졌어요.
   해설 솔기를 '따라서' 터진 것이기 때문에 전치사 along이 적절하다. 정답은 (c)이다.
   어휘 split (찢어진) 틈 seam 솔기

5. **해석** A: 흔히 Dracula Castle이라고 하는 것은 어디에 있나요?
   B: Bran Castle은 Brasov 시에서 서남쪽으로 32km 지점에 위치해 있어요.
   해설 방위의 중심을 나타낼 때는 전치사 of를 쓴다. 정답은 (d)이다.
   어휘 so-called 소위, 이른바   be located 위치해 있다

6. **해석** A: 저는 Jason에게 사과를 해야 할 것 같아요.
   B: 맞아요, 당신은 그에게 소리를 지르지 말았어야 했어요.
   해설 yell의 대상 앞에는 전치사 at를 쓴다. 정답은 (b)이다.
   어휘 apology 사과   yell at ~에게 소리 지르다

7. **해석** A: 어려움 없이 식물원으로 가는 길을 찾을 수 있었나요?
   B: 아니요. 다른 정류장에 내려서, 택시를 타고 거기로 갔어요.
   해설 '~ 없이'라고 할 때는 전치사 without을 쓴다. without any difficulty = with no difficulty라는 것도 알아 두자. 정답은 (b)이다.
   어휘 botanic garden 식물원

8. **해석** A: 미국에서는 당신의 교수님을 어떻게 부르나요?
   B: 우리는 서로의 이름을 불러요.
   해설 '~라는 이름으로'라고 할 때는 by one's first name이라고 한다. 정답은 (c)이다.
   어휘 address 호칭을 쓰다, 호칭으로 부르다

9. **해석** 미국 사람들이 계란을 냉장고에 보관하는 반면, 영국 사람들은 계란을 상온에 보관한다.
   해설 온도 앞에는 전치사 at을 쓴다. 정답은 (a)이다.
   어휘 store 보관하다   fridge 냉장고   room temperature 상온

10. **해석** 규칙적으로 운동하는 사람들은 하루 동안 더 많은 에너지를 갖고 있을 가능성이 더 크다.
    해설 '낮 동안에, 하루 동안'이라고 할 때는 during the day로 표현한다. 정답은 (d)이다. 참고로 '밤에'는 at night이다.
    어휘 work out 운동하다

11. **해석** 처음 하는 일이긴 하지만, Joe는 그에게 할당된 어떤 업무든 많은 노력을 한다.
    해설 '~에도 불구하고'라고 할 때는 despite 또는 in spite of를 쓴다. 전치사 뒤에는 (동)명사가 와야 하므로 정답은 (b)이다.
    어휘 entry-level 입문의, 처음의   task 업무   assign 할당하다

12. **해석** 밤이 다가오자, Emma와 Tyler는 고속도로 가에 있는 모텔 중 하나에서 자기로 했다.
    해설 고속도로를 따라 늘어서 있는 모텔들을 설명할 때에는 전치사 along이 적절하다. 정답은 (a)이다.
    어휘 highway 고속도로

13. **해석** 그 다큐멘터리 영화는 제약 회사들의 기만적인 관행에 대해서 말한다.
    해설 '~에 대해서 말하다'라고 할 때는 tell about이나 tell of를 쓴다. 정답은 (d)이다.
    어휘 deceptive 기만적인   practice 관행

14. **해석** Alpha 사는 현지 인터넷 공급 업체 2곳을 매입함으로써 인도 전역에서 무선 인터넷 사업을 개발하려고 한다.
    해설 '~ 전역'이라고 할 때는 전치사 throughout을 쓴다. 정답은 (d)이다.
    어휘 look to ~을 생각해 보다   purchase 구매하다, 매입하다   provider 제공자

15. **해석** 우리 웹 사이트에서, 당신은 작은 인터뷰 룸에서부터 만찬 홀에 이르는 다양한 크기의 공간을 선택할 수 있고, 시간당 혹은 하루당으로 예약할 수 있다
    해설 '~당으로'라고 할 때는 'by the+단위 명사'의 형태로 한다. 정답은 (d)이다.
    어휘 range from A to B A에서 B에 이르다   banquet 연회, 만찬

16. **해석** 선생님들 이외에도, 부모와 후견인들은 학생들의 안전에 책임이 있다.
    해설 '~ 이외에도'라고 할 때 beyond를 쓴다. (a)와 (c)는 위치를 나타내는 전치사이므로 오답이고, (d)는 '선생님으로부터'란 의미가 되어 문맥상 적절하지 않다. 정답은 (b)이다.
    어휘 guardian 후견인   have a responsibility for ~에 책임이 있다.

17. **해석** (a) A: 아직 제 음식이 나오지 않았어요. 얼마나 더 기다려야 하나요?
    (b) B: 죄송합니다만 금방 나올 거예요.
    (c) A: 30분이나 기다렸어요. 저 점심시간은 20분 후에 끝나요.
    (d) B: 당신의 주문이 주방으로 보내졌는지 알아볼게요.
    해설 (c) 어떤 사건이 지속된 기간을 나타낼 때는 전치사 for를 사용한다. during은 for가 되어야 한다.
    어휘 come out 나오다   shortly 금방

18.
[해석] (a) 수억의 종들이 수 세기 동안 나타났다 사라지기 때문에 멸종은 자연적인 과정이다. (b) 하지만 우리가 현재 보고 있는 멸종의 빠른 속도는 자연적인 속도보다 수백만 배 더 빠르다. (c) 멸종의 주요한 이유 중 하나는 자연적·동물적 자원에 대한 인간들의 수요이다. (d) 생물학자들은 아무것도 바뀌지 않는다면 지구상의 절반에 가까운 종들이 이번 세기 말까지 사라질 것이라고 경고한다.

[해설] (d) 어떤 동작의 완료 시점을 의미하는 '~까지'는 전치사 by를 쓴다. until은 by가 되어야 한다. 참고로 until은 동작의 계속을 의미한다.

[어휘] extinction 멸종 species 종 demand 수요, 요구 resource 자원 wipe out 없애 버리다

Unit 15 | 가정법

Exercise
본문 p. 157

A.
1. (b) 2. (a) 3. (b) 4. (b) 5. (a)

B.
6. If I knew → If I had known 7. What will you do → What would you do 8. were she to be better prepared → had she been better prepared 9. as if she read → as if she had read 10. we might have been bankrupt → we might be bankrupt

A.

1.
[해석] 내가 골프를 칠 줄 알았다면 좋았을 것이다.
[해설] I wish 가정법으로 현재의 소망을 표현할 때는 'I wish+주어+동사의 과거형 ~.'의 형태를 쓴다.
[어휘] play golf 골프를 치다

2.
[해석] 그의 재정적 원조가 없었더라면, 우리의 프로젝트는 아직 준비 단계에 있을 것이다.
[해설] 현재 사실의 반대를 가정하는 가정법 과거이므로, if절에는 동사의 과거형이 와야 한다.
[어휘] financial support 재정적 원조 preliminary stage 예비적 단계

3.
[해석] 수업이 끝날 때이다.
[해설] It is time 가정법으로 'It's (about/high) time+주어+동사의 과거형 ~'의 형태가 되어야 한다.
[어휘] be over 끝나다

4.
[해석] 악천후만 아니었더라면, 우리 비행기는 지연되지 않았을 것이다.
[해설] 가정법 과거 완료에서 if가 생략되어 주어와 동사가 도치되었으므로, 주절의 동사는 would/could/might have+p.p.가 되어야 한다.
[어휘] inclement weather 나쁜 날씨 delay 지연시키다

5.
[해석] 만약 네가 제시간에 에세이를 제출했더라면, 너는 더 좋은 학점을 받았을 것이다.
[해설] 과거 사실에 대한 반대를 가정하고 있으므로, 가정법 과거 완료임을 알 수 있다. 이때 주절의 동사는 would/could/might+have+p.p.가 되어야 한다.
[어휘] on time 시간을 어기지 않고, 제시간에 grade 성적, 학점

B.

6.
[해석] 내가 회의가 취소된 것을 알았더라면, 너에게 말해 줄 수 있었을 텐데.
[해설] 과거 사실과 반대되는 내용을 가정하고 있으므로 가정법 과거 완료를 사용해야 한다. If절의 동사의 형태는 had+p.p.가 되어야 한다.
[어휘] cancel 취소하다

7.
[해석] 만약 네가 십대 시절로 돌아간다면 너는 무엇을 하고 싶니?
[해설] 실현 가능성이 희박한 일을 상상할 때는 가정법 과거를 쓴다. 주절의 동사는 'would+동사 원형'이 되어야 한다.
[어휘] teens 십대 시절

8.
[해석] Betty는 그 직장을 구할 수도 있었는데, 그녀가 인터뷰 준비를 좀 더 해 두었다면 말이다.
[해설] 주절에 would have p.p.가 있는 것으로 보아 가정법 과거 완료이다. were she to be better prepared는 가정법 미래로 접속사 if가 생략되고 도치된 문장이다. were she to be better prepared는 if she had been better prepared에서 if가 생략되고 도치된 had she been better prepared로 바꾸어야 한다.
[어휘] land a job 직장을 구하다 prepare for ~을 준비하다

9.
[해석] 그 책 이야기를 하면서 Karen은 마치 할당된 모든 책을 읽은 것처럼 말했지만, 사실 그녀는 그 중 두 권밖에 읽지 않았다.
[해설] As if 가정법이다. '마치 ~였던 것처럼'이라고 사실이 아닌 과거의 일을 사실처럼 가정하고 있으므로 가정법 과거 완료를 사용하여야 한다.
[어휘] discuss 논하다 assigned 할당된

10. 해석 우리가 작년에 그 회사에 투자했더라면 우리는 지금 파산 상태일 것이다.

해설 if절의 last year와 주절의 now를 통해, 이 문장이 if절은 과거 사실에 반대되는 가정을 하는 가정법 과거 완료이고, 주절은 현재 사실과 반대되는 가정을 하는 가정법 과거가 사용된 혼합 가정법임을 알 수 있다. 따라서 주절의 동사는 'would+동사 원형'의 형태가 되어야 한다.

어휘 invest in ~에 투자하다 bankrupt 파산한

Actual Practice
본문 p.p. 158-159

1. (b)	2. (d)	3. (b)	4. (b)	5. (c)
6. (a)	7. (d)	8. (c)	9. (a)	10. (a)
11. (a)	12. (d)	13. (b)	14. (b)	15. (c)
16. (b)	17. (c)	18. (d)		

1. 해석 A: 나는 기차로 유럽 여행을 하려고 생각 중이야.
B: 우와! 만약 내가 시간과 돈이 충분히 있다면 그것이 바로 내가 하고 싶은 거야.

해설 if절 동사의 시제가 과거이므로 주절의 동사는 'would+동사 원형'의 형태가 되어야 한다. 정답은 (b)이다.

어휘 by train 기차로 exactly 정확히, 꼭, 틀림없이

2. 해석 A: 당신이 일요일에 돌아오시면, 비서에게 공항으로 당신을 모시러 가라고 할게요.
B: 안 그러는 게 좋을 것 같아요. 그의 업무에 일요일 근무는 포함되어 있지 않잖아요.

해설 '~하면 오히려 좋을 텐데.'라고 제안에 대한 완곡한 거절을 표현할 때는 'I'd rather+주어+동사의 과거형 ~.'의 형태로 한다. 정답은 (d)이다.

어휘 secretary 비서 pick sb up ~을 (차에) 태우러 가다 duties 의무 include 포함하다

3. 해석 A: 당신이 이번 금요일에 송년회에 못 오신다는 소식을 들어 안타깝네요.
B: 저도요. 만약 예정된 출장이 아니라면, 같이 갈 수 있을 텐데요.

해설 이번 금요일에 있을 송년회에 못 와서 안타깝다는 A의 말에서 미래 시점의 사건에 대한 이야기임을 알 수 있다. 현재나 미래 사실에 대한 반대 가정인 '~이 없다면'이라고 할 때는 가정법 과거를 쓰므로, 주절의 동사는 'would+동사 원형'의 형태가 되어야 한다. 정답은 (b)이다.

어휘 year-end party 송년회 upcoming 다가오는, 곧 있을

4. 해석 A: 저 남성 그룹은 지난 2년 동안 TV에 나오지 않았어요.
B: 맞아요. 그들이 새로운 앨범을 발표할 때가 됐어요.

해설 '~할 때가 되었다'라고 할 때는 'It's high(about) time+주어+동사의 과거형 ~.'의 형태를 쓴다. 정답은 (b)이다.

어휘 appear 나타나다, 출연하다 release (대중들에게) 공개하다

5. 해석 A: 대학 다닐 때 후회가 있었나요?
B: 좀 더 자원봉사활동을 했어야 했어요.

해설 A가 대학 시절에 대해 후회가 없는지 묻고, B가 I wish 가정법으로 과거 사실에 대한 아쉬움을 표현하고 있다. 과거 사실에 대한 아쉬움을 표현할 때는 'I wish+주어+had+p.p.' 구문을 쓴다. 정답은 (c)이다.

어휘 regret 후회 volunteer work 자원봉사

6. 해석 A: Denis가 또 늦었어요! 그는 항상 늦어요!
B: 그렇긴 하지만 그는 오늘 몸이 안 좋은 듯해요.

해설 문맥상 '그가 오늘은 몸이 안 좋은 듯하다'라는 추측의 의미가 되는 것이 자연스러우므로, as if 직설법을 쓴다. 직설법이므로 시제 일치 법칙에 따르는데, today라는 현재 시제 부사어구가 있으므로, as if절의 시제는 현재가 된다. 정답은 (a)이다.

7. 해석 A: 당신은 왜 발표에 제시간에 오지 않았나요?
B: 교통량이 많지 않았다면, 저는 기조연설을 놓치지 않았을 거예요.

해설 주절의 시제가 가정법 과거 완료임을 알려주는 wouldn't have p.p.이므로 if절의 동사는 'had+p.p.'의 형태가 되어야 한다. 가정법 과거 완료에서 if가 생략되면 주어와 동사의 순서가 도치되어 Had가 문두에 와 'Had+주어+p.p.'의 형태가 된다. 정답은 (d)이다.

어휘 How come ~? 어찌하여, 왜 ~인가? be on time 시간을 잘 지키다 heavy traffic 극심한 교통량 keynote speech 기조연설

8. 해석 A: 너는 Stella가 왜 결혼식을 6월까지 연기했는지 아니?
B: 넌 그 이유를 믿을 수 없을 거야! 그녀가 5월에 결혼을 하면 곧 이혼할 거라고 점쟁이가 경고했대.

해설 미래에 발생할 수 있는 일에 대한 가정인 가정법 미래로 표현한다. if가 생략되어 주어와 동사의 순서가 도치되어 should가 문두에 오면 'Should+주어+동사 원형'의 형태가 된다. 정답은 (c)이다.

어휘 postpone 연기하다 fortune-teller 점쟁이 warn 경고하다 get divorced 이혼하다 shortly 얼마 안 되어, 곧

9. 해석 이제 80대 후반인 나의 할아버지는 마치 40대인 것처럼 아직도 굉장히 활동적인 삶을 살고 계신다.

해설 '사실은 80대 후반인데 마치 40대인 것처럼 활동적'이라는 문맥이므로 as if 가정법으로 표현한다. 현재에 '마치 ~인 것처럼'이라고 할 때는 'as if 주어+동사의 과거형'의 형태를 쓴다. 정답은 (a)이다.

어휘 continue to do 계속 ~하다 lead a active life 활동적인 삶을 살다

10. 해석 강의 후에 질문이 있으시면, 근무 시간에 저를 방문하시거나 이메일로 질문하실 수 있습니다.

해설 문제 발생 시 해결 방안을 알려 줄 때는 가정법 미래(If+주어+should+동사 원형)를 사용한다. 주절의 시제(can visit)를 보아도 가정법 미래임을 알 수 있다. 가정법 미래에서 if가 생략되면 주어와 동사의 순서가 도치되어 'Should+주어+동사 원형'의 구문이 된다. 정답은 (a)이다.

어휘 lecture 강의   office hours 근무 시간

11. 해석 한국 대학생들에게 그들이 가장 걱정하는 것이 무엇인지 묻는다면, 리스트에서 첫 번째는 수업료일 것이다.

해설 주절의 동사가 would be이고, 보기가 모두 were to 구문을 활용한 것으로 보아 가정법 미래임을 알 수 있다. 따라서 가정법 미래 문장의 If절인 If you were to ask에서 접속사 if가 생략되고 주어와 동사의 순서가 도치된 형태인 Were you to ask ~가 적절하다. 정답은 (a)이다.

어휘 tuition fees 수업료

12. 해석 콜럼버스가 아메리카 대륙에 상륙하지 않았더라면, 미국 원주민들은 19세기에 그들의 나라를 세웠을 것이다.

해설 'without+명사'는 조건절을 대신하는 전치사구이다. 콜럼버스가 아메리카 대륙에 도착한 것은 과거의 사건이므로 가정법 과거 완료로 써야 하며 주절의 동사는 '조동사의 과거형+have+p.p.'가 되어야 한다. 정답은 (d)이다.

어휘 landing 상륙   establish 설립하다

13. 해석 만약 휴먼 게놈 프로젝트가 2003년에 완성되지 않았다면, 현재 우리는 인간의 DNA에 대해 훨씬 덜 알고 있을 것이다.

해설 주어진 문장은 혼합 가정법 문장이다. if절이 과거 완료(had not been completed)이고, 주절에 현재 시제 부사어구인 today가 있으므로 주절은 가정법 과거, 즉 '조동사의 과거형+ 동사 원형'의 형태가 되어야 한다. 정답은 (b)이다.

어휘 complete 완료하다, ~을 완벽하게 만들다

14. 해석 나침반이 없었더라면, 그 탐험가는 무리에서 낙오된 후 열대 우림에서 사망했을 것이다.

해설 'Had it not been for+명사'는 '~이 없었더라면'이라는 의미로, 가정법 과거 완료(If it had not been for the compass)에서 접속사 if가 생략되어 주어와 동사의 순서가 도치된 문장이다. 따라서 주절의 동사는 '조동사의 과거형+have+p.p.'의 형태가 되어야 한다. 정답은 (b)이다.

어휘 compass 나침반   explorer 탐험가   rainforest 우림   separate 분리하다, 나누다

15. 해석 도둑맞은 물품을 추적하는 어플리케이션이 없었더라면, 그 사건은 여전히 해결되지 않은 채로 남아 있었을 것이다.

해설 'Had it not been for ~'는 '~이 없었더라면'이라는 의미로 가정법 과거 완료에서 if가 생략되고 주어와 동사의 순서가 도치된 형태이다. 따라서 주절은 would/could/might have+p.p.가 되어야 한다. 정답은 (c)이다.

어휘 app 어플리케이션   track 추적하다   stolen 훔친   case 사건   unsolved 미결인

16. 해석 모든 Phoenix 선수들은 매 경기가 마치 결승전 경기인 것처럼 임하고 있다.

해설 '(현재) 마치 ~인 것처럼'이라고 할 때는 'as if 가정법 과거'를 쓴다. 정답은 (b)이다.

어휘 approach 접근하다   a playoff game 결승전 이후의 경기

17. 해석 (a) A: 파산 선언을 고려하고 있다고 들었어요.
(b) B: 불행하게도 그래요. 하지만 잘 모르겠군요. 당신이라면 어떻게 할 거 같아요?
(c) A: 만약 제가 당신이라면 다른 선택들도 고려해 볼 거예요.
(d) B: 다른 투자자를 찾아보는 것이 저의 유일한 선택일 것 같아요.

해설 (c) '내가 만약 당신이라면'이라고 현재 사실의 반대를 가정할 때는 가정법 과거를 쓴다. if I had been you는 if I were you가 되어야 한다.

어휘 declare bankruptcy 파산을 선언하다   investor 투자자

18. 해석 (a) 크리켓을 하는 미국 사람은 거의 없지만, 그것은 야구만큼 인기가 있었다. (b) 18세기에 시작된 이 경기의 인기는 꾸준히 높아졌다. (c) 하지만 남북 전쟁이 발발했을 때, 주로 북부 군인들과 그들의 야구 사랑 때문에 야구의 인기가 크리켓의 인기를 뛰어넘기 시작했다. (d) 남북 전쟁이 없었더라면, 미국 사람들은 지금도 크리켓을 하고 있을 것이다.

해설 (d)는 혼합 가정법 문장이다. If절이 과거 사실에 반대되는 가정을 하는 가정법 과거 완료이고, 주절에 현재 시제 부사어구인 today가 있으므로 주절은 가정법 과거가 되어야 한다. 즉, 주절의 동사가 '조동사의 과거형+동사 원형'이 되어야 하므로 might have still been playing을 might still be playing으로 고쳐야 한다.

어휘 cricket 크리켓   popularity 인기   steadily 착실하게, 견실하게   outbreak 발생, 발발; 발발하다, 발생하다   surpass 능가하다, 뛰어넘다   due to ~ 때문에   love of ~에 대한 애정

Unit 16 | 비교

Exercise 본문 p. 167

A.
1. (b)　2. (a)　3. (a)　4. (a)　5. (b)

B.
6. more clearer → clearer　7. as → than　8. less 14% than → 14% less than　9. as a devoted teacher → as devoted a teacher　10. kelly does → Kelly is

A.

1. 해석 조심하세요. 그 개는 보기보다 훨씬 더 사납습니다.
   해설 than으로 보아 비교급 비교 구문임을 알 수 있다.
   어휘 fierce 사나운, 험악한

2. 해석 모든 새로운 스마트폰 중에서 검은색이 단연코 가장 인기 있는 모델이다.
   해설 '~ 중에서'라고 검정색 모델을 그것이 속한 전체 집단과 견주고 있고 by far는 최상급 강조 부사이므로 빈칸에는 최상급이 알맞다.
   어휘 by far 훨씬; 단연코

3. 해석 음식이 짜면 짤수록 칼로리가 더 많다.
   해설 'the+비교급, the+비교급' 구문이므로 빈칸에는 the more가 와야 한다.
   어휘 salty (맛이) 짠　calorie 칼로리, 열량

4. 해석 Andrew Sanderson은 대학생들에게 그 나라에서 가장 존경받는 학자 중 하나로 생각된다.
   해설 최상급 비교 구문의 비교 범위가 단수 명사일 때는 앞에 in을 쓰고, 복수 명사일 때는 앞에 of를 쓴다. the country는 단수이므로 in이 알맞다.
   어휘 be regarded as ~로 여겨지다　scholar 학자

5. 해석 수천 곡의 노래가 이 MP3 플레이어에 저장되어 있다. 당신은 당신이 원하는 만큼 많은 노래들을 들을 수 있다.
   해설 '~ 만큼 …한'이라는 의미로 원급 비교를 할 때는 'as+형용사/부사+as' 구문을 쓴다.
   어휘 store 저장하다

B.

6. 해석 이 블루투스 장치를 사용할 때 스마트폰에서 소리가 더욱 더 또렷하다.
   해설 1음절 형용사 clear의 비교급은 clearer이다.
   어휘 device 장치　clear 또렷한, 분명한

7. 해석 흡연자는 비흡연자에 비해 암에 걸릴 가능성이 더 높다.
   해설 비교급 비교는 '형용사/부사의 비교급+than' 구문을 쓴다. 비교 대상인 non-smokers 앞에는 than이 와야 한다.
   어휘 get cancer 암에 걸리다

8. 해석 영국 여성들은 남성 동료들보다 14% 더 적은 급여를 받는다.
   해설 수량이나 정도 표시어는 비교급의 비교 틀(more ... than) 앞에 위치한다.
   어휘 counterpart 상대

9. 해석 Emily는 그 누구 못지않게 헌신적인 교사이다.
   해설 원급 비교 어순에 관한 문제이다. as~as 사이에는 '형용사+관사+명사' 순으로 들어가야 한다.
   어휘 devoted 헌신적인

10. 해석 Billy는 Kelly보다 그의 새로운 반 친구들과 더 잘 지낸다.
    해설 비교 대상은 '목적격'이나 '주어+동사'로 표시할 수 있다. 비교되는 두 대상은 구조 및 내용에 있어서 서로 병치가 되어야 한다. 앞쪽에서 Billy is로 '주어+be동사'로 비교 대상을 표시했으므로 than 이하도 Kelly is(주어+be동사)가 되어야 한다.
    어휘 get along with ~와 잘 지내다

Actual Practice 본문 pp. 168-169

1. (d)　2. (b)　3. (d)　4. (a)　5. (a)
6. (c)　7. (c)　8. (d)　9. (a)　10. (c)
11. (b)　12. (c)　13. (d)　14. (c)　15. (d)
16. (a)　17. (c)　18. (c)

1. 해석 A: 도서관 개축이 성공적으로 완료되었어요.
   B: 네, 계획했던 것보다는 더 오래 걸렸지만요.
   해설 부사 a lot 뒤에는 비교급이 들어가야 한다. 1음절인 long은 -er을 붙여서 비교급을 만든다. 정답은 (d)이다.
   어휘 renovation 수리, 개축　completed 완성된　scheduled 계획된

2. 해석 A: 요가를 하는 것의 좋은 점이 무엇인가요?
   B: 물리 치료만큼이나 척추에 좋다고 말할 수 있을 것 같아요.
   해설 as ~ as 사이에는 원급 형용사가 들어가야 한다. 정답은 (b)이다.
   어휘 benefit 이점　physical therapy 물리 치료　spine 척추

3. **해석** A: 어디에 머무는 것을 선호하세요? 역과 가까운 호텔인가요, 바다에 가까운 호텔인가요?
B: 대중교통에 대한 접근성이 저에겐 더 중요해요.
해설 선택지 중 형용사 앞에 올 수 있는 것은 more 뿐이다. more와 all이 동시에 형용사 앞에 위치하려면 'all the more+형용사'의 순서가 되어야 한다. 정답은 (d)이다.
어휘 prefer 선호하다 proximity 접근성, 가까움

4. **해석** A: Cristal이 아름답다고 생각하지 않으세요?
B: 솔직히, 저는 그녀가 아름답기보다는 귀엽다고 생각해요.
해설 한 인물에 대한 두 가지 성질을 비교할 때는 1음절 형용사더라도 비교급 앞에 more를 붙인다. 정답은 (a)이다.

5. **해석** A: 당신의 누이가 세 쌍둥이를 낳았다는 것을 듣고 놀랐어요.
B: 그 누구보다도 제가 더 놀랐어요.
해설 than이 나온 것으로 보아 형용사는 비교급이 되어야 한다. 비교급을 강조 부사인 far와 함께 쓰인 (a)가 정답이다.
어휘 give birth to 아이를 낳다 triplets 세 쌍둥이

6. **해석** A: 뛰는 것 말고 도움이 되는 다른 유산소 운동을 알고 있나요?
B: 수영도 뛰는 것 만큼 좋은 운동이에요.
해설 as ~ as 사이에 형용사와 명사가 동시에 들어가면 순서는 'as+형용사+a/an+명사+as'이다. 정답은 (c)이다.
어휘 aerobic 유산소의 other than ~외에

7. **해석** A: 오늘은 무엇이 문제인가요?
B: 배탈이 나서 뭘 좀 먹었는데도 조금도 낫지 않아요.
해설 비교급 부사 better를 강조할 수 있는 부사는 선택지 중 any 밖에 없다. any better는 '조금이라도 더 좋은[잘]'이라는 표현이다. 정답은 (c)이다.
어휘 up set stomach 배탈 get well 병이 나아지다

8. **해석** A: 줄이 평소만큼 길지 않아요.
B: 운이 좋네요. 이 식당에서 테이블을 잡는 데 종종 20분 이상 걸리거든요.
해설 비교 대상을 의미하는 as 뒤에 형용사 혹은 부사가 올 수 있다. 문맥상 '평소보다 길지 않다'는 의미이므로 usual이 가장 적절하다. 정답은 (d)이다.
어휘 queue (무엇을 기다리는) 줄 take 시간이 걸리다

9. **해석** 최근 연구에 따르면, 25세에서 35세 사이의 여성들은 여전히 남성들보다 더 많은 집안일과 양육을 하고 있다.
해설 비교급 more가 있다면 비교 대상 앞에 than이 와야 한다. than 뒤에 비교 대상을 표시할 때는, 목적격이나 '주어+동사'의 형태로 한다. 빈칸에는 than men이나 than men do가 알맞다. 정답은 (a)이다.
어휘 survey 연구, 조사 housework 집안일 childcare 양육

10. **해석** 우기가 예측했던 것보다 더 길어질 것이라는 뉴스 이후에, 채소 가격이 30%나 올랐다.
해설 go up 뒤에 수치의 차이를 나타내는 명사가 나와야 한다. '~만큼이나'란 뜻의 관용 표현인 'as much as'를 묻는 문제이다. 정답은 (c)이다. (a)를 쓰려면 뒤의 as 뒤에 비교 대상이 명시되어야 한다.
어휘 following ~ 이후에 last 지속되다 expected 예측되는 go up 올라가다

11. **해석** 여러 가지 천연 재료와 태양 전지판을 이용하는, EcoDel은 단연코 가장 친환경적인 주택 건설 회사이다.
해설 최상급 the most eco-friendly가 최상급 강조부사 by far의 수식을 받는 구조인 (b)가 정답이다.
어휘 material 재료 solar panel 태양 전지판 eco-friendly 친환경적인

12. **해석** 많은 긍정적인 건강상의 효과 때문에, 사람들은 와인이 술이라기보다는 청량음료라고 생각한다.
해설 not so much A as B는 'A라기보다는 B이다'라는 관용 표현이다. 정답은 (c)이다.
어휘 positive 긍정적인 refreshing 원기를 북돋우는 beverage 음료

13. **해석** Lena는 이번 달에 3대의 차를 판매했는데 이것은 경제 침체를 고려한다면 예상했던 것보다 나쁘지 않다.
해설 비교 대상 자리에는 형용사나 부사가 들어 갈 수 있다. not as bad as it was anticipated에서 it was가 생략된 형태인 (d)가 정답이다.
어휘 anticipate 예상하다

14. **해석** 비록 부탄의 생활 수준은 미국의 그것보다 수백 배 낮지만, 부탄의 국민 행복 지수는 세계 1위이다.
해설 '~배 많다'라는 표현은 '~ times+as+원급 형용사+as' 혹은 '~ times+more+형용사+than'의 형태이다. living standard(단수 명사)를 대신하면서 '전치사+명사'의 수식을 받을 수 있는 대명사는 that이다. 정답은 (c)이다.
어휘 living standard 생활 수준 gross 총 national 국가의 happiness index 행복 지수

15. **해석** 최근 연구에 따르면 아프리카계 미국인 피고인들은 백인 피고인들보다 유죄로 오판 받을 가능성이 거의 7배나 높다고 한다.
해설 비교급을 수식하는 배수 표현은 비교급 앞에 위치한다. 따라서 seven times more likely가 되며, '거의 7배'란 의미이므로 almost는 수식을 받는 seven times 앞에 위치한다. 정답은 (d)이다.
어휘 recent 최근의 defendant 피고인 wrongfully 나쁜, 틀린 convicted of ~으로 유죄 선고를 받은 crime 범죄

16.
- 해석 인공지능은 컴퓨터가 스스로 학습할 수 있게 하는 것이다; 그러니까 더 많은 데이터를 입력할수록, 그것은 더 똑똑해진다.
- 해설 'the+비교급, the+비교급' 구문이다. 'the+비교급' 뒤에 '주어+동사'가 나온다. 1음절 형용사 smart의 비교급은 smarter이므로 정답은 (a)이다.
- 어휘 artificial intelligence 인공지능 enable A to do A가 ~하는 것을 가능하게 하다 feed into ~에 넣다

17.
- 해석 (a) A: 지난달에 문을 연 그 한국 식당에 가 봤어요?
  (b) B: 아니요, 하지만 조만간 가볼 생각이에요. 그 식당은 뭐가 특별한가요?
  (c) A: 그들이 제공하는 모든 음식이 건강에 매우 좋아요. 재료들이 다른 식당들보다 훨씬 더 영양이 풍부하죠.
  (d) B: 좋네요, 왜냐하면 사람들이 요즘에는 점점 더 건강에 신경을 쓰고 있으니까요.
- 해설 (c) a lot은 비교급을 수식하는 부사이다. 비교 대상을 이끄는 than이 온 것으로 보아 a lot nourishing은 a lot more nourishing이 되어야 한다.
- 어휘 healthy 건강에 좋은 nourishing 영양분이 많은 health-conscious 건강을 의식하는

18.
- 해석 (a) 대부분 남아프리카와 동아프리카에 살고 있는 Black mamba 뱀은 매우 경계심이 많고 극도로 민첩한 뱀이다. (b) 12피트 길이까지 자라는데, 가장 긴 Black mamba 뱀으로 기록된 것은 길이가 4.25미터에 달했다. (c) 이 독사들은 세계에서 가장 치명적인 뱀들 중 하나이다. (d) 검은 맘바 뱀의 독은 green mamba 뱀보다 10배 더 독이 강하다.
- 해설 (c) 비교급 앞에는 정관사 the를 붙일 수 없다. 또한 문장에 than이 없고, 비교 범위(in the world)가 명시되어 있기 때문에 비교급을 쓸 수 없다. '가장 ~한 것 중 하나'란 표현이므로 one of the most ~로 써야 한다. one of the more deadly는 one of the most deadly가 되어야 한다.
- 어휘 reside 살다 alert 기민한, 정신이 초롱초롱한 agile 날렵한 venomous 독이 있는 creature 생물, 사람 venom 독 toxic 유독성의

Unit 17 | 도치

Exercise
본문 p. 175

A.
1. (a) 2. (a) 3. (b) 4. (b) 5. (b)

B.
6. Ian went → did Ian go 7. did they realized → did they realize 8. was → were 9. will it also create → it will also create 10. Hardly the video clip that showed his arrogance had been → Hardly had the video clip that showed his arrogance been

A.
1.
- 해석 Myra는 반 친구들에게 자신에 대해 거의 이야기하지 않았다.
- 해설 부정 부사가 강조되어 문두에 위치하는 경우, 주어와 동사의 어순이 도치된다. Myra has scarcely talked ~.의 주어와 동사의 순서가 도치되면 조동사 has가 주어 앞에 위치한다.
- 어휘 scarcely 거의 ~않다

2.
- 해석 Matthew의 연기에 너무 감동을 받아서 Cherly은 그의 공연을 세 번이나 봤다.
- 해설 so/such ~ that 도치 구문이다. 형용사 impressed 앞에 부사 so가 위치해야 하며, 해당 절의 주어와 동사는 순서가 도치된다.
- 어휘 performance 공연, 연주 impressed 감명을 받은

3.
- 해석 그 어떤 경우에도 당신은 어떤 사람의 개인적인 삶을 논평해서는 안 된다.
- 해설 Under no circumstances가 문두로 나와 강조될 때, 주어와 동사의 어순이 도치되며 이미 부정의 의미를 갖고 있으므로 동사에 not을 쓸 필요가 없다.
- 어휘 comment on ~에 대해 논평하다

4.
- 해석 Joshua가 산꼭대기에 도달했을 때야 비로소 그는 자신이 쉬지 않고 8시간 동안 계속 걸었다-는 것을 깨달았다.
- 해설 Not until이 강조되어 문두로 오는 경우, 주절의 주어와 동사는 순서가 도치된다. 여기서도 did he know ~로 주절의 주어와 동사의 순서가 도치되었다. Not until 절의 주어와 동사의 순서는 도치되지 않는다.

5.
- 해석 일주일 후에 돈을 갚는다고 약속해야만 나는 너에게 그 돈을 빌려 줄 것이다.
- 해설 only가 종속 접속사 앞에 오는 경우, 뒤에 이어지는 주절의 주어와 동사의 순서가 도치 된다.
- 어휘 pay back 갚다

B.

6. 해석 그 시험에 통과한 후에야 Ian은 그의 고향으로 돌아갔다.
   해설 only가 전치사구를 앞에서 수식할 경우, 뒤에 이어지는 주절의 주어와 동사의 순서가 도치된다.
   어휘 pass the test 시험을 통과하다

7. 해석 그들은 서로를 직접 만나고 나서야 비로소 그들이 천생연분이라는 사실을 깨달았다.
   해설 접속사 Not until이 종속 부사절을 이끄는 경우, 뒤에 나오는 주절의 주어와 동사의 순서가 도치된다.
   어휘 in person 직접   be made for each other 천생연분이다

8. 해석 학교 앞에 모든 부모들은 아이들을 데려가기 위해 기다리고 있었다.
   해설 전치사구가 문두로 나와 강조될 때, 주어와 동사의 어순이 도치된다. 주어가 the parents이므로 동사는 were가 되어야 한다.
   어휘 pick up ~를 (차에) 태우러 가다

9. 해석 그 프로그램은 금전적인 성공을 가져올 뿐만 아니라 그 지역에 더 많은 일자리도 창출할 것이다.
   해설 부정의 의미를 가지고 있는 not only가 문두로 강조되어 오는 경우, 해당 절의 주어와 동사는 순서가 도치된다.
   어휘 financial 금융의   region 지방, 지역

10. 해석 그의 거만함을 보여 주는 동영상이 유출되자마자 그의 명성은 떨어졌다.
   해설 부정 부사 hardly가 문장 앞으로 나와 강조될 때, 주어와 동사의 순서가 도치된다.
   어휘 arrogance 오만   reputation 명성   plunge 떨어지다, 추락하다

Actual Practice
본문 p.p. 176–177

1. (a)	2. (c)	3. (d)	4. (d)	5. (b)
6. (c)	7. (b)	8. (d)	9. (d)	10. (a)
11. (b)	12. (d)	13. (a)	14. (d)	15. (b)
16. (d)	17. (c)	18. (a)		

1. 해석 A: 최근에 Edward에게서 연락을 받은 적이 있나요?
   B: 제가 몇 번이나 이메일을 보냈지만, 그에게 전혀 연락이 되지 않았어요.
   해설 전치사구 in no way가 문두로 나와 강조될 때, 주어와 동사의 어순이 도치된다. 정답은 (a)이다.
   어휘 in no way 결코 ~않다   reach ~에게 연락하다

2. 해석 A: 오늘 해고에 대한 이야기를 듣고 놀랐어요.
   B: 사실 몇 주 동안 해고에 대한 소문이 있었어요.
   해설 유도 부사 there가 문두로 강조되어 오는 경우, 주어와 동사의 어순이 도치된다. rumors가 주어이므로 복수 동사로 받아야 하며, '지난 몇 주 동안(for weeks)'이란 시간 부사가 있으므로 현재 완료 시제가 적절하다. 정답은 (c)이다.
   어휘 layoff 정리 해고   rumor 소문

3. 해석 A: 이 호수는 매우 아름답고 고요해요! 이 호수에서 수영하고 싶어요.
   B: 해도 되지만 어두워지면 허용되지 않아요.
   해설 never가 문두로 나와 전치사구 after dark를 수식하므로 주어와 동사의 어순이 도치된다. 정답은 (d)이다.
   어휘 serene 고요한, 평화로운

4. 해석 A: 새로운 임시 직원은 중국어와 영어를 유창하게 해요.
   B: 잘 됐네요! 우리는 하나 이상의 언어를 하는 직원은 거의 없었잖아요.
   해설 부정의 의미를 갖고 있는 부사 rarely가 문두로 나와 강조되면 주어와 동사의 어순이 도치된다. 현재 완료 시제일 경우 주어(we)와 조동사(have)의 어순이 도치되므로 정답은 (d)이다.
   어휘 temp 임시 직원   fluently 유창하게

5. 해석 A: Rosy는 어디에 있나요? 접수처에 그녀가 없어요.
   B: 저기 오네요. 오늘 늦었네요.
   해설 Here/There가 문두로 강조되어 오는 경우에 주어와 동사의 어순이 도치되지만, 주어가 대명사일 경우 주어와 동사의 어순이 도치되지 않는다. 정답은 (b)이다.
   어휘 reception desk 접수처

6. 해석 A: 보세요! Ryan의 책상은 정말 깔끔해요. 모든 것이 다 제자리에 있어요.
   B: 와. 이렇게 잘 정돈된 책상을 본 적이 없어요.
   해설 문장 안에서 부사 never의 위치는 조동사 뒤, 일반 동사 앞이다. 부정 부사 never가 문두에 나오면 주어와 동사의 어순이 도치된다. 정답은 (c)이다.
   어휘 organized 조직화된, 조직적인   workplace 작업장, 업무 현장

7. 해석 A: 오늘 우리에게 온 편지나 소포가 있나요?
   B: 아직이요. 우편물은 오후 2시 이전에는 거의 도착하지 않아요.
   해설 부정 부사 Hardly가 문두에 위치하면 주어와 동사의 어순이 도치된다. 일반 동사 arrive는 조동사 do를 사용해 도치되는데, 주어가 3인칭 단수이므로 does를 쓴다. 정답은 (b)이다.
   어휘 parcel 소포

8. 해설 A: 당신은 언제 그림에 재능이 있다는 것을 알게 되었나요?
B: 꽤 늦게요. 서른이 됐을 때야 비로소 저는 그림에 대한 관심을 발전시켰어요.

해설 'Not until+주어+동사' 뒤에 이어지는 주절의 주어와 동사는 순서가 도치된다. 정답은 (d)이다.

어휘 have a gift for ~에 재능이 있다 fairly 상당히 develop an interest in ~에 대한 관심을 발전시키다

9. 해설 로마 천주교의 교리에 따르면, 낙태는 어떤 상황에서도 정당화되지 않는다.

해설 전치사구 in no way가 문두로 나오면 주어와 동사의 순서가 도치된다. 정답은 (d)이다.

어휘 teaching 가르침, 교리 in no way 결코 ~ 않다 justify 정당화하다 abortion 낙태

10. 해설 Harper가 Florida로 이사를 가자마자 그는 새로운 직장을 찾기 시작했다.

해설 No sooner ~ than은 '~하자마자 …했다'라는 의미이다. 정답은 (a)이다.

어휘 look for ~을 찾다

11. 해설 정부가 소음 공해 법을 실행해야 비로소 주민들은 항의를 멈출 것이다.

해설 접속사 Not until로 시작한 종속 부사절 뒤에 이어지는 주절은 주어와 동사의 순서가 도치된다. 이때, 일반 동사는 주어 앞에 위치할 수 없으므로 do동사를 쓴다. 정답은 (b)이다.

어휘 implement 시행하다 polltion 오염 resident 거주자 protest 항의하다, 이의를 제기하다

12. 해설 그녀의 어머니에게서 온 편지를 뜯어보자마자 Claudia는 와락 울음을 터뜨렸다.

해설 'Hardly+동사+주어 ~ when+주어+동사'는 '~하자마자 …하다'라는 의미이다. 정답은 (d)이다.

어휘 burst into tears 와락 울음을 터뜨리다

13. 해설 나사의 해명에도 불구하고, 아폴로 호의 달 착륙에 대한 많은 논란이 남아 있다.

해설 유도 부사 there가 문두로 강조되어 오는 경우, 주어와 동사의 어순이 도치된다. many controversies가 주어이므로 복수 동사로 받아야 한다. remain은 상태 동사이기 때문에 진행형으로 쓰지 않는다. 정답은 (a)이다.

어휘 explanation 해명, 설명 controversy 논란 moon landing 달 착륙

14. 해설 꿈에서라도 Kelly는 자신이 제일 좋아하는 가수와 함께 무대에서 노래를 할 줄은 상상도 못했다.

해설 부정 부사 never가 전치사구 in her wildest dreams를 앞에서 수식하고 있을 경우, 주어와 동사의 어순이 도치된다. 시제가 과거일 경우 did Kelly imagine이 되어야 하므로 (b)는 오답이다. 과거 완료 시제 구문이 도치된 (d)가 정답이다.

어휘 in one's wildest dream 꿈에도, 전혀 favorite 가장 좋아하는 on stage 무대 위에서

15. 해설 일련의 긴 연설을 함으로써만 야당은 그 법안의 채택을 연기시킬 수 있었다.

해설 'Only+전치사구' 뒤에 있는 주어와 동사의 어순은 도치된다. 정답은 (b)이다.

어휘 a series of 일련의 speech 연설 adoption 채택 proposal 제안, 법안 opposition party 야당

16. 해설 호텔 앞에서 그 전설적인 오페라 가수를 보기 위해 아주 많은 팬들이 기다리고 있었다.

해설 전치사구가 강조되어 문두에 위치하면, 주어와 동사의 어순이 도치된다. so many fans were waiting이 도치되면 were so many fans waiting이 된다 정답은 (d)이다.

어휘 legendary 전설적인

17. 해설 (a) A: 담뱃값이 인상되면서, 거리에서 담배를 피우는 사람을 거의 못 봤어요.
(b) B: 저는 공공장소에서 흡연을 금지하는 것이 흡연자의 수를 효과적으로 줄인다고 믿어요.
(c) A: 맞아요. 이제 어떤 공공장소에서도 사람들이 담배를 피울 수 없기 때문에 간접흡연을 방지할 수 있어요.
(d) B: 많은 연구를 보면 간접 흡연은 직접 흡연만큼이나 건강에 나쁘다고 해요.

해설 (c) in no public places와 같은 부정어구 뒤에는 부정어를 중복해서 쓰지 않는다. in no public places can people not smoke는 in no public places can people smoke가 되어야 한다.

어휘 go up 올라가다 effectively 효과적으로 reduce 줄이다 prevent 막다, 예방하다 second-hand 간접적인, 중고의

18. 해설 (a) 인터넷이 제공하는 것은 너무나 편리해서 당신은 당신이 찾고 싶은 것은 무엇이든지 찾을 수 있다고 생각한다. (b) 그러나 최근의 보고에 따르면 인터넷은 당신이 원하는 것을 제공할 뿐만 아니라, 당신의 원하지 않는 것도 제공한다. (c) 인터넷은 해커들이 당신의 집에 침입하여 무선 기술상의 결함을 통해서 당신의 집을 장악할 수 있게 한다. (d) 이를 방지할 수 있는 쉬운 방법 한 가지는 자동 연결 설정을 끄고 공유 연결을 조심하는 것이다.

해설 (a) so ~ that 용법에서 'so+형용사/부사'가 주어 앞으로 강조되어 오는 경우 해당 절의 주어와 동사는 순서가 도치된다. 주어는 명사절인 what the Internet offers이므로 단수 동사로 받아야 한다. 따라서 are는 is가 되어야 한다.

어휘 convenient 편리한 guarantee 보장하다 reveal 드러내다 provide 제공하다 hacker 해커 take control of ~을 지배하다 prevent 막다, 예방하다 turn off ~을 끄다 be wary of ~을 조심하다 shared 공유된 connection 연결, 접속

Unit 18 | 생략과 대용

Exercise
본문 p. 183

A.
1. (a) 2. (a) 3. (b) 4. (b) 5. (a)

B.
6. should do → should   7. did → has   8. try to → try
9. how he can → how / how he could   10. expect her to get → expect her to

A.

1. 해설 Sonya는 교회에 다니지만 그녀의 남편은 다니지 않는다.
   해설 her husband doesn't go to church에서 앞에서 언급한 go to church를 삭제하고 doesn't까지만 남겨 둔다.

2. 해설 그 누구도 Graham의 모험 이야기를 사실이라고 생각하지 않지만, 나는 사실이라고 생각한다.
   해설 I think it is true에서 be동사까지 남겨 둔다.
   어휘 adventure 모험

3. 해설 Norma는 이제 뚱뚱하지 않지만, 그녀는 예전엔 그랬다.
   해설 She used to be a big girl에서 대부정사를 사용할 경우 to부정사 뒤에 있는 be동사는 남겨 둔다.

4. 해설 모기는 피에서 영양분을 섭취하지만, 벌은 꿀에서 섭취한다.
   해설 앞 문장에서 언급한 동사구(take nutrients)를 반복하지 않고 대동사 do를 쓴다.
   어휘 mosquito 모기 nurtient 영양소 nectar (꽃의) 꿀

5. 해설 많은 사람들은 Bob이 한국어를 못한다고 생각하지만, 사실 그는 한국말을 한다.
   해설 앞 문장에 조동사와 일반 동사(cannot speak)가 있을 때 조동사 뒤에 오는 중복되는 동사구는 생략할 수 있다.

B.

6. 해설 만약 번지 점프를 하고 싶다면, 무섭더라고 해 봐야 한다.
   해설 you should bungee jump에서 중복되는 부분을 생략하고 조동사까지만 남겨 둔다.
   어휘 scary 무서운, 겁나는

7. 해설 Laura는 서울에서 영어 강사로 2년 동안 일하고 있으며, 그녀의 여동생은 5년 동안 도쿄에서 일하고 있다.
   해설 등위 접속사 and로 두 개의 절이 연결되어 있으며, 앞 문장과 마찬가지로 뒤 문장도 현재 완료 진행 시제이다. 따라서 has been working에서 조동사 has만 남겨 두고 나머지는 생략한다. 시제가 현재 완료형이므로 과거형인 did는 맞지 않다.

8. 해설 수선을 완료하기 위해 남은 시간이 3분밖에 없지만, 그렇게 하도록 노력해 볼게요.
   해설 try 뒤에서는 to부정사 전체를 생략한다.
   어휘 complete 완료하다 alteration 변화, 개조, 변경

9. 해설 Bobby는 Veronica를 위로하고 싶었지만 어떻게 해야 할지 몰랐다.
   해설 he didn't know how he could comfort her에서 반복된 부분을 생략하여 how he could 혹은 how까지만 쓴다.
   어휘 comfort 위로하다

10. 해설 Sue는 한번도 결혼을 생각해 본 적이 없지만, 그녀의 부모는 그녀가 결혼을 하기를 기대한다.
    해설 앞 문장의 get married가 뒤 문장의 목적격 보어로 반복되고 있다. 이 경우 to부정사에서 일반 동사는 생략하고 대부정사 to를 쓴다.

Actual Practice
본문 pp. 184–185

1. (c)   2. (d)   3. (c)   4. (a)   5. (d)
6. (c)   7. (d)   8. (c)   9. (b)   10. (a)
11. (b) 12. (a) 13. (d) 14. (d) 15. (d)
16. (c) 17. (b) 18. (c)

1. 해설 A: 이 램프를 냄비로 바꿀 수 있나요?
   B: 아니요, 그럴 수 없어요. 세일 물품은 환불 불가입니다.
   해설 조동사 뒤에 오는 중복되는 동사구는 생략할 수 있다. No, you can't exchange this lamp for a pan에서 조동사 뒷부분을 생략한 (c)가 정답이다.
   어휘 exchange 교환하다 non-refundable 환불이 안 되는

2. 해석 A: 수업이 취소된 것을 못 들었나요?
B: 오, 몰랐어요.

해설 know 뒤에 반복되는 절은 that으로 대신하거나 생략한다. 정답은 (d)이다.

어휘 cancel 취소하다

3. 해석 A: 저는 Green 승마 클럽의 회원이에요.
B: 우연의 일치네요, 저도요.

해설 상대의 긍정적인 언급에 '나도'라고 동의할 때, so를 쓰면 'so+동사+주어'의 어순으로 한다. A에서 be동사가 사용되었으므로 (c)가 정답이다.

어휘 horse riding club 승마 클럽   coincidence 우연의 일치

4. 해석 A: 학회에서 당신을 보지 못했어요. 거기에 있었나요?
B: 네, 있었는데, 잠시 동안만요.

해설 I was there에서 반복되는 부분을 생략할 때 be동사는 그대로 남겨 둔다. 정답은 (a)이다.

어휘 briefly 잠시, 간단히

5. 해석 A: Cook 씨는 이제 완전히 새로운 사람이 되었어요.
B: 맞아요. 그는 그전보다 훨씬 더 이해심이 많아졌어요.

해설 '그 전에 그가 이해심이 있었던 것보다'는 than he used to be understanding으로 표현된다. used to 뒤에 중복되는 부분은 생략할 수 있는데, 이때 be동사는 남겨 둔다. 정답은 (d)이다.

어휘 understanding 이해심 있는

6. 해석 A: Charles가 쓰레기를 버리는 나쁜 버릇을 없앨까요?
B: 쉽지 않겠지만 그가 없앨 거라고 생각해요.

해설 I expected him to break에서 중복되는 부분을 생략하면 I expected him to이다. 정답은 (c)이다.

어휘 habit of ~하는 습관   litter 쓰레기; 쓰레기를 버리다

7. 해석 A: 오늘 아침에 Beth가 안경을 쓰고 있어서 그녀를 알아보지 못했어요.
B: 저도요. 그녀가 안경을 쓰는지 몰랐어요.

해설 부정적인 의견에 대해서 '나도 그래'라고 동의할 때는 either와 neither를 쓴다. either는 not과 함께 문장 뒤에, neither는 문장 앞에 위치하며 이때는 주어와 동사의 순서가 도치된다. 정답은 (d)이다.

어휘 recognize 알아보다   wear glasses 안경을 쓰다

8. 해석 A: 당신의 딸이 음악 천재라고 들었어요.
B: 정말 그랬죠. 하지만 지금은 GreenPeace에서 환경 운동가로 일하고 있어요.

해설 생략된 문장에서 부사는 동사 앞에 위치해야 한다. 정답은 (c)이다.

어휘 prodigy 천재   environmentalist 환경운동가

9. 해석 다리 부상에서 완전히 회복되지 않았음에도 불구하고, Gordon은 결승전에 출전했는데 그는 그러지 말았어야 했다.

해설 '(과거에) ~하지 말았어야 했다'라고 할 때는 should not have p.p.를 쓴다. 중복 부분을 생략할 경우 p.p. 이하를 생략한다. 정답은 (b)이다.

어휘 recover from ~에서 회복하다   final 결승전

10. 해석 그의 반 친구들은 모두 외국에 가 본 적이 있지만 Ronan은 아직 가 본 적이 없다.

해설 Ronan hasn't been abroad가 완전한 문장인데, 앞에서 중복되는 부분을 생략하면 Ronan hasn't가 된다. have가 조동사로 사용된 경우 p.p. 이하를 생략한다. 정답은 (a)이다.

어휘 abroad 외국에

11. 해석 CEO들은 대규모 해고가 있을지는 알지 못한다고 하지만, 대부분의 경제 분석가들은 그럴 것이라고 예측한다.

해설 it은 가주어이며 진주어는 appear 뒤에 that절로 표시한다. that절은 a massive layoff would happen이므로 이를 so로 대신할 수 있다. 정답은 (b)이다.

어휘 massive 거대한, 심각한   layoff (정리) 해고   analyst 분석가   anticipate 예상하다

12. 해석 Bill은 억만장자이지만, 그는 그렇게 행동하지 않고 대부분의 부자들도 그렇게 하지 않는다.

해설 부정문에 대한 동의를 나타낼 때는 neither와 either를 활용하는데, either는 not과 함께 문장 뒤에 위치하고, neither는 문장 앞에 위치하며 주어와 동사의 순서가 도치된다. 정답은 (a)이다.

어휘 muti-billionaire 억만장자   affluent 부유한

13. 해석 시민 단체는 장관들이 그 사건에 대해 책임을 지지 않는다고 비난했지만 그들은 그럴 의지가 없는 것 같다.

해설 be unwilling to는 '~하기를 꺼리다'라는 의미이며 to 뒤에는 take responsibility for the accident가 반복된다. to부정사 뒤에 있는 일반 동사구는 생략되므로 정답은 (d)이다.

어휘 civil group 시민 단체   blame 비난하다   take responsibility for ~에 책임을 지다   be unwilling to do ~하기를 꺼리다

14. 해석 Stephen은 아버지가 된다는 것을 상상한 적이 없었지만 첫 아이를 봤을 때, 자신이 항상 아버지가 되기를 원해 왔다는 것을 깨달았다.

해설 과거(realized) 이전부터 계속 아버지가 되고 싶었다는 의미이므로 과거 완료 시제가 적절한데, 이 경우 중복 부분을 생략할 때 he had wanted to be a father에서 to 이하에 반복되는 be동사는 그대로 남겨 둔다. 이때

always의 위치는 be동사/조동사 뒤 일반 동사 앞이라는 것도 기억해 두자. 정답은 (d)이다.

어휘 imagine 상상하다 realize 깨닫다

15. 해석 산업 혁명은 일부 다른 나라들에서 그랬던 것처럼 영국에서는 섬유 산업에서 처음으로 시작되었다.

해설 The Industrial Revolution began first in the textile industry에서 반복되는 부분을 대명사와 대동사로 받으면 it did가 된다. 정답은 (d)이다.

어휘 Industrial Revolution 산업 혁명 textile industry 섬유 산업

16. 해석 그 어떤 분석가들도 두 나라가 평화 협정을 체결하리라고 예측하지 못했지만, 그 두 나라는 협정을 체결할 것 같아 보인다.

해설 they appear to conclude a peace agreement에서 to 뒤에 반복되는 일반 동사는 생략한다. 정답은 (c)이다.

어휘 analyst 분석가 anticipate 예측하다 conclude an agreement 협정을 체결하다

17. 해석 (a) A: Meg와 나는 헤어졌어. 조만간 이사 나올 거야.
(b) B: Billy와 나는 네가 그럴 것이라고 예상했어. 너희 둘은 언제나 모든 것에 뜻이 맞지 않았어.
(c) A: 그래서 너는 내가 그녀와 헤어진 것을 듣고 놀라지 않는구나.
(d) B: 응. Billy도 그럴 거야.

해설 (b) Billy and I expected you to break up with Meg.에서 앞 문장과 중복되는 부분은 생략이 가능하다. to부정사 뒤에 일반 동사가 반복되는 경우 대부정사를 사용하여 to까지만 남겨 둔다. you to be는 you to가 되어야 한다.

어휘 break up 헤어지다 move out 이사 나오다 be at odds 뜻이 맞지 않다

18. 해석 (a) 1688년 혁명은 거의 100년 만에 처음으로 영국에 정치적인 안정을 주었다. (b) 기업은 번창했지만, 공공 재정은 약했고, 금전과 신용 시스템도 그랬다. (c) 그래서 많은 사람들은 의회에 국립 혹은 공공 은행을 제정하라고 촉구했고, 국회는 그러기로 계획했다. (d) Bank of England는 120만 파운드의 초기 자본으로 문을 열었다.

해설 (c) it(Parliament) planned to institute a national or public bank에서 중복되는 부분을 생략하면 to 이하에 일반 동사가 반복되고 있으므로 planned to까지만 남게 된다. planned to do는 planned to가 되어야 한다.

어휘 revolution 혁명 political stability 정치적 안정 flourish 번성하다 public finances 공공 재정 institute 제정하다 initial capital 초기 자본

실전 모의고사 1회
본문 p.p. 207~214

1. (c)	2. (c)	3. (a)	4. (b)	5. (b)
6. (b)	7. (a)	8. (d)	9. (b)	10. (b)
11. (a)	12. (c)	13. (d)	14. (b)	15. (d)
16. (b)	17. (d)	18. (a)	19. (c)	20. (d)
21. (d)	22. (a)	23. (a)	24. (d)	25. (c)
26. (b)	27. (a)	28. (c)	29. (a)	30. (b)
31. (d)	32. (a)	33. (d)	34. (a)	35. (a)
36. (c)	37. (b)	38. (d)	39. (d)	40. (c)
41. (c)	42. (a)	43. (d)	44. (d)	45. (a)
46. (b)	47. (b)	48. (d)	49. (c)	50. (b)

1. 해석 A: 공부하면서 귀마개를 하나요?
B: 네. 공부할 때 어떤 소음이나 방해도 참을 수가 없어요.

해설 '~할 수 없다'는 의미의 조동사는 can't이므로 정답은 (c)이다.

어휘 earplug (소음을 막기 위한) 귀마개 put up with ~을 참다 noise 소음 distraction 방해

2. 해석 A: Joe! 벌써 8시 30분이야. 학교 가야지.
B: 엄마, 오늘은 금요일이에요. 저는 금요일에 수업이 없어요.

해설 'It is time+주어+동사' 구문은 '~할 때이다'라는 뜻이며, 이때 동사는 과거 시제가 되어야 한다. 정답은 (c)이다.

어휘 class 수업

3. 해석 A: Kristine이 오늘 기분이 안 좋아 보여요. 그녀에게 무슨 일이 있었나요?
B: 그녀의 연례 보고서에 실수가 너무 많아서 그녀의 상사가 다시 하라고 시켰어요.

해설 사역동사의 목적격 보어 자리에는 동사원형이 온다. 정답은 (a)이다.

어휘 upset 속상한 mistake 실수, 잘못 annual 연례의 supervisor 상사, 관리자 make ~ over ~을 고치다, 바꾸다

4. 해석 A: 내일 무슨 계획이 있나요?
B: Ben과 함께 쇼핑을 갈 거예요. 같이 갈래요?

해설 미래의 확실한 계획은 현재 진행형으로 표현한다. 정답은 (b)이다.

어휘 tag along 따라가다

5. 해석 A: 어떤 대학에 갈지 정했나요?
B: 아니요. 대학에 진학하지 않을까 생각 중이에요.

해설 타동사 decide 뒤에는 목적어 역할을 할 명사절이 와야 한다. 명사(university)를 앞에서 수식하는 형용사 역할을 하면서 동시에 명사절을 이끌 수 있는 접속사는 what과 which이다. 정답은 (b)이다.

어휘 decide 결정하다 consider 고려하다, 생각하다

6. **해석** A: 이 계산서가 잘못 됐네요. 너무 많이 청구됐어요.
   B: 죄송합니다. 다시 한 번 살펴볼게요.
   해설 부사 too를 강조할 수 있는 부사는 way와 far이다. 정답은 (b)이다.
   어휘 bill 계산서 charge 청구하다

7. **해석** A: 오늘 주간 회의의 주요 사안은 무엇이었나요?
   B: CEO가 인사팀에서 더 많은 직원을 고용해야 한다고 주장했어요.
   해설 제안, 주장을 의미하는 동사(insist)의 목적어절의 동사는 'should+동사원형' 형태가 되어야 하며 이때 should는 생략될 수 있다. 정답은 (a)이다.
   어휘 issue 사안, 주제 insist 주장하다, 고집하다 HR team 인사과 staff 직원 employ 고용하다

8. **해석** A: Brian의 지능에 대해서는 의심의 여지가 없어요.
   B: 맞아요. 그는 우리 학교에서 단연코 가장 똑똑한 학생이에요.
   해설 최상급(the smartest)을 강조할 수 있는 부사는 by far이다. 정답은 (d)이다. very가 최상급을 강조할 때는 the 다음에 온다는 것도 알아두자.
   어휘 doubt 의심 as to ~에 관해서 intelligence 지능

9. **해석** A: 그 소식 들었어요? 지난 밤에 큰 쓰나미가 일본을 강타했대요.
   B: 이런, 안타깝네요. 사상자가 없길 바라요.
   해설 hit은 타동사이고 빈칸 뒤에 목적어 Japan이 있으므로 hit은 능동태가 되어야 하며 과거 시점 부사 last night이 있으므로 과거시제가 되어야한다. 정답은 (b)이다.
   어휘 tsunami 쓰나미 casualty 사상자

10. **해석** A: 우리 강아지들을 돌봐줄 사람이 필요하다고 생각하지 않나요?
    B: 동의해요. 주중에 강아지를 봐줄 사람을 고용하는 것을 진지하게 고려해야 해요.
    해설 타동사 consider는 목적어 자리에 동명사가 와야 한다. 정답은 (b)이다.
    어휘 take care of ~을 돌보다 seriously 심각하게 consider 고려하다, 생각하다 dog-sitter 개를 봐주는 사람

11. **해석** A: 장기 이식 코디네이터와 언제 어디서 만났나요?
    B: 그런 직종이 있는지도 몰랐어요.
    해설 형용사 such 뒤에는 'a+명사'가 와야 한다. so는 부사이기 때문에 명사(a+명사)를 바로 수식할 수 없다. 정답은 (a)이다.
    어휘 organ transplant 장기 이식 coordinator 조정자, 진행자, 코디네이터

12. **해석** A: Matthew는 항상 행복해 보여요.
    B: 맞아요, 여자친구인 Lucy를 만난 이후로 웃음이 끊이지 않네요.
    해설 과거의 어떤 시점 이후로 지속된 동작은 현재 완료형으로 표현한다. 정답은 (c)이다.

13. **해석** A: Helen이 남동생 결혼식에 입었던 드레스 어떻게 생각해요?
    B: 화려한 하얀 드레스를 입은 것은 사려깊지 못했다고 생각해요.
    해설 빈칸 앞의 사물 명사(dress)를 수식할 수 있는 관계대명사는 which나 that이다. 정답은 (d)이다.
    어휘 extravagant 화려한, 낭비하는 sensible 분별력 있는, 합리적인

14. **해석** A: 오늘 저녁에 외식할까요?
    B: 그러고 싶지만, 숙제가 너무 많아요.
    해설 I wish 뒤에 이어지는 절의 시제는 과거 혹은 과거완료이다. 현재 혹은 미래에 반대되는 가정은 과거 시제를 써야 한다. 외식을 하고 싶지만 할 수 없는 상황이므로 I wish I could로 표현하는 것이 적절하다. 정답은 (b)이다.
    어휘 a ton of ~이 많은

15. **해석** A: 오늘 슈퍼마켓에서 무엇을 샀나요?
    B: 몇 종류의 빵이요.
    해설 셀 수 있는 단위 명사 kinds 앞에 올 수 있는 수 형용사는 a few이다. 정답은 (d)이다.

16. **해석** A: 커다란 체다 치즈 한 덩어리를 사려고 합니다.
    B: 실은 체다 치즈는 다 팔렸어요, 그러니 다른 종류의 치즈를 고르셔야 합니다.
    해설 원하는 치즈가 다 팔려서 다른 종류를 골라야 한다는 의미이므로 결과를 의미하는 부사 so가 적절하다. 정답은 (b)이다.
    어휘 brick 덩어리, 벽돌 be sold out of ~이 매진되다

17. **해석** A: Bella의 아버지가 돌아가신 이후로 그녀를 격려하는 게 힘들어요.
    B: 그녀가 필요한 만큼 슬퍼할 수 있도록 놔두세요.
    해설 cheer up과 같이 동사와 부사가 결합한 동사구의 목적어가 대명사일 경우 목적어는 동사와 부사 사이에 위치해야 한다. 정답은 (d)이다.
    어휘 grieve 슬퍼하다, 비통해 하다

18. **해석** A: 너의 어머니가 60세가 넘으셨다는 것을 믿을 수가 없어.
    B: 어머니는 연세보다 훨씬 젊어 보이세요.
    해설 비교급(younger)이 있으므로 비교 대상 앞에 than이 와야 한다. 정답은 (a)이다.

19. 해석 A: 프랑스에 돌아가면 편지 보낼게요.
    B: 네, 그렇게 하세요. 안전한 비행 하세요.
    해설 시간이나 조건 부사절이 미래에 벌어질 일을 의미할 경우 동사는 현재시제가 되어야 한다. 정답은 (c)이다.
    어휘 drop A a line A에게 편지를 보내다

20. 해석 A: 에어컨에서 나는 덜컹거리는 소리가 정말 짜증나요.
    B: 당장 고쳐야겠어요.
    해설 소리(noise)가 짜증나게 하는 주체이므로 '~하게 만드는' 이라는 의미가 되도록 현재분사 형용사를 써야 한다. 정답은 (c)이다.
    어휘 rattling 덜컹거리는 repair 고치다, 수리하다 annoying 짜증스러운

21. 해석 이틀간의 협상 이후, 회사는 주택 수당을 제공함으로써 직원들의 요구를 들어주기로 동의했다.
    해설 전치사 by 뒤에는 명사 혹은 동명사 형태가 와야 한다. 문맥상 수당을 제공받는 것이 아니라 제공하는 것이므로 정답은 (d)이다.
    어휘 negotiation 협상, 교섭 need 요구 housing benefit 주택 지원

22. 해석 새로운 CEO는 성별과 상관없이 모든 직원들에게 2개월의 유급 육아휴직을 주겠다고 약속했다.
    해설 타동사 promise는 to부정사를 목적어로 취한다.
    어휘 promise 약속하다 paid parent leave 유급 육아휴직 regardless of ~에 상관없이 gender 성, 성별

23. 해석 Paul은 그의 연구의 출판을 위해 같이 일했던 많은 동료들에게 신세를 졌다고 생각했다.
    해설 선행사가 사람일 때 전치사 뒤에 올 수 있는 관계 대명사는 whom뿐이다.
    어휘 indebted to ~에게 은혜를 입은 publication 출판 research 연구

24. 해석 경제적으로 어려운 시기 동안에 대부분의 사람들은 덜 쓰면서 살아야 한다.
    해설 '(어떤 시기) 동안에'라는 의미의 전치사는 during이다. 참고로 for 뒤에는 구체적인 기간이 제시되어야 한다.
    어휘 make do with less 덜 먹고 덜 쓰면서 살다

25. 해석 지난달 고고학 유적지에서 발견된 유해는 Nefertari 여왕의 것인 듯하다.
    해설 전치사구 앞에 올 수 있는 대명사는 that과 those이다. 복수 명사 remains를 대신해야 하므로 복수 대명사 those를 써야 한다.
    어휘 remains 유물, 남은 것 archeological site 고고학 유적지

26. 해석 주 정부는 새로운 정책으로 사업체들이 그들의 작업을 외주 위탁하는 것이 더 쉬워지기를 희망한다.
    해설 5형식 문장의 가목적어 it에 대한 진목적어는 to부정사 혹은 동명사의 형태를 취한다.
    어휘 outsource 외부에 위탁하다

27. 해석 CEO와 이사들은 조의를 표했지만 그들 중 누구도 내일 그 희생자의 장례식에 참석할 것 같지는 않다.
    해설 neither A nor B 구문에서 동사는 B에 수 일치를 시켜야 하고 likely는 형용사이므로 be동사가 있어야 하므로 (a) are가 정답이다.
    어휘 be likely to do ~할 가능성이 있다 attend 참석하다 funeral 장례식 express 표현하다 condolence 위로

28. 해석 외국에서 은퇴 생활을 하기로 결정한 시민들은 자신들의 건강보험과 연금이 없어질까 봐 걱정한다.
    해설 주격 관계 대명사 who 뒤에 나오는 동사는 선행사에 수를 일치시켜야 한다. citizens가 선행사이므로 복수 동사가 와야 하며 시민이 선택을 한 주체이므로 능동태를 써야 한다.
    어휘 retirement 은퇴 overseas 해외에서 fear 걱정하다, 두려워하다 pension 연금 choose to do ~하기로 선택하다

29. 해석 우리는 Naples의 유람선 항구에서 Campania의 어느 곳까지든, 각 방향으로 개인 운전사를 마련해 드립니다.
    해설 형용사 either 뒤에는 단수 명사가 와야 한다.
    어휘 arrange 마련하다 private 개인적인 cruise ship 유람선

30. 해석 설문조사에서, 사람들은 삶에서 그들이 하는 일이 어느 정도까지 가치 있는지에 대해 질문을 받을 것이다.
    해설 관계 대명사절(which they feel ~ worthwhile)의 주어를 찾아 동사를 선택하는 문제이다. 관계 대명사 뒤의 삽입구인 they feel을 생략하면 the things가 주어이고, they do in life는 the things를 수식하는 또 하나의 관계 대명사절이므로 정답은 복수동사인 (b) are이다.
    어휘 survey 조사 extent 정도, 크기 worthwhile 가치 있는

31. 해석 1928년 처음 등장한 이래로 Mickey Mouse는 가장 유명한 캐릭터 중 하나가 되었다.
    해설 '~ 이래로'라는 뜻의 since가 나오면 주절의 동사는 현재 완료 혹은 현재 완료 진행형이 되어야 한다.
    어휘 appearance 등장, 모습

32. 해석 맥주는 몇 시간 만에 생산될 수 있는 반면 위스키는 최소 3년이 걸린다.
    해설 두 문장을 자연스럽게 연결하는 접속사를 선택하는 문제이다. 두 문장은 서로 대조적인 의미이므로 (a) while(~인 반면)이 적절하다.
    어휘 produce 생산하다

33. 해석 심판의 실수가 없었더라면 스페인은 독일을 패배시켰을 수도 있었다.

해설 Had it not been for ~는 가정법 과거 완료 구문의 if절에서 if가 생략되고 주어와 동사가 도치된 것이다. 따라서 주절의 동사는 would have p.p. 형태가 돼야 한다.

어휘 umpire 심판 defeat 패배시키다

34. 해석 Smith and Sons는 정원 건축물, 텐트, 바비큐용 그릴을 포함하여 많은 가구를 제공하고 있는 것에 자부심을 갖고 있다.

해설 furniture는 셀 수 없는 명사이므로 부정관사를 붙이거나 복수형으로 사용할 수 없다. 특정한 가구를 지칭하는 상황이 아니므로 정관사 the도 붙일 수 없다.

어휘 pride on ~에 자부심을 갖다   a large collection of ~이 많은

35. 해석 산에서 부상을 입고 길을 잃은 그 산악인은 911에 전화해 도움을 요청했다.

해설 분사구문 문제로 주절의 주어 hiker가 injure와 lose를 당한 상황이므로 수동의 의미가 되도록 과거분사를 써야 한다.

어휘 injure 부상을 입히다

36. 해석 나무를 태우는 것은 그을음을 발생시키는데, 이것은 천식과 다른 건강 문제를 야기한다.

해설 앞 문장 전체를 선행사로 받는 관계 대명사는 which이다.

어휘 burn 태우다   release 놓아주다, 방출하다   soot 그을음, 검댕   cause 야기시키다   asthma 천식

37. 해석 Stevenson은 그의 다큐멘터리 영화가 미국 박스 오피스 정상을 차지할 것을 거의 예상하지 못했다.

해설 부정어구(little)가 문두에 오면 주어와 동사의 어순이 도치된다.

어휘 little 거의 ~하지 않는

38. 해석 어느 날 Robin은 담장에 페인트칠을 시작했지만 곧 자신이 그것을 할 수 없다는 것을 깨달았다.

해설 to부정사의 의미상 주어는 'for +목적격' 형태로 to부정사 바로 앞에 위치한다.

어휘 set out 시작하다   realize 깨닫다

39. 해석 그들이 이야기를 시작하자마자 그들은 둘 다 서로가 천생연분임을 바로 알아보았다.

해설 접속사 No sooner 뒤의 주어와 동사는 도치된다. 또한 주절의 과거 시점(recognized)보다 이전에 일어난 일이므로 과거완료 시제가 적절하다.

어휘 recognize 알아보다, 인지하다   instantly 즉시, 곧장   be made for each other 천생연분이다

40. 해석 어떤 사람들은 솔직함의 미덕을 믿는 반면, 다른 사람들은 어떤 경우에는 거짓말의 필요성을 이해한다.

해설 '어떤 사람들'과 대비되는 불특정한 '다른 사람들'은 others로 표현한다. another는 '또 다른'의 의미로 단수 명사를 수식한다.

어휘 believe in ~을 믿다   virtue 미덕   lie 거짓말하다

41. 해석 (a) A: 거의 7시예요. 8시 공연을 보려면 서두르는 게 좋겠어요.
(b) B: 맞아요. 샤워하고 옷을 갈아입을게요.
(c) A: 안 돼요. 시간이 없어요. 거기까지 가는 데 40분 이상이 걸려요.
(d) B: 시간은 걱정하지 마세요. 정말 빨리 할 수 있어요.

해설 (c) 일반적 사실에 대해서는 현재형 동사를 써야 한다. 소요 시간에 대해 언급하고 있으므로 took는 takes가 되어야 한다.

어휘 had better ~하는 것이 좋을 것이다   go change 옷을 갈아입다

42. 해석 (a) A: 기분이 좋아 보이네요. 무슨 일이에요?
(b) B: 사실, 우리 회사가 동물 보호소 기금을 마련하기 위한 복권 추첨을 했는데, 제가 당첨됐어요!
(c) A: 설마! 멋지네요!
(d) B: 네, 제가 1등을 해서 50인치 평면 TV를 받았어요. 믿을 수가 없어요.

해설 (a) happen은 자동사이므로 수동태로 사용할 수 없다. what is happened?는 what happened?가 되어야 한다.

어휘 raffle 복권   shelter 주거지, 피신처

43. 해석 (a) A: 안녕 Jerry. Sonya와의 첫 데이트 어땠어요?
(b) B: 좋지 않았어요. 우리는 식당에 가고 영화도 봤는데, 그녀는 돈을 하나도 내지 않았어요.
(c) A: 그녀는 아마 그녀가 돈을 내는 게 적절하지 않다고 생각했을 것 같아요.
(d) B: 글쎄요, 만약 그렇다면 그녀는 '고맙다'고 말했어야 하지만 그러지 않았어요.

해설 (d) will have said는 미래 완료이다. 과거에 대한 후회는 'should have p.p.(~했어야 했다)'로 표현한다. will은 should가 되어야 한다.

어휘 inappropriate 적절치 않은

44. 해석 (a) A: 당신의 모든 음식이 정말 좋았어요. 식당을 열어도 될 것 같아요.
(b) B: 정말 그렇게 생각하세요? 저는 항상 제 식당을 갖기를 꿈꾸고 있었어요.
(c) A: 당신은 식당을 정말 잘 운영할 거라고 믿어요.
(d) B: 고마워요. 하지만 식당을 열 만큼 충분한 돈이 없다는 것이 문제네요.

해설 (d) 형용사 enough는 명사 앞에서 수식한다. money enough는 enough money가 되어야 한다.

어휘 awesome 경탄할 만한, 엄청난

45. 해석 (a) A: 인터뷰에 와주셔서 감사합니다. 이전에 호텔에서 일해 보셨나요?
(b) B: 네, 고등학교 때 1년 반 동안 청소부원으로 파트타임 근무를 했었어요.
(c) A: 좋아요. 여기서 벨보이로 일하는 데 중요한 것은 우리 손님들을 친절하게 맞이하는 겁니다.
(d) B: 그건 잘할 것 같아요.

해설 (a) interview는 가산 명사이므로 관사가 필요하다. 현재 진행되고 있는 인터뷰를 의미하므로 the 혹은 this를 붙여야 한다. interview는 the(this) interview가 되어야 한다.

어휘 bellhop (호텔, 클럽의) 보이, 사환 greet 맞다, 환영하다

46. 해석 (a) Harvey는 쇼핑을 재미있는 시간과 모험으로 만들면서 자신의 사업을 발전시켜 왔다. (b) 이 개념의 중심에는 건축의 우수함에 대한 고집이 있다. (c) Harvey Square의 모든 층은 서로 다른 건축가에 의해 디자인되어, 각층에 고유의 독특한 외양과 분위기를 준다. (d) Harvey Square는 젊고 유행을 좇는 고객들을 끌어들이기 위해 최고 수준의 레스토랑을 만들었다.

해설 (b) 형용사(architectural) 뒤에는 명사가 와야 한다. excellent는 excellence가 되어야 한다.

어휘 improve 개선하다 adventure 모험 concept 개념 insistence 고집, 주장, 강조 excellent 훌륭한 unique 독특한 attract 마음을 끌다 hipper 유행에 밝은

47. 해석 (a) 감성 지능(EQ)은 감정을 평가하고, 통제하고, 표현하는 개인의 능력을 의미한다. (b) EQ가 높은 사람들은 다른 사람들과 공감하고 그들을 이해할 수 있기 때문에 훌륭한 지도자가 될 가능성이 있다. (c) 게다가 EQ가 높은 사람들은 IQ가 높은 사람들에 비해 직업적으로 성공할 가능성이 더 높다. (d) 따라서 한 사람의 EQ는 강한 지도자와 직원을 선별할 수 있는 효과적인 지표가 될 수 있다.

해설 (b) People이 주어이므로 동사는 복수 형태여야 한다. is는 are가 되어야 한다.

어휘 refer to ~을 나타내다 evaluate 평가하다 sympathize with ~에 동감하다 effective 효과적인 indicator 지표 identify 확인하다, 식별하다

48. 해석 (a) 인간과 마찬가지로 개도 우울증을 경험한다. (b) 인간과 개 모두에게 우울증은 대개 사랑하는 이의 상실과 같은 환경 변화의 결과이다. (c) 개가 우울함을 느낄 때, 개는 식욕을 잃거나 움직이려 하지 않는 등 평소와 다르게 행동한다. (d) 전문가들은 개 주인들에게 개가 우울증의 징후를 보이는지를 살펴보고, 그런 다음 개의 정신 건강을 향상시키기 위해 필요한 조치를 취해야 한다고 조언한다.

해설 (d) 동사 advise의 목적어인 명사절의 주어는 owners이며 동사는 look out이다. 등위접속사 and 앞뒤는 병렬 구조가 되어야 하므로 and 뒤에 taking은 look out과 마찬가지로 원형 take가 되어야 한다.

어휘 depression 우울 as a result of ~의 결과로 a loved one 사랑하는 이 behave 행동하다 appetite 입맛, 식욕 expert 전문가 look out 주의하다, 경계하다

49. 해석 (a) University of the Arts는 재능 있는 학생들의 작품을 보여주기 위해 Creative Workshop을 개최한다. (b) 이것은 방문자에게 떠오르는 인재를 발굴하고 독특한 시즌 선물을 구매할 수 있는 기회를 준다. (c) 전시되어 있는 모든 상품은 출품자로부터 직접 구매하거나 축제 팝업 상점에서도 구매할 수 있다. (d) 전시장은 대중에게 공개되며 예약할 필요 없이 무료로 방문할 수 있다.

해설 (c) 주어인 items는 구매(buy)의 대상일 뿐 주체가 될 수 없다. 따라서 동사는 수동태가 되어야 하므로 can buy는 can be bought이 되어야 한다.

어휘 showcase 전시하다, 소개하다 opportunity 기회 emerging 최근에 생겨난, 신흥의 exhibitor 전시자 festive 축제의 pop-up shop 짧은 기간 동안 운영되는 상점

50. 해석 (a) 1986년, Joey Gray는 25세에 Flora Street에 가게를 열었다. (b) 어마어마한 병들이 이국적인 커피로 가득 채워진 그의 작은 가게는 볼 것들과 향기가 풍부했다. (c) Gray의 성공의 진짜 비결은 그가 손님들을 위해 개발한 특별한 블렌드이다. (d) 그 사업이 소박한 시작에서 크게 성장하기까지는 오래 걸리지 않았다.

해설 (b) 분사구문(Filling with)의 주어가 없다는 것은 주절의 주어(his small shop)와 동일하기 때문에 생략된 것인데, his shop이 fill(채우다)의 주체가 될 수 없으며, vast jars와 exotic coffee의 연결도 어색하다. 문맥상 '방대한 양의 병들이 이국적인 커피로 가득 채워진'이라는 의미가 자연스러우므로 vast jars filled with exotic coffee가 되어야 한다.

어휘 set up shop 사업을 시작하다 vast 어마어마한, 방대한 exotic 이국적인 scent 향기 blend 혼합물, (차의) 블렌드 outgrow ~보다도 크게 성장하다 humble 겸손한, 미천한

실전 모의고사 2회

본문 p.p. 215–222

1. (c)	2. (d)	3. (d)	4. (d)	5. (c)
6. (b)	7. (d)	8. (b)	9. (c)	10. (b)
11. (a)	12. (c)	13. (c)	14. (c)	15. (d)
16. (c)	17. (b)	18. (a)	19. (d)	20. (c)
21. (d)	22. (d)	23. (c)	24. (b)	25. (a)
26. (c)	27. (b)	28. (d)	29. (b)	30. (a)
31. (c)	32. (a)	33. (b)	34. (d)	35. (b)
36. (a)	37. (a)	38. (a)	39. (c)	40. (d)
41. (c)	42. (c)	43. (b)	44. (d)	45. (d)
46. (d)	47. (c)	48. (a)	49. (d)	50. (b)

1. **해석** A: 안녕하세요, Jenny. 아들이 태어난 후로 어떻게 지내세요?
B: 더 이상 좋을 수가 없어요. 너무 사랑스러워요.

해설 A의 질문에 대해 B는 긍정적인 대답을 한다. 비교급 앞에 can't가 오면 최상급이 되어 '더 이상 ~할 수는 없다'라는 긍정적인 의미가 된다. (a), (b), (d)는 미래에 대한 추측이다. 정답은 (c)이다.

어휘 birth 탄생   adorable 사랑스러운

2. **해석** A: Chris가 이 직책에 적격이라고 생각하지 않아요.
B: 맞아요. 그는 관련 자격이 부족할 뿐만 아니라 건설 분야 경험도 전혀 없어요.

해설 부정의 의미를 가지고 있는 not only가 문두로 강조되어 오는 경우, 해당 절의 주어와 동사는 순서가 도치된다. Chris에 대한 현재의 사실을 서술하고 있으므로 현재 시제가 알맞다. 정답은 (d)이다.

어휘 be qualified for ~에 자격이 있다   be lacking in ~이 부족하다   relevant 관련 있는   qualifications 자격 요건   construction 건설

3. **해석** A: 저는 현금이 부족해요. 가격을 좀 깎아주실 수 있나요?
B: 음, 신용카드로 낼 수 있어요.

해설 지불 수단 앞에는 전치사 by가 필요하며 그 뒤에 따르는 명사에는 관사를 붙이지 않는다. 정답 (d)이다.

어휘 be short of ~이 부족하다   bring the price down 가격을 내리다

4. **해석** A: 인도네시아 우림에서 무엇을 봤나요?
B: 굉장히 많은 것들을 봤어요. 가장 인상 깊은 순간은 우리 주위를 걸어 다니는 오랑우탄을 봤을 때였어요.

해설 지각 동사 see의 목적격 보어로는 원형 부정사나 현재 분사가 온다. 정답은 (d)이다.

어휘 rainforest 우림   impressive 인상 깊은   moment 순간

5. **해석** A: 오늘 아침에 무엇 때문에 기분이 안 좋았나요?
B: CEO가 Linda의 아이디어에 대해 칭찬했는데, 그것은 원래 제 아이디어였어요.

해설 빈칸은 주어 역할을 하는 관계 대명사 자리이고 선행사가 사물(idea)이다. 선행사가 사물인 경우 주격 관계 대명사는 which와 that이 가능한데, 이 경우는 계속적 용법에 해당하므로 (c) which가 정답이다. that은 계속적 용법으로 쓸 수 없고, what은 명사절을 만드는 접속사이므로 오답이다.

어휘 upset 속상한, 마음이 상한   compliment 칭찬하다

6. **해석** A: 여름 방학 동안에 어떤 외국어를 공부하고 싶어요? 중국어요? 아니면 프랑스어요?
B: 둘 다 아니에요. 저는 대신 요리 수업을 들을까 생각 중이에요.

해설 '둘 중에 그 어떤 것도 아니다'라고 할 때는 neither를 쓴다. 정답은 (b)이다.

어휘 consider -ing ~할 것을 고려하다, 생각하다

7. **해석** A: Larry는 어디에 있나요? 테이블을 치우는 것을 그가 도와줬으면 좋겠어요.
B: 그는 카운터에서 고객에게 서빙하고 있어요.

해설 장소 앞에 들어갈 적절한 전치사를 찾는 문제이다. 선택지 중 '~에서'라는 의미의 전치사는 (d) at이다.

어휘 serve (식당에서 음식을) 제공하다

8. **해석** A: 이번 목요일에 저를 대신해 줄 수 있나요? 주치의와 예약이 있어요.
B: 그럴 수 있으면 좋을 텐데, 브로 그날 오디션이 있어요.

해설 안타까움을 표현하며 거절할 때 유사 가정법 'I wish ~' 구문을 사용할 수 있다. 미래에 대한 요청이기 때문에 과거 시제를 써야 한다. 정답은 (b) could로, I wish I could 뒤에 fill in for ~가 생략된 것이다. (a)는 과거 사실에 대한 유감을 나타내는 I wish I had p.p. ~가 생략된 형태가 된다.

어휘 fill in for ~을 대신하다   family doctor 주치의

9. **해석** A: Sylvia에게 당신이 그녀의 스카프를 잃어버렸다고 말했을 때 그녀가 뭐라고 했나요?
B: 그녀는 굉장히 관대했어요. 그녀는 사실 그 스카프를 그렇게 좋아하지 않았다고 말했어요.

해설 스카프를 잃어버린 것은 과거 시점(you told)보다 전에 발생한 사건이므로 과거완료 시제로 써야 한다. 정답은 (c)이다.

어휘 gracious 자애로운, 상냥한

10. 해설 A: 제가 어제 산 블루투스 스피커가 제 컴퓨터에서 작동이 안 됩니다. 환불받을 수 있을까요?
    B: 죄송하지만 저희는 환불을 해드리지 않습니다. 대신 다른 새로운 것으로 바꿔드릴게요.
    해설 refund는 가산명사이므로 관사를 써야 한다. refund가 처음 등장했고 여러 번의 환불이 아니기 때문에 부정관사 a를 써야 한다. (b)가 정답이다. 관용적으로 '환불받다'는 get a refund로 표현한다.
    어휘 get a refund 환불받다 exchange 교환하다

11. 해설 A: 비가 오기 시작해요. 실험실로 돌아가는 게 좋겠어요.
    B: 좋아요. 먼저 카페에 가서 간식을 좀 먹는 것이 어떨까요?
    해설 '~하는 게 좋겠다'는 의미의 had better 뒤에는 동사 원형이 온다. 정답은 (a)이다.
    어휘 laboratory 실험실

12. 해설 A: 요금을 지불하지 않으면 제 예약은 어떻게 되나요?
    B: 2주 안에 완불하지 않으면 예약은 취소됩니다.
    해설 if절의 시제가 현재이면 주절에는 조동사의 현재형이 온다. 주어 reservation이 취소되는 대상이므로 수동태가 되어야 한다. 정답은 (c)이다.
    어휘 booking 예약 fee 비용, 요금 pay in full 완불하다 reservation 예약

13. 해설 A: 우리 학교에서 수두가 발생했어요. 제가 수두에 걸릴까 걱정이에요.
    B: 걱정할 필요 없어요. 어렸을 때 수두에 걸렸다면 지금 면역이 되어 있어요.
    해설 시간 부사 now가 있으므로 현재 시제가 되어야 한다. 정답은 (c)이다.
    어휘 chicken pox 수두 contract (질병에) 걸리다 be immune to ~에 면역이 되다

14. 해설 A: 홍콩은 어땠어요?
    B: 거기에 하룻밤만 경유한 거라서 호텔 밖에서 시간을 거의 보내지 않았어요.
    해설 '하룻밤만 머물렀다'고 했고 결과를 의미하는 접속부사 so가 있으므로 호텔 밖에서 시간을 '거의 보내지 못했다'는 내용으로 연결되는 것이 자연스럽다. 부정의 의미를 갖고 있는 (c) little이 정답이다. few 역시 부정적인 의미를 갖고 있지만 가산 명사와 함께 쓰는 수 형용사이다.
    어휘 stopover 경유, 단기 체류

15. 해설 A: 얼마나 자주 셔틀버스가 공항으로 출발하나요?
    B: 대략 20분에 한 번씩 옵니다.
    해설 '매 20분마다 한 번씩'이라고 할 때 once every 20 minutes가 맞는 어순이다. '대략'의 의미인 about은 once 앞뿐만 아니라 every 앞에도 올 수 있다. '하루에 한 번'을 뜻하는 once a day에 대입해 보면 쉽게 정답을

찾을 수 있다. 정답은 (d)이다.

16. 해설 A: 임금 인상을 요구했나요?
    B: 아니요, 임금 인상을 받을 수 없을 거라는 걸 알아서 안 했어요.
    해설 빈칸 뒤에는 임금 인상을 요구하지 않는 이유에 대해 설명하고 있으므로 (c)가 정답이다.
    어휘 ask for ~을 요청하다 raise (임금) 인상

17. 해설 A: 요즘 많은 젊은이들이 온라인으로 자신의 사업을 시작하고 있어요.
    B: 맞아요. 디지털 시대로 인해 그 어느 때보다 사업하는 것이 비용 효율적이 되었어요.
    해설 사역 동사 made 뒤에 목적어가 와야 하므로 형용사인 (c)와 (d)는 오답이다. make가 사역 동사로 쓰일 때 목적어로 to부정사가 오면 목적어 자리에 가목적어 it을 써서 'make+it+목적 보어+to부정사'의 형태가 되므로 (a)도 오답이다. 정답은 (b)이다.
    어휘 cost-effective 비용 효율이 높은

18. 해설 A: 파산 신고를 할 거예요?
    B: 네. 상황이 제가 통제할 수 있는 범위를 넘어섰어요.
    해설 전치사 beyond를 강조하는 부사는 way와 far이다. 정답은 (a)이다.
    어휘 declare 선언하다 bankruptcy 파산 situation 상황 beyond one's control 통제할 수 없는

19. 해설 A: Lee가 머리를 정말 잘 자르나요?
    B: 네, 그것이 바로 그가 지난 35년 동안 해왔던 것이에요.
    해설 빈칸에 '주어+동사'가 들어가서 완전한 문장을 만들어야 한다. (a)와 (b)가 빈칸에 들어가면 문장이 아니라 명사절이 되기 때문에 오답이다. '주어+동사+보어' 구조의 완전한 문장인 (c)와 (d) 중 정답을 골라야 하는데 시간 표현 for the last 35 year가 있으므로 보어절이 현재 완료 시제가 되어야 한다. 정답은 (d)이다.

20. 해설 A: 오, 이런! 방금 버스를 놓쳤어요. 다음 것은 언제 오나요?
    B: 여기 버스는 제시간에 오지 않아요. 언제 오는지는 아무도 모르죠.
    해설 '~은 모른다'란 관용적 표현인 There is no telling 뒤엔 명사절이 따르고, 명사절의 어순은 '의문사+주어+동사'이다. '버스가 언제 오는지'에 대한 내용이 들어가야 하기 때문에 (c)가 정답이다.
    어휘 miss 놓치다 come along 도착하다, 나타나다

21. 해설 Alex는 너무 늦게 일어나서 샤워할 시간이 거의 없었다.
    해설 부사 barely는 '거의 ~하지 않는다'란 부정의 의미를 갖고 있기 때문에 no, little, few와 같이 부정의 의미를 갖고 있는 형용사와 함께 사용되면 이중부정이 되어, '시간이 하

나도 없는 것은 거의 아니었다'란 어색한 의미가 될 뿐만 아니라 '늦게 일어났다'의 결과로 볼 수 없다. 정답은 (d)이다.

어휘 barely 거의 ~하지 않다   take a shower 샤워하다

22. **해석** 다른 참가자들과 확실히 구별된 Roland의 공연은 관중들을 황홀하고 놀라게 했다.

해설 분사구문 문제로 선택지에 주어가 없는 것으로 보아 주절의 주어인 Roland's performance가 stand out의 주체가 된다. stand out은 자동사이므로 능동의 현재분사형인 (d)가 정답이다.

어휘 stand out 두드러지다   contestants 참가자   performance 공연   thrill 황홀하게 하다   amaze 놀라게 하다   audience 관중

23. **해석** 몇 명의 사람들이 북극곰 옆에서 위험한 사진을 찍고 있던 것이 발견되고 난 후 여행 가이드는 관광객들에게 경고했다.

해설 지각동사 see가 수동태가 되면 동사 뒤에 목적격 보어가 남게 된다. 지각동사 see의 목적격 보어로는 현재 분사나 원형 부정사가 오는데, 수동태가 되면 목적 보어가 동사원형이었을 경우 to부정사로 바뀐다. 정답은 (c)이다.

어휘 tour guide 여행 가이드   pose for ~를 위해 포즈를 취하다   polar bear 북극곰

24. **해석** 그가 죽고 나서 여러 해 후에야 비로소 그 과학자의 아이디어는 주목을 받았다.

해설 not until로 시작하는 문장은 주어와 동사가 도치되어 '조동사+주어+동사'의 어순이 된다. 조동사가 있기 때문에 뒤의 동사는 원형이 된다. 정답은 (b)이다.

어휘 come to the fore 표면화되다, 주목을 받다

25. **해석** 가족의 가치의 중요성을 지지하는 복음주의자들은 순수성과 성실성의 모범을 보이려고 한다.

해설 '가족의 가치'는 family values로 표현한다. 정답은 (a)이다.

어휘 evangelical 복음주의자   uphold 옹호하다   family values 가족의 가치, 가족관   attempt to do ~할 것을 시도하다   set an example of ~의 모범을 보이다   purity 순수성   integrity 진실성

26. **해석** 작년에 있었던 홍수의 파괴적인 영향은 그 지역의 농부들과 목장 주인들의 생계에 피해를 주었다.

해설 빈칸은 동사 자리이다. 동사 harm은 타동사이고 빈칸 뒤에 목적어 the livelihoods가 있기 때문에 능동태가 되어야 한다. 작년에 있었던 홍수의 피해가 현재까지 이어지는 것이므로 현재완료 시제가 되어야 한다. 정답은 (c)이다.

어휘 devastating 파괴적인   effect 영향, 효과   flood 홍수   livelihood 생계   rancher 목장 주인

27. **해석** Amy가 LA로 이사 갔을 때 즈음, 그녀는 병에서 회복되었고, 다시 연기를 할 수 있을 거라고 생각했다.

해설 접속사 'by the time+주어+동사' 구문에서 동사가 과거이면, 주절의 시제는 과거 완료가 되어야 한다. 정답은 (b)이다.

어휘 illness 병, 아픔   recover form ~에서 회복하다

28. **해석** 그 다음 달에 쓸 돈이 없을 거란 걸 알더라면 David는 여행 가는 것을 재고했을 것이다.

해설 주절에 would have thought가 나오는 것으로 보아 가정법 과거완료임을 알 수 있다. 따라서 If절은 'If+주어+had p.p.'가 되어야 하는데 선택지는 if가 생략된 형태로 제시되어 있다. 따라서 if가 생략된 'had+주어+p.p.' 형태의 절을 찾아야 한다. 정답은 (d)이다.

어휘 take a trip 여행을 가다   following month 다음 달

29. **해석** 특정 악명 높은 예술품 위조 작가들에 의해 증명되었듯이 몇몇 예술품의 위작은 합법적인 자산이 된다.

해설 접속사 as 뒤에 주어가 생략된 분사를 선택해야 한다. prove는 타동사이며 빈칸 뒤에 전치사구가 온 것으로 보아 수동태를 써야 한다. (b)가 정답이다.

어휘 forgery 위조   legitimate asset 합법적인 자산   notorious 악명 높은   forger 위조범

30. **해석** 모든 것을 고려해 봤을 때, 농부들과 사업가들에게는 농산품 무역의 양적인 면에서 꽤 좋은 한 해가 되었다.

해설 접속사 없이 콤마 뒤에 완전한 절이 왔으므로 빈칸은 분사가 들어갈 자리이다. all things가 consider의 대상이므로 수동의 의미를 갖는 (a)가 정답이다.

어휘 consider 고려하다   volume 용량, 용적   agricultural 농업의   product 생산품

31. **해석** '립스틱 지수'는 과학이라기보다는 경제적으로 힘든 시기에 발견되는 경제적 현상이다.

해설 비교급 관용 표현인 not so much A as B에 대한 문제이다. not so much A as B는 'A라기보다는 B이다'라는 의미이다. (c)가 정답이다.

어휘 index 지수, 지표   phenomenon 현상   economic distress 경제난, 경제적 고통

32. **해석** 학업적인 성과와 그다지 긴밀하게 연관되진 않았지만 아이들의 행복에 도움이 되는 많은 중요한 기술들이 있다.

해설 not A but B(A가 아니라 B이다) 구문이 전체 문장의 주어 skills를 뒤에서 수식하는 구조이다. A와 B는 대등한 관계를 이뤄야 하므로 relate는 분사 형태가 되어야 하는데 '기술이 관련되는' 것이므로 과거분사 related가 적절하며 분사를 수식하는 것은 부사이다. (a)가 정답이다.

어휘 skill 기술   related to ~와 연관된   achievement 업적, 성취   conducive to ~에 좋은, 도움이 되는

33.
해석 John은 세 살이 되어서야 말하기 시작했다.
해설 접속사 Not until이 문장 제일 앞으로 오면, 주절의 주어와 동사가 도치되지만, it ~ that으로 강조되면 도치는 발생하지 않는다. 따라서 빈칸에는 '주어+동사' 순으로 와야 한다. 과거완료 시제가 되면 John이 세 살이 되기 전에 말을 하기 시작한 것으로 이해되기 때문에 문맥상 맞지 않다. 정답은 (b)이다.

34.
해설 만약 당신이 불안이나 우울증이 있는 사람을 사랑한다면, 인터넷에 당신을 위한 도움이 있을 가능성이 있다.
해설 advice는 불가산 명사이므로 부정 관사 an을 쓸 수 없고, 복수형을 만들 수 없다. 정답은 (d)이다.
어휘 anxiety 불안감   depression 우울증   chances are ~ 아마 ~일 것이다

35.
해석 사고 이후 어떤 사람을 구한 소방관은 다른 사람들에게 응급조치를 배울 것을 촉구했다.
해설 빈칸에는 '일반적인 불특정한 사람들'을 의미하는 others가 와야 한다. (a) other는 형용사이므로 명사 없이 단독으로 쓸 수 없고, (c) the other, (d) the others는 어떤 한정된 그룹 안에 있는 특정한 사람들을 지칭하기 때문에 문맥상 맞지 않다. 정답은 (b)이다.
어휘 firefighter 소방수   crash 사고   encourage A to do A에게 ~할 것을 고무하다, 촉구하다   first aid 응급조치

36.
해설 추위가 그 지역의 남쪽 지역을 강타하면서, 이제 겨울이 전국을 기습했다.
해설 콤마 뒤에 완전한 절이 있으므로 빈칸에는 분사구문이나 전치사구가 올 수 있다. 추위(the cold)는 자연 현상이므로 hit의 대상일 수 없다. 따라서 (b) With the cold hit는 오답이다. 또한 hit는 타동사이기 때문에 전치사 없이 바로 목적어를 취한다. 따라서 (c)도 오답이다. 전치사 with 뒤에 바로 -ing가 올 수 없으므로 With -ing는 문법적 오류임을 기억해 두자. 동시 상황을 나타내는 'with+목적어+분사'(~한 채로) 형태인 (a)가 정답이다.
어휘 the cold 추위   take ~ by storm ~을 기습하다

37.
해설 수백만 년 동안 전 세계에 있는 식물 종들은 포식자로부터 자신을 보호하는 화학 물질을 생산하도록 진화해왔다.
해설 빈칸은 동사가 들어갈 자리이다. 주어가 Plant species로 복수이며, 시제는 over millions of years로 현재 완료임을 알 수 있다. 정답은 (a)이다.
어휘 species 종   produce 생산하다   chemicals 화학물질   predator 포식자, 천적   millions of 수 백만의

38.
해석 Paul의 할아버지는 잘 알려진 영화 제작자였고, 사람들은 그가 멕시코 갱들에 의해 납치되었다고 믿는다.
해설 빈칸은 관계 대명사 자리이다. 빈칸 뒤 people believe는 삽입된 것이므로 이를 삭제하면 빈칸 뒤에 바로 was가 이어진다. 따라서 주격 관계대명사가 와야 하며 선행사가 사람이므로 정답은 (a)이다.
어휘 well-known 잘 알려진   producer 제작자   kidnap 납치하다

39.
해설 7개월 동안 그들의 상업용 어선에 갇혀 있던 12명의 외국인 어부들이 인권 단체에 의해 구출되었다.
해설 콤마 뒤에 완전한 절이 있으므로 빈칸부터 콤마까지는 종속절 혹은 분사 구문이 되어야 한다. 선택지에 접속사와 주어가 없는 것으로 보아 빈칸에는 분사가 들어가야 한다. confine은 타동사인데 빈칸 뒤의 전치사구로 보아 수동태가 적절하다. 갇혀 있던 것은 구출된 것보다 앞서 일어난 일이므로 having been confined인데 having been은 생략할 수 있다. 정답은 (c)이다.
어휘 commercial 상업적인   rescue 구출하다, 구조하다   human rights group 인권 단체

40.
해설 Richard와 Patricia는 오랫동안 데이트를 하지 않았음에도 불구하고 결혼하기로 결정했다.
해설 전치사 despite 뒤에는 명사 혹은 동명사가 와야 한다. (d)가 정답이다. despite of로 쓰지 않음에 주의하자.
어휘 despite ~에도 불구하고   get married 결혼하다

41.
해설 (a) A: Linda의 생일 선물을 샀나요?
(b) B: 아직이요. 하지만 저는 그녀에게 스웨터를 사줄 생각이에요.
(c) A: 저라면 그러지 않을 거예요. 그녀는 정말 독특한 패션 감각을 갖고 있어요.
(d) B: 그녀에게 상품권을 줄 수도 있겠지만, 그건 너무 인간미가 없어 보여요.
해설 quite가 형용사와 명사를 강조할 때, 'quite+a+형용사+명사'의 순서로 쓰인다. (c)의 quite unique a sense는 quite a unique sense로 바뀌어야 한다.
어휘 unique 독특한   a gift certificate 상품권   impersonal 비인간적인, 인간미 없는

42.
해설 (a) A: 당신 부모님이 우리를 방문하시면 우리가 무엇을 해야 할지에 대한 생각이 있어요?
(b) B: 별로요. 저의 어머니는 도시를 걸어 다니시기엔 기력이 너무 약하세요.
(c) A: 강 유람선을 타는 것은 어때요?
(d) B: 좋은 생각이에요. 우리도 그걸 타본 적이 없으니 우리도 재미있을 거예요!

해설 '~에 대해 어떻게 생각하나요?'라는 의미의 what do you say to에서 to는 전치사이므로 뒤에 동명사가 와야 한다. (c)의 what do you say to go는 what do you say to going으로 바뀌어야 한다.

어휘 weak 허약한   river cruise 강 유람선

43. 해석 (a) A: 안녕하세요. 고객 서비스 부서의 매니저와 통화하고 싶습니다.
(b) B: Susan은 지금 자리에 없습니다. 무엇 때문에 전화하시는지 여쭤봐도 될까요?
(c) A: 오늘 Bronxville 지점의 직원과 문제가 있었습니다.
(d) B: 아, 심각한 이야기 같네요. 저는 사실 Susan의 상사입니다. 그러니 무슨 일이 있었는지 저한테 말하세요.

해설 간접 의문문의 어순은 '의문사+주어+동사' 순이다. (b)의 what is this call about은 what this call is about으로 바뀌어야 한다.

어휘 department 부서   branch 지점

44. 해석 (a) A: 드디어 우리 숙제를 다 끝내서 안심이야.
(b) B: 벌써? 너희 그룹은 정말 열심히 했나 봐.
(c) A: 그랬어. 지난주 동안, 우리는 도서관에서 하루에 10시간씩 연구했어.
(d) B: 와. 내가 알기로는 대부분의 다른 학생들은 아직 그들의 숙제를 시작도 못했어.

해설 '아직 ~하지 못했다'란 부정문에서 '아직'이란 부사로는 yet을 써야 한다. (d)의 already는 yet으로 바뀌어야 한다.

어휘 relieved 안도하는

45. 해석 (a) A: 이번 주말에 나와 함께 박람회에 갈래요?
(b) B: 불행하게도, 일을 해야 해요. 저는 격주로 토요일에 일을 해요.
(c) A: 박람회는 이번 토요일에 끝나요. 당신을 대신해서 일해 줄 사람을 찾을 수 없나요?
(d) B: 죄송해요, 그럴 수 없어요. Cathy와 함께 가는 게 어때요? 그녀는 이번 토요일에 아이들과 그곳에 가려고 해요.

해설 동사 plan은 'plan+to부정사' 혹은 'plan on -ing' 형태가 되어야 한다. (d)의 going은 to go나 on going으로 바뀌어야 한다.

어휘 fair 박람회   fill in for ~을 대신하다

46. 해석 (a) 부자들에게서 훔쳐서 가난한 사람들에게 주었다고 믿어지는 로빈 후드는 인기 있는 민중의 영웅이다. (b) 19세기에, 작가들이 몇몇 전통적인 이야기를 각색하여, 로빈 후드를 전 세계적으로 유명하게 만들었다. (c) 수십 년 동안 학자들은 진짜 로빈 후드의 역사적 증거를 찾기 위해 노력해왔다. (d) 대부분의 현대 학자들이 그 어떤 실마리를 찾지 못한 반면, 대부분의 사람들은 역사적인 로빈 후드는 사실 12세기 혹은 13세기에 살아 숨쉬었다는 사실을 당연하게 받아들인다.

해설 과거의 시점이 드러나면 동사의 시제는 과거가 되어야 한다. (d)에 '12세기 혹은 13세기'라는 과거 시점이 주어졌으므로 has lived는 lived로 바꾸어야 한다.

어휘 rob 도둑질하다   folk hero 민중의 영웅   adapt 각색하다   tales 이야기   decades 수십 년   evidence 증거   contemporary 동시대의, 현대의   take A for granted A를 당연한 것으로 받아들이다

47. 해석 (a) Lucas Cranach the Elder는 독일의 르네상스 화가로 궁정 초상화 화가였다. (b) 그는 주로 종교적인 소재를 그렸고, 종교적인 주제를 전달하는 새로운 방법을 찾기 위해 노력했다. (c) 한 번도 시장에 나오지 않았던, 그의 그림인 <The Month of Truth>에 3명의 입찰자가 있었고, 1400만 달러에 팔렸다. (d) 이것은 경매에 나온 이 작가의 작품으로 최고가를 기록하였고, 이전에 기록된 가격의 거의 두 배에 달했다.

해설 분사는 부사가 수식한다. (c)의 previous는 previously로 바뀌어야 한다.

어휘 court 궁정   religious 종교적   convey 전달하다   seek after 찾다, 구하다   bidder 입찰자   sell for (얼마에) 팔리다   auction 경매

48. 해석 (a) 정부는 애완동물의 피부 밑에 마이크로칩을 삽입함으로써 애완동물을 등록하라고 제안한다. (b) 배터리가 필요 없는 마이크로칩은 쌀알만큼이나 작다. (c) 개별 인식 번호가 있는 칩이 이식된 후에는, 당신의 애완동물은 전국 데이터베이스에서 추적이 가능할 것이고, 지역 구조 단체에 등록될 것이다. (d) 나중에 그 애완동물이 입양되고, 새로운 주인이 등록 과정을 이행하지 않으면, 가이크로칩은 기존의 구조 단체에 등록된 상태로 남아 있을 것이다.

해설 suggest는 동명사나 that절을 목적어로 취한다. (a) suggest to register는 suggest registering 혹은 suggests you register로 바뀌어야 한다.

어휘 register 등록하다   inject 주입하다   a grain of ~ 한 알,   identification 신원 확인, 식별   implant 이식되다, 심다   rescue 구조, 구출   adopt 입양하다

49. 해석 (a) 피자는 세계 전역에 있는 사람들에게 주요한 현대 식품이 되었지만, 그 기원은 정확하게 찾아내기 힘들다. (b) 전설에 따르면, 로마 사람들은 기원전 1세기에 팔레스타인에 주둔할 때, 마쳐 빵을 즐겨 먹었는데, 이는 유대인들의 음식의 하나였다. (c) 로마 제국, 특히 나폴리와 폼페이 주변 지역은 곧 피자를 매일의 식사로 먹는 것으로 유명해졌다. (d) 중세시대에, 이러한 초기 피자들은 인기를 얻게 되었고, 다양한 변화로 더 현대적인 모양과 맛을 띠게 되었다.

해설 전치사 뒤에는 주어와 동사로 이루어진 절이 올 수 없다. '~하면서'라는 의미로 디유나 동시 상황을 나타내는 'with+명사+분사' 구문이 되도록 (d)의 took는 taking으로 바뀌어야 한다.

어휘 staple 주식(主食) diet 식단 pinpoint 정확하게 찾아내다 cuisine 요리, 요리법 station 주둔하다 gain in ~을 얻다 popularity 인기 variation 변화

50. **해석** (a) 오로지 온라인으로 당신이 필요한 자격증을 취득하고 기술을 배우는 것은 현재 직업과 지역을 떠나지 않고 직업적 발전을 이룰 수 있는 기회를 늘려줍니다. (b) 당신은 Georgiana University의 실제 캠퍼스와 똑같은 뛰어난 교수진으로부터 배울 수 있습니다. (c) 또한, 우리는 유동적인 학습 일정을 제공하여 당신이 어디 있든지 상관없이 잘 짜여진 프로그램을 이용할 수 있도록 합니다. (d) 마지막으로, 우리의 모든 수업은 온라인 교육 환경 전문가와 교수진이 개발합니다.

해설 same 앞에는 항상 정관사 the를 붙여야 한다. (b)의 same은 the same으로 바뀌어야 한다.

어휘 credentials 자격증 increase 증가시키다 opportunity 기회 advancement 발전 excellent 뛰어난 faculty 교수진 flexible 융통성 있는 enable A to do A가 ~하는 것을 가능하게 하다 access 접근하다 regardless of ~와 상관없이 specialize in ~을 전문으로 하다

실전 모의고사 3회
본문 p.p. 223-230

1	(a)	2	(a)	3	(a)	4	(a)	5	(b)
6	(c)	7	(d)	8	(a)	9	(b)	10	(a)
11	(b)	12	(b)	13	(d)	14	(b)	15	(b)
16	(c)	17	(a)	18	(a)	19	(c)	20	(a)
21	(a)	22	(a)	23	(b)	24	(d)	25	(b)
26	(d)	27	(d)	28	(a)	29	(c)	30	(d)
31	(a)	32	(d)	33	(c)	34	(d)	35	(c)
36	(d)	37	(a)	38	(b)	39	(c)	40	(d)
41	(c)	42	(d)	43	(b)	44	(b)	45	(d)
46	(d)	47	(d)	48	(a)	49	(c)	50	(d)

1. **해석** A: 이 모형 비행기를 조립할 수 있을 것 같아요?
B: 조금 어려울 거예요, 하지만 해 볼게요.

해설 형용사 앞 빈칸은 형용사를 수식하는 부사 자리이다. (b)와 (d)의 of는 전치사이므로 뒤에 명사가 와야 한다. (c) bit은 명사이므로 a bit 혹은 a bit of 형태로 써야 한다. (a) a bit '조금, 약간'이라는 의미의 부사로도 사용된다. 정답은 (a)이다.

어휘 assemble 조립하다

2. **해석** A: 당신과 Steven은 어떻게 만났나요?
B: 제가 말하면 믿을 수 없을 거예요.

해설 if절의 동사의 시제가 과거(told)이므로 주절에는 조동사의 과거가 들어가야 한다. (c) shouldn't believe me는 '믿지 말아야 한다'라는 뜻이므로 오답이고, (a) wouldn't believe me는 '믿을 수 없을 것이다'라는 뜻이 되어 정답이다. (d) ain't는 am not/are not/is not의 축약형이다. 따라서 가정법 과거의 주절에는 나올 수 없다. 가정법의 주절에는 반드시 조동사가 있어야 함을 기억하자.

3. **해석** A: 길 안내가 웹사이트에 게시되어 있는데도 불구하고 여기 오면서 길을 잃었나요?
B: 네, 지도가 정말 복잡했어요.

해설 빈칸은 형용사 자리이다. 동사 confuse는 confused 혹은 confusing의 형태로 형용사 역할을 할 수 있다. '복잡하게 만드는'이라는 능동적인 의미가 되어야 하므로 현재분사형 형용사(-ing)를 써야 한다.

어휘 on one's way ~하는 길에 post 게시하다 directions 길 안내

4. **해석** A: 너무 덥네요. 아주 차가운 탄산음료 한 잔 마시고 싶어요.
B: 냉장고에 뭐가 있는지 볼게요.

해설 빈칸은 타동사 see 뒤의 목적어 자리로 명사절을 만드는 문제이다. 빈칸 뒤에 목적어가 없는 불완전한 문장이 있기 때문에 목적어 역할을 하는 명사절을 만들어 주는 what이 들어가야 한다. 정답은 (a)이다.

58 | 영단기 텝스

어휘 ice-cold 아주 찬 refrigerator 냉장고

5. 해석 A: 고등학교 때 당신과 David는 친한 친구였나요?
B: 그랬었죠, 하지만 졸업 이후에 그를 본 적이 없어요.
해설 현재완료 시제와 함께 쓰일 수 있는 전치사는 '~이후로'라는 의미의 since이다.
어휘 graduation 졸업

6. 해석 A: 물이 새는 수도 고치는 것을 마쳤나요?
B: 아니요, 죄송해요, 수리할 시간이 전혀 없었어요.
해설 문맥상 '시간이 없다'라는 의미가 되어야 한다. 빈칸에 부정적인 의미의 형용사인 no 혹은 little이 들어가면 이중부정이 되어 강한 긍정의 의미가 된다. 시간(time)은 불가산명사이므로 (a)도 오답이다. 정답은 (c)이다.
어휘 leaky 새는 tap 수도 spare 할애하다

7. 해석 A: Benjamin Park는 천하무적이에요. 저는 그가 우리 시대 최고의 골프 선수라고 생각해요.
B: 동의해요. 그는 세상의 그 어떤 골프 선수도 이길 수 있어요.
해설 빈칸 뒤에 단수 명사 golfer가 있으므로 뒤에 반드시 복수 명사가 와야하는 한정사 other는 some은 단수 명사와 복수 명사 모두 수식 가능한데 단수 명사를 수식할 경우 '어떤'이라는 뜻이다. 따라서 some golfer은 '어떤 골프 선수'라는 뜻이며, the golfer는 특정한 골프 선수를 지칭하므로 둘 다 오답이다. Benjamin Park가 천하무적이라고 했으므로 '그 어떤 선수도 이길 수 있다'는 의미의 문장을 만들기 위해서는 any가 들어가는 것이 적절하다.
어휘 invincible 천하무적의 beat 이기다

8. 해석 A: 위원회가 우리의 임금을 인상하는 데 동의했나요?
B: 아직이요. 그 문제는 고려 중이에요.
해설 '고려 중'이라고 표현할 때 consideration 앞에는 under를 사용해야 한다. 정답은 (a)이다.
어휘 committee 위원회 increase 증가시키다 consideration 고려, 숙고

9. 해석 A: Mason은 제가 알고 있는 사람들 중 가장 관대한 사람이에요.
B: 동의해요. 그는 매우 부유하지 않더라도 자신이 낼 수 있는 적지만 모든 돈을 자선단체에 기부해요.
해설 '적지만 모든 ~'은 'what little+명사'로 표현하며, 뒤에는 이 명사를 수식하는 관계사절이 따른다. 'what little+명사+주어+동사'는 '(주어)가 (동사)한 적지만 모든 것'이라고 통째로 외워두자. 정답은 (b)이다.
어휘 generous 관대한 charities 자선단체 well off 부유한, 잘 사는

10. 해석 A: 저는 3등으로 마라톤을 완주했어요.
B: 잘했어요. 마라톤을 위해 열심히 훈련한 것에 대해 칭찬받을 만해요.
해설 credit을 가산 명사로 쓰면 '학점'이라는 뜻이고, 불가산 명사로 쓰면 '칭찬'이라는 뜻이다. 문맥상 '학점'이 아니라 '칭찬'이기 때문에 부정 관사나 복수형 접미사 없이 불가산 명사로 사용한 (a)가 정답이다.
어휘 deserve credit 칭찬받을 만하다

11. 해석 A: 에세이를 쓰기 시작했나요?
B: 아니요. 과제 주제들 중에서 선택하는 것이 예상보다 시간이 오래 걸리네요.
해설 문장의 주어는 choosing이며, 동명사 주어는 단수 취급하기 때문에 (a)와 (d)는 오답이다. '지금 현재 시간이 오래 걸리고 있다'라는 의미가 적절하기 때문에 정답은 (b)이다.
어휘 assignment 과제, 임무

12. 해석 A: Julie가 저녁 먹으러 오나요?
B: 네, 제가 같이 먹자고 그녀를 설득했어요.
해설 5형식 문장의 목적격 보어는 'to+동사원형'의 형태여야 한다. 정답은 (b)이다.
어휘 convince A to do ~하도록 A를 설득하다

13. 해석 A: 새로운 슈퍼히어로 영화는 맥락이 없어요. 이야기가 억지스러웠어요.
B: 맞아요. 저는 잠들지 않으려고 몹시 노력해야 했어요.
해설 '~하기 위해 노력하다'는 'try to+동사원형'으로 표현한다. '~하지 않기 위해 노력하다'는 not을 to부정사 앞에 위치시키면 된다. 정답은 (d)이다.
어휘 make sense 이치에 맞다 contrived 억지로 꾸민 듯한 fall asleep 잠들다

14. 해석 A: 쇼는 어땠어요? 재미있었나요?
B: 네, 제가 지금까지 본 그 어떤 것과도 비슷하지 않았어요.
해설 unlike는 전치사이므로 뒤에는 명사인 anything이 와야 한다. unlike anything에서 unlike를 강조하는 quite가 앞에 위치하면 quite unlike anything이 된다. 관계사절은 명사 뒤에 위치하므로 (b)가 정답이다.
어휘 unlike ~와 같지 않은

15. 해석 A: Benjamin이 사업가들로부터 그 뇌물을 받았다고 고백했나요?
B: 아니요. 그는 단지 그들에게 돈을 빌린 거라고 주장하고 있어요.
해설 과거에 '그가 돈을 빌렸다'라는 사실을 주장하고 있으므로 insist 뒤에 오는 문장은 과거 시제가 되어야 하며, 동사를 강조하는 just는 동사 앞에 위치해야 한다. (d)는 that절에 should가 생략되고 동사원형이 온 것으로 '그가 돈을

빌려야 한다고 주장하다'라는 뜻이 되어 문맥에 맞지 않는다. 정답은 (b)이다.

어휘 confess 고백하다 accept 받아들이다 bribe 뇌물 insist 주장하다

16. 해설 A: 러시아 사람들이 술을 많이 마시는 것에 놀랐어요.
B: 사실, 한국 사람들이 러시아 사람들보다 두 배나 술을 더 많이 마셔요.

해설 원급 비교(as ~ as) 앞에 배수사를 쓰면 '몇 배 더 ~하다'라는 의미이다. 이때 배수사는 첫 번째 as 앞에 위치한다. '~ times as … as'를 공식처럼 외워두자.

어휘 amazed 놀란

17. 해설 A: 이런, 문을 잠갔는지 확인하러 집으로 돌아가야겠어요.
B: 걱정하지 마세요. 저는 당신이 문 잠근 것을 확실히 기억해요.

해설 '(과거에) ~한 것을 기억하다'는 'remember -ing'로 표현한다. 이때 동명사 앞의 대명사 you는 동명사의 의미상 주어이다.

18. 해설 A: Ellen이 파티를 위한 모든 음식을 요리하고 있나요?
B: 네, 하지만 그녀는 손님들에게 자신이 마실 음료를 가져오라고 부탁했어요.

해설 '음료를 가져오라고 부탁했다'는 내용이므로 여기서의 ask는 '주장/제안/요구/명령' 동사에 해당하므로 이어지는 that절의 동사는 'should+동사원형'이 되어야 하며 이때 should는 생략할 수 있다. 정답은 (a)이다.

19. 해설 A: Carla는 요구가 너무 많아요. 그녀의 그룹 사람들이 업무량에 대해 불평하고 있어요.
B: 그녀가 프로젝트에 열정적이긴 하지만, 그녀 자신보다는 팀을 먼저 생각해야 해요.

해설 접속사 as가 '~이긴 하지만'의 의미일 때는 보어가 접속사 앞에 위치한다. 따라서 (c)가 정답이다. (a) As she is devoted는 '그녀가 프로젝트에 열정적이기 때문에'라는 뜻이므로 종속절과 어울리지 않는다.

어휘 demanding 요구가 많은, 만족하지 않는 complain about ~에 대해 불평하다 workload 업무량 devoted 열성적인, 헌신적인 put ~ before oneself ~을 먼저 생각하다

20. 해설 A: 짙은 안개에도 불구하고 비행기가 제시간에 이륙했나요?
B: 아니요. 공항이 안개로 덮여서, 승객들은 탑승구에서 5시간을 대기해야 했어요.

해설 전치사구 with the airport 뒤에 명사를 수식하는 분사가 나와야 한다. 공항이 안개에 덮여 있는 상황이므로 수동의 의미를 가지는 과거 분사인 (a)가 정답이다.

어휘 take off 이륙하다 thick 두꺼운, 짙은 passenger 승객

21. 해설 우리는 모든 직원들이 새로 설치된 보안 시스템을 사용하는 방법을 아는지 확인해야 합니다.

해설 빈칸은 명사 staff members를 수식하는 형용사 자리이다. (d) almost는 부사이기 때문에 명사를 수식할 수 없으므로 오답이며, each of와 every of 뒤에는 'the+명사'가 나와야 한다. 따라서 선택지 중 빈칸에 들어갈 수 있는 형용사는 (a) all뿐이다.

어휘 implement 설치하다 security system 보안 시스템

22. 해설 운전 중 핸즈프리 모드로 스마트폰을 사용하는 것은 손에 전화를 들고 있는 것만큼 방해가 되는 것으로 밝혀졌다.

해설 주어가 동명사 using이며 빈칸은 동사 자리이다. 스마트폰을 사용하는 것이 find의 대상이므로 수동태여야 한다. 따라서 단수 동사이면서 수동태인 (a)가 정답이다.

어휘 hands-free 손을 쓸 필요가 없는 distracting 집중을 방해하는 hold 손에 들고 있다 device 장치, 기구

23. 해설 터무니없이 비싼 가격에도 불구하고, 신혼부부는 Golden Roof Palace 바로 근처에 있는 호텔에서 머물기로 결정했다.

해설 '바로 근처에 있는'은 around the corner로 표현하며, 전치사를 강조하는 just는 around 앞에 위치한다. 정답은 (b)이다.

어휘 exorbitant 과도한, 지나친 the newlyweds 신혼부부 just around the corner 아주 가까운

24. 해설 안내원은 책임자가 방금 외출했고, 한 시간 안에 돌아올 것 같다고 말했다.

해설 빈칸 뒤에 동사 원형이 있으므로 빈칸에는 조동사가 들어가야 한다. (c) must는 과거 시제에 사용할 수 없기 때문에 will의 과거형인 (d)가 정답이다.

어휘 receptionist 안내원 director 책임자, 중역 step out 나가다, 외출하다

25. 해설 다가오는 일련의 Native American 예술품 시장은 수만 명의 사람들을 끌어모을 것으로 예측된다.

해설 주어 An upcoming series of Native American art markets에서 a series of는 수 형용사로 동사의 수에 영향을 주지 않으므로 실제 주어는 markets이다. '예술품 시장'은 예측되는 대상이므로 수동태가 되어야 한다. 정답은 (b)이다.

어휘 upcoming 다가오는 a series of 일련의 attract 끌어들이다

26. 해설 우울증은 가장 흔한 정신질환 중 하나이며, 언제나 대략 열 명 중 한 명은 우울증을 경험한다.

해설 빈칸은 한정사 자리이다. (a) the는 '바로 그 해'라는 뜻으로 앞에서 특정 연도가 언급될 때 쓰인다. (b) another는 '또 다른 어떤 한 해'라는 뜻이 되어 추가의 의미가 된다. (c) other 뒤에는 복수 명사가 와야 하기 때문에 오답

이다. 따라서 정답은 (d) any이며, any given year는 '주어진 그 어떤 해라도'라는 뜻으로, 의역하면 '언제나'란 뜻이 되어 우울증에 대한 일반적인 현상, 정의를 내리고 있는 문맥에 적절하다. 정답은 (d)이다.

어휘 depression 우울증 mental disorder 정신 질환 an estimated 견적의, 추측의

27. **해석** 2,000명 이상의 사람들이 함께 모여서 고속도로 위의 많은 쓰레기를 주었다.

해설 garbage는 불가산 명사이므로 복수형을 만들 수 없다. (b) the garbage는 특정한 쓰레기를 의미하므로 일반적인 쓰레기를 의미하는 (d)가 정답이다.

어휘 collect 모으다, 수집하다 a ton of 많은 garbage 쓰레기

28. **해석** 태양계에 있는 모든 행성들 중에서, 목성이 가장 크고 토성과 천왕성이 그 뒤를 잇는다.

해설 최상급 the largest (planets)에서 '~에서'라고 그 범위를 설정할 때, 단수 명사 앞에는 in, 복수 명사 앞에는 of를 쓴다. all the planets은 복수이므로 of가 들어가야 한다. 정답은 (a)이다.

어휘 planet 행성 the solar system 태양계 Saturn 토성 Uranus 천왕성

29. **해석** 여론 조사의 결과가 발표되자마자 대통령 후보자는 후보직을 사퇴했다.

해설 부정의 의미를 갖고 있는 부사 hardly는 원래 had와 p.p. 사이에 위치한다. 따라서 (a)는 'The results of opinion polls had hardly ~'가 되어야 한다. 그러나 hardly가 문장 앞에 위치하면 문장이 도치되므로 정답은 (c)이다. 'Hardly had+주어+p.p., when+주어+과거 동사'는 '~하자마자 …했다'로 공식처럼 외워두자.

어휘 publish 출판하다, 발표하다 presidential candidate 대통령 후보자 candidacy 후보직 opinion poll 여론 조사

30. **해석** Paul McDonald 박사는 말을 더듬는 증상으로 고통받는 사람들이 일상적인 일들을 처리 할 수 있도록 최면 요법으로 돕고 있다.

해설 stammer는 가산명사이므로 a stammer가 되어야 하며, 명사 앞에 형용사 severe가 위치하고, 형용사를 수식하는 부사 very가 그 앞에 위치한 어순을 찾아야 한다. 또한 부사 very는 관사 a 뒤에 위치하므로 (d) a very severe stammer가 정답이다.

어휘 suffer ~을 겪다, 당하다 cope with ~에 대처하다, 대응하다 routine 일상 hypnotherapy 최면요법 severe 심한 stammer 말 더듬기

31. **해석** 주 정부는 많은 건물들이 오랫동안 빈 채로 남아 있는 버려진 건물들을 살 수 있는 공간으로 전환함으로써 노숙자들을 위한 주거지를 짓겠다는 계획을 발표했다.

해설 빈칸은 두 문장을 이어주는 관계 대명사가 들어갈 자리이다. 전치사 of 뒤에는 which 혹은 whom이 들어가야 한다. 정답은 (a)이다.

어휘 announce 발표하다 proposal 계획, 제안 homeless 노숙자 convert A into B A를 B로 전환하다, 바꾸다 derelict 버려진 livable 살기에 적합한 stand empty 빈 채로 남아있다

32. **해석** 만약 작년에 일련의 홍수가 없었더라면 채소 가격이 지금처럼 비싸지는 않았을 것이다.

해설 'had it not been for(~이 아니었더라면)'는 가정법 과거 완료에서 if가 생략되고 도치된 문장이다. 따라서 주절에는 would have p.p.가 나와야 하지만 'as now(지금처럼)'로 보아 복합 가정법 문장임을 알 수 있다. 따라서 주절에는 'would+동사 원형'이 나와야 한다. 정답은 (d)이다.

어휘 a series of 일련의 flood 홍수

33. **해석** 새로운 종이라고 생각되는 것 중에서, 괌에서 발견된 게는 해리 포터의 이름을 따서 Harryplax severus라고 명명되었다.

해설 전치사 in 뒤에 이어지는 적절한 관계 대명사절을 찾는 문제이다. (a)의 which는 빈칸 앞의 전치사 in과 결합하여 in which가 되는데, 이것은 관계 부사 where로 바꿔 쓸 수 있으므로 뒤에 완전한 절이 와야 하므로 오답이다. (b)의 관계 대명사 that은 전치사 뒤에 올 수 없으므로 역시 오답이다. 선행사를 포함하는 관계 대명사 what이 쓰인 (c)와 (d) 중 관계 대명사 뒤에 주어가 없는 불완전한 절이 온 (c)가 정답이다. 'What is thought to be'는 '~라고 생각되는 것'이라는 뜻으로 통째 외워두자.

어휘 species 종 crab 게 discover 발견하다 be named after ~의 이름을 따서 명명되다

34. **해석** 음주운전을 했다고 의심 받았을 때, Karl은 음주 측정을 거부했다.

해설 접속사 뒤에 주어가 생략되고 분사가 나오면, 주절의 주어와 동일해서 생략된 경우이다. 주절의 주어 Karl이 의심받는 대상이므로 (a)와 (b)는 오답이다. 'A가 B했다고 의심하다'는 'suspect A of B'의 형태로 사용되며, 수동태는 'A be suspected of B'이다. 정답은 (d)이다.

어휘 drive under the influence of alcohol 음주운전 하다 refuse to do ~하는 것을 거부하다 breathalyzer 음주 측정기

35. 해석 어떤 일본 원숭이는 고구마를 먹기 전에 근처 강에서 고구마를 씻는 것이 목격되었다.

해설 지각동사가 쓰인 5형식 문장이 수동태로 전환되면 목적보어는(be observed) 'to+동사원형' 혹은 -ing 형태로 남는다. 따라서 (b)는 오답이다. sweet potato는 가산명사이므로 관사를 붙이거나 복수형으로 써야 한다. 정답은 (c)이다.

어휘 macaque 원숭이 observe 관찰하다 nearby 근처의

36. 해석 날씨가 허락하면, 학교 축제는 다음 수요일에 열릴 것이다.

해설 콤마 뒤에 완전한 문장이 있으므로 빈칸에는 동사가 아니라 분사가 들어가야 한다. 자연 현상인 날씨는 허락 받는 대상이 아니라 허락하는 주체이므로 현재분사가 와야 한다. 자연현상이 주어일 때 동사는 항상 능동태여야 함을 기억해두자. 정답은 (d)이다.

어휘 permit 허락하다

37. 해석 올해 그 예산이 승인되지 않는다면 위성 발사는 예정보다 2년 후로 지연될 것이다.

해설 'should the budget not be approved'는 가정법 미래 문장(if the budget should not be approved)에서 if가 생략되고 주어와 동사가 도치된 문장이다. 따라서 빈칸은 주절의 동사에 해당하므로 조동사 현재 혹은 조동사 과거가 들어갈 수 있다. (c)는 would be put의 어순이 되어야 하므로 오답이다. 정답은 (a)이다.

어휘 launch 발사, 진수 budget 예산 approve 승인하다 behind the schedule 예정보다 늦게

38. 해석 Julia는 그녀의 새 아파트에 침대, 소파 그리고 다양한 가전제품이 갖추어져 있기 때문에 가구를 살 필요가 없었다.

해설 '전치사+명사(with her new apartment)'는 주어가 될 수 없다. 따라서 이 문장은 전치사구 도치 문장이며, 빈칸에는 동사가 들어가야 한다. 도치되기 전 문장은 a bed, a sofa and a variety of home appliances_____ furnished with her new apartment이다. 주어가 복수이며, 전체 시제가 과거이므로 정답은 (b)이다.

어휘 furnish 비치하다 home appliances 가전제품

39. 해석 생존을 위해 동물들은 소화 체계를 통해 영양분을 얻고, 식물들은 광합성 과정을 통해서 얻는다.

해설 등위 접속사로 연결된 문장의 생략에 대해 묻는 문제이다. and 뒤의 문장은 원래 plants obtain nutrients through the process of photosynthesis지만, 앞에서 언급한 부분을 생략하면 plants through the process of photosynthesis가 된다. 정답은 (c)이다.

어휘 survive 생존하다 obtain 얻다, 획득하다 nutrient 영양분 digestive system 소화기관 photosynthesis 광합성

40. 해석 자동 조종 장치를 켜지 않았음에도 불구하고, 부상을 입은 조종사는 얼어붙은 호수 위에 안전하게 착륙했고, 모든 승객들의 생명을 구했다.

해설 전치사 despite 뒤에는 명사 혹은 동명사가 나올 수 있다. 따라서 (a)는 오답이다. '~하지 않았음에도 불구하고'는 'despite not -ing'가 된다. 또한 '자동 조종 장치를 켜다'는 have the autopilot system switched on으로 '사역동사+목적어+p.p.'의 어순을 따른다. 따라서 정답은 (d)이다. (b)는 분사구문으로 볼 수 있지만 전치사 on과 despite은 연달아 나올 수 없기 때문에 오답이다.

어휘 injured 부상을 입은 landing 착륙 switch on (전기 전자 장치를) 켜다 autopilot system 자동 조종장치

41. 해석 (a) A: 다음 일요일에 있을 올해 대학 동창회를 위해 같은 장소를 예약할 건가요?
(b) B: 일기예보를 보니 다음 주말에 많은 비가 온다고 해서 지금은 잘 모르겠어요.
(c) A: 만약 토요일에 비가 그치지 않으면, 우리는 소풍을 취소하고 근처에 있는 식당으로 가야 해요.
(d) B: 그러면 취소 수수료를 내야 해요.

해설 (c) 조건 부사절에서는 현재 시제가 미래를 대신한다. If the rain will not let up은 If the rain doesn't let up이 되어야 한다.

어휘 venue 장소 reunion 동창회 call for (일기예보에서) ~라고 예상하다 let up (날씨가) 개다 cancel 취소하다 nearby 근처의 entail 수반하다 cancellation fee 취소 수수료

42. 해석 (a) A: 어디 가는 길이세요? 오늘 저녁에 세미나에 참석하기로 했잖아요.
(b) B: 저녁 먹으러 구내식당에요. 한 시간쯤 후에 돌아올 거예요.
(c) A: 세미나에서 발표할 논문은 다 완성했어요?
(d) B: 네, 오늘 아침에 이메일로 모든 참석자들에게 보냈어요.

해설 (d) B가 이메일로 보낸 것은 the paper, 즉 단수 명사이므로 it으로 받아야 한다.

어휘 head off to ~로 향하다 attend 참석하다 participant 참석자

43. 해석 (a) A: Mike, 이번 학기에 Stevenson 교수님의 영문학 수업을 수강한다고 들었어요.
(b) B: 네. 수업이 너무 힘들어서 평소보다 두 배 더 공부해요.
(c) A: 저는 조교였어요. 만약 도움이 필요하면, 저희 집에 들르세요.
(d) B: 고마워요. 사실, 다음 달에 시험이 있어요. 다음 주 중에 들러도 될까요?

해설 (b)에서 it은 Professor Stevenson의 수업이다. 수업이 '힘들게 한다'라는 의미가 되어야 하므로 demand는 현재 분사형인 demanding이 되어야 한다. demanded는 '요구받은'이라는 의미다.

어휘 demanding 부담이 큰, 힘든 drop by ~에 들르다

44. 해설 (a) A: 새로운 아파트로 이사 가기 전에 버려야 할 것이 많아요.
(b) B: 맞아요, 새 아파트는 지금 우리가 사는 곳보다 훨씬 작아요. 중고 물품 세일을 하는 게 어때요?
(c) A: 하지만 그건 번거로운 일인 듯하고 많은 시간과 에너지가 많이 필요해요.
(d) B: 네, 당신 말이 맞아요. 광고를 붙여서 무료로 나누어주는 건 어떨까요?

해설 (b)에서 new apartment는 (a)가 언급한 '새로운 우리 아파트'이다. 따라서 불특정한 대상을 수식하는 부정 관사 a 대신 특정한 대상을 수식하는 정관사 the가 쓰여야 한다. a new apartment는 the new apartment이 되어야 한다.

어휘 throw away 버리다 garage sale 집에서 쓰지 않는 물품을 파는 세일 hassle 귀찮은 일 what do you say to -ing ~? ~하는 것에 대해 어떻게 생각해요? put up an ad 광고하다

45. 해설 (a) A: Bob, 우리는 이 리뷰를 기입해야 하나요? 마감일이 내일 모레예요.
(b) B: 아직 안 했어요. 하기 싫네요. 8페이지나 되고 질문도 복잡해요.
(c) A: 맞아요. 이건 시간 낭비라고 느껴져요. 저는 이것에 더 이상 시간을 쓰지 않을 생각이에요.
(d) B: 저도요. 그 리뷰에 대해서 지금까지 어떤 피드백도 받아 본 적이 없어요.

해설 A의 부정적인 의견에 동의하여 '나도 그래'라고 말할 때는 앞에 언급된 동사를 사용해야 하므로 I am not either. 혹은 Neither am I.로 대답한다. (d) Neither have I.는 Neither am I.가 되어야 한다.

어휘 fill out 기입하다 due date 마감일 complicated 복잡한

46. 해설 (a) 2003년에 세워진 Glory Restaurant는 지역에서 식사를 하기에 가장 유명한 장소 중 하나입니다. (b) 정통 스페인 타파스를 전문으로 하는 이 식당은 지역 주민과 방문자의 마음을 모두 사로잡고 있습니다. (c) 식당의 편안하고 현대적인 실내 장식은 세련된 분위기를 조성하며, 맛있는 음식과 친절한 직원들이 더해져 멋진 외식이 되게 합니다. (d) 우리 식당에 방문하셔서 정통 음식과 활기 넘치는 분위기를 직접 확인해 보세요. 그리고 모든 음식은 매우 저렴한 편입니다.

해설 (d) 가격(a competitive price) 앞에는 전치사 at을 써야 한다. on은 at이 되어야 한다.

어휘 establish 설립하다, 수립하다 dine 식사하다 specialize in ~에 전문이다 authentic 진본인, 진짜인 capture 사로잡다 locals 지역인 cozy 편안한 décor 실내장식 a mixture 결합 ambience 분위기 combined with ~와 결합하여 make for ~에 도움이 되다, 기여하다 lively 활기 넘치는 atmosphere 분위기 competitive 경쟁력 있는

47. 해설 (a) Veblen 효과는 자신의 부를 자랑하고자 하며 매우 눈에 띄는 상품이나 서비스를 소비함으로써 사회적인 위치를 얻으려고 하는 욕망이다. (b) 이 효과는 가격이 저렴한 다른 대체 상품이 있는데도 소비자가 높은 가격이 매겨져 있는 상품을 구매할 때 발생한다. (c) 이러한 비정상적인 행동은 가격이 높을수록 질이 더 좋다는 믿음에 의해 생긴다. (d) Veblen 상품은 그 수요가 가격과 비례하는 재화들이며, 이는 수요의 법칙에 분명히 모순된다.

해설 (d) 관계 대명사 which 뒤에 따르는 문장(demand is proportional to its price)이 완전한 문장이므로 관계 대명사 which는 부적절하다. 완전한 문장 앞에는 관계 부사 혹은 소유격 관계 대명사 whose가 가능한데, 선행사인 commodities는 시간도 장소도 아니기 때문에 whose가 정답이다. whose가 들어가면 '상품의 수요 (the commodities' demand)'가 되어 의미상 적절하다. (d) which는 whose가 되어야 한다.

어휘 desire 욕망 advertise 광고하다, 과시하다 wealth 부 achieve 달성하다 social status 사회적 지위 consume 소비하다 conspicuous 눈에 잘 띄는 purchase 구매하다 substitute 대체물 abnormal 비정상적인 quality 질 commodities 상품, 물자 demand 수요 proportional to ~와 비례하다 apparent 분명한 contradiction 모순 the law of demand 수요의 법칙

48. 해설 (a) 유해의 뼈와 치아를 조사함으로써 고대 사람들과 동물들의 삶의 상당 부분이 밝혀질 수 있다. (b) 인간 유해의 치아는 특히 인류학자들이 그 유해가 얼마나 오래 되었는지 추정하고, 전반적인 건강을 분석하고, 심지어 그 사람의 문화적인 의식에 대해서도 알 수 있게 도와준다. (c) 육식동물들은 긴 송곳니를 갖고 있는데, 이는 고기를 자르는 가위처럼 작용하는 반면, 초식동물들을 식물을 갈기 위한 크고 평평한 어금니를 갖고 있다. (d) 치아와 뼈에 대한 정보는 고대의 사람들과 사회에 대한 우리의 지식을 굉장히 증진시킨다.

해설 (a) 전치사 뒤에는 명사 또는 동명사가 와야 한다. By examine은 By examining이 되어야 한다.

어휘 remains 유해 determine 알아내다, 밝히다 anthropologist 인류학자 estimate 추산하다 analysis 분석 overall 전체적인 ritual 의례, 의식 canine 송곳니 scissors 가위 herbivore 초식동물 flat 평평한 molar 어금니 grind 갈다

49. 해석 (a) 빈 플라스틱 병들은 재활용으로 수거되어 다른 재활용 물품들과 분리되는 시설로 보내진다. (b) 광빔을 사용하여 드라이 클리닝되고 분류된 병들은 갈려서 작은 조각으로 만들어지고 다시 세척되고 분류된다. (c) 플라스틱의 종류에 따라, 이 조각들은 화학 용액을 사용하여 오염물질을 제거하거나 녹인다. (d) 이 조각들은 포장지, 배수관 혹은 그냥 새로운 플라스틱 병들을 포함한 새로운 제품으로 바뀐다.

해설 (c) 상관 접속사 either는 A or B로 연결된다. and는 or 가 되어야 한다.

어휘 empty 텅 빈   collect 수집하다   recycle 재활용하다   facility 시설   separate A from B A를 B와 분리하다, 구분하다   recyclable 재활용할 수 있는   sort 분류하다   flake 조각   decontaminate 오염물질을 제거하다   chemical 화학적   solution 용해 액   meld down 녹이다   turn into ~으로 변하다   include 포함하다   package 포장   drainage 배수

50. 해석 (a) '적자생존'은 특정한 동물들이 그들의 유전적 이점 덕분에 특정한 환경적 상태에 다른 동물보다 더 잘 적응할 수 있는 자연 과정이다. (b) 이 다윈의 개념에 대해 몇몇 인류학자들과 과학자들은 의문을 제기한다. (c) 인간의 연민과 사랑은 약자를 돌봐야 함을 확인시켜 준다는 것에 주목하게 되었다. (d) 연민과 동정은 우리가 생존하고 번성할 수 있게 하는 힘이다.

해설 (d) that은 주격 관계 대명사이다. 그 뒤에 나오는 동사 (makes)는 선행사(strengths)에 수가 일치되어야 한다. makes은 make가 되어야 한다.

어휘 survival 생존   the fittest 적자   process 과정   adapt to ~에 적응하다   specific 특정한   genetic 유전적   advantage 이점   notion 개념   call into question 의문을 제기하다   compassion 연민   confirm 사실임을 보여주다   take care of ~을 돌보다   sympathy 동정   strength 힘   thrive 번창하다

영역별 학습에 최적화된 텝스 기본서

텝스 핵심 문법의 기본을 다잡을 수 있는 TEPS POINT
- 출제 원리가 보이는 개념 설명으로 기본을 다잡는다

최신 기출 경향을 완벽 분석한 실전 모의고사 3회분
- 실전보다 더 실전다운 모의고사로 TEPS를 준비한다

출제 포인트를 꿰뚫는 명쾌한 해설
- TEPS전문가의 노하우가 고스란히 담긴 해설로 정오답 포인트를 정확히 짚어낸다

이미 수 많은 수강생들이 '영단기 텝스'와 함께하고 있습니다.
선배들의 '생생한 후기'가 증명합니다.

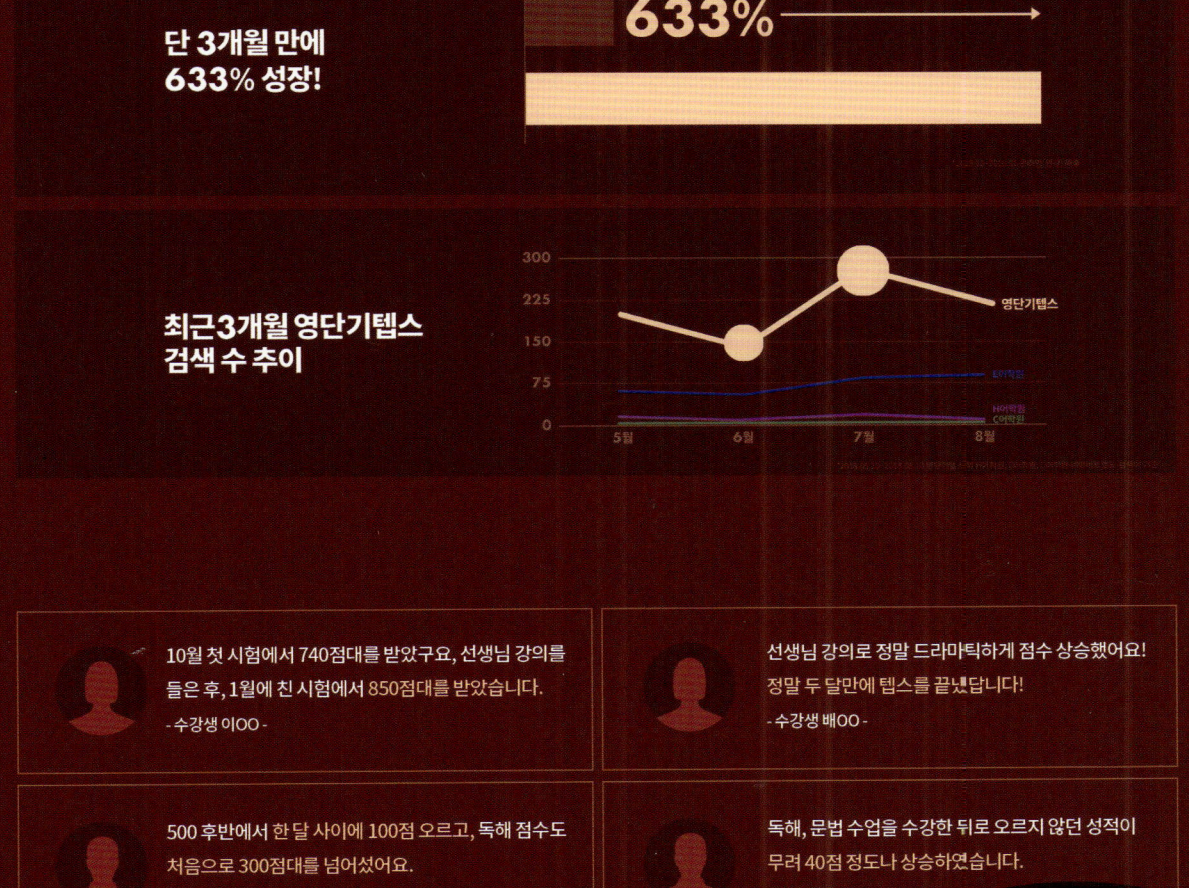

더 이상 남들의 이야기가 아닙니다.
영단기와 함께라면 당신도 단기 고득점의 주인공이 될 수 있습니다.